LANDMANN/ROHMER, UMWELTRECHT

Anweisung zum Einordnen der 101. Ergänzungslieferung (Stand: Juni 2023)

Herauszunehmen:	Zahl der Blätter	Einzufügen:	
		Band I	
Titelblatt (Band I)–**Geleitwort**	2	**Titelblatt** (Band I)–**Geleitwort**	2
Übersicht	1	**Übersicht**	1
Bearbeiter 1/2	1	**Bearbeiter** 1/2	1
5–8	2	5–8	2
		Band II	
Titelblatt (Band II)	1	**Titelblatt** (Band II)	1
Übersicht	1	**Übersicht**	1
Bearbeiter 1/2	1	**Bearbeiter** 1/2	1
5–8	2	5–8	2
2. bis 3. (zur Zeit unbesetzt)	1	**Vorb. KSG 2** 1–**3.** 2	63
KrWG 6 § 37 1–**§ 38** 18	18	**KrWG 6 § 37** 1–**§ 38** 18	20
		BattG 6.42 *nach* ***§ 22*** *2 einfügen:*	
		§ 23 1–**§ 25** 4	8
		Band III	
Titelblatt (Band III)	1	**Titelblatt** (Band III)	1
Übersicht	1	**Übersicht**	1
Bearbeiter 1/2	1	**Bearbeiter** 1/2	1
5–8	2	5–8	2
		Band IV	
Titelblatt (Band IV)	1	**Titelblatt** (Band IV)	1
Übersicht	1	**Übersicht**	1
Inhalt 3/4	1	**Inhalt** 3/4	1
Bearbeiter 1/2	1	**Bearbeiter** 1/2	1
5–8	2	5–8	2
9. BImSchV 2.9 Vorb. 1/2	1	**9. BImSchV 2.9 Vorb.** 1/2	1
Inhalt 1/2	1	**Inhalt** 1/2	1
149/150	1	149/150	1
44. BImSchV 2.44 Vorb. 1/2	1	**44. BImSchV 2.44 Vorb.** 1/2	1
61/62	1	61–62a	2
		TA Luft 3.2 *nach* ***2.14*** *12 einfügen:*	
		5.1.1 1–**5.1.3** 12	17
Insgesamt herauszunehmen:	47	Insgesamt einzufügen:	138

LANDMANN/ROHMER

UMWELTRECHT

BAND I

KOMMENTAR

Herausgegeben von

Prof. Dr. Martin Beckmann
Rechtsanwalt und Fachanwalt für Verwaltungsrecht,
Honorarprofessor der Universität Münster

Prof. Dr. Dr. Wolfgang Durner LL. M.
Rheinische Friedrich-Wilhelms-Universität Bonn und Direktor des Instituts für das Recht der Wasser- und Entsorgungswirtschaft

Prof. Dr. Thomas Mann
Direktor des Instituts für Öffentliches Recht,
Lehrstuhl für Verwaltungsrecht der Georg-August-Universität Göttingen

Prof. Dr. Marc Röckinghausen
Hochschule für Polizei und öffentliche Verwaltung NRW, Abteilung Gelsenkirchen,
Fachbereich Allgemeine Verwaltung/ Rentenversicherung

Stand: 1. Juni 2023
(101. Ergänzungslieferung)

(Zum Bearbeitungsstand im Einzelnen siehe die Datumszeile am unteren Ende jeder Seite)

C.H.BECK

Dieses Titelblatt stammt aus der 101. Ergänzungslieferung Juni 2023.

(Anschluss an die 100. Ergänzungslieferung Januar 2023)

ISBN 978 3 406 81162 3

Der Kommentar wurde von der 1. bis zur 50. Ergänzungslieferung
von Prof. Dr. Klaus Hansmann und von der 51. bis zur 58. Ergänzungslieferung
von Prof. Dr. Martin Beckmann herausgegeben.

Zitiervorschläge:

Beckmann in Landmann/Rohmer UmweltR KrWG § 17 Rn. 1
Landmann/Rohmer UmweltR/*Beckmann* KrWG § 17 Rn. 1

www.beck.de

Grundwerk ISBN 978 3 406 34327 8 ergänzt bis ISBN 978 3 406 81162 3

Wilhelmstraße 9, 80801 München
Druck: Druckerei C.H.Beck, Nördlingen
(Adresse wie Verlag)

Satz: mediaTEXT Jena GmbH, Jena

CO2 neutral
chbeck.de/nachhaltig

Gedruckt auf säurefreiem, alterungsbeständigem Papier
(Hergestellt aus chlorfrei gebleichtem Zellstoff)

Geleitwort zur 101. Ergänzungslieferung

Liebe Leserinnen und Leser!

Ob Ernst Kutscheidt und Klaus Hansmann, die Begründer des BImSchG-Ablegers zum Landmann/Rohmer-Gewerbeordnungskommentar, es im Herbst 1977 für möglich gehalten haben, dass dieses Loseblattwerk auch noch 46 Jahre später seinen Platz als führender Großkommentar zum Umweltrecht behaupten und die Marke von einhundert Ergänzungslieferungen durchbrechen wird, darf trefflich bezweifelt werden. Einen entscheidenden Anteil an dieser Erfolgsgeschichte hat die nicht nachlassende Gesetzesproduktion im Umweltrecht, die mit immer neuen Reformgesetzen und Ausdifferenzierungen eine Komplexität geschaffen hat, die bei den Rechtsanwendern das Bedürfnis nach Erläuterung und Hilfestellung weckt. Diesem Bedürfnis kommen wir auch mit dieser nun vorliegenden 101. Ergänzungslieferung nach, die nicht nur alle Rechtstexte auf den Stand vom 1. Juni 2023 bringt, sondern weitere Kommentierungen im Allgemeinen und Besonderen Teil des Umweltrechts in die Sammlung einfügt.

Allen Autoren gilt wie stets der herzliche Dank der Herausgeber und des Verlags.

Einen Schwerpunkt bildet das neu in den Kommentar aufgenommene Klimaschutzgesetz. Unser Mitherausgeber Beckmann legt hierzu nicht nur eine Einführung in das Klimaschutzrecht mit einem Ausblick auf anstehende zukünftige Gesetzesänderungen vor, sondern führt in einem ersten Arbeitspaket auch den wichtigen Abschnitt 2 des Gesetzes über Klimaschutzziele und Jahresemissionsmengen (§§ 3 bis 8 KSG) bereits einer Kommentierung zu. Weitere Kommentierungen des KSG werden sukzessive mit den künftigen Ergänzungslieferungen erfolgen. Gleichfalls mit dieser Lieferung bringt Beckmann auch seine Kommentierung der §§ 37, 38 KrWG auf den neuesten Stand. Ebenfalls im zweiten Band des Kommentars erweitert Schleifenbaum seine Kommentierungen des Batteriegesetzes um erstmalige Bearbeitungen zu den §§ 23, 24 und 25 BattG. Als neues Mitglied im Autorenteam können wir mit dieser Lieferung Herrn Dr. Andreas Wasielewski begrüßen, der im Ministerium für Energiewende, Klimaschutz, Umwelt und Natur des Landes Schleswig-Holstein die Abteilung „Technischer Umweltschutz, Reaktorsicherheit und Strahlenschutz" leitet. Er hat es übernommen, in der Nachfolge unseres „Gründungsvaters" Hansmann – und damit schließt sich der Kreis – Vorschriften der TA Luft zu kommentieren.

Prof. Dr. Thomas Mann
für die Herausgeber

Göttingen, im August 2023

Inhaltsübersicht

Band I

Band II

Band III

Übersicht

Band IV

Bearbeiterverzeichnis (Band I–IV)

Prof. Dr. Martin Beckmann Rechtsanwalt in Münster	Vorb. Abfallrecht, §§ 1–57, 62–68, 70–72 KrWG § 15 UVPG, Einführung Klimaschutzrecht, §§ 3-8 KSG, Umweltschadensgesetz (mit Wittmann)
Anja Behnke Bundesministerium für Umwelt, Naturschutz, nukleare Sicherheit und Verbraucherschutz	TA Luft (mit Hansmann)
Dr. Christian-Dietrich Bracher Rechtsanwalt in Bonn	§§ 41 bis 43 BImSchG, 16. und 24. BImSchV
Prof. Dr. Peter Bruckmann Landesamt für Natur, Umwelt und Verbraucherschutz Nordrhein-Westfalen, Essen	39. BImSchV (mit Strecker und Vogt) 43. BImSchV (mit van Endern und Vogt)
Prof. Dr. Pascale Cancik O. Professorin an der Universität Osnabrück	Vorb. §§ 47a ff. BImSchG, §§ 47a–47f BImSchG (§§ 47a–47c, 47e und 47f mit Hansmann)
Prof. Dr. Johannes Dietlein O. Professor an der Universität Düsseldorf	§§ 1, 2, Vorb. §§ 4–21, 4 bis 8, 9 bis 11, 16a, 16b, 19, 23a–23c und 25a BImSchG, 9. BImSchV (§§ 16b, 23b BImSchG mit Fabi)
Dr. Robert Dix Syndikusrechtsanwalt der EWE AG, Oldenburg	§ 29–32, 70–73 UVPG
Prof. Dr. Matthias Dombert Rechtsanwalt in Potsdam	§§ 4–6, 8, 13, 14, 20, 24, 25 BBodSchG
Rolf-Dieter Dörr Ministerialrat a. D.	OberflächengewässerV (mit Walter)
Prof. Dr. Dr. Wolfgang Durner LL. M. O. Professor an der Universität Bonn	Umweltvölkerrecht, Vorb. §§ 27 ff. WHG, §§ 27–31, 34, 35, 82–85 WHG
Benedikt van Endern Ministerium für Umwelt, Naturschutz und Verkehr des Landes Nordrhein-Westfalen	43. BImSchV (mit Bruckmann und Vogt)
Prof. Dr. Astrid Epiney LL. M. O. Professorin an der Université de Fribourg	Art. 191–193 AEUV
Dr. Friederike Erxleben Umweltbundesamt	UERV (mit Wolke)

Bearbeiter

Prof. Dr. Wolfgang Ewer Rechtsanwalt in Kiel	Vorb. BBodSchG, §§ 9, 15, 16 BBodSchG
Johannes Fabi Wissenschaftlicher Mitarbeiter, Universität Düsseldorf	§§ 16b, 23b BImSchG (mit Dietlein)
Prof. Dr. Kurt Faßbender O. Professor an der Universität Leipzig	§§ 1–5, 33, 36–38 WHG
Dr. Frank Fellenberg LL. M. Rechtsanwalt in Berlin	Fluglärmgesetz (mit Reidt und Schiller), Umweltrechtsbehelfsgesetz (mit Schiller)
Dr. Henrik Flatter Bundesamt für Naturschutz, Bonn	§§ 69–74 BNatSchG
Prof. Dr. Sina Fontana, MLE O. Professorin an der Universität Augsburg	§§ 1, 2, 15–27 UAG
Dr. Matthias Ganske Rechtsanwalt in Bonn	§§ 25, 26, 54–61 WHG
Prof. Dr. Klaus Ferdinand Gärditz O. Professor an der Universität Bonn	Art. 20a GG
Prof. Dr. Martin Gellermann Rechtsanwalt, apl. Professor an der Universität Osnabrück	§§ 4, 7–51, §§ 52–56, §§ 57–68 BNatSchG (§§ 41–43 Mit Sanden)
Nela Gies Richterin am Verwaltungsgericht Gelsenkirchen	§§ 41, 42 WHG
Prof. Dr. Christoph Görisch Hochschule für Polizei und öffentliche Verwaltung NRW, Abteilung Münster	§§ 4–14 UAG
Moritz Grunow Rechtsanwalt in Düsseldorf	Vorb. AwSV, § 1 AwSV
Prof. Dr. Günter Hager † O. Professor an der Universität Freiburg	§§ 6, 7 UmweltHG (mit Rehbinder)
Dr. Joachim Hagman Rechtsanwalt in Münster	§§ 65–69 UVPG

(Fortsetzung Seite 3)

Bearbeiter

Dr. Kay Artur Pape Rechtsanwalt in Bonn	Vorb. WHG, §§ 6–22 WHG
Dr. Malte Petersen LL. M. Ministerium für Umwelt, Naturschutz und Verkehr des Landes Nordrhein-Westfalen	§§ 89–95 WHG
Prof. Dr. Alexander Proelß O. Professor an der Universität Trier	§§ 43–45l WHG
Prof. Dr. Eckard Rehbinder Em. Professor an der Universität Frankfurt/Main	§ 14 BImSchG UmweltHG (§§ 6, 7 mit Hager)
Prof. Dr. Olaf Reidt Rechtsanwalt in Berlin	§ 16 BImSchG (mit Schiller), 18. BImSchV (mit Schiller), Fluglärmgesetz (mit Fellenberg und Schiller), Umweltinformationsgesetz (mit Schiller)
Rainer Remus Umweltbundesamt, Dessau	TA Luft (mit Hansmann)
Dr. Christoph Riese Rechtsanwalt in Berlin	§§ 67–71, 86 WHG
Prof. Dr. Marc Röckinghausen Hochschule für Polizei und öffentliche Verwaltung NRW, Abteilung Gelsenkirchen	§§ 20, 21, Vor § 32, §§ 32–37, 52, 52b, 62, 66, 67 BImSchG (mit Hansmann), §§ 37a bis 37f, Vor §§ 44–47, 52a, 63, 73 BImSchG, 1., 10., 26., 28., 36., 37., 38., 42. BImSchV, 4., 11., 20., 21., 25., 27., 30., 34 und 35. BImSchV, TA Luft (mit Hansmann), 2. BImSchV (mit Hansmann und Mahrwald), Schadstofffreisetzungs- und Verbringungsregistergesetz
Christoph Sahm LL. M. E. ON Kernkraft GmbH	§§ 23–25, 27 der 17. BImSchV (mit Ohms)
Prof. Dr. Dr. Joachim Sanden † Behörde für Stadtentwicklung und Umwelt, Freie und Hansestadt Hamburg, zugl. Apl. Prof. an der Universität Lüneburg	§§ 41–43 BNatSchG (mit Gellermann)
Dr. Gernot Schiller Rechtsanwalt in Berlin	§ 16 BImSchG (mit Reidt), 18. BImSchV (mit Reidt), Fluglärmgesetz (mit Reidt und Fellenberg), Umweltinformationsgesetz (mit Reidt) Umweltrechtsbehelfsgesetz (mit Fellenberg), §§ 14a, 15 BImSchG

Bearbeiter

Matthias Schleifenbaum, LL.M. Rechtsanwalt in Köln	BattG
Prof. Dr. Hendrik Schoen Hochschule für Polizei und öffentliche Verwaltung NRW, Abteilung Münster	§ 50 BImSchG
Prof. Dr. Meinhard Schröder Em. Professor an der Universität Trier	EG-Abfallverbringungs-VO
Prof. Dr. Max-Jürgen Seibert Vorsitzender Richter am Oberverwaltungsgericht Münster	§ 13 BImSchG
Prof. Dr. Reinhard Sparwasser Rechtsanwalt in Freiburg	Vor § 22 BImSchG, §§ 22–25 BImSchG (mit Heilshorn)
Prof. Dr. Indra Spiecker genannt Döhmann, LL.M. O. Professorin an der Universität Frankfurt a.M.	UStatG BImSchG (mit Heilshorn)
Prof. Dr. Peter-Tobias Stoll O. Professor an der Universität Göttingen	EG-Artenschutzverordnung
Silvia Strecker Ministerium für Umwelt, Naturschutz und Verkehr des Landes Nordrhein-Westfalen	39. BImSchV (mit Bruckmann)
Prof. Dr. Dr. Markus Thiel Deutsche Hochschule der Polizei, Münster	§§ 3, 48–48b BImSchG
Dr. Christian Tünnesen-Harmes Rechtsanwalt in Duisburg	AbfAEV
Dr. Klaus Vogt Landesamt für Natur, Umwelt und Verbraucherschutz Nordrhein-Westfalen	39. BImSchV (mit Bruckmann und Strecker), 43. BImSchV (mit Bruckmann und van Endern)
Anne-Barbara Walter Umweltbundesamt	OberflächengewässerV (mit Dörr)
Dr. Andreas Wasielewski Ministerium für Energiewende, Klima, Umwelt und Naturschutz des Landes Schleswig-Holstein	TA Luft (mit Hansmann)
Dr. Dirk Weinreich Bundesministerium für Umwelt, Naturschutz, nukleare Sicherheit und Verbraucherschutz	Vorb. TEHG, §§ 7, 19 TEHG
Dr. Armin von Weschpfennig Akademischer Rat, Universität Bonn	§§ 13a, 13b, 103–107 WHG
Dr. Antje Wittmann Rechtsanwältin in Münster	UmweltschadensG (zusammen mit Beckmann), § 51 UVPG
Frank Wolke Bundesministerium für Umwelt, Naturschutz, nukleare Sicherheit und Verbraucherschutz	§§ 4, 18, 24 TEHG, UERV (mit Erxleben)

Justus Wulff LL.M. — §§ 1-3 BNatSchG (mit Heß)
Juristischer Mitarbeiter in der Kanzlei Baumann-Rechtsanwälte, Leipzig

Dr. Reinhard Wulfhorst — §§ 24, 25, 40, 43 UVPG
Ministerium für Wirtschaft, Infrastruktur, Tourismus und Arbeit des Landes Mecklenburg-Vorpommern

Bearbeiter

LANDMANN/ROHMER

UMWELTRECHT

BAND II

KOMMENTAR

Herausgegeben von

Prof. Dr. Martin Beckmann
Rechtsanwalt und Fachanwalt für Verwaltungsrecht,
Honorarprofessor der Universität Münster

Prof. Dr. Dr. Wolfgang Durner LL. M.
Rheinische Friedrich-Wilhelms-Universität Bonn und Direktor des Instituts für das Recht der Wasser- und Entsorgungswirtschaft

Prof. Dr. Thomas Mann
Direktor des Instituts für Öffentliches Recht,
Lehrstuhl für Verwaltungsrecht der Georg-August-Universität Göttingen

Prof. Dr. Marc Röckinghausen
Hochschule für Polizei und öffentliche Verwaltung NRW, Abteilung Gelsenkirchen,
Fachbereich Allgemeine Verwaltung/ Rentenversicherung

Stand: 1. Juni 2023
(101. Ergänzungslieferung)

(Zum Bearbeitungsstand im Einzelnen siehe die Datumszeile am unteren Ende jeder Seite)

C.H.BECK

Dieses Titelblatt stammt aus der 101. Ergänzungslieferung Juni 2023.

(Anschluss an die 100. Ergänzungslieferung Januar 2023)

ISBN 978 3 406 81162 3

Der Kommentar wurde von der 1. bis zur 50. Ergänzungslieferung von Prof. Dr. Klaus Hansmann und von der 51. bis zur 58. Ergänzungslieferung von Prof. Dr. Martin Beckmann herausgegeben.

Zitiervorschläge:

Beckmann in Landmann/Rohmer UmweltR KrWG § 17 Rn. 1
Landmann/Rohmer UmweltR/*Beckmann* KrWG § 17 Rn. 1

www.beck.de

Grundwerk ISBN 978 3 406 34327 8 ergänzt bis ISBN 978 3 406 81162 3

Wilhelmstraße 9, 80801 München
Druck: Druckerei C.H.Beck, Nördlingen
(Adresse wie Verlag)

Satz: mediaTEXT Jena GmbH, Jena

CO_2 neutral
chbeck.de/nachhaltig

Gedruckt auf säurefreiem, alterungsbeständigem Papier
(hergestellt aus chlorfrei gebleichtem Zellstoff)

Inhaltsübersicht

Band I

Band II

Band III

Übersicht

Inhaltsverzeichnis (Band II)

Zweiter Teil. Grundsätze und Pflichten der Erzeuger und Besitzer von Abfällen sowie der Entsorgungsträger

1. Abschnitt. Grundsätze der Abfallvermeidung und Abfallbewirtschaftung

2. Abschnitt. Kreislaufwirtschaft

3. Abschnitt. Abfallbeseitigung

4. Abschnitt. Öffentlich-rechtliche Entsorgung und Beauftragung Dritter

(Fortsetzung Seite 3)

Bearbeiterverzeichnis (Band I–IV)

Prof. Dr. Martin Beckmann Rechtsanwalt in Münster	Vorb. Abfallrecht, §§ 1–57, 62–68, 70–72 KrWG § 15 UVPG, Einführung Klimaschutzrecht, §§ 3-8 KSG, Umweltschadensgesetz (mit Wittmann)
Anja Behnke Bundesministerium für Umwelt, Naturschutz, nukleare Sicherheit und Verbraucherschutz	TA Luft (mit Hansmann)
Dr. Christian-Dietrich Bracher Rechtsanwalt in Bonn	§§ 41 bis 43 BImSchG, 16. und 24. BImSchV
Prof. Dr. Peter Bruckmann Landesamt für Natur, Umwelt und Verbraucherschutz Nordrhein-Westfalen, Essen	39. BImSchV (mit Strecker und Vogt) 43. BImSchV (mit van Endern und Vogt)
Prof. Dr. Pascale Cancik O. Professorin an der Universität Osnabrück	Vorb. §§ 47a ff. BImSchG, §§ 47a–47f BImSchG (§§ 47a–47c, 47e und 47f mit Hansmann)
Prof. Dr. Johannes Dietlein O. Professor an der Universität Düsseldorf	§§ 1, 2, Vorb. §§ 4–21, 4 bis 8, 9 bis 11, 16a, 16b, 19, 23a–23c und 25a BImSchG, 9. BImSchV (§§ 16b, 23b BImSchG mit Fabi)
Dr. Robert Dix Syndikusrechtsanwalt der EWE AG, Oldenburg	§ 29–32, 70–73 UVPG
Prof. Dr. Matthias Dombert Rechtsanwalt in Potsdam	§§ 4–6, 8, 13, 14, 20, 24, 25 BBodSchG
Rolf-Dieter Dörr Ministerialrat a. D.	OberflächengewässerV (mit Walter)
Prof. Dr. Dr. Wolfgang Durner LL. M. O. Professor an der Universität Bonn	Umweltvölkerrecht, Vorb. §§ 27 ff. WHG, §§ 27–31, 34, 35, 82–85 WHG
Benedikt van Endern Ministerium für Umwelt, Naturschutz und Verkehr des Landes Nordrhein-Westfalen	43. BImSchV (mit Bruckmann und Vogt)
Prof. Dr. Astrid Epiney LL. M. O. Professorin an der Université de Fribourg	Art. 191–193 AEUV
Dr. Friederike Erxleben Umweltbundesamt	UERV (mit Wolke)

Bearbeiter

Prof. Dr. Wolfgang Ewer Rechtsanwalt in Kiel	Vorb. BBodSchG, §§ 9, 15, 16 BBodSchG
Johannes Fabi Wissenschaftlicher Mitarbeiter, Universität Düsseldorf	§§ 16b, 23b BImSchG (mit Dietlein)
Prof. Dr. Kurt Faßbender O. Professor an der Universität Leipzig	§§ 1–5, 33, 36–38 WHG
Dr. Frank Fellenberg LL. M. Rechtsanwalt in Berlin	Fluglärmgesetz (mit Reidt und Schiller), Umweltrechtsbehelfsgesetz (mit Schiller)
Dr. Henrik Flatter Bundesamt für Naturschutz, Bonn	§§ 69–74 BNatSchG
Prof. Dr. Sina Fontana, MLE O. Professorin an der Universität Augsburg	§§ 1, 2, 15–27 UAG
Dr. Matthias Ganske Rechtsanwalt in Bonn	§§ 25, 26, 54–61 WHG
Prof. Dr. Klaus Ferdinand Gärditz O. Professor an der Universität Bonn	Art. 20a GG
Prof. Dr. Martin Gellermann Rechtsanwalt, apl. Professor an der Universität Osnabrück	§§ 4, 7–51, §§ 52–56, §§ 57–68 BNatSchG (§§ 41–43 Mit Sanden)
Nela Gies Richterin am Verwaltungsgericht Gelsenkirchen	§§ 41, 42 WHG
Prof. Dr. Christoph Görisch Hochschule für Polizei und öffentliche Verwaltung NRW, Abteilung Münster	§§ 4–14 UAG
Moritz Grunow Rechtsanwalt in Düsseldorf	Vorb. AwSV, § 1 AwSV
Prof. Dr. Günter Hager † O. Professor an der Universität Freiburg	§§ 6, 7 UmweltHG (mit Rehbinder)
Dr. Joachim Hagman Rechtsanwalt in Münster	§§ 65–69 UVPG

(Fortsetzung Seite 3)

Bearbeiter

Dr. Kay Artur Pape Rechtsanwalt in Bonn	Vorb. WHG, §§ 6–22 WHG
Dr. Malte Petersen LL. M. Ministerium für Umwelt, Naturschutz und Verkehr des Landes Nordrhein-Westfalen	§§ 89–95 WHG
Prof. Dr. Alexander Proelß O. Professor an der Universität Trier	§§ 43–451 WHG
Prof. Dr. Eckard Rehbinder Em. Professor an der Universität Frankfurt/Main	§ 14 BImSchG UmweltHG (§§ 6, 7 mit Hager)
Prof. Dr. Olaf Reidt Rechtsanwalt in Berlin	§ 16 BImSchG (mit Schiller), 18. BImSchV (mit Schiller), Fluglärmgesetz (mit Fellenberg und Schiller), Umweltinformationsgesetz (mit Schiller)
Rainer Remus Umweltbundesamt, Dessau	TA Luft (mit Hansmann)
Dr. Christoph Riese Rechtsanwalt in Berlin	§§ 67–71, 86 WHG
Prof. Dr. Marc Röckinghausen Hochschule für Polizei und öffentliche Verwaltung NRW, Abteilung Gelsenkirchen	§§ 20, 21, Vor § 32, §§ 32–37, 52, 52b, 62, 66, 67 BImSchG (mit Hansmann), §§ 37a bis 37f, Vor §§ 44–47, 52a, 63, 73 BImSchG, 1., 10., 26., 28., 36., 37., 38., 42. BImSchV, 4., 11., 20., 21., 25., 27., 30., 34 und 35. BImSchV, TA Luft (mit Hansmann), 2. BImSchV (mit Hansmann und Mahrwald), Schadstofffreisetzungs- und Verbringungsregistergesetz
Christoph Sahm LL. M. E. ON Kernkraft GmbH	§§ 23–25, 27 der 17. BImSchV (mit Ohms)
Prof. Dr. Dr. Joachim Sanden † Behörde für Stadtentwicklung und Umwelt, Freie und Hansestadt Hamburg, zugl. Apl. Prof. an der Universität Lüneburg	§§ 41–43 BNatSchG (mit Gellermann)
Dr. Gernot Schiller Rechtsanwalt in Berlin	§ 16 BImSchG (mit Reidt), 18. BImSchV (mit Reidt), Fluglärmgesetz (mit Reidt und Fellenberg), Umweltinformationsgesetz (mit Reidt) Umweltrechtsbehelfsgesetz (mit Fellenberg), §§ 14a, 15 BImSchG

Bearbeiter

Matthias Schleifenbaum, LL.M. Rechtsanwalt in Köln	Vorb. BattG, § 1 BattG
Prof. Dr. Hendrik Schoen Hochschule für Polizei und öffentliche Verwaltung NRW, Abteilung Münster	§ 50 BImSchG
Prof. Dr. Meinhard Schröder Em. Professor an der Universität Trier	EG-Abfallverbringungs-VO
Prof. Dr. Max-Jürgen Seibert Vorsitzender Richter am Oberverwaltungsgericht Münster	§ 13 BImSchG
Prof. Dr. Reinhard Sparwasser Rechtsanwalt in Freiburg	Vor § 22 BImSchG, §§ 22–25 BImSchG (mit Heilshorn)
Prof. Dr. Indra Spiecker genannt Döhmann, LL.M. O. Professorin an der Universität Frankfurt a.M.	UStatG BImSchG (mit Heilshorn)
Prof. Dr. Peter-Tobias Stoll O. Professor an der Universität Göttingen	EG-Artenschutzverordnung
Silvia Strecker Ministerium für Umwelt, Naturschutz und Verkehr des Landes Nordrhein-Westfalen	39. BImSchV (mit Bruckmann)
Prof. Dr. Dr. Markus Thiel Deutsche Hochschule der Polizei, Münster	§§ 3, 48–48b BImSchG
Dr. Christian Tünnesen-Harmes Rechtsanwalt in Duisburg	AbfAEV
Dr. Klaus Vogt Landesamt für Natur, Umwelt und Verbraucherschutz Nordrhein-Westfalen	39. BImSchV (mit Bruckmann und Strecker), 43. BImSchV (mit Bruckmann und van Endern)
Anne-Barbara Walter Umweltbundesamt	OberflächengewässerV (mit Dörr)
Dr. Andreas Wasielewski Ministerium für Energiewende, Klima, Umwelt und Naturschutz des Landes Schleswig-Holstein	TA Luft (mit Hansmann)
Dr. Dirk Weinreich Bundesministerium für Umwelt, Naturschutz, nukleare Sicherheit und Verbraucherschutz	Vorb. TEHG, §§ 7, 19 TEHG
Dr. Armin von Weschpfennig Akademischer Rat, Universität Bonn	§§ 13a, 13b, 103–107 WHG
Dr. Antje Wittmann Rechtsanwältin in Münster	UmweltschadensG (zusammen mit Beckmann), § 51 UVPG
Frank Wolke Bundesministerium für Umwelt, Naturschutz, nukleare Sicherheit und Verbraucherschutz	§§ 4, 18, 24 TEHG, UERV (mit Erxleben)

Justus Wulff LL.M.
Juristischer Mitarbeiter in der Kanzlei Baumann-Rechtsanwälte, Leipzig
§§ 1-3 BNatSchG (mit Heß)

Dr. Reinhard Wulfhorst
Ministerium für Wirtschaft, Infrastruktur, Tourismus und Arbeit des Landes Mecklenburg-Vorpommern
§§ 24, 25, 40, 43 UVPG

Bearbeiter

Einführung in das Klimaschutzrecht

Einführendes Schrifttum zum Klimaschutzrecht: Altenschmidt, Der neue nationale Zertifikatehandel für Brennstoffemissionen, ZfZ 2020, 122; Arndt, Klimaschutz und Klimaanpassung in der Bauleitplanung, UPR 2020, 481; Beckmann, Das Bundesverfassungsgericht, der Klimawandel und der „intertemporale Freiheitsschutz", UPR 2021, 241; Beckmann, Auf dem Weg zu einem Klimaanpassungsgesetz (KAnG), KlimRZ 2023, 151; Böhringer, Das neue Pariser Klimaübereinkommen. Eine Kompromisslösung mit Symbolkraft und Verhaltenssteuerungspotential, ZaöRV 2016, 753; Britz, Klimaschutz in der Rechtsprechung des Bundesverfassungsgerichts, NVwZ 2022, 825; Ekardt, Das Paris-Abkommen zum globalen Klimaschutz. Chancen und Friktionen – auf dem Weg zu einer substanziellen EU-Vorreiterrolle?, NVwZ 2016, 355; Callies, Das „Klimaurteil" des Bundesverfassungsgerichts: „Versubjektivierung" des Art. 20a GG?. ZUR 2021, 355; Erbguth, Die KSG-Entscheidung(en) des Bundesverfassungsgerichts: Folgen für die Landesebene und das räumliche Planungs- und Zulassungsrecht, DVBl. 2022,1001; Faßbender, Der Klima-Beschluss des BVerfG – Inhalte, Folgen und offene Fragen, NJW 2021, 2085; Faure, Die Effektivität des Umweltrechts im Zeichen des Klimawandels, ZUR 2020, 141; Fellenberg/Guckelberger, Klimaschutzrecht, 2022, Einleitung; Franzius, Ziele des Klimaschutzrechts, ZUR 2021, 131; Frenz, Grundzüge des Klimaschutzrechts, Berlin 2022; Frenz, Klimaschutz und EU-Grundrechte, EuR 2022, 3; Gärditz, Schwerpunktbereich – Einführung in das Klimaschutzrecht, JuS 2008, 324; Guckelberger, Konturen des Berücksichtigungsgebots des § 13 Absatz 1 S. 1 KSG, KlimR 2022, 294; Hennicke, Vereinbarkeit des neuen Brennstoffemissionshandelsgesetzes mit der Finanzverfassung, NuR 2021, 83; Kahl, Klimaschutz und Grundrechte, Jura 2021, 117; Klinger/Wegener, Klimaschutzziele in der Raumordnung, NVwZ 2011, 905; Kloepfer, Umweltrecht, 2016, § 17; Kreuter-Kirchhof, Kohärenz der Klimaschutzziele, KlimR 2022, 43; Leinders, Kernpunkte der Erneuerbare-Energien-Richtlinie (EU) 2018/2001, RdE 2020, Sonderheft, 34; Morgenstern/Dehnen, Eine neue Ära für den internationalen Klimaschutz: Das Übereinkommen von Paris, ZUR 2016, 131; Müggenborg, Klimaschutz durch Energiewende, NVwZ 2020, 374; Prall/Ewer, Klimaschutz und Energierecht, in: Koch/Hofmann/Reese, Umweltrecht, 2018, § 9; Sauthoff, Durchsetzung des Klimaschutzes im Städtebau. Überlegungen zu Änderungen des Baugesetzbuchs, KlimaR 2022, 11; Sauthoff, Klimaschutz in der Raumordnung, ZUR 2021, 140; Schink, Klimaschutz und Klimaanpassung als Gegenstände der Umweltprüfung in der Bauleitplanung, UPR 2020, 500; Schlacke, Klimaschutzrecht im Mehrebenensystem, NVwZ 2022, 905; Schlacke, Klimaschutzrecht – Ein Grundrecht auf intertemporale Freiheitssicherung, NVwZ 2021, 912; Schlacke, Klimaschutzrecht im Mehrebenensystem. Internationale Klimaschutzpolitik und aktuelle Entwicklungen in der Europäischen Union und in Deutschland, EnWZ 2020, 355; Schlacke, Klimaschutzrecht – Ein Grundrecht auf intertemporale Freiheitssicherung, NVwZ 2021, 912; Schlacke/Römling, Neue Herausforderungen der gerichtlichen Kontrolle von Plänen unter besonderer Berücksichtigung des Klimaschutzgesetzes (KSG), DVBl. 2021, 144; Schomerus, Klimaschutz- und Umweltenergierecht, in: Rehbinder/Schink, Grundzüge des Umweltrechts, 2018, 639; Wagner, Klimaschutz durch Gerichte, NJW 2021, 2256; Tappe, Das Brennstoffemissionshandelsgesetz. Zur Verfassungsmäßigkeit der CO_2-Bepreisung in der Einführungsphase (2021-2025/26), EuRUP 2021, 249; Wegener, Menschenrecht auf Klimaschutz?, NJW 2022, 425; Wickel, Das Bundes-Klimaschutzgesetz und seine rechtlichen Auswirkungen, ZUR 2021, 332.

Einführendes Schrifttum zum Klimaschutzgesetz: Albrecht, Das Klimaschutzgesetz des Bundes – Neue Ansätze für den Naturschutz?, NuR 2020, 513; Albrecht, Das Klimaschutzgesetz des Bundes – Hintergrund, Regelungsstrukturen wesentliche Inhalte, NuR 2020, 79; Ehrmann, Klimaschutzgesetz: Entscheidung des Bundesverfassungsgerichts und Änderung des Gesetzes, UWP 2021, 139; Franzius, Auf dem Weg zum Klimaschutzgesetz, EnWZ 2019, 435; Frenz, Das novellierte Klimaschutzgesetz, NuR 2021, 583; Frenz, Das Bundes-Klimaschutzgesetz, ZNER 2020, 306; Hermes, Klimaschutz durch neue Planungsinstrumente im föderalen System, EurUP 2021, 162; Kment, Klimaschutzziele und Jahresemissionsmengen – Kernelemente des neuen Bundes-Klimaschutzgesetzes, NVwZ 2020, 1537; Kümper, Das Klimaschutzgesetz des Bundes – Grundstrukturen und Bedeutung für das Planungsrecht, UPR 2021, 91; Saurer, Perspektiven eines Bundes-Klimaschutzgesetzes, NuR 2018, 581; Saurer, Grundstrukturen des Bundes-Klimaschutzgesetzes, NuR 2020, 433; Scharlau/von Swieykowski-Trzaska/Keimeyer/Klinski, Das Bundes-Klimaschutzgesetz, NVwZ 2020, 1; Schink, Das Berücksichtigungsgebot des § 13 Klimaschutzgesetzes, NuR 2021, 1; Schlacke, Bundes-Klimaschutzgesetz: Klimaschutzziele und -pläne als Herausforderung des Verwaltungsrechts, EuRUP 2020,

383; Schlacke/Römling, Neue Herausforderungen der gerichtlichen Kontrolle von Plänen unter besonderer Berücksichtigung des Klimaschutzgesetzes (KSG), DVBl 2021, 144; Vollmer, Das Brennstoff-Emissionshandelsgesetz (BEHG), NuR 2020, 237; Wickel, Das Bundes-Klimaschutzgesetz und seine rechtlichen Auswirkungen, ZUR 2021, 332.

Einführende Literatur zum Klimarechtsschutz: Boersta/Römling, Klimaklagen gegen Unternehmen, EuRUP 2022, 30; Breuer, Klimaschutz durch Gerichte? Kritische Anmerkungen zum verfassungsgerichtlichen Zugriff, NVwZ 2022, 1233; Buser, Ein Grundrecht auf Klimaschutz? Möglichkeiten und Grenzen grundrechtlicher Klimaklagen in Deutschland, DVBl 2020, 1089; Callies, Klimapolitik und Grundrechtsschutz – brauchen wir ein Grundrecht auf Umweltschutz? –, ZUR 2021 323; Durner, Leistungskraft und Regelungstechniken des internationalen Klimaschutzrechts, EuRUP 2021, 330; Ekardt, Klimaklagen gegen Unternehmen – Das Den Haager Shell-Urteil, KlimR 2022, 5; Frenz, Einklagbarer Anspruch auf mehr Klimaschutz, ZNER 2021, 123; Gärditz, Verfassungsfragen zivilrechtlicher Klagen zur Durchsetzung von Klimaschutzzielen, EuRUP 2022, 45; Groß, Die Ableitung von Klimaschutzmaßnahmen aus grundrechtlichen Schutzpflichten, NVwZ 2020, 337; Haller/Risse, Klimaschutzklagen und Streitverkündung gegen den Staat, NJW 2021, 3500; Hess/Wulff, Verfassungsrechtliche Schutzansprüche wegen Unterlassens geeigneter Maßnahmen zum Schutz des Klimas, EuRUP 2020, 386; Klinger, Klagerechte zur Durchsetzung des Bundes-Klimaschutzgesetzes, ZUR 2020, 259; Meyer, Grundrechtsschutz in Sachen Klimawandel?, NJW 2020, 894; Rodi/Kalis, Klimaklagen als Instrument des Klimaschutzes, KlimR 2022, 5; Saurer, Strukturen gerichtlicher Kontrolle im Klimaschutzrecht – eine rechtsvergleichende Analyse, ZUR 2018, 679; Stürmlinger, Klimaschutz durch Grundrechte – Gerichtliche Kontrolle staatlicher Klimaschutzmaßnahmen, EuRUP 2020, 169; Wagner, Klimaschutz durch Gerichte, NJW 2021, 2256.

Übersicht

A. Vorbemerkung

Der Klimawandel lässt sich nicht mehr ernsthaft bestreiten (siehe dazu BVerfG Beschl. v. 24.03.2021 – 1 BvR 2656/18, juris Rn. 16 ff.; SRU Umweltgutachten, 2020, S. 37 ff.; Entwurf des Klimaschutzprogramms 2023 der Bundesregierung mit Stand vom 13.06.2023; Rodi in Rodi, Klimaschutzrecht, 2022, § 1 Rn. 3); er schreitet vielmehr spürbar mit schwerwiegenden Folgen voran. Der Weltklimarat (IPCC) lässt in seinem 6. Sachstandsbericht vom 20. März 2023 daran keinen Zweifel. Schon jetzt hat die weltweite Durchschnittstemperatur seit dem Beginn der Industrialisierung 1880 um rund 1, 2 Grad Celsius zugenommen. In Deutschland sind es bis zum Jahr 2019 sogar 1,6 Grad Celsius (siehe dazu den Zweiten Fortschrittsbericht der Bundesregierung zur Deutschen Anpassungsstrategie an den Klimawandel aus dem Jahr 2020, abrufbar im Internet, S. 4). Allein in den vergangenen fünfzig Jahren haben sich die extremen Wetterereignisse in Deutschland mehr als verdreifacht. Werden die weltweiten Treibhausgasemissionen nicht sehr schnell drastisch reduziert, ist eine globale Erderwärmung von 2 Grad Celsius noch in diesem Jahrhundert zu erwarten. 1

Dass der weltweite Schutz des Klimas zu den zentralen Aufgaben der internationalen und auch deutschen Umweltpolitik und darüber hinaus zu einer der wichtigsten **Staatsaufgaben** überhaupt gehört, ist mittlerweile genauso unbestritten. Die durch die Erzeugung und den Verbrauch von Energie, durch Industrie, Verkehr und Landwirtschaft verursachte Erhöhung der Konzentration von Treibhausgasen in der Atmosphäre und der damit einhergehende Temperaturanstieg führten zu schwerwiegenden **Umweltproblemen** weltweit und auch in Deutschland. 2

Spurengase und Partikel in der Lufthülle der Erde bewirken, dass ein Teil der Energie, die über die Sonneneinstrahlung die Erdoberfläche erwärmt nicht unmittelbar von ihr als Infrarotstrahlung ins Weltall abgestrahlt werden. Bei diesen Gasen handelt es sich um **Treibhausgase**, die den sogenannten Treibhauseffekt bewirken. Die wichtigsten Treibhausgase sind Wasserdampf, Kohlendioxid, Metalle und Lachgas. Mit einem Anteil von über 70 % an den Gesamtemissionen ist das **Kohlendioxid** das für den Klimawandel relevanteste Treibhausgas (Hoffmann-Much in Kluth/Smeddinck Umweltrecht, 2020, § 6 Rn. 3 m.w.N.). Ganz ohne Treibhausgase wäre es allerdings so kalt, dass die Erde nicht bewohnbar wäre. Zu Problemen führt jedoch die Verstärkung des Treibhauseffekts durch den Einfluss des Menschen auf das Klima. Seit Beginn der Industrialisierung am Ende des 18. Jahrhunderts nimmt die Konzentration von Treibhausgasen in der Atmosphäre deutlich zu. Ursächlich dafür ist vor allem das Verbrennen kohlenstoffhaltiger Energieträger (Kohle, Erdöl und Erdgas), das zu einer starken Zunahme von CO_2-Emissionen führt. Daneben führt auch die Emission von **Methan** durch die intensive Landwirtschaft, insbesondere durch die Haltung von Nutztieren zu einer Erhöhung der Klimaschäden. 3

Hinzu kommt, dass in großem Umfang weltweit **Wälder abgeholzt** und abgebrannt werden, dass **Moore trockengelegt** werden und die **Nutzung von Böden verändert** wird. Das führt zu weiteren Freisetzungen von Treibhausgasen und umgekehrt dazu, dass Wälder und Moore verloren gehen, die Kohlendioxid aus der Atmosphäre aufnehmen und speichern (siehe dazu im Einzelnen den Bericht „Was wir heute über das Klima 4 wissen. Basisfakten zum Klimawandel, die in der Wissenschaft unumstritten sind", im September 2022 herausgegeben von Deutsches Klima-Konsortium, Deutsche Meteorologische Gesellschaft, Deutscher Wetterdienst, Extremwetterkongress Hamburg, Helmholtz-Klima-Initiative, Klimafakten.de, abrufbar im Internet).

5 Die **Folgen des Klimawandels** werden in Umwelt und Gesellschaft zunehmend spürbar. Der Klimawandel bewirkt langfristige Klimaänderungen, insbesondere langsam aber kontinuierlich steigende Durchschnittstemperaturen, stärkere Klimaschwankungen und damit verbunden häufigere **Extremwetter**, vor allem heftige Stürme, langandauernde Dürren, Überschwemmungen, Sturzfluten und Hitzesommer. Zwischen dem Jahr 1902 und dem Jahr 2015 sind nicht zuletzt die **Meeresspiegel** im weltweiten Durchschnitt bereits um 16 cm gestiegen; seit dem Beginn globaler Messungen per Satellit 1993 um etwa 10 cm. Ursache dafür ist die zunehmende Eisschmelze in Grönland und in der Antarktis (siehe dazu Bericht „Was wir heute über das Klima wissen. Basisfakten zum Klimawandel, die in der Wissenschaft unumstritten sind", im September 2022 herausgegeben von Deutsches Klima-Konsortium, Deutsche Meteorologische Gesellschaft, Deutscher Wetterdienst, Extremwetterkongress Hamburg, Helmholtz-Klima-Initiative, Klimafakten.de, abrufbar im Internet). Der weltweite Temperaturanstieg führt außerdem zu **Verschiebungen von Klimazonen** und insoweit zu tiefgreifenden Veränderungen der Verbreitungsgebiete von Tieren und Pflanzen. Der Klimawandel bedroht nicht zuletzt die **Artenvielfalt**.

6 **Extreme Hitze** und Trockenheit, Starkregen und Überschwemmungen haben zugenommen. Während es 1951 im Durchschnitt in Deutschland drei Hitzetage gab, waren es nach Angaben der Bundesregierung im Jahr 2020 schon 11 Hitzetage. Die besonders trockenen Jahre 2018 und 2019 waren für Mitteleuropa nach Einschätzung der beispiellos in den vergangenen 250 Jahren (Bericht der Bundesregierung „Klimakrise im Faktenscheck", abrufbar im Internet). Der Deutsche Wetterdienst berichtet in seinem Rückblick auf das Jahr 2022 über das sonnenscheinreichste und eines der beiden wärmsten Jahre in Deutschland seit Beginn systematischer Wetteraufzeichnungen. Es habe außerdem auch im Jahr 2022 ein deutliches **Niederschlagsdefizit** gegeben. Auch europaweit sei das Jahr 2022 das bisher zweitwärmste Jahr seit Auswertungsbeginn mit regionalintensiven Hitze-Dürreperioden gewesen. Global seien die vergangenen acht Jahre die wärmsten Jahre seit Beginn der Aufzeichnungen.

7 Der Staat, d.h. der Gesetzgeber, die Verwaltung und die Gerichte, wird durch Art. 20a GG verfassungsrechtlich zum Schutz des Klimas verpflichtet. Als zentrale Leitgröße für den klimatischen Zustand des Erdsystems insgesamt bezeichnet das BVerfG die mittlere Temperatur der Erde. Das **Klimaschutzgebot** des Grundgesetzes ziele im Kern auf die Einhaltung einer Temperaturschwelle, bei der die durch Menschen verursachte Erwärmung der Erde angehalten werden solle. Um die Erderwärmung bei der verfassungsrechtlich maßgeblichen Temperaturschwelle anzuhalten, müsse eine weitere Anreicherung der Treibhausgaskonzentration in der Erdatmosphäre über diese Schwelle hinaus verhindert werden. Denn die Treibhausgaskonzentration und der daraus über die Erderwärmung resultierende Klimawandel seien nach derzeitigem Stand weitgehend unumkehrbar. Geboten seien daher vor allem Maßnahmen zur Reduktion von Treibhausgasemissionen. Seien die verfassungsrechtlichen Grenzen der weiteren Erderwärmung erreicht, verpflichte das verfassungsrechtliche Klimaschutzgebot dazu, Treibhausgasemissionen auf ein für die Treibhausgaskonzentration in der Erdatmosphäre neutrales Maß zu begrenzen. Insofern zielt Art. 20a GG auch auf die Herstellung von **Klimaneutralität** (BVerfG Beschl. v. 24.03.2021 – 1 BvR 2656, juris Rn. 197 ff. mit zahlreichen Bezugnahmen auf das Umweltgutachten 2020, des Sachverständigenrats für Umweltfragen, S. 33 ff.).

B. Rechtsgrundlagen

Art. 20a GG verpflichtet alle Staatsgewalten, den Gesetzgeber, aber auch die vollziehende Gewalt und die Rechtsprechung. Die vom BVerfG geforderte Herstellung von Klimaneutralität setzt ein umfassendes Klimaschutzrecht auf einfachgesetzlicher Ebene voraus. 8

Zum **Klimaschutzrecht** zählen grundsätzlich alle Vorschriften, die das Klima vor nachteiligen Einwirkungen durch den Menschen schützen sollen (Schlacke Umweltrecht, 2021, § 16 Rn. 2; Koch NVwZ 2011, 641, 643; Gärditz JuS 2008, 324). Als **Klima** bezeichnet man die Gesamtheit meteorologischer Ursachen, die für den längerfristigen Zustand der Erdatmosphäre bzw. des Wetters an einem Ort verantwortlich sind. Im Gegensatz zum kurzfristiger geprägten Wetter enthält der Klimabegriff insoweit eine Langzeitperspektive (Rodi in Rodi Klimaschutzrecht, 2022, § 1 Rn. 2; Sailer NVwZ 2011, 718; Kahl/Gärditz Umweltrecht, 2021, § 6 Rn. 6). Als **Klimaschutz** lässt sich die Gesamtheit der Maßnahmen und Aktivitäten zusammenfassen, die den von Menschen verursachten Klimawandel begrenzen sollen (Fellenberg/Guckelberger Klimaschutzrecht, 2022, Einl. Rn 1). 9

Schutzgut des Klimaschutzrechts ist das so umschriebene Klima. Begrenzt werden soll der Klimawandel, mit dem der kontinuierliche Anstieg der Durchschnittstemperatur bezeichnet wird. Nach der räumlichen Ausdehnung wird zumeist zwischen einem **lokalen,** einem **regionalem** und einem **globalen Klima** unterschieden (Bauer in Beckmann/Kment, UVPG/UmwRG, 2022, § 2 UVPG Rn. 53; Hamacher in Schink/Reidt/Mitschang, UVPG/UmwRG, § 2 UVPG Rn. 30). Während das UVPG in der bis zum 15. Mai 2017 geltenden Fassung noch keine Berücksichtigung globaler Klimaauswirkungen forderte und dementsprechend nur lokal und regional Klimafolgen geprüft wurden, müssen seit dem Inkrafttreten des Bundes-Klimaschutzgesetzes nach Art. 20a GG i.V.m. § 13 Abs. 1 Satz 1 bei der Umweltprüfung auch Aspekte des globalen Klimaschutzes und der Klimaverträglichkeit berücksichtigt werde (BVerwG Urt. v.04.05.2022 – 9 A 7/21, juris Rn. 60 ff.). 10

Das Klimaschutzrecht zielt auf eine Reduzierung der Treibhausgasemissionen zur Begrenzung der Erderwärmung (zum Begriff Kahl/Gärditz Umweltrecht, 2021, § 6 Rn. 6; Sailer NVwZ 2011, 718; Gärditz JuS 2008, 324). Ob auch Vorschriften, die **Anpassungsmaßnahmen** an die Folgen des nicht mehr vermeidbaren Klimawandels verlangen, wie etwa im Zusammenhang mit dem Hochwasserschutz, zum Klimaschutzrecht zählen, ist umstritten (verneinend Schlacke Umweltrecht, 2021, § 16 Rn. 2; Fellenberg/Guckelberger KSG, 2022, Einl. Rn 1; bejahend Hoffmann-Much in Kluth/Smeddinck Umweltrecht, 2020, § 6 Rn. 5 m.w.N.; Koch NVwZ 2011, 641, 62 f.; Sailer NVwZ 2011, 718, 720; näher dazu auch Rodi in Rodi, Klimaschutzrecht, 2022, § 1 Rn. 5 f.; zum Hochwasserschutz in der Raumplanung Beckmann BauR 2021, 1748; Kümper DÖV 2022, 889; Queitsch, UPR 2011, 130; zum Entwurf eines Bundes-Klimaanpassungsgesetzes siehe Beckmann KlimRZ 2023, 151). Möglicherweise ist die rechtsdogmatische Zuordnung eher akademischer Natur. Denkbar wäre es, das Klimaschutzrecht und das Klimaanpassungsrecht unter den Oberbegriff des Klimarechts einzuordnen (so Kloepfer Umweltrecht, 2016, § 4 Rn. 17; Sailer NVwZ 2011, 718, 720; Rodi in Rodi, Klimaschutzrecht, 2022, § 1 Rn. 6). Jedenfalls verfolgt die internationale und die deutsche Klimapolitik zwei systematische Ansätze oder strukturprägende Strategien, nämlich die Reduzierung von Treibhausgasemissionen **(Mitigation)** und die Anpassung an die Folgen des unvermeidbaren Klimawandels **(Adaption)**. Das Klimaschutzgesetz des Bundes verzichtet allerdings auf Regelungen zur Klimaanpassung (kritisch dazu Kment NVwZ 2020, 1537, 1539; siehe auch Albrecht NuR 2020, 370, 378; siehe dazu aber den Überblick über den Entwurf eines Bundes-Klimaanpassungsgesetzes unter Ziffer VI dieser Einführung). 11

12 Das Klimaschutzrecht wird als ein typisches **Querschnittsrechtsgebiet** angesehen, da es sich auf ganz unterschiedliche Regelungskomplexe erstreckt (Rodi in Rodi, Klimaschutzrecht, 2022, § 1 Rn. 37; Gärditz JuS 2008, 324, 325). Dazu zählen Vorschriften des Energierechts, des Umweltrechts, des Bau- und Planungsrechts, des Bergrechts, etc. Trotz möglicher dogmatischer Abgrenzungsprobleme lässt sich das Klimaschutzrecht jedenfalls auch als ein eigenständiges Teilgebiet des Umweltrechts einordnen (Gärditz JuS 2008, 324, 325; Koch NVwZ 2011, 641, 642; Rodi in Rodi, Klimaschutzrecht, 2022, § 1 Rn. 34; zur Eigenständigkeit des Rechtsgebiets siehe Burgi NVwZ 2021, 1401, 1403 f).

13 Der Landmann/Rohmer mit seinem Anspruch, die wesentlichen Grundlagen des bundesdeutschen Umweltrechts zu kommentieren, kann angesichts des Querschnittscharakters und der verschiedenen Ebenen des internationalen und nationalen Klimaschutzrechts das Klimaschutzrecht zwar nicht allumfassend kommentieren. Wesentliche Rechtsgrundlagen werden jedoch bereits in die Kommentierung einbezogen, so zum Umweltvölkerrecht von Durner, die Kommentierung der Art. 191-193 AEUV von Epiney, die Kommentierung des Art. 20a GG von Gärditz und die Kommentierung zum TEHG von Hardach, Weiser und Neuser). Darüber hinaus spielt der Klimaschutz natürlich auch bei der Kommentierung einzelner Umweltfachgesetze, etwa des BImSchG, des WHG, des KrWG und des BNatSchG im Landmann/Rohmer eine zunehmende Rolle. Die Zahl der zum Klimaschutz bereits erschienenen und aktuell erscheinenden Veröffentlichungen ist darüber hinaus nahezu unübersehbar (siehe dazu die umfassendere Literaturübersicht von Fellenberg/Guckelberger, Klimaschutzrecht, 2022, Einleitung; Rodi Handbuch Klimaschutzrecht, 2022; Frenz Klimaschutzrecht; 2022; Frenz, Grundzüge des Klimaschutzrechts, 2022; Kloepfer Umweltrecht, 2016, § 17; Prall/Ewer, Klimaschutz und Energierecht in Koch/Hofmann/Reese, Umweltrecht, 2018, § 9; Schomerus Klimaschutz- und Umweltenergierecht in Rehbinder/Schink, Grundzüge des Umweltrechts, 2018, 639).

14 Das Klimaschutzrecht ist mit zahlreichen Regelungen und Vollzugsinstrumenten auf völkerrechtlicher, europarechtlicher und nationaler Ebene eines in einem **Mehrebenensystem** vernetztes Rechtsregime (Gärditz JuS 2008, 324, 325; Schlacke NVwZ 2022, 905; EnWZ 2020, 355). Das zentrale Bundesgesetz zum Klimaschutzrecht ist das Klimaschutzgesetz des Bundes (Schlacke Umweltrecht, 2021, § 16 Rn. 2). Eine einführende Kommentierung dieses für den Klimaschutz und dementsprechend auch für das deutsche Umweltrecht zentralen Regelwerks soll deshalb in das Gesamtwerk des Landmann/Rohmer zum Umweltrecht integriert werden.

I. Internationales Klimaschutzrecht

15 Wesentlicher Motor des internationalen Klimaschutzrechts sind völkerrechtliche Verträge; das internationale Klimaschutzrecht hat sich aufgrund der sich kontinuierlich erweiternden klimawissenschaftlichen Erkenntnisse fortentwickelt (Schlacke NVwZ 2022, 905; Schlacke EnWZ 2020, 355; zum Verhältnis des Klimavölkerrechts zum deutschen Verfassungsrecht siehe Frenz Grundzüge des Klimaschutzrechts, 2021, S. 41; zu den völkerrechtlichen Grundlagen des Klimaschutzes siehe auch Kreuter-Kirchhof in Rodi Klimaschutzrecht, 2022, § 2 Rn. 1 ff.). Meilensteine des internationalen Klimaschutzes sind die **Klimarahmenkonvention** (1992), das **Kyoto-Protokoll** (1997) und das **Übereinkommen von Paris** (2015). Mittlerweile ist das Klimaschutzrecht aber auch ein ganz gewichtiger, immer bedeutender werdender Gegenstand des Unionsrechts (einen Überblick über weitere UN-Klimakonferenzen und ihre Verhandlungsergebnisse gibt z.B. Schlacke EnWZ 2020, 355).

16 **1. Internationale Abkommen.** Frühe Anstrengungen zum Klimaschutz auf der Ebene des Völkerrechts richteten sich auf den **Schutz der Ozonschicht**, die die Erde

vor einer UV-B-Strahlung der Sonne schützt. Es geht dabei um die Vermeidung der Freisetzung von Chemikalien, insbesondere von Fluorkohlenwasserstoffen (FCKW), die in verschiedenen Produkten als Treibgase und Kältemittel eingesetzt wurden und zu Schäden an der Ozonschicht führten. Mitte der 1970er Jahre stellten Wissenschaftler eine Ausdünnung der Ozonschicht fest; 1986 wurde ein saisonales Loch in der Ozonschicht über der Antarktis entdeckt. Grundlage für den internationalen Schutz der Ozonschicht ist das **Wiener Übereinkommen zum Schutz der Ozonschicht** aus dem Jahre 1985. Danach sollen die Vertragsparteien zum Schutz der menschlichen Gesundheit und Umwelt vor schädlichen Auswirkungen, die durch eine Schädigung der Ozonschicht verursacht werden, im Rahmen ihrer Möglichkeiten geeignete Maßnahmen ergreifen (näher dazu Hoffmann-Much in Kluth/Smeddinck Umweltrecht, 2020, § 6 Rn. 11 ff.). Mit dem Wiener Abkommen und dem dies Abkommen ergänzenden **Montrealer Protokoll von 1987** wurde ein konkreter Zeitplan für den weltweiten Ausstieg aus Produktion und Verwendung der schadensursächlichen FCKW beschlossen, der danach noch mehrfach verschärft wurde.

1992 wurde auf der UN-Konferenz für Umwelt und Entwicklung in **Rio de Janeiro** 17
die UN-**Klimarahmenkonvention (KRK)** verabschiedet. Ziel dieses Abkommens ist es, die Treibhausgaskonzentrationen in der Atmosphäre auf einem Niveau zu stabilisieren, das eine gefährliche Störung des Klimasystems vermeidet (siehe dazu näher Fellenberg/Guckelberger KSG, 2022, Einl. Rn 4).

Verbindliche Klimaschutzziele zur Reduzierung von verschiedenen Treibhausgasen 18
enthielt erst das 1997 beschlossene und 2005 in Kraft getretene Klimaschutzprotokoll zur KRK **(Kyoto-Protokoll)**. Danach sollten die Emissionen der Treibhausgase in den Industrieländern in der Zeit von 2008 bis zum Jahr 2012 um mindestens 5 % gegenüber dem Emissionsniveau des Jahres 1990 verringert werden. Das Kyoto-Protokoll sieht allerdings auch flexible Mechanismen vor, um die erlaubte Emissionsgesamtmenge der einzelnen Staaten möglichst kostengünstig einhalten zu können. Die Vertragsstaaten und Anlagenbetreiber sollten die Wahl haben, entweder durch Investitionen eine Reduktion der Emissionen zu erreichen, oder Emissionsberechtigungen zusätzlich zu erwerben (ausführlicher dazu Hoffmann-Much in Kluth/Smeddinck Umweltrecht, 2020, § 6 Rn. 16 ff.).

Die Vertragsstaaten der KRK beraten auf UN-Klimakonferenzen jährlich über die 19
Fortentwicklung des UN-Klimaschutzrechts. Im Jahr 2015 wurde in **Paris** ein neues Weltklimaabkommen beschlossen, das seit 2020 gilt und den Rahmen für den globalen Klimaschutz setzt (ausführlicher zum Übereinkommen von Paris Böhringer ZaöRV 2016, 753; Morgenstein/Dehnen ZUR 2016, 131; Schlacke EnWZ 2020, 355 Ekardt NVwZ 2016, 355; Nückel ZUR 2017, 525; Franzius ZUR 2017, 515). Völkerrechtlich verbindlich wurde das Ziel vereinbart, die Erderwärmung im Vergleich zum vorindustriellen Zeitalter auf deutlich unter 2 °C zu beschränken; außerdem sollen die Vertragsstaaten Anstrengungen unternehmen, den Temperaturanstieg schon bei 1,5 °C zu stabilisieren (näher dazu Schlacke NVwZ 2022, 905). Verantwortlich für die Einhaltung dieser Zielvorgaben sind alle Vertragsstaaten, wobei die gemeinsame Verantwortung nicht bedeutet, dass alle Vertragsstaaten dieselben Beiträge zur Zielerreichung erbringen müssen. Das Pariser Klimaschutzabkommen verpflichtet vielmehr die Staaten dazu, selbst festzulegen, welchen Beitrag zum Schutz der Erdatmosphäre sie ab dem Jahre 2020 leisten (näher dazu Kreuter-Kirchhof in Rodi Klimaschutzrecht, 2022, § 2 Rn. 32). Damit soll auf die begrenzte Durchsetzbarkeit des Völkerrechts und auf Eigeninteressen der Staaten Rücksicht genommen werden.

Die **Treibhausgasneutralität** soll in der zweiten Hälfte dieses Jahrhunderts erreicht 20
sein. Reduktionsminderungsziele für einzelne Vertragsstaaten sind allerdings nicht verbindlich vereinbart. Vielmehr müssen die Vertragsstaaten lediglich ihre eigenen Klima-

schutzbeiträge und -maßnahmen dem UN-Klimasekretariat melden, das deren Effizienz für die Zielerreichung prüft (Schlacke NVwZ 2022, 905).

21 Für das Ziel der Klimaneutralität müssen **Langfriststrategien** entwickelt werden, deren Meldung aber freiwillig ist. In der zweiten Hälfte dieses Jahrhunderts soll die weltweite Netto-THG-Emission auf null reduziert werden. Den Industriestaaten ordnet das Abkommen dabei eine besondere Verantwortung für die Festlegung von Emissionsminderungszielen zu; die Entwicklungsländer sollen bei der Erreichung eines höheren Klimaschutzniveaus unterstützt werden. Die noch am wenigsten entwickelten Länder und vor allem kleine Inselstaaten sollen lediglich Strategien, Pläne und Aktionen für eine Verringerung der Treibhausgasemissionen in Abhängigkeit von ihren speziellen Umständen entwickeln (Schlacke Umweltrecht, 2021, § 16 Rn. 9).

22 Im Jahr 2021 wurden die Ziele des Pariser Abkommens von den Vertragsparteien bekräftigt; ergänzend wurde vereinbart, dass die Verpflichtungen bis Ende 2022 erforderlichenfalls überprüft werden sollen, um die Erderwärmung auf 1, 5° C zu begrenzen. Weiter wurde vereinbart, die Bemühungen um einen schrittweisen **Ausstieg aus der Kohleverstromung** und der Subvention von fossilen Brennstoffen zu verstärken (dazu Fellenberg/Guckelberger, KSG, 2022, Einl. Rn 7). Außerdem wurden in Glasgow die Industriestaaten verpflichtet, ihren kollektiven Anteil an der Anpassungsfinanzierung zu verdoppeln. Weiter einigten sich die Vertragsstaaten über einen Prozess der langfristigen **Klimawandelfolgenfinanzierung** nach dem Jahr 2025 (zu dem Solidarpakt zur Unterstützung der Entwicklungsländer siehe Kreuter-Kirchhof in Rodi Klimaschutzrecht, 2022, § 2 Rn. 40).

23 Im Jahr 2021 hatten 194 Staaten ihre ersten Klimaschutzbeiträge gemeldet, 13 Staaten hatten ihre Klimaschutzbeiträge schon einmal überarbeitet; Langfriststrategien hatten aber erst knapp 40 Staaten vorgelegt. Sanktionsmechanismen für die Nichtbefolgung der Meldung der Klimaschutzbeiträge fehlen. Ein UNEP-Bericht aus dem Jahr 2021 stellt fest, dass die dem UN-Sekretariat gemeldeten Klimaschutzbeiträge lediglich 7,5 % Treibhausgasminderung bis 2030 erzielen, erforderlich wäre jedoch eine Reduktion um 55 %, um das angesteuerte 1,5 Grad Celsius-Ziel nicht zu überschreiten (Schlacke NVwZ 2022, 905).

24 Der deutsche Gesetzgeber hat in § 1 S. 3 die Klimaziele des Pariser Abkommens für das deutsche Recht übernommen, ohne dass er dazu völkerrechtlich oder verfassungsrechtlich verpflichtet gewesen wäre. Das BVerfG führt dazu aus, der Gesetzgeber habe in Wahrnehmung seines Konkretisierungsauftrags und seiner Konkretisierungsprärogative das Klimaschutzziel des Art. 20a GG „aktuell verfassungsrechtlich zulässig“ dahingehend bestimmt, dass der Anstieg der globalen Durchschnittstemperatur auf deutlich unter 2 °C und möglichst auf 1,5 °C gegenüber dem vorindustriellen Niveau zu begrenzen sei. Das BVerfG hat darin eine **Selbstverpflichtung des Gesetzgebers** gesehen; der Gesetzgeber müsse sich insoweit an dem von ihm selbst einfachgesetzlich vorgegebenen Zielmaßstab verfassungsrechtlich messen lassen (BVerfG Beschl. v. 24.03.2021, juris Rn. 211 ff.).

25 In weiteren Klimakonferenzen in den Jahren 2016-2018 wurde eine konkretere Ausgestaltung und Umsetzung des Pariser Abkommens ausgehandelt; so beschloss die UN-Klimakonferenz in Kattowitz 2018 ein **Regelbuch**, das die Vertragsstaaten u.a. zur Offenlegung ihrer „national festgelegten Beiträge“ in einem der Öffentlichkeit zugänglichen Online-Register verpflichtet. Es blieb jedoch dabei, dass die Staaten sich selbst für bestimmte Maßnahmen des Klimaschutzes entscheiden müssen, über die dann Bericht zu erstatten ist, und dass insoweit der Klimaschutz auf ein gegenseitiges Vertrauen der Staaten und auf ihr Engagement dafür angewiesen ist.

2. EU-Recht. Die EU ist ebenfalls Vertragspartei des Pariser Abkommens; sie verfolgt zur Umsetzung der völkerrechtlichen Klimaschutzvorgaben aber bereits seit dem Jahr 1988 eine **Doppelstrategie**. Einige treibhausgasemittierende Sektoren gehören in den Anwendungsbereich des EU-**Emissionshandelssystems**. Dazu zählen die Strom- und Wärmerzeugung, energieintensive Industrien (zB Ölraffinerien, Stahl- und Aluminiumwerke ua), Teile der chemischen Industrie und innereuropäische Flüge. Diese Sektoren repräsentieren rund 40 % der Treibhausgasemissionen in der EU. Andere Sektoren, etwa Verkehr, Landwirtschaft, Gebäude fielen bislang noch nicht in den Anwendungsbereich des EU-weiten Emissionshandels; sie werden aber von der EU-Klimaschutzverordnung erfasst. Die EU-Mitgliedstaaten haben jedoch Ende 2022 eine politische Einigung zur Reform des EU-Emissionshandels gebilligt, die auch Gebäude und den Verkehrssektor in den Emissionshandel integriert. Die Mitgliedstaaten der EU haben im Rat der Ständigen Vertreter (AStV) die politische Einigung zur Reform des EU-Emissionshandelns vom 18.12.2022 bestätigt. Nach Inkrafttreten der entsprechenden Richtlinie haben die Mitgliedstaaten eine Übergangszeit zur Umsetzung. Der Europäische Emissionshandel wird damit auf fast alle Sektoren ausgeweitet, insbesondere werden die Bereiche Gebäude und Verkehr integriert. Etwa 85 Prozent aller europäischen CO_2-Emissionen werden damit zukünftig an Zertifikate bzw. Emissionsrechte gebunden, deren Menge kontinuierlich ab entsprechend den europäischen Klimazielen geringer wird. 26

Der EU wird vorgehalten, dass ihre Klimaschutzbestimmungen „ausgesprochen vielgestaltig", in ihrem materiellen Gehalt aber „eher programmatisch" und „konkretisierungsbedürftig" seien mit der Konsequenz, dass die von den völkerrechtlichen Klimaschutzübereinkommen ausgehende Umsetzungslast weitgehend auf die EU-Mitgliedstaaten abgeschoben worden sei (Durner EurUP 2021, 330, 335; Breuer NVwZ 2022, 1233, 1235). 27

Primärrechtlich ist die Bekämpfung des Klimawandels Teil der Umweltpolitik nach Art. 191 Abs. 1, 4. Spiegelstrich AEUV geregelt. Danach trägt die Umweltpolitik der Union auch zur Förderung von Maßnahmen auf internationaler Ebene zur Bewältigung regionaler oder globaler Umweltprobleme und insbesondere zur Bekämpfung des Klimawandels bei. Die Umweltpolitik der Union zielt nach Art, 191 Abs. 2 AEUV unter Berücksichtigung der unterschiedlichen Gegebenheiten in den einzelnen Regionen der Union auf ein hohes Schutzniveau ab. Sie beruht auf den Grundsätzen der Vorsorge und Vorbeugung, auf dem Grundsatz, Umweltbeeinträchtigungen mit Vorrang an ihrem Ursprung zu bekämpfen, sowie auf dem Verursacherprinzip. Das gilt auch für die Klimaschutzpolitik der EU. 28

Hinzu kommt der für den Klimaschutz ebenfalls maßgebliche Energie-Kompetenztitel des Art. 194 AEUV (dazu Frenz Grundzüge des Klimaschutzrechts, 2021, Rn. 237; Schlacke Umweltrecht, 2021, § 16 Rn. 11). Die Energiepolitik der Union verfolgt danach im Geiste der Solidarität zwischen den Mitgliedstaaten, im Rahmen des Binnenmarkts und unter Berücksichtigung der Notwendigkeit des Schutzes der Umwelt bestimmte Ziele. Dazu gehört neben der Sicherstellung eines funktionierenden Energiemarkts und neben der Energieversorgungssicherheit der EU auch die besonders klimaschutzrelevante Förderung der Energieeffizienz und von Energieeinsparungen sowie die Entwicklung neuer und erneuerbarer Energiequellen. 29

Darüber hinaus hat die EU Vorgaben zum Klimaschutz in verschiedenen Verordnungen, Richtlinien und Entscheidungen geregelt. Angesichts des Vorrangs des Unionsrechts gegenüber dem Recht der Mitgliedstaaten ist das EU-Klimaschutzrecht für die Klimapolitik in Deutschland entscheidend, auch wenn es im Klimabeschluss des BVerfG vom 24.3.2021 keine maßgebliche Rolle spielte bzw. spielen musste (dazu Frenz Grundzüge des Klimaschutzrechts, 2021, S. 65). 30

31 Den zentralen Rechtsrahmen für den Klimaschutz der EU bildet die **VO (EU) 2018/1999 über das Governance-System** für die Energieunion und für den Klimaschutz (ABl. 2018 L 328, dazu Schlacke NVwZ 2022, 905, 906; Schlacke/Lammers EurUP 2018, 424; Schlacke/Knodt ZUR 2019, 404; Schlacke EnWZ 2020, 355, 357). Sie soll die Verpflichtungen des Pariser Übereinkommens umsetzen und die Energie- und Klimapolitik der EU steuern, diese in einem Rechtsakt integrieren und zusammenführen. Die Governance-VO schreibt den Mitgliedstaaten die Erarbeitung von **Langfriststrategien** zur THG-Reduktion von 2021 bis 2050 (Art. 15 Governance-VO) sowie von (mittelfristigen) **integrierten nationalen Energie- und Klimaplänen** (Art. 3 Governance-VO) vor. Nach Art. 4 Governance-VO müssen die Mitgliedstaaten Angaben zur Verringerung der Treibhausgasemissionen, zum Ausbau der erneuerbaren Energien und zur Verwirklichung der Energieeffizienzvorgaben machen. Es handelt sich um ein Planungs- und Monitoring-Instrument für die Umsetzung der energie- und klimapolitischen Ziele der EU für das Jahr 2030 für die langfristigen Verpflichtungen der EU aus dem Pariser Übereinkommen zur Reduktion von Treibhausgasen (näher dazu Hoffmann-Much in Kluth/Smeddinck Umweltrecht, 2020, § 6 Rn. 38; Schlacke/Knodt ZUR 2019, 404).

32 Die EU-Kommission verfügt dazu auch über **Kontrollbefugnisse**. Sie bewertet, ob die ihr übermittelten Pläne geeignet sind, die energie- und klimapolitischen Ziele der Union und die Vorgaben dazu bis zum Jahr 2030 zu erreichen (Art. 13 der Verordnung). Die Kommission kann gegenüber den Mitgliedstaaten Empfehlungen aussprechen und Maßnahmen vorschlagen, wenn sie deren Beiträge zur Erreichung der EU-Ziele für unzureichend hält oder wenn die Mitgliedstaaten ihre Strategien und Maßnahmen nur ungenügend umsetzen (Art. 31 Abs. 1, 3, Art. 32 Governance-VO). Außerdem kann die Kommission weitere Befugnisse nutzen, etwa durch den Erlass delegierter Rechtsakte und von Durchführungsrechtsakten iSv Art. 290, 291 AEUV. Ein Vertragsverletzungsverfahren kann aber allenfalls bei Versäumnissen bei der Vorlage eines Klimaschutzbeitrags, nicht aber wegen unzureichender Ziele oder Maßnahmen einzelner Mitgliedstaaten eingeleitet werden (siehe dazu auch Schlacke Umweltrecht, 2021, § 16 Rn. 13; Köck/Markus ZUR 2020, 257, 258, die von „bindenden Empfehlungen" sprechen).

33 Der **European Green Deal** (EU-Kommission, Mitteilung v. 11.12.2019, COM (2019) 640) formuliert das Ziel der EU, **Klimaneutralität bis 2050** zu erreichen (siehe dazu im Einzelnen Frenz Grundzüge des Klimaschutzrechts, 2021, Rn. 81 ff.; Schlacke NVwZ 2022, 905). Der Green Deal enthält einen Fahrplan für verschiedene Maßnahmen, mit denen eine effizientere Ressourcennutzung im Rahmen einer sauberen und kreislauforientierten Wirtschaft gefördert sowie die Biodiversität wiederhergestellt und die Verschmutzung der Umwelt bekämpft werden soll. Der Green Deal geht insoweit über Anliegen des Klimaschutzes weit hinaus (Frenz Grundzüge des Klimaschutzrechts, 2021, Rn. 82). Kernanliegen des Green Deal sind die Versorgung mit sauberer, sicherer und preisgünstiger Energie, die Mobilisierung der Industrie für eine saubere und kreislauforientierte Wirtschaft (ausführlich dazu auch Klement/Roller in Rodi, Klimaschutzrecht, 2022, § 39 Rn. 1 ff.), energie- und ressourcenschonendes Bauen und Renovieren, eine raschere Umstellung auf eine nachhaltige und intelligente Mobilität, die Entwicklung eines fairen, gesunden und umweltfreundlichen Lebensmittelsystems, die Erhaltung und Wiederherstellung der Ökosysteme und Biodiversität sowie eine schadstofffreie Umwelt (dazu Kloepfer/Durner Umweltschutzrecht, 2020, § 6 Rn. 16).

34 Ergänzt wird der Green Deal durch den **Europäischen Klimapakt**, der Akteuren der Zivilgesellschaft (Einzelne, soziale Gruppen, Verbände etc.), Organisationen und der EU-Kommission einen – im Laufe der Zeit weiterzuentwickelnden – offenen, inklusionsfördernden Raum zum Austausch von Erfahrungen und Wissen, für Diskussionen und zur

Koordination des Handelns zur Bewältigung der Klimakrise bieten und damit digitalen und grünen Wandel verbinden soll (Kloepfer/Durner Umweltschutzrecht § 6 Rn. 16).

Auf der Grundlage des eher programmatisch-strategisch angelegten „Green Deal" beruht die VO (EU) 2021/1119 zur Schaffung des Rahmens für die Verwirklichung der Klimaneutralität, die als **EU-Klimagesetz** bezeichnet wird und in 2021 in Kraft trat. Mit dem EU-Klimagesetz wurde das Reduktionsziel bis zum Jahr 2030 von 40 % auf 55 % angehoben (Art. 4 Abs. 1 EU-Klimagesetz; siehe dazu Frenz Grundzüge des Klimaschutzrechts, 2021, Rn. 112). **Klimaneutralität** ist nach Art. 2 Abs. 1 EU-Klimagesetz bis zum Jahr **2050** EU-weit zu erreichen; nach dem Jahr 2050 sind **negative Emissionen** anzustreben. Die zuständigen Organe der Union und die Mitgliedstaaten treffen auf Unionsebene bzw. auf nationaler Ebene nach Art. 2 Abs. 2 EU-Klimagesetz die notwendigen Maßnahmen, um die gemeinsame Verwirklichung des in Art. 2 Abs. 1 EU-Klimagesetz festgelegten Ziels der Klimaneutralität zu ermöglichen, und berücksichtigen dabei die Bedeutung der Förderung sowohl von Fairness als auch von Solidarität zwischen den Mitgliedstaaten und von Kostenwirksamkeit bei der Verwirklichung dieses Ziels. Das EU-Klimagesetz stellt außerdem ein neues **Anpassungsziel** auf, um mit einem kontinuierlichen Fortschritt bei der Verbesserung von Anpassungskapazitäten, die Stärkung von Resilienz und die Minderung von Vulnerabilität in Bezug auf den Klimawandel zu erreichen. Eine neue **Klimazielvereinbarkeitsprüfung** soll sicherstellen, dass jeder Maßnahmenentwurf und Rechtsaktvorschlag, einschließlich eines Budgetvorschlags, hinsichtlich der Vereinbarkeit mit den EU-weiten Zielen geprüft werden soll (dazu Schlacke NVwZ 2022, 905, 907; Falke ZUR 2021, 57 f.). 35

Der **Beirat für Klimawandel** dient nach Art. 3 Abs. 1 EU-Klimagesetz der Union aufgrund seiner Unabhängigkeit und seines wissenschaftlichen und technischen Fachwissens als Bezugspunkt für wissenschaftliche Erkenntnisse im Zusammenhang mit dem Klimawandel. Zu den Aufgaben des Beirats für Klimawandel gehören unter anderem Aufgaben, wie die Berücksichtigung der neusten wissenschaftlichen Erkenntnisse aus den Berichten des IPCC und der wissenschaftlichen Klimadaten, insbesondere der für die Union relevanten Informationen, die wissenschaftliche Beratung und Erstellung von Berichten über bestehende und vorgeschlagene Maßnahmen, Klimaziele und indikative Treibhausgasbudgets der Union sowie deren Vereinbarkeit mit den Zielen dieser Verordnung und den internationalen Verpflichtungen der Union gemäß dem Übereinkommen von Paris und die Ermittlung von Maßnahmen und Möglichkeiten, die erforderlich sind, um die Klimaziele der Union zu verwirklichen. 36

Im Hinblick auf die Verwirklichung des Ziels der Klimaneutralität gemäß Art. 2 Abs. 1 EU-KlimaG wird ein **unionsweites Klimaziel für das Jahr 2040** festgelegt. Zu diesem Zweck legt die EU-Kommission spätestens 6 Monate nach der ersten weltweiten Bestandsaufnahme gemäß Art. 14 des Paris-Übereinkommens einen Legislativvorschlag auf der Grundlage einer ausführlichen Folgenabschätzung vor, um die Verordnung dahingehend zu ändern, dass das Klimaziel der Union für 2040 darin aufgenommen wird, wobei die Schlussfolgerungen aus den in den Art. 6 und 7 EU-KlimaG genannten Bewertungen und die Ergebnisse der weltweiten Bestandsaufnahme berücksichtigt werden. 37

Bei der Vorlage ihres Legislativvorschlags für das Klimaziel der Union für das Jahr 2040 veröffentlicht die EU-Kommission gem. Art. 4 Abs. 3 EU-KlimaG gleichzeitig in einem gesonderten Bericht das projizierte indikative **Treibhausgasbudget der Union** für den Zeitraum von 2030 bis 2050, definiert als die indikative Gesamtmenge der Netto-Treibhausgasemissionen (als CO_2-Äquivalent und mit gesonderten Informationen über die Emissionen und den Abbau von Treibhausgasen), die voraussichtlich in diesem Zeitraum emittiert werden, ohne dadurch die Verpflichtungen der Union gemäß dem Übereinkommen von Paris zu gefährden. 38

39 Bis zum 30.09.2023 und danach alle fünf Jahre bewertet die Kommission nach Art. 6 Abs. 1 EU-KlimaG die gemeinsamen Fortschritte aller Mitgliedstaaten bei der Verwirklichung des Ziels der Klimaneutralität und die gemeinsamen Fortschritte aller Mitgliedstaaten bei der Anpassung an den Klimawandel gemäß Art. 5 EU-KlimaG der vorliegenden Verordnung. Bis zum 30.09.2023 und danach alle fünf Jahre überprüft die Kommission nach Art. 6 Abs. 2 EU-KlimaG die Vereinbarkeit der Unionsmaßnahmen mit dem Ziel der Klimaneutralität und die Vereinbarkeit der Unionsmaßnahmen mit der Sicherstellung von Fortschritten bei der Anpassung an den Klimawandel. Stellt die Kommission bei ihren Bewertungen fest, dass die Unionsmaßnahmen nicht mit dem Ziel der Klimaneutralität vereinbar sind bzw. nicht damit vereinbar sind, Fortschritte bei der Anpassung an den Klimawandel sicherzustellen, oder dass die Fortschritte unzureichend sind, so trifft sie die erforderlichen Maßnahmen. Ergänzend zu der Bewertung der Fortschritte und Maßnahmen der Union hat die Kommission nach Art. 7 EU-KlimaG in denselben Zeiträumen auch die nationalen Maßnahmen zu bewerten.

40 Im Jahr 2021 verabschiedete die EU-Kommission ihr **„Fit for 55"-Legislativpaket**, mit dem das klimaschutzbezogene Instrumentarium erheblich erweitert werden sollte. So soll die Gesamtemissionsminderungsleistung auf Grundlage der RL 2003/87/EG über ein System für den Handel mit Treibhausgasemissionszertifikaten (ABlEG 2003 L 275/32) im Jahr 2030 61 % gegenüber 2005 betragen; der Anwendungsbereich des EU-Emissionshandels bezieht auch den Schiffsverkehr ein. Der Emissionshandel soll außerdem durch einen **„Grenzsteueranpassungsmechanismus"** ergänzt werden. Dazu müssen Importeure eine **Zertifikatabgabe** für Importeure bestimmter Güter aus Drittstaaten zahlen, um so einem Carbon Leakage entgegenzuwirken (Schlacke NVwZ 2022, 905, 907). Außerdem soll ein neuer **Emissionszertifikatehandel für die Sektoren Gebäude und Straßenverkehr ab 2025** eingeführt werden.

41 Die EU hat, nicht zuletzt veranlasst durch das Kyoto-Protokoll, mit der **Emissionshandelsrichtlinie** ein europäisches System für den Handel mit Emissionsberechtigungen zunächst nur für den Sektor Energie und Industrie geschaffen. Der Emissionshandel beruht auf einer schrittweisen Deckelung der Emissionsrechte und damit auch der handelbaren Zertifikate. Emittenten werden dadurch verpflichtet, für den Ausstoß spezifischer Gase eine handelbare Emissionsberechtigung nachzuweisen; sie sollen damit veranlasst werden, mit technischen Innovationen eine Emissionsverminderung zu bewirken (näher dazu Frenz Grundzüge des Klimaschutzrechts, 20221, Rn. 71; Schlacke Umweltrecht, 2021, § 16 Rn. 15; Hoffmann-Much in Kluth/Smeddinck Umweltrecht, 2020, § 6 Rn. 41 ff; Kreuter-Kirchhof ZUR 2019, 396, 397).

42 Begonnen hat der Emissionshandel bereits zu Beginn des Jahres 2005; er wurde in der Folgezeit in mehreren Zuteilungsperioden fortgesetzt. Die auf einzelne Mitgliedstaaten entfallenden Emissionsberechtigungen wurden zunächst auf EU-Ebene ausgehandelt und anschließend von den Mitgliedstaaten in nationalen **Allokationsplänen** an die Emittenten verteilt (Hoffmann-Much in Kluth/Smeddinck Umweltrecht, 2020, § 6 Rn. 44). Angesichts einer befürchteten Überausstattung der die Unternehmen mit Emissionszertifikaten und einer daraus folgenden, zu geringen Reduktion der Emissionen wurden durch eine Novelle der Richtlinie 2009/29/EG zur Verbesserung und Ausweitung des Gemeinschaftssystems für den Handel mit Treibhausgasemissionszertifikaten neue Mechanismen für die Festlegung der Emissionsobergrenzen in den Mitgliedstaaten und für die Zuteilungsregeln eingeführt.

43 Im Jahre 2019 wurde eine **Marktstabilitätsreserve** eingeführt, mit deren Hilfe ein Überschuss an Zertifikaten abgebaut werden soll. Die Marktstabilitätsreserve reduziert für den Fall, dass zu viele Zertifikate im Umlauf sind, die jährlichen Auktionsmengen. Für den Fall, dass zu wenige Zertifikate auf dem Markt sind, werden diese aus der Marktstabi-

litätsreserve aufgestockt (näher dazu Hoffmann-Much in Kluth/Smeddinck Umweltrecht, 2020, § 6 Rn. 45).

Für die Handelsperiode von 2021 bis 2031 ergibt sich aus der Richtlinie 2018/410 zur Unterstützung kosteneffizienter Emissionsreduktionen und zur Förderung von Investitionen mit geringem CO_2-Ausstoß eine weitere Verknappung der zuzuteilenden Emissionszertifikate. 44

Zur Steigerung der Energieeffizienz hat die EU außerdem eine **Energieeffizienzrichtlinie** erlassen. Sie soll bewirken, dass mit Maßnahmen zur Steigerung der Energieeffizienz der Energieverbrauch reduziert wird und dadurch natürlich auch der Ausstoß klimaschädlicher Treibhausgase, die Energiekosten sowie die Abhängigkeit von Energieimporten gesenkt werden. Primärrechtliche Grundlage ist Art. 194 Abs. 1c AEUV, der die Förderung der Energieeffizienz zum Ziel der Energiepolitik der EU macht. Die Energieeffizienzrichtlinie sieht verschiedene Maßnahmen zur Beseitigung vorhandener Hindernisse und Unzulänglichkeiten des Marktes vor, die eine Effizienz der Energieversorgung der Energienutzung beeinträchtigen. Dabei handelt es sich aber lediglich um Mindestanforderungen, die es den Mitgliedstaaten erlauben, strengere Maßnahmen beizubehalten oder zu ergreifen, solange dies mit dem Unionsrecht vereinbar ist (Art. 1 Abs. 2 der Richtlinie; näher dazu Hoffmann-Much in Kluth/Smeddinck Umweltrecht, 2020, § 6 Rn. 62 ff.). 45

Für den Gebäudebereich gilt außerdem die **Gebäudeenergieeffizienz-Richtlinie**, die einen Ausbau eines energieeffizienten und dekarbonisierten Gebäudebestands verlangt. Eine Renovierung des Gebäudebestands ist für den Klimaschutz und die Energiewende wichtig, weil etwa 50 % des Energieverbrauchs der EU beim Heizen und Kühlen anfallen, davon wiederum 80 % in Gebäuden (Frenz Grundzüge des Klimaschutzrechts, 2021, Rn. 202). Neue Gebäude müssen von vornherein Mindestanforderungen an die Gesamtenergie erfüllen. Alle Mitgliedstaaten sind nach Art. 2a dieser Richtlinie verpflichtet, bis zum Jahr 2050 eine langfristige Strategie zur Unterstützung der Renovierung des nationalen Bestandes sowohl an öffentlichen als auch an privaten Gebäuden zu entwickeln, mit der ein Kosten effizienter Umbau bestehender Gebäude zur Verbesserung der Energieeffizienz befördert werden soll. Außerdem sollen Gebäude für künftige Möglichkeiten der Energie-Verkehrsinfrastruktur entmutigt werden. Dazu sollen neue Gebäude und solche, die grundlegend renoviert werden, z.B. mit Einrichtungen einer Ladeinfrastruktur ausgestattet werden. Zur Umsetzung dieser Richtlinie ist ein System zur Erstellung von Ausweisen über die Gesamtenergieeffizienz von Gebäuden vorgesehen (näher dazu Frenz Grundzüge des Klimaschutzrechts, 2021, Rn. 196 ff.). 46

Mit einer weiteren Richtlinie über die Förderung sauberer **Straßenfahrzeuge** zur Unterstützung einer emissionsarmen Mobilität sollen öffentliche und private Auftraggeber in Vergabeverfahren angehalten werden, Energie- und Umweltauswirkungen neuer Fahrzeuge zu berücksichtigen. Die Richtlinie zur Förderung sauberer und energieeffizienter Straßenfahrzeuge zur Unterstützung einer emissionsarmen Mobilität soll für saubere und energieeffiziente Fahrzeuge sorgen. 47

Für die bislang noch nicht vom EU-Emissionshandel erfassten Sektoren, insbesondere für den Verkehr und für Gebäude gelten Pflichten der Mitgliedstaaten zur Reduktion von Treibhausgasen. Die Klimaschutzverordnung (EU) 2018/842 sieht für die Jahre 2021 - 2030 für die einzelnen Mitgliedstaaten verbindliche Reduktionsziele im Vergleich zum Jahr 2005 vor (Schlacke Umweltrecht, 2021, § 16 Rn. 21). 48

Im Sinne eines produktbezogenen Umwelt- und Klimaschutzes stellt die **Ökodesign-Richtlinie** Anforderungen an die umweltgerechte Gestaltung von energieverbrauchsrelevanten Produkten (Hoffmann-Much in Kluth/Smeddinck Umweltrecht, 2020, § 6 Rn. 72). Nach Art. 3 Ökodesign-Richtlinie dürfen energieverbrauchsrelevante Produkte 49 nur in Verkehr gebracht oder in Betrieb genommen werden, wenn sie die in speziellen Verordnungen der EU-Kommission über umweltrelevante Anforderungen an energieverbrauchsrelevante Produkte geregelten Anforderungen an die Energieeffizienz erfüllen.

50 Ergänzend zum Emissionshandel und zu ordnungsrechtlichen Emissionsminderung sieht die EU die **Förderung der Nutzung von Energie aus erneuerbaren Quellen** vor (näher dazu Hoffmann-Much in Kluth/Smeddinck Umweltrecht, 2020, § 6 Rn. 54 ff.). In der Richtlinie zur Förderung der Nutzung von Energie aus erneuerbaren Quellen (Richtlinie 2009/28/EG) aus dem Jahre 2009 wurde verbindlich festgelegt, dass bis 2020 ein Anteil von 20 % des Energieverbrauchs in der EU aus erneuerbaren Quellen stammen musste. Darüber hinaus waren alle Mitgliedstaaten verpflichtet, bei den Kraftstoffen den Anteil aus erneuerbaren Energiequellen bis 2020 auf 10 % zu erhöhen. Zudem waren in der Richtlinie verschiedene Mechanismen vorgesehen, die die Mitgliedstaaten bei der Umsetzung ihrer Zielvorgaben nutzen konnten (Förderregelungen, Herkunftsnachweise, gemeinsame Projekte, Zusammenarbeit zwischen Mitgliedstaaten und Drittländern).

51 Außerdem wurden **Nachhaltigkeitskriterien für Biokraftstoffe** festgeschrieben. Bis 2020 wurden mit der Richtlinie für jedes Land die bestehenden nationalen Ziele für den Anteil erneuerbarer Energiequellen bestätigt, wobei der Ausgangslage und dem Gesamtpotenzial für die Nutzung von Energie aus erneuerbaren Quellen Rechnung getragen wurde. Jeder EU-Mitgliedstaat legte in nationalen Aktionsplänen für erneuerbare Energiequellen fest, wie er seine Ziele zu verwirklichen gedachte und wie er seinen allgemeinen Fahrplan für Maßnahmen zugunsten erneuerbarer Energiequellen gestaltete. Der Fortschritt bei der Verwirklichung der nationalen Ziele wurde alle zwei Jahre gemessen, nachdem die EU-Mitgliedstaaten ihre Fortschrittsberichte über erneuerbare Energiequellen veröffentlicht hatten.

52 Ende 2018 trat die überarbeitete **Richtlinie zur Förderung der Nutzung von Energie aus erneuerbaren Quellen** (EU 2018/2001) in Kraft. Sie musste bis Juni 2021 von den EU-Mitgliedstaaten in innerstaatliches Recht umgesetzt werden. Die Richtlinie legt ein neues verbindliches Ziel für den Anteil erneuerbarer Energieträger fest. Danach muss die EU bis 2030 einen Anteil von mindestens 32 % ihres Endenergieverbrauchs durch Energie aus erneuerbaren Quellen decken. Außerdem wird die Möglichkeit eröffnet, bis 2023 eine Aufwärtskorrektur vorzunehmen und für den Anteil erneuerbarer Kraftstoffe im Verkehr bis 2030 ein erhöhtes Ziel von 14 % festzulegen.

53 In Ermangelung überarbeiteter nationaler Ziele sollten die nationalen Ziele für erneuerbare Energiequellen für 2020 als Mindestbeitrag jedes Mitgliedstaats für 2030 herangezogen werden. Die EU-Mitgliedstaaten sollen ihr jeweiliges nationales Energieziel vorschlagen und nationale Energie- und Klimapläne für zehn Jahre erstellen, für die alle zwei Jahre Fortschrittsberichte erstellt werden. Die Kommission bewertet diese Pläne und ergreift nötigenfalls Maßnahmen auf EU-Ebene, um die Pläne mit dem EU-Gesamtziel in Einklang zu bringen (siehe auch Hoffmann-Much in Kluth/Smeddinck Umweltrecht, 2020, § 6 Rn. 54; Vollprecht/Lehnert/Kather ZUR 2020, 204; zu weiteren klimaschützenden Rechtsakten und klimaschutzbezogenen Anforderungen an die Landnutzung der EU siehe Schlacke Umweltrecht, 2021, § 16, 24 f.; Leinders RdE 2020, Sonderheft, 34).

54 Soweit die Richtlinie (EU) 2018/2001 zur Förderung der Nutzung von Energie aus erneuerbaren Quellen Vorgaben für das Verwaltungsverfahren bei der Zulassung von Anlagen zur Produktion von Energie aus erneuerbaren Quellen enthält, sind diese Verfahrensvorgaben von Bedeutung für immissionsschutzrechtliche Genehmigungsverfahren, für Zulassungsverfahren für Anlagen im Bereich der Wasserwirtschaft bzw. für wasserwirtschaftlich relevante Vorhaben, die der Produktion von Energie aus erneuerbaren Quellen dienen. Teilweise gehen die Vorgaben der Richtlinien auch über vorhandene Regelungen des Immissionsschutzrechts des Bundes, im Wasserhaushaltsgesetz und im Bundeswasserstraßengesetzes hinaus. Mit dem Gesetz zur Umsetzung von Vorgaben der Richtlinie (EU) 2018/2001 zur Förderung der Nutzung von Energie aus erneuerbaren Quellen für Zulassungsverfahren nach dem BImSchG, dem WHG und dem BWastrG (BGBl 2021, I v. 30.08.2021, S. 3901) sind die verfahrensrechtlichen Anforderungen umgesetzt worden (siehe dazu die Gesetzesbegründung der Bundesregierung BT-Drs. 19/27672 vom 17.3.2021).

II. Bundesrecht

Kerngesetz des Klimaschutzes ist auf Bundesebene das Bundes-Klimaschutzgesetz. Daneben ist für die langfristigen Strategien und Ziele des Klimaschutzes der Klimaschutzplan von Bedeutung. 55

Der **Klimaschutzplan** ist nach § 2 Nr. 7 die deutsche **Langfriststrategie** nach dem Übereinkommen von Paris und nach Art. 15 EU-Governance-Verordnung; er fasst klimaschutzpolitische Grundsätze und Ziele der Bundesregierung zusammen und beschreibt den Weg zu einem weitgehend treibhausgasneutralen Deutschland bis zum Jahre 2050. Der Klimaschutzplan 2050 wurde im November 2016 von der Bundesregierung nach einem umfassenden Dialogprozess mit Beteiligung der Bundesländer, Kommunen, von Verbänden und Bürgern erarbeitet. In dem Klimaschutzplan werden die Klimaschutzziele bis zum Jahre 2050 konkretisiert, indem für einzelne Sektoren Entwicklungsphasen beschrieben und strategisch angelegte Maßnahmen aufgezeigt werden, die für eine Erreichung der Klimaziele für das Jahr 2030 erforderlich sind (Hoffmann-Much in Kluth/Smeddinck Umweltrecht, 2020, § 6 Rn. 76). Im Klimaschutzplan 2050 wird das Gesamtziel einer Treibhausgasneutralität bis zur Mitte des Jahrhunderts und zur stufenweisen Reduktion der Treibhausgasemissionen auf einzelne Sektoren heruntergebrochen; außerdem werden Klimaziele für einzelne Wirtschaftszweige festgelegt, mit denen allen Emittenten eine Orientierung für ihre strategischen Entscheidungen in den kommenden Jahren gegeben werden soll. Der Klimaschutzplan 2050 wird in regelmäßigen Abständen fortgeschrieben. Dabei wird auch überprüft, ob der technische Fortschritt und ökonomische Entwicklungen Anlass zu einer Neujustierung zwischen den Zielkorridoren der Sektoren geben. 56

Ergänzt wird der Klimaschutzplan durch das **Klimaschutzprogramm** 2030, das Maßnahmen für die Einhaltung des Emissionsminderungsziels für das Jahr 2030 beschreibt. Im Klimaschutzprogramm werden außerdem Klimaziele für Deutschland bis zum Jahr 2050 formuliert. Ziel des Klimaschutzprogramms ist es, dass Deutschland bis zum Jahr 2030 55 % weniger klimaschädliche Treibhausgase ausstößt. Vorgesehen sind Maßnahmen zur Einsparung von CO_2 für alle Sektoren: für die Energiewirtschaft, Industrie, Gebäude, Verkehr, Land- und Forstwirtschaft, Landnutzung und Abfallwirtschaft. 57

Die Bundesregierung hat den **Entwurf eines Klimaschutzprogramms 2023** mit Stand vom 13.06.2023 vorgelegt. 58

Das **Bundes-Klimaschutzgesetz** ist nach der Gesetzesbegründung – wie das auch das EU-Klimagesetz und die EU-Governance-VO – ein **Rahmengesetz** (BT-Drs. 19/14337, 1, 17; Schlacke EurUP 2020, 338, 338; zum KSG ausführlicher Franzius EnWZ 2019, 435; Scharlau/von Swieykowski-Trzaska/Keimeyer/Klinski NVwZ 2020, 1; Albrecht NuR 2020, 370; Kment NVwZ 2020, 1537; Wickel ZUR 2021, 332; Schlacke EurUP 2020, 338; Schlacke EnWZ 2020, 355). Das Klima ist darüber hinaus wichtiges Schutzgut in zahlreichen Umweltgesetzen. So bezweckt z.B. § 1 BImSchG unter anderem den Schutz der Atmosphäre vor schädlichen Umwelteinwirkungen. Das bezieht als Schutzgut auch das Klima ein und erfasst insbesondere auch globale Folgen eines immissi- 59 onsschutzrechtlich genehmigungsbedürftigen Vorhabens (Jarass BImSchG, 2022, § 1 Rn. 10). Nach § 1 Abs. 3 Nr. 4 BNatSchG sind zur dauerhaften Sicherung der Leistungs- und Funktionsfähigkeit des Naturhaushalts insbesondere auch Luft und Klima durch Maßnahmen des Naturschutzes und der Landschaftspflege zu schützen. Gemäß § 6 Abs. 1 Nr. 5 WHG sind die Gewässer nachhaltig zu bewirtschaften, insbesondere mit dem Ziel, möglichen Folgen des Klimawandels vorzubeugen. Und zu den Schutzgütern des § 2 Abs. 1 Nr. 3 UVPG zählt unter anderem auch das Klima.

60 § 13 Abs. 1 S. 1 verlangt, dass sämtliche Träger öffentlicher Aufgaben bei ihren Planungen und Entscheidungen den Zweck des KSG und die zu seiner Erfüllung festgelegten Ziele zu berücksichtigen haben. Im Wesentlichen unbestritten löst § 13 Abs. 1 zwar keine strikte Beachtenspflicht aus und führt auch nicht zu einem grundsätzlichen (absoluten) Vorrang des Klimaschutzes. Klimaschutzbelange können daher bei der planerischen Abwägung und auch bei nachvollziehenden Abwägungen zur Auslegung unbestimmter Rechtsbegriffe sowie im Rahmen von Ermessensentscheidungen zugunsten anderer Belange auch zurückgestellt werden, wenn deren Gewichtigkeit den Klimabelang überwiegt. In der Rechtsprechung wird dazu die Ansicht vertreten, öffentliche Interessen könnten der Zulassung von Anlagen der erneuerbaren Energien als wesentlicher Teil des Klimaschutzes nur dann entgegenstehen, wenn sie mit einem dem Art. 20a GG vergleichbaren verfassungsrechtlichen Rang gesetzlich verankert bzw. gesetzlich geschützt seien oder einen gleichwertigen Rang besäßen (VGH BW Beschl. v. 10.11.2022 – 10 S 1312/22, juris Rn. 56; OVG NRW Beschl. v. 04.08.2022 - 22 A 488/20 - juris Rn. 57). Dazu ist jedoch anzumerken, dass sich aus dem Klimaschutzgebot des Art. 20a GG kein absoluter und auch kein relativer Vorrang für den Klimaschutz unabhängig von der Abwägung im konkreten Fall ergibt, sondern dass sowohl § 13 Abs. 1 S. 1 als auch Art. 20a GG (lediglich) erwarten, dass der Klimaschutz hinreichend Berücksichtigung findet, wobei das BVerfG allerdings klargestellt hat, dass mit zunehmenden Folgen des Klimawandels der Belang an Gewicht gewinnt. Die Zurückstellung des Klimaschutzbelangs hinter gegenläufige Belange lässt sich grundsätzlich auch nicht damit rechtfertigen, dass der Beitrag eines bestimmten Vorhabens an den weltweiten Folgen des Klimawandels nur gering sei. Mit einer solchen Argumentation ließe sich Klimaschutz kaum erfolgreich bewirken, weil die weltweiten Folgen des Klimawandels naturgemäß von zahllosen Einzelvorhaben verursacht werden.

61 Neben ökologischen Folgen müssen nach § 1 S. 2 aber auch **soziale und ökonomische Folgen** berücksichtigt werden. Dem Klima-Beschluss des BVerfG vom 24.03.2021 wird in diesem Zusammenhang entgegengehalten, dass es dem Klimaschutz eine Bedeutung zumesse, die im Gegensatz zu dem Zieldreieck der Nachhaltigkeit stehe, das sich nicht nur aus § 1 S. 2, sondern auch aus dem EU-Recht ergebe (Frenz Grundzüge des Klimaschutzrechts, 2021, Rn. 374).

62 Noch nicht abschließend geklärt ist, ob der Schutz des Klimas über § 13 oder über Art. 20a GG als **Optimierungsgebot** verstanden werden darf (ablehnend zur Bauleitplanung siehe OVG BB Beschl. v. 25.01.2022 – OVG 10 S 17/21, juris Rn. 48; Dirnberger in Jäde/Dirnberger, BauGB, 2018, § 1a Rn. 33; a.A. unter Verweis auf § 13 Abs. 2 KSG Schlacke/Römling DVBl 2021, 144, 150: „Klimaschutz als Optimierungsgebot bei Planfeststellungsbeschlüssen"). Eine Berücksichtigung globaler Klimafolgen bei der Zulassung von Einzelvorhaben oder im Rahmen der Planung könnte möglicherweise am besten über ein der Vorsorge entsprechendes Minimierungs- oder Optimierungsgebot bewirkt werden.

63 Das Klima zählt selbstverständlich auch zu den Schutzgütern des **UVPG** nach § 2 Abs. 1 Nr. 3 UVPG. Bis zur Modernisierung des UVPG im Jahre 2017 waren für die Umweltprüfung allerdings ausschließlich die Auswirkungen des Vorhabens auf das standortbezogene, lokale Klima von Belang. Mit der Neuregelung 2017 wurde jedoch auch das **Makroklima**, d.h. das großräumige, globale Klima zum Schutzgut der Umweltprüfung (BVerwG Urt. v. 04.05.2022 – 9 A 7/21, juris Rn. 60 ff.; Urt. v. 24.02.2021, NVwZ 2021, 1846; Bauer in Beckmann/Kment UVPG, 2023, § 2 Rn. 53).

Neben dem KSG sind auf Bundesebene auch das **Brennstoffemissionshandelsgesetz** (BEHG) und das schon im Jahr 2004 erlassene **Gesetz über den Handel mit Berechtigungen zur Emission von Treibhausgasen** (TEHG) für den Klimaschutz von zentraler Bedeutung. 64

Das BEHG regelt ein nationales Emissionshandelssystem für Brennstoffe, das zusätzlich zu dem Europäischen Emissionshandelssystem in Deutschland ergänzend eingeführt worden ist. Nach § 1 S. 1 BEHG ist es Zweck des BEHG, die Grundlagen für den Handel mit Zertifikaten für Emissionen aus Brennstoffen zu schaffen und für eine Bepreisung dieser Emissionen zu sorgen, soweit diese Emissionen nicht vom EU-Emissionshandel erfasst sind, um damit zur Erreichung der nationalen Klimaschutzziele, einschließlich des langfristigen Ziels der Netto-Treibhausgasneutralität bis zum Jahr 2045, und zur Erreichung der Minderungsziele nach der EU-Klimaschutzverordnung sowie zur Verbesserung der Energieeffizienz beizutragen. Zweck des nationalen Emissionshandelssystems ist gem. § 1 S. 2 BEHG die Bepreisung fossiler Treibhausgasemissionen (siehe dazu Altenschmidt ZfZ 2020, 122; Frenz RdE 2020, 281; Klinski/Keimeyer ZUR 2020, 142; Tappe EuRUP 2021, 249; Vollmer NuR 2020, 237; zu Abfällen als Brennstoff nach dem BEHG siehe Frenz/Schink/Ley AbfallR 2020, 166 ff, 223 ff.; zur Vereinbarkeit des BEHG mit der Finanzverfassung Hennecke NuR 2021, 83). 65

Auch das Gesetz zur Reduzierung und zur Beendigung der Kohleverstromung und zur Änderung weiterer Gesetze **(Kohleausstiegsgesetz)** aus dem Jahr 2020 ist für den Klimaschutz von erheblicher Bedeutung, weil der Gesetzgeber damit das Ziel gesetzt hat, den Anteil des aus erneuerbaren Energien erzeugten Stroms am Bruttostromverbrauch auf 65 % im Jahr zu steigern und eine sukzessive Reduzierung der Kohleverstromung mit dem Ziel der Beendigung bis zum Jahr 2038 zu erreichen, wobei angestrebt wird, die Kohleverstromung nicht erst 2038, sondern schon im Jahre 2030 enden zu lassen (ausführlich zum Kohleausstiegsgesetz Frenz Grundzüge des Klimaschutzrechts, 2021, Rn. 1005 ff.; Frenz RdE 2022, 56; Büdenbender DVBl 2021, 281; Frenz UPR 2021, 166; Stürmlinger/Fuchs NuR 2021, 320 Michaels/Däuper EnWZ 2020, 291; Kahl EuRUP 2020, 305; zum Kohleausstieg „idealerweise bis 2030" siehe Korte VerwArch 2022, 333; Frenz NuR 2022, 87). Bei dem Kohleausstiegsgesetz handelt es sich um ein Artikelgesetz, dessen Art. 1 das Gesetz zur Reduzierung und zur Beendigung der Kohleverstromung (Kohleverstromungsbeendigungsgesetz – KVBG) regelt. 66

Zentrale Vorgabe des KVGB ist das **Verbot der Kohleverfeuerung** gem. § 51 KVBG für bestehende Kohlekraftwerke. Mit dem Wirksamwerden des Verbots darf keine Kohle mehr zur Erzeugung elektrischer Energie in einer Anlage verfeuert werden. Gem. § 53 Abs. 1 KVBG ist es seit dem 14.08.2020 verboten, neue Kohlekraftwerke in Betrieb zu nehmen. Neu ist ein Kohlekraftwerk, wenn bis zum 29.01.2020 für das Kraftwerk noch keine Genehmigung nach dem BImSchG vorlag. Das KVBG sieht im Übrigen für den Ausstieg aus der Kohleverstromung verschiedene, sich grundlegend unterscheidende Konzepte mit differenzierenden Regelungen vor. Das Gesetz gilt für Anlagen zur Erzeugung elektrischer Energie durch den Einsatz von Kohle in Deutschland und verlangt eine **kontinuierliche Reduzierung und Beendigung der Kohleverstromung**, wobei allerdings eine sichere, preisgünstige, effiziente und klimaverträgliche Versorgung der Allgemeinheit mit Elektrizität gewährleistet sein muss (§ 2 Abs. 1 KVBG). Andere fossile Energien (Öl und Gas) werden nicht erfasst. 67

68 Zweck des KVBG ist es, die Erzeugung elektrischer Energie durch den Einsatz von Kohle in Deutschland sozialverträglich, schrittweise und möglichst stetig zu reduzieren und zu beenden, um dadurch Emissionen zu reduzieren und dabei eine sichere, preisgünstige, effiziente und klimaverträgliche Versorgung der Allgemeinheit mit Elektrizität zu gewährleisten (§ 1 Abs. 2 KVBG). Um dies zu erreichen, verfolgt das KVBG insbesondere das Ziel, die verbleibende elektrische Nettonennleistung von Anlagen am Strommarkt zur Erzeugung elektrischer Energie durch den Einsatz von Kohle in Deutschland schrittweise und möglichst stetig zu reduzieren (§ 2 Abs. 2 KVBG).

69 Rechtsgrundlage für die **Stilllegung der Braunkohleanlagen** bilden öffentlich-rechtliche Verträge zwischen dem Bund und den Anlagenbetreibern. Für die Stilllegung von Braunkohleanlagen erhalten die Anlagenbetreiber eine Entschädigung, bei der es sich nicht um eine Enteignungsentschädigung, sondern um einen Ausgleich für eine Inhalts- und Schrankenbestimmung nach Art. 14 Abs. 1 S. 2 GG handelt. Anders als bei Braunkohlekraftwerken gewährt der Gesetzgeber Betreibern von **Steinkohleanlagen** keine festen Entschädigungszahlungen für die Beendigung der Kohleverfeuerung. Vielmehr werden Entschädigungen im Rahmen von kontingentierten **Ausschreibungen** ermittelt, bei denen neben dem gebotenen Preis über eine erfolgreiche Teilnahme auch die historischen CO_2-Emissionen und die Netzrelevanz der Anlage eine Rolle spielen. Neben einer Stilllegung im Rahmen eines Ausschreibungsverfahrens kommt eine Reduzierung der Steinkohleverstromung auch auf dem Wege von **Stilllegungsanordnungen** durch die Bundesnetzagentur nach den §§ 27 ff KVBG in Betracht. Bei der behördlichen Stilllegung werden jeweils die ältesten Steinkohleanlagen, die für das Erreichen des jährlichen Zielniveaus bis 2038 notwendig sind, entschädigungslos verpflichtet, die Kohleverfeuerung 30 Monate nach der Anordnung einzustellen. Grundlage ist eine nach Alter sortierte Liste aller bestehenden Steinkohleanlagen i.S.d. KVBG.

70 Der Braunkohleabbau zur Versorgung des Energiemarktes ist angesichts der Vielzahl der weiteren, mit dem Klima- und Umweltschutz politisch abzuwägenden Faktoren nicht als offensichtlich und eindeutig unvereinbar mit den Art. 2 Abs. 2 Satz 1 GG anzusehen (VG Aachen Beschl. v. 07.10.2021, KlimR 2022, 125). Das VG Aachen kommt zu der Erkenntnis, dass sich zumindest zum Zeitpunkt seines Beschlusses noch keine Verdichtung des Klimaschutzgebots sowie des Gebots intertemporalen Freiheitsschutzes hin zu einem verfassungsrechtlich zwingenden **Gebot einer vorzeitigen Beendigung des Braunkohleabbaus** bzw. der Braunkohleverstromung ableiten ließe. Fragen der Ausgestaltung des Klimaschutzinstrumentariums, in deren Rahmen verschiedene Grundrechtspositionen sowohl aktuell als auch intertemporal in Ausgleich zu bringen seien, seien noch nicht durch einzelvorhabenbezogene Gerichtsentscheidungen, sondern durch den Gesetzgeber im Rahmen einer ganzheitlichen Energie- und Klimaschutzpolitik zu entscheiden (VG Aachen Beschl. v. 07.10.2021, KlimR 2022, 125; bestätigt durch OVG NRW Beschl. v. 28.03.2022 - 21 B 1675/21, BeckRS 2022, 6396).

71 Der Koalitionsausschuss der Regierungsparteien hat am 28.03.2023 ein **Modernisierungspaket** für eine Klimaschutzplanungsbeschleunigung angekündigt. Das Klimaschutzgesetz soll, wie schon im Koalitionsvertrag vereinbart, weiterentwickelt werden. Die Einhaltung der Klimaschutzziele soll zukünftig anhand einer sektorübergreifenden und mehrjährigen Gesamtrechnung überprüft werden. Basis dafür soll ein jährliches Monitoring sein. Zeitgleich zur Novelle des Klimaschutzgesetzes sollen wichtige Anpassungen aus dem Klimaschutzprogramm insbesondere für die Lkw-Maut, für eine Reform des Straßenverkehrsrechts, zu Minderungsmaßnahmen für Busse und CAR-Sharing von der Bundesregierung beschlossen werden. Die angekündigte Novelle des Klimaschutzgesetzes soll insbesondere festlegen, dass die Bundesregierung zukünftig jeweils im ersten Jahr einer Legislaturperiode ein umfassendes sektorübergreifendes Klimaschutzprogramm

beschließt, um das Erreichen der Klimaschutzziele sicherzustellen. Zukünftig sollen alle Sektoren aggregiert betrachtet werden. Wenn die Projektionsdaten in zwei aufeinanderfolgenden Jahren zeigen, dass mit den aggregierten Jahresemissionen bis zum Jahr 2030 das Gesamtminderungsziel nicht erreicht wird, wird die Bundesregierung auf Basis der Vorschläge der maßgeblich für die Minderungsmengen der Sektoren verantwortlichen Bundesministerien Maßnahmen beschließen, die sicherstellen, dass das Minderungsziel bis 2030 dennoch erreicht wird. Alle für die Sektoren verantwortlichen Bundesministerien, insbesondere jene, in deren Zuständigkeitsbereich die Sektoren liegen, die die Zielverfehlung verursacht haben, haben nach den Vorstellungen des Koalitionsausschusses dann zu den Maßnahmen der Minderung beizutragen.

1. Entwurf eines Zweiten Gesetzes zur Änderung des Bundes-Klimaschutzgesetzes. Am 21.06.2023 hat das Bundeskabinett den **Entwurf eines Zweiten Gesetzes zur Änderung des Bundes-Klimaschutzgesetzes** beschlossen. Grundlage dafür war ein Referentenentwurf des Bundesministeriums für Wirtschaft und Klimaschutz mit Stand vom 13.06.2023. Die deutschen Klimaziele (Minderung der Treibhausgasemissionen ggü. 1990 bis 2030 um mindestens 65%, bis 2040 um mindestens 88% sowie bis 2045 Erreichung von Treibhausgasneutralität) sowie die schrittweise Absenkung der erlaubten Menge an Gesamtemissionen (2030: 440 Millionen Tonnen CO_2-Äquivalente) werden durch das geplante Änderungsgesetz nicht verändert. 72

Zu den besonders wichtigen Änderungen der **Gesetzesnovelle 2023** gehört, dass für Nachschärfungsmaßnahmen zum Klimaschutz nicht mehr auf die Emissionen einzelner Sektoren im letzten Jahr als Berichtsjahr abgestellt werden soll, sondern die **Summe der Gesamtemissionen aller Sektoren** in den Jahren 2021 bis 2030 entscheidend sein soll. Wenn diese in der Vorausschau überschritten werden, muss nach dem Gesetzentwurf nachgesteuert werden. Umgekehrt soll auf eine Nachschärfung der Klimaschutzmaßnahmen verzichtet werden können, wenn die Bundesregierung Maßnahmen beschließt, die nach der Prognose ausreichen, um die zulässigen Gesamtmengen in den Jahren 2021 bis 2030 in Summe einzuhalten. Eine Nachsteuerung soll dann erst wieder erforderlich sein, wenn nachfolgende Projektionen zwei Jahre aufeinanderfolgend zeigen, dass doch weiter eine Lücke besteht, und der zum Aussetzen der Nachsteuerung führende Beschluss der Bundesregierung vor dem Vorjahr gefasst wurde. 73

Das bisher geltende **Sektorprinzip** wird zugunsten einer Gesamtverantwortung abgeschwächt, für die sog. **Jahresemissionsgesamtmengen** berechnet werden. Werden diese in einem Jahr über- oder unterschritten, soll die Differenz gleichmäßig auf die folgenden Jahre übertragen werden. Das **Gesamtemissionsziel** ergibt sich weiterhin aus der Summe der sektorbezogenen Minderungsmengen. Das Entscheidungsverfahren zur Erarbeitung der Nachsteuerungsmaßnahmen soll sich nach dem Gesetzesentwurf zukünftig ändern. Die **Projektionsdaten** sollen zunächst durch den Expertenrat für Klimafragen geprüft werden. Projektionsdaten sind nach § 2 Nr. 10 des Änderungsentwurfs quantitative Abschätzungen zur künftigen anthropogenen Treibhausgasemissionen aus Quellen und zum Abbau solcher Gase durch Senken, bei denen die Auswirkungen von verabschiedeten und in Kraft gesetzten Politiken und Maßnahmen berücksichtigt werden. Der Expertenrat für Klimafragen soll nach dem Gesetzesentwurf zukünftig feststellen, ob die Jahresemissionsgesamtmengen überschritten wurden. Dann legen alle zuständigen Bundesministerien innerhalb von drei Monaten Vorschläge zur Nachsteuerung bei den Klimaschutzmaßnahmen vor. Die Bundesregierung soll dann wie bisher im Anschluss daran über die zu ergreifenden Maßnahmen beraten und schnellstmöglich beschließen, spätestens innerhalb desselben Jahres. 74

75 Alle für die Sektoren verantwortlichen Bundesministerien haben weiterhin ihren angemessenen Beitrag zur Erreichung der nationalen Klimaschutzziele zu leisten. Zur Bewertung dieser sektorbezogenen Beiträge dienen Jahresemissionsmengen der einzelnen Sektoren, so dass sichtbar bleibt, ob die einzelnen Sektoren auf dem vorgesehenen Minderungspfad bleiben. Bei Defiziten einzelner Sektoren soll jedoch nicht mehr zwingend eine rechtliche Minderungsverantwortung für das zuständige Bundesministerium bestehen. Vielmehr soll nach Erläuterungen des Bundeswirtschaftsministeriums zukünftig stärker politisch entschieden werden.

76 Die Gesetzesnovelle 2023 soll die Rolle des Expertenrates für Klimafragen stärken. Er soll nach dem Gesetzentwurf in Zukunft auch die Prognose zur Einhaltung der zulässigen Gesamtemissionen im Zeitraum 2021- 2030 validieren und eine Unter- oder Überschreitung der Jahresemissionsgesamtmengen feststellen sowie die Entwicklung der Jahresemissionsmengen darstellen. Außerdem soll der Expertenrat berechtigt werden, eigene Vorschläge zur Weiterentwicklung geeigneter Klimaschutzmaßnahmen zu unterbreiten.

77 **2. Instrumente des Klimaschutzrechts.** Der Gesetzgeber sieht zur Durchsetzung seiner Klimaschutzziele verschiedene Instrumente vor, zu denen ordnungsrechtliche Instrumente, der Handel mit Emissionszertifikaten, planungsrechtliche Instrumente und eine Vorbildfunktion der öffentlichen Hand bei den Anstrengungen zur Bekämpfung des Klimawandels und zur Anpassung an die Folgen des bereits eingetretenen bzw. zukünftig schon nicht mehr vermeidbaren Klimawandels zählen (siehe einführend zu diesem Instrumentarium Gärditz/Kahl Umweltrecht, 2021, § 6 Rn. 26 ff.).

78 **a) Ordnungsrechtliche Maßnahmen.** Zu den ordnungsrechtlichen Maßnahmen zum Schutz des Klimas werden z.B. die Festsetzung von **Emissionsgrenzwerten** für neue Personenkraftwagen durch die EU und die Pflicht aller Unternehmen, die Otto- oder Dieselkraftstoff in Verkehr bringen, zur Beimischung von Biokraftstoffen, mit der der Anteil erneuerbarer Energien im Verkehrssektor EU-weit gesteigert werden soll.

79 **b) Marktwirtschaftliche Instrumente des Emissionshandels.** Als zentrales marktwirtschaftliches Instrument gilt der **Emissionshandel**, durch das die THG-Emissionen begrenzt werden und wodurch für die Emissionen Zertifikate in Form handelbarer Rechte erworben werden müssen. Die EU hat bereits im Jahre 2005 ein Zertifikate-Handelssystem für die Emission von Treibhausgasen durch bestimmte emissionshandelspflichtige Anlagen aus den Sektoren Energiewirtschaft und Industrie und seit dem Jahr 2012 auch aus dem Flugverkehr eingeführt. Geregelt ist das Emissionshandelsrecht in der EH-RL (Richtlinie 2003/87/EG); sie ist mit dem TEHG in das deutsche Recht umgesetzt worden. Neben dem europaweiten Emissionshandelssystem regelt in Deutschland seit 2021 das BEHG ein zusätzliches, nationales Zertifikatehandelssystem für Brennstoffemissionen aus den Sektoren Wärme und Verkehr, die nicht vom EU-Emissionshandel erfasst werden.

80 Der Sinn des Zertifikatehandels liegt darin, das Recht zur Atmosphärennutzung zu verknappen und Marktmechanismen zu unterwerfen. Angesichts der Begrenzung der zulässigen Gesamtemissionsmenge bildet sich im Zertifikatehandel ein Preis, der die beabsichtigte Verknappung der Emissionsberechtigungen abbilden soll. Durchgreifende Bedenken an der Vereinbarkeit des Emissionshandelssystems mit den Grundrechten bestehen nicht (Kloepfer/Durner Umweltrecht, 2021, § 6 Rn. 33).

81 **c) Planungsinstrumente.** Zunehmende Bedeutung für den Klimaschutz erlangen auch planungsrechtliche Instrumente. § 9 Abs. 1 S. 1 1 schreibt der Bundesregierung den Beschluss von **Klimaschutzprogrammen** nach jeder Fortschreibung des Klimaschutz-

plans sowie deren Aktualisierung im Falle einer tatsächlichen oder absehbaren Zielverfehlung vor. Mit den Klimaschutzprogrammen soll sichergestellt werden, dass Deutschland seine Klimaschutzziele für das Jahr 2030 erreicht (Gesetzesbegründung, BT-Drs. 19/14377, 33).

Zwar haben insbesondere die globalen Klimafolgen von Vorhaben bei Planungs- und Zulassungsentscheidungen in der Vergangenheit eine zu geringe Rolle gespielt. Allerdings hat das BVerfG unmissverständlich darauf hingewiesen, dass dem Klimaschutz zwar kein absoluter Vorrang zukommt, dass er aber in der Abwägung mit entgegenstehenden Grundrechten und gegenläufigen Belangen bei zunehmendem Klimawandel immer stärker an Gewicht gewinnt (BVerfG Beschl. v. 24.03.2021, NVwZ 2021, 951 Rn. 117, 185, 198). Das betrifft nicht nur die bei allen staatlichen Planungen notwendige Abwägung, sondern bereits die Ermittlung der lokalen, aber auch der globalen Klimafolgen. 82

Der Klimaschutz zählt, teilweise auf der Grundlage ausdrücklicher Regelungen (vgl. § 3 Abs. 1 S. 2 FStrG, § 12 Abs. 7 S. 2 WaStrG), aber auch unabhängig davon zu den abwägungsrelevanten öffentlichen Belangen der **Fachplanung** iSv § 17 S. 2 FStrG, § 8 Abs. 1 S. 2 LuftVG, § 14 Abs. 1 S. 2 WaStrG oder § 28 Abs. 1 S. 2 PBefG (zum Klimaschutz in der straßenrechtlichen Planfeststellung siehe grundlegend BVerwG Urt. v. 04.05.2022; Uechtritz NVwZ 2022, 1525). Die Planfeststellungsbehörde muss seit dem Inkrafttreten des KSG nach der Rechtsprechung des BVerwG bei ihrer Abwägungsentscheidung nach Art. 20a GG iVm § 13 Abs. 1 Satz 1 die Aspekte des globalen Klimaschutzes und der Klimaverträglichkeit berücksichtigen. Das Berücksichtigungsgebot des § 13 Abs. 1 S. 1 verlangt von der Planfeststellungsbehörde, mit einem – bezogen auf die konkrete Planungssituation – vertretbaren Aufwand zu ermitteln, welche CO_2-relevanten Auswirkungen das Vorhaben hat und welche Folgen sich daraus für die Klimaschutzziele des KSG ergeben (BVerwG Urt. v. 04.05.2022, NVwZ 2022, 1549; zu diesem Urteil Uechtritz NVwZ 2022, 1525). Völlig zu Recht wird darauf hingewiesen, dass in der Praxis erhebliche Schwierigkeiten bestehen, wie die Belange des globalen Klimaschutzes im Rahmen von Planfeststellungsverfahren zu ermitteln sind (Uechtritz NVwZ 2022, 1525). Rechtsunsicherheiten bestehen hinsichtlich der Reichweite der Berücksichtigungs und zur Untersuchungstiefe. Das BVerwG stellt fest, dass es dazu gegenwärtig keine konkretisierenden Vorgaben gebe (BVerwG Urt. v. 04.05.2022 NVwZ 2022, 1549 Rn 80). Das BVerwG erläutert weiter, dass das KSG ein Rahmengesetz sei, das sich in erster Linie an den Gesetzgeber selbst richte. Bisher existierten keine Rechtsverordnungen, Verwaltungsvorschriften, Ausführungsvorschriften, Leitfäden, Handreichungen oder Ähnliches, die die Verwaltungsbehörden bei der praktischen Umsetzung ihrer Ermittlungs- und Bewertungspflichten zugrunde legen könnten. Das führe zwar nicht dazu, dass das Berücksichtigungsgebot zurzeit nicht handhabbar wäre und keine Anwendung finden würde, sei aber von Bedeutung für die Frage, was die Behörde für eine sachgerechte Erfüllung ihrer Berücksichtigungspflicht leisten müsse. Die Anforderungen dürften dabei nicht überspannt werden, müssten „mit Augenmaß“ inhaltlich bestimmt und konkretisiert werden und dürften der Behörde keinen unzumutbaren Aufwand abverlangen (BVerwG Urt. v. 4.5.2022, NVwZ 2022, 1549, Rn. 80). Diese Lesart des BVerwG ist allerdings eine eher tastende, vorsichtige Bemühung, die nach der Gesetzeslage völlig unklaren Anforderungen an die Berücksichtigung globaler Klimafolgen zu konkretisieren und im Sinne des Verhältnismäßigkeitsgrundsatzes einzugrenzen. Das Gericht sieht sich auch sogleich in der Notwendigkeit, seine die Anforderungen an die Berücksichtigung der globalen Klimafolgen relativierenden Bekundungen gegenüber dem Gesetzgeber und dessen Absichten zu rechtfertigen. Rechtsunsicherheiten hinsichtlich des gebotenen Umfangs der Ermittlungen zu den globalen Klimafolgen bleiben. Zutreffend wird dazu angemerkt, dass die Aussagen des BVerwG im Urteil vom 04.05.2022 nichts daran ändern, dass im jeweiligen 83

Einzelfall die Ermittlungsreichweite und -tiefe mit Blick auf das konkrete Vorhaben zu bestimmen seien und dass hierbei vielfach Zweifelsfragen auftauchen werden (Uechtritz NVwZ 2022, 1525, 1526). Hilfreicher könnte in der Tat der Verweis auf die Beschränkungen sein, die für die UVP in § 39 Abs. 2 S. 2 UVPG formuliert sind. Die Prüfung muss sich danach nur auf das beziehen, was nach gegenwärtigem Wissensstand und allgemein anerkannten Prüfmethoden in angemessener Weise verlangt werden kann. Soweit der Wissensstand lückenhaft sei, müsse nicht anlässlich des konkreten Planverfahrens versucht werden, bestehende Erkenntnisdefizite zu schließen. Die gegenteilige Annahme würde einen unvertretbaren Ermittlungsaufwand darstellen, der nicht geboten sei (Uechtritz NVwZ 2022, 1525, 1526).

84 Problematisch sind im Übrigen nicht nur die Ermittlung der lokalen, regionalen und globalen Klimafolgen des Vorhabens, sondern auch die Maßstäbe für die Konsequenzen, die sich aus den sachgerecht ermittelten Klimafolgen für die Entscheidung ergeben sollen. Lassen sich dazu Werte oder Schwellen bestimmen, bei deren Überschreiten ein Vorhaben nicht mehr zulassungs- oder planungsfähig ist? Oder besteht Anlass für die Annahme eines am Grundsatz der Verhältnismäßigkeit zu messendes Minmierungsgebots, das dazu verpflichtet, schädliche Treibhausgasemissionen soweit wie in angemessener Weise möglich zu vermeiden?

85 Auch bei der **Raumordnungsplanung** des Bundes und der Länder gewinnt der Klimaschutz an Gewicht (näher dazu Erbguth DVBl. 2022, 1001; Sauthoff in Rodi Klimaschutzrecht, 2022, § 14 Rn. 1 ff.). § 2 Abs. 2 Nr. 6 Satz 8 und 9 ROG benennen wichtige Kernelemente des Klimaschutzes als zu berücksichtigende Raumordnungsgrundsätze, nämlich den Ausbau der erneuerbaren Energien, eine sparsame Energienutzung, den Erhalt und die Entwicklung natürlicher Senken für klimaschädliche Stoffe und für die Einlagerung dieser Stoffe, die nachhaltige Entwicklung im Meeresbereich unter Anwendung eines Ökosystemansatzes. Als Grundsätze der Raumordnung sind die benannten Klimaschutzbelange i.S.v. § 3 Abs. 1 Nr. 3 ROG Aussagen zur Entwicklung, Ordnung und Sicherung des Raums Vorgaben für nachfolgende Abwägungs- oder Ermessensentscheidungen, die nach § 4 Abs, 1 S. 1 ROG bei raumbedeutsamen Planungen und Maßnahmen öffentlicher Stellen, bei Entscheidungen öffentlicher Stellen über die Zulässigkeit raumbedeutsamer Planungen und Maßnahmen anderer öffentlicher Stellen und bei Entscheidungen öffentlicher Stellen über die Zulässigkeit raumbedeutsamer Planungen und Maßnahmen von Personen des Privatrechts, die der Planfeststellung oder der Genehmigung mit der Rechtswirkung der Planfeststellung bedürfen, in Abwägungs- oder Ermessensentscheidungen zu berücksichtigen sind.

86 Das in der Rechtsordnung allgemeingültige Verständnis des Klimaschutzes gilt auch im Raumordnungsrecht (Schlacke Umweltrecht, 2021, 16 Rn. 2; Sauthoff ZUR 2021, 140). Allerdings ist der Klimaschutz ein öffentlicher Belang, der grundsätzlich nicht als privater Belang in die planerische Abwägung eingebracht und dessen unzureichende Berücksichtigung von Privaten insoweit auch bei einer gerichtlichen Überprüfung nicht gerügt werden kann (Sauthoff in Rodi Klimaschutzrecht, 2022, § 14 Rn 7). Etwas anderes mag aber für eine Verschlechterung des lokalen Klimas gelten, auf die sich auch ein Privater möglicherweise berufen könnte, wenn er davon nachteilig betroffen wird.

87 Bei der Aufstellung von Raumordnungsplänen ist im Rahmen der planerischen Abwägung zu entscheiden, ob zum Schutz des Klimas eine Festlegung als Grundsatz oder als Ziel der Raumordnung in den Plan aufgenommen werden soll, wobei bei einem Ziel der Raumordnung nach § 3 Abs, 1 Nr. 2 ROG eine abschließende Abwägung vorzunehmen ist (Runkel in Spannowsky/Runkel/Goppel, ROG, 2018, § 7 Rn. 38). Den räumlichen Erfordernissen des Klimaschutzes ist Rechnung zu tragen sowohl durch Maßnahmen, die dem Klimawandel entgegenwirken, als auch durch solche, die der Anpassung an den Klimawandel dienen. Insoweit hat der Planungsträger zu ermitteln und zu berücksichtigen, welche Auswirkungen andere Festlegungen der Raumordnung auf das Klima haben (Sauthoff ZUR 2021, 140, 143).

Empfohlen wird, vor der Erstellung eines Raumordnungsplans ein Landes- und/oder kommunales **Klimaschutz- oder Energiekonzept** zu entwerfen, in dem unter Berücksichtigung der fachlichen Anforderungen des Klimaschutzes die Ziele und die möglichen Instrumente erarbeitet werden (Sauthoff ZUR 2021, 140, 144). Außerdem wird der Hinweis gegeben, dass auch Festlegungen zur Realisierung des Klimaschutzes und der Klimaanpassung als Ziele der Raumordnung sinnvoll sein können. 88

Auch **sachliche Teilpläne** (§ 7 Abs. 1 Satz 2 ROG) kommen grundsätzlich für Klimaschutz- und -anpassungsmaßnahmen in Betracht (Sauthoff ZUR 2021, 140, 144). Unstreitig ist, dass räumliche und/oder sachlichen Teilpläne zulässig sind. § 7 Abs. 1 S. 3 ROG sieht ausdrücklich vor, dass Festlegungen in Raumordnungsplänen auch in räumlichen und sachlichen Teilpläne getroffen werden können. Zulässig sind insbesondere auch Teilpläne, die sich auf die Windenergie beschränken (Kment, Teilpläne des Raumordnungsrechts, EurUP 2021, 191, 192; Hofmann, in: Kment, ROG, 2019, § 7 Rn. 8). Es wird allerdings darauf hingewiesen, dass Teilpläne sich nicht ganz ohne Widerspruch in die Systematik des Raumordnungsrechts einfügen. Mit Blick auf das Grundanliegen der Raumordnung, eine überfachliche, überörtliche und umfassende Ordnung des Gesamtraums zu planen, ergibt sich ein Spannungsverhältnis zwischen diesem Funktionsverständnis der Raumordnung und der Rechtsfigur des sachlichen Teilplans (Runkel in: Spannowsky/Runkel/Goppel, ROG, 2018, § 7 Rn. 24). Ein sachlicher Teilplan verengt den Blick auf einen bzw. mehrere ausgewählte Sachgegenstände, arbeitet aber nicht alle relevanten Fragen der räumlichen Gesamtplanung heraus (Hofmann in Kment, ROG, 2019, § 7 Rn. 8; Kment EuRuP 2021, 191 194). Teilpläne werden deshalb auch lediglich als zeitliche Übergangslösung angesehen (Runkel in Spannowsky/Runkel/Goppel, ROG, 2018, § 7 Rn. 24; Kment EuRuP 2021, 191, 194). Wegen dieser Spannungslage wird angenommen, dass ein Teilplan wegen seiner Sonderstellung einer besonderen Rechtfertigung bedarf (Runkel in Spannowsky/Runkel/Goppel, ROG, 2018, § 7 Rn. 24; Kment EuRUP 2021, 191, 194), wobei an eine solche Rechtfertigung aber keine allzu hohen Anforderungen gestellt werden. Sie kann sich z.B. daraus ergeben, dass zum Zeitpunkt des Planungsbeschlusses noch ein nicht aufklärbares Informationsdefizit besteht, dass es noch nicht erlaubt, alle relevanten Bereiche planerisch zu bewältigen (Hofmann in Kment, ROG, 2019, § 7 Rn. 8). Angesichts der inhaltlichen und zeitlichen Dringlichkeit des Klimaschutzes sollte bei der Entscheidung, ob bei der Fortschreibung oder Neuaufstellung eines Raumordnungsplans Fragen des Klimaschutzes zunächst zurückgestellt und einem nachfolgenden sachlichen Teilplan vorbehalten werden, stets geprüft werden, ob eine solche Herausverlagerung aus dem Gesamtplan den Klimabelang befördert oder dem Klimaschutz wegen des Zeitverzugs eher abträglich ist. 89

Zu denken ist bei der Raumordnungsplanung im Übrigen vor allem an **Vorranggebiete** im Sinne von § 7 Abs. 3 S. 1 Nr. 1 ROG, die als Ziele der Raumordnung festgelegt werden und mit deren Hilfe bestimmte raumbedeutsame Funktionen oder Nutzungen gesichert und andere raumbedeutsame Funktionen oder Nutzungen in diesem Gebiet ausgeschlossen werden können, soweit diese mit den vorrangigen Funktionen oder Nutzungen nicht vereinbar sind. Denkbar ist, eine ordnungsgemäße Abwägung stets vorausgesetzt, z.B. eine Sicherung von Flächen für Windenergieanlagen, Solarenergie, Wasserkraft, Photovoltaikanlagen, Biomasse-Anlagen und für Geothermieanlagen (Sauthoff ZUR 2021, 140, 146). 90

Nicht zuletzt muss natürlich auch die **Bauleitplanung** der Gemeinden die Klimafolgen der Planung hinreichend berücksichtigen (siehe dazu Erbguth DVBl. 2022, 1001; 91

Sauthoff KlimaR 2022, 11; Kersten Baurecht, in Schoch, Besonderes Verwaltungsrecht, 2018, Kap. 3 Rn. 27; Dombert ThürVBl 2022, 225). Der Klimaschutz ist im BauGB verschiedentlich angesprochen. Eine Klimaschutzklausel enthalten § 1 Abs. Abs. 5 und § 1a Abs. 5 BauGB. Nach § 1 Abs. 5 S. 1 BauGB sollen die Bauleitpläne eine nachhaltige städtebauliche Entwicklung, die die sozialen, wirtschaftlichen und umweltschützenden Anforderungen auch in Verantwortung gegenüber künftigen Generationen miteinander in Einklang bringt, und eine dem Wohl der Allgemeinheit dienende sozialgerechte Bodennutzung unter Berücksichtigung der Wohnbedürfnisse der Bevölkerung gewährleisten. Sie sollen gem. § 1 Abs. 5 S. 2 BauGB dazu beitragen, eine menschenwürdige Umwelt zu sichern, die natürlichen Lebensgrundlagen zu schützen und zu entwickeln sowie den Klimaschutz und die Klimaanpassung, insbesondere auch in der Stadtentwicklung, zu fördern, sowie die städtebauliche Gestalt und das Orts- und Landschaftsbild baukulturell zu erhalten und zu entwickeln. Ergänzend schreibt § 1a Abs. 5 S. 1 BauGB vor, dass den Erfordernissen des Klimaschutzes sowohl durch Maßnahmen, die dem Klimawandel entgegenwirken, als auch durch solche, die der Anpassung an den Klimawandel dienen, Rechnung getragen werden soll. Dieser Grundsatz ist nach § 1a Abs. 5 S. 2 BauGB in der Abwägung nach § 1 Abs. 7 BauGB zu berücksichtigen.

92 § 5 Abs. 1 Nr. 12 Nr. 2c und d BauGB ermöglichen die Darstellung von Klimaschutz – und Energiekonzepten im Flächennutzungsplan. Der Bebauungsplan kann aus städtebaulichen Gründen auch Festsetzungen für den Klimaschutz enthalten. So können nach § 9 Abs. 1 Nr. 12 BauGB Versorgungsflächen, einschließlich der Flächen für Anlagen und Einrichtungen zur dezentralen und zentralen Erzeugung, Verteilung, Nutzung oder Speicherung von Strom, Wärme oder Kälte aus erneuerbaren Energien oder Kraft-Wärme-Kopplung festgesetzt werden. Außerdem können nach § 9 Abs. 1 Nr. 23b) BauGB Gebiete festgelegt werden, in denen bei der Errichtung von Gebäuden oder bestimmten sonstigen baulichen Anlagen bestimmte bauliche und sonstige technische Maßnahmen für die Erzeugung, Nutzung oder Speicherung von Strom, Wärme oder Kälte aus erneuerbaren Energien oder Kraft-Wärme-Kopplung getroffen werden müssen.

93 Als baurechtliches, wenn auch nicht planungsrechtliches Schlüsselinstrument für den Klimaschutz gilt außerdem die **Außenbereichsprivilegierung** des § 35 Abs. 1 BauGB (Kloepfer/Durner Umweltrecht, 2021, § 6 Rn. 45). Privilegiert zulässig sind im Außenbereich bauliche Anlagen zur Erforschung, Entwicklung oder Nutzung der Wind- oder Wasserenergie (Nr. 5), der energetischen Nutzung von Biomasse (Nr. 6) und der Nutzung von Solarenergie im Zusammenhang mit Gebäuden (Nr. 8) im Außenbereich. Für privilegierte Vorhaben gilt nicht das für sonstige Vorhaben zu beachtende Bauverbot mit Ausnahmevorbehalt des § 35 Abs. 2 BauGB. Bauplanungsrechtlich sind sie daher zulässig, wenn ihnen die in § 35 Abs. 3 BauGB genannten öffentlichen Belange nicht entgegenstehen. Bei der Gewichtung des Interesses an einer Windenergieanlage hat die Genehmigungsbehörde z.B. neben der grundsätzlichen Privilegierung von Windenergieanlagen im Außenbereich auch die Bedeutung höherer Anlagen für die effektive Nutzung der Windenergie und damit auch den besonderen Stellenwert zu berücksichtigen, der der Windenergie für die Sicherung der Energieversorgung und den Klimaschutz zukommt (VG Braunschweig Urt. v. 11.05.2022 – 2 A 100/19, juris Rn. 43).

94 **d) Vorbildfunktion der öffentlichen Hand.** Die §§ 13–15 verpflichten die öffentliche Hand dazu, ihr Verwaltungshandeln auf die Erreichung der Klimaschutzziele auszurichten, um so eine Vorbildwirkung zu erzeugen. Nach § 13 Abs. 1 haben die Träger öffentlicher Aufgaben dazu bei ihren Planungen und Entscheidungen den Zweck des KSG und die zu seiner Erfüllung festgelegten Ziele zu berücksichtigen. § 14 stellt klar, dass die Länder eigene Klimaschutzgesetze erlassen können, dass die bestehenden Klima-

schutzgesetze der Länder unbeschadet der Vereinbarkeit mit Bundesrecht fortgelten und dass der Bund und die Länder arbeiten in geeigneter Form zusammen, um die Ziele dieses Gesetzes zu erreichen. § 15 Abs. 1 S. 1 gibt für den Bund das Ziel vor, die Bundesverwaltung bis zum Jahr 2030 klimaneutral zu organisieren.

III. Landesrecht

Der Bund allein kann die von ihm formulierten Klimaschutzziele nicht erreichen (dazu Wickel ZUR 2021, 332, 338; Schlacke NVwZ 2022, 905, 910). Auch die Bundesländer müssen mit ihrer Gesetzgebung und vor allem auch mit ihrem Gesetzesvollzug die erforderlichen Maßnahmen für den Klimaschutz ergänzen. Zahlreiche Bundesländer haben eigene Minderungsziele, die durch Klimaschutz- oder Energiepläne erreicht werden sollen, in ihren Landesklimaschutzgesetzen aufgestellt (näher dazu Kohlrausch ZUR 2020, 262; Wickel ZUR 2021, 332). Landesklimaschutzgesetze haben die Bundesländer Baden-Württemberg, Bayern, Berlin, Bremen, Hamburg, Niedersachsen, Nordrhein-Westfalen, Rheinland-Pfalz, Schleswig-Holstein und Thüringen erlassen (siehe dazu Knauff, KlimR 2022, 47; Beye, Die Klimaschutzgesetze der Bundesländer. Eine rechtliche Analyse und Bewertung der Landesklimaschutzgesetze unter besonderer Berücksichtigung des völker-, europa- und bundesrechtlichen Rahmens, 2021; Schnittker, Die Klimaschutzgesetze der Bundesländer. Verfassungsmäßigkeit und Steuerungswirkung, 2021; zum Klimaschutzgesetz Niedersachsen siehe Groß NdsVBl. 2022, 1; zum Klimaschutzgesetz NRW siehe Frenz/Schink in Frenz Klimaschutzrecht, 2022, S. 845 ff.). Auch in Hessen ist zum Jahresbeginn 2023 ein Klimaschutzgesetz verabschiedet worden (einen guten Überblick über die landesrechtlichen Regelungen geben Fellenberg/Guckelberger, Klimaschutzrecht, 2022, Einl. Rn 19 ff.). 95

Mit dem Erlass des KSG hat der Bund von seiner Gesetzgebungskompetenz gem. Art. 74 Abs. 1 Nr. 24 GG (Luftreinhaltung) für den Bereich des Klimaschutzes Gebrauch gemacht. Die Länder sind grundsätzlich gem. Art. 72 Abs. 1 GG zur Gesetzgebung nur berechtigt, solange und soweit der Bund von seiner Gesetzgebungszuständigkeit nicht durch Gesetz Gebrauch gemacht hat. Eine mögliche Unvereinbarkeit der Landesklimaschutzgesetze mit dem Bundesgesetz ist durch § 14 Abs. 1 ausgeschlossen worden. Danach können unbeschadet der Vereinbarkeit mit Bundesrecht die Länder eigene Klimaschutzgesetze erlassen. Nach § 14 Abs. 1 können bestehende Landesklimaschutzgesetze fortgelten oder auch neu erlassen werden (näher zur Verteilung der Gesetzgebungskompetenz zwischen Bund und Ländern mit Blick auf den Klimaschutz Knauff KlimR 2022, 47, 48; Knauff in Rodi Klimaschutzrecht, 2022, § 5 Rn. 1 ff.). Angesichts der Tatsache, dass der Bundesgesetzgeber bereits weitgehend von seiner Gesetzgebungskompetenz zur Regelung des Klimaschutzrechts Gebrauch gemacht hat, bleibt für die Bundesländer im Rahmen der konkurrierenden Gesetzgebung nur ein überschaubarer Kreis von Gestaltungsmöglichkeiten für eine eigenständige Gesetzgebung (Knauff in Rodi Klimaschutzrecht, 2022, § 5 Rn. 32). 96

Landesgesetzliche Reduktionsziele sind zumeist nicht strikt verbindlich, sondern lediglich als „Soll"-Vorschriften ausgestaltet. Damit soll der Erkenntnis Rechnung getragen werden, dass die Bundesländer in einem politischen und rechtlichen „Mehrebenensystem" nicht unabhängig von Bundes- und EU-Vorgaben und -maßnahmen Klimaschutzziele verbindlich vorgeben können (Wickel ZUR 2021, 332, 338; Kohlrausch ZUR 2020, 262, 264; Sina EurUP 2018, 314, 324; Schlacke NVwZ 2022, 905, 911); zum Klimaschutz in NRW siehe auch schon Beckmann I+E 2011, 67). 97

Fast alle Landesklimaschutzgesetze sehen eine Aufstellung und regelmäßige Fortschreibung von **Klimaschutzplänen** bzw. Klimaschutzkonzepten durch die jeweilige Landes- 98 regierung, zum Teil mit Beteiligung der Öffentlichkeit oder des Landtags vor. Außerdem streben die Landesklimaschutzgesetze eine **klimaneutrale Landesverwaltung** und zumeist eine **Vorbildfunktion der öffentlichen Hand** für den Klimaschutz an. Die Landesklimaschutzgesetze sehen zumeist ein **wissenschaftliches Beratungsgremium** vor, das bei Klimaschutzpolitikfragen und der Weiterentwicklung von Maßnahmen und Plänen die jeweilige Regierung unterstützt (Knauff KlimR 2022, 47, 51; Sina EurUP 2018, 314, 231; Kohlrausch ZUR 2020, 262, 268). Eine wichtige Rolle spielt in Landesklimaschutzgesetzen die **Förderung der Energiewende**, z.B. durch Regelungen zum **Kohleausstieg** und zum **Ausbau erneuerbarer Energien**. Alle Landesklimaschutzgesetze verpflichten zu einem **Monitoring**, das der Überprüfung der Erreichung der Ziele sowie der Umsetzung der Strategien und Maßnahmen in qualitativer und quantitativer Hinsicht dient.

99 Nach der Rechtsprechung des BVerfG (Beschl. v. 10.02.2022, NVwZ 2022, 321; siehe dazu Bickenbach DÖV 2022, 561; Erbguth DVBl. 2022, 1001; zustimmend Kahl EnwZ 2022, 123) verletzt der Nichterlass eines Landes-Klimaschutzgesetzes weder eine staatliche Schutzpflicht noch ein intertemporales Freiheitsrecht. Das BVerfG lehnt eine verfassungsrechtlich abgeleitete Pflicht, das für Deutschland zwar zahlenmäßig nicht konkretisierte, aber dennoch grob angenommene THG-Budget auf die Länder und gegebenenfalls auf die Kommunen zu verteilen, ab. Zutreffend wird dazu angemerkt, für das Herunterbrechen des für den Bund vom BVerfG angenommenen Restbudgets sehe das KSG eine Aufteilung in sektorenbezogene Minderungsanstrengungen vor, für die die Bundesländer keine Rolle spielten; maßgeblich dafür seien die zu Gruppen zusammengefassten Emittenten (Kahl EnwZ 2022, 123, 124).

C. Bundes-Klimaschutzgesetz

100 Das im Jahr 2019 erlassene, nach dem Klimabeschluss des BVerfG vom 24. März 2021 (NJW 2021, 1723) unverzüglich novellierte Bundes-Klimaschutzgesetz setzt für den Klimaschutz in Deutschland den maßgeblichen Rechtsrahmen. Die konkrete Umsetzung seiner Zielvorgaben überlässt das KSG jedoch zahlreichen Fachgesetzen. Die Bekämpfung des Klimawandels ist eine komplexe Querschnittsaufgabe, die nicht in einem Klimaschutzgesetz allein zu bewältigen ist, nicht zuletzt deshalb, weil zahlreiche Sachfragen erst noch geklärt und vorzugsweise planerischen Instrumenten vorbehalten bleiben sollen, und weil es verbindlicher Regelungen auf verschiedenen Ebenen des EU-Rechts, des Bundesrechts und des Landesrechts bedarf (dazu Kment NVwZ 2020, 1537, 1539; Saurer NuR 2020, 433, 434). Das stößt aber auch auf erhebliche Kritik. Die gesetzlichen Ziele seien im KSG „isoliert und vorgreiflich fixiert." Dabei fehlten gesetzliche Regelungen über technische und administrative Realisierungswege zu geeigneten und sachangemessenen Vollzugsmaßnahmen, über zulässige oder geforderte Technologien sowie zu steuernden Maßnahmenprogrammen für einen zielführenden Gesetzesvollzug. Die gesetzlichen Zielfixierungen seien in dieser Weise „abstrakt und realitätsentrückt", von konkretisierenden Anforderungen an Vollzugsmaßnahmen, technologische Systeme sowie zielführende Anlagen-, Stoff- und Produktqualitäten losgelöst (Breuer NVwZ 2022, 1234, 1235). Durch das KSG-Änderungsgesetz vom 18.8.2021 seien die isolierten und abstrakten Zielfixierungen sogar noch gesteigert worden, obwohl konkretisierende Regelungen der Realisierungswege und Vollzugsmaßnahmen sowie der in Betracht kommenden Technologien und entsprechender Anlagen-, Stoff- und Produktqualitäten nach wie vor fehlten. Wie die solchermaßen vorauseilenden Zielfixierungen in der Praxis realisiert werden könnten oder sollten, bleibe ein offenes Geheimnis (Breuer NVwZ 2022, 1234, 1235).

I. Überblick

Das Klimaschutzgesetz enthält rechtsverbindliche nationale Klimaschutzziele. Bei seiner Verabschiedung hat sich der Bund auf seine konkurrierende Gesetzgebungskompetenz gem. Art. 74 Abs. 1 Nr. 24 GG (Recht der Luftreinhaltung) gestützt. An den nationalen Klimaschutzzielen des § 3 soll die Gesetzesnovelle 2023 nichts ändern. **101**

Nachdem das BVerfG mit seinem Klimabeschluss vom 24.03.2021 (NJW 2021, 1723) die Festlegung der Minderungsquote von mindestens 55 % bis zum Jahr 2030 in § 3 Abs. 1 S. 2 KSG 2019 und die weitere Festlegung der sektorspezifischen Jahresemissionsmengen bis zum Jahre 2030 (§ 4 Abs. 1 S. 3 KSG 2019 i.V.m. Anl. 2 KSG 2019) für verfassungswidrig erklärt hat, soweit es an einer den verfassungsrechtlichen Anforderungen genügenden Regelung über die Fortschreibung der Minderungsziele für die Zeiträume ab dem Jahr 2031 fehlt, und den Gesetzgeber verpflichtet hat, bis Ende 2022 Minderungsziele auch für die Zeit nach dem Jahr 2031 gesetzlich festzulegen, hat der Gesetzgeber mit einem Gesetz vom 18.8.2021 (BGBl. I S. 3905) das Klimaschutzgesetz geändert. Wesentlich verschärft wurden mit dieser Gesetzesnovelle im Jahr 2021 die nationalen Klimaschutzziele des § 3 Abs. 1 mit dem Ergebnis, dass nunmehr **Minderungsquoten** im Vergleich zum Jahr 1990 von 65 % bis zum Jahr 2030 und von 88 % bis zum Jahr 2040 gelten. Außerdem sieht § 3 Abs. 2 vor, dass die Treibhausgasemissionen bis zum Jahr 2045 soweit verringert werden, dass eine **Netto-Treibhausgasneutralität** entsteht und dass nach dem Jahr 2050 sogar negative Treibhausgasemissionen erreicht werden sollen. Ergänzt wurden durch die Novelle des Jahres 2021 im KSG auch konkrete Minderungsbeiträge für den Sektor Landnutzung, Land Nutzungsänderung und Forstwirtschaft für die Jahre 2030, 2014 und 2045 in § 3a (siehe dazu und zu weiteren Änderungen durch die Novelle 2021 Fellenberg/Guckelberger Klimaschutzrecht, 2022, Einleitung Rn. 38 ff.). **102**

Das Klimaschutzgesetz führt lediglich einen sektorenübergreifenden Rahmen ein und setzt eine weitere Konkretisierung durch Einzelgesetze voraus (Schlacke Umweltrecht, 2021, § 16 Rn. 33). Dazu gehören gesetzliche Regelungen für den Handel mit Emissionszertifikaten, zu erneuerbaren Energien und zur Steigerung der Energieeffizienz, sowie Maßnahmen im Bereich der landwirtschaftlichen Bodennutzung und der Tierhaltung (Hoffmann-Much in Kluth/Smeddinck Umweltrecht, 2020, § 6 Rn. 6; Schrader NuR 2009, 747). **103**

Das KSG ist aufgeteilt in **fünf Abschnitte**: Der erste Abschnitt regelt mit dem Zweck des Gesetzes und einigen Begriffsbestimmungen allgemeine Vorschriften. Abschnitt 2 enthält mit Regelungen zu den Klimaschutzzielen und den Jahresemissionsmengen ein **Herzstück** des Gesetzes (Saurer NuR 2020, 433, 434; Fellenberg/Guckelberger Klimaschutzrecht, 2022, Einleitung Rn. 42). Der dritte Abschnitt stellt mit Bestimmungen zu den Klimaschutzprogrammen und zur Berichterstattung (§§ 9, 10) Anforderungen an die Klimaschutzplanung. Abschnitt 4 (§§ 11, 12) bestimmt die rechtlichen Grundlagen für einen Expertenrat für Klimafragen. Gegenstand des Abschnitts 5 (Vorbildfunktion der öffentlichen Hand) sind Regelungen zur Zusammenarbeit zwischen dem Bund und den Ländern, zur klimaneutralen Bundesverwaltung und mit dem Berücksichtigungsgebot des § 13 eine Querschnittsklausel, die der bereichsübergreifenden Relevanz des Klimaschutzes Rechnung tragen soll (Fellenberg in Fellenberg/Guckelberger, Klimaschutzrecht, 2022, § 13 Rn. 2). **104**

Zweck des KSG ist es nach § 1 S. 1, zum Schutz vor den Auswirkungen des weltweiten Klimawandels die Erfüllung der nationalen Klimaschutzziele sowie die Einhaltung der europäischen Zielvorgaben zu gewährleisten. Die ökologischen, sozialen und ökonomischen Folgen sollen dabei nach § 1 S. 2 berücksichtigt werden. Grundlage dieser Zielsetzung bildet nach § 1 S. 3 die Verpflichtung nach dem Übereinkommen von Paris aufgrund **105**

der Klimarahmenkonvention der Vereinten Nationen, wonach der Anstieg der globalen Durchschnittstemperatur auf deutlich unter 2 Grad Celsius und möglichst auf 1,5 Grad Celsius gegenüber dem vorindustriellen Niveau zu begrenzen ist, um die Auswirkungen des weltweiten Klimawandels so gering wie möglich zu halten. Das Klimaschutzgesetz verpflichtet nicht unmittelbar zu konkreten Klimaschutzmaßnahme, sondern überlässt dies dem Fachrecht, wie z.B. dem BEHG, dem TEHG oder dem Kohleausstiegsgesetz und dem seinerseits umsetzungsbedürftigen Klimaschutzprogramm.

II. Nationale Klimaschutzziele

106 Die Treibhausgasemissionen müssen nach § 3 Abs. 1 im Vergleich zum Jahr 1990 schrittweise bis zum Jahr 2030 um mindestens 65 % und bis zum Jahr 2040 um mindestens 88 % gesenkt werden. Bis zum Jahr 2045 werden nach § 3 Abs. 2 S. 1 die Treibhausgasemissionen so weit gemindert, dass eine Netto-Treibhausgasneutralität erreicht wird. Nach dem Jahr 2050 sollen nach § 1 Abs. 2 S. 3 negative Treibhausgasemissionen erreicht werden.

107 Die Möglichkeit, die nationalen Klimaschutzziele teilweise im Rahmen von **staatenübergreifenden Mechanismen** zur Minderung von Treibhausgasemissionen zu erreichen, bleibt nach § 3 Abs. 3 unberührt. Ausweislich der Gesetzesbegründung ist damit insbesondere der europäische Emissionshandel gemeint. In Betracht kommen sollen aber auch zwischenstaatliche Mechanismen auf der Grundlage europäischen Rechts, wie z.B. Verlinkung regionaler Emissionshandelssysteme, sowie internationale Mechanismen in Umsetzung von Art. 6 des Pariser Abkommens (BT-Drs. 19/14337, S. 27). Sollten zur Erfüllung europäischer oder internationaler Klimaschutzziele höhere nationale Klimaschutzziele erforderlich werden, leitet die Bundesregierung gem. § 3 Abs. 4 S. 1 KSG die zur Erhöhung der Zielwerte nach § 3 Abs. 1 notwendigen Schritte ein.

108 Klimaschutzziele können nach § 3 Abs. 4 S. 2 erhöht, aber nicht abgesenkt werden (siehe dazu Kment NVwZ 2020, 1537, 1541). Das gilt grundsätzlich zwar nur vorbehaltlich einer Gesetzesänderung, die allerdings an höherrangigem Recht des Grundgesetzes, insbesondere an Art. 20a GG, des EU-Rechts und des Völkerrechts zu messen wäre. Denkbar wäre eine Absenkung der Klimaschutzziele des KSG wohl nur dann, wenn nach neueren, hinreichend gesicherten Erkenntnissen von einem geringeren Schädigungspotenzial der Erderwärmung als bisher angenommen auszugehen wäre. Dafür ist allerdings nichts ersichtlich. Ansonsten ergibt sich ein Verbot der Absenkung der Klimaschutzziele schon aus dem Klimaschutzgebot des Art. 20a GG (BVerfG Beschl. v. 24.03.2021, juris Rn. 212; Frenz Grundzüge des Klimaschutzrechts, 2021, Rn. 633).

109 Zur Erreichung der nationalen Klimaschutzziele nach § 3 Abs. 1 werden nach § 4 Abs. 1 S. 1 **jährliche Minderungsziele** durch die Vorgabe von Jahresemissionsmengen für die folgenden Sektoren festgelegt: 1. Energiewirtschaft, 2. Industrie, 3. Verkehr, 4. Gebäude, 5. Landwirtschaft, 6. Abfallwirtschaft und Sonstiges. Dazu bedarf es jedoch nach § 12 Abs. 3 S. 1 Nr. 1 zunächst einer Stellungnahme des Expertenrats für Klimafragen.

110 Der Entwurf eines Zweiten Gesetzes zur Änderung des Klimaschutzgesetzes mit Stand vom 13.06.2023 sieht vor, dass zukünftig zur Einhaltung der nationalen Klimaschutzziele nach § 3 Abs. 1 eine sektorübergreifende und mehrjährige Gesamtrechnung durchgeführt werden soll. Dazu sollen **Jahresemissionsgesamtmengen** insbesondere als Grundlage für die Überprüfung nach §§ 5, 5a, 8 und 10 sowie für das Gesamtminderungsziel nach § 8 Abs. 1, festgelegt werden.

111 Die **Jahresemissionsmengen** für den Zeitraum bis zum Jahr 2030 richten sich gem. § 4 Abs. 1 S. 3 der geltenden Gesetzesfassung nach Anlage 2 des KSG. Im Sektor Energiewirtschaft sinken die Treibhausgasemissionen zwischen den angegebenen Jahresemissionsmengen möglichst stetig (§ 4 Abs. 1 S. 4 KSG). Die Bundesregierung wird gem. § 4 Abs. 1 S. 5 die in Anlage 2 festgelegten zulässigen Jahresemissionsmengen im Lichte möglicher Änderungen der EU-Klimaschutzverordnung und der Emissionshandelsrichtlinie zur Umsetzung des erhöhten Klimaziels der EU für das Jahr 2030 überprüfen und spätestens sechs Monate nach deren Inkrafttreten einen Gesetzgebungsvorschlag zur Anpassung der zulässigen Jahresemissionsmengen in Anlage 2 vorlegen, soweit dies erforderlich erscheint. Die jährlichen Minderungsziele für die Jahre 2031 bis 2040 richten sich gem. § 4 Abs. 1 S. 6 nach Anlage 3 des KSG. Spätestens im Jahr 2032 legt die Bundesregierung nach § 4 Abs. 1 S. 7 einen Gesetzgebungsvorschlag zur Festlegung der jährlichen Minderungsziele für die Jahre 2041 bis 2045 vor.

Die Aufteilung der jährlichen Minderungsziele in zulässige Jahresemissionsmengen für **112** die einzelnen Sektoren für die Jahre 2031 bis 2045 erfolgt gem. § 4 Abs. 1 S. 8 durch **Rechtsverordnung** der Bundesregierung nach § 4 Abs. 6. Die Jahresemissionsmengen und jährlichen Minderungsziele sind nach § 4 Abs. 1 S. 9 verbindlich, soweit das KSG auf sie Bezug nimmt.

Für die Einhaltung der Jahresemissionsmengen ist nach § 4 Abs. 4 S. 1 des geltenden **113** Gesetzes das aufgrund seines Geschäftsbereichs für einen Sektor überwiegend **zuständige Bundesministerium** verantwortlich. Es hat gem. § 4 Abs. 4 S. 2 die Aufgabe, die für die Einhaltung erforderlichen nationalen Maßnahmen zu veranlassen, insbesondere die Maßnahmen nach den §§ 8 und 9 vorzulegen und umzusetzen. Diese Alleinverantwortung des für den Sektor zuständigen Bundesministeriums soll nach dem Gesetzesänderungsentwurf 2023 zugunsten einer Gesamtverantwortung der Bundesregierung aufgegeben oder jedenfalls deutlich abgesxchwächt werden.

Die Bundesregierung wird durch § 4 Abs. 5 S. 1 ermächtigt, durch Rechtsverordnung **114** ohne Zustimmung des Bundesrats die Jahresemissionsmengen der Sektoren in Anlage 2 mit Wirkung zum Beginn des jeweils nächsten Kalenderjahres zu ändern. Diese Veränderungen müssen allerdings gem. § 4 Abs. 5 S. 2 im Einklang mit der Erreichung der Klimaschutzziele des KSG und mit den unionsrechtlichen Anforderungen stehen. Das BVerfG hat eine solche Änderungsbefugnis des Verordnungsgebers verfassungsrechtlich nicht beanstandet. Es sei nicht ersichtlich, inwiefern eine solche, die Jahresemissionsmengen in den Sektoren betreffende Verordnung grundrechtliche Schutzpflichten verletzen könnte. Insbesondere erschließe sich nicht ohne Weiteres, dass hierdurch die zugelassene Menge an Treibhausgasen erhöht und damit die Gefahren des Klimawandels für die Betroffenen verstärkt werden könnten (BVerfG Beschl. v. 24.03.2021, juris Rn. 105).

Der Koalitionsausschuss der Regierungsparteien hat am 28.03.2023 angekündigt, dass **115** die Einhaltung der Klimaschutzziele zukünftig anhand einer sektorübergreifenden und mehrjährigen Gesamtrechnung überprüft werden soll. Basis dafür soll ein jährliches Monitoring sein. Zukünftig sollen alle Sektoren aggregiert betrachtet werden. Wenn die Projektionsdaten in zwei aufeinanderfolgenden Jahren zeigen, dass mit den aggregierten Jahresemissionen bis zum Jahr 2030 das Gesamtminderungsziel nicht erreicht wird, soll die Bundesregierung auf Basis der Vorschläge der maßgeblich für die Minderungsmengen der Sektoren verantwortlichen Bundesministerien Maßnahmen beschließen, die sicherstellen, dass das Minderungsziel bis 2030 dennoch erreicht wird. Alle für die Sektoren verantwortlichen Bundesministerien, insbesondere jene, in deren Zuständigkeitsbereich die Sektoren liegen, die die Zielverfehlung verursacht haben, sollen nach den Vorstellungen des Koalitionsausschusses dann zu den Maßnahmen der Minderung beitragen.

Durch Rechtsverordnung legt die Bundesregierung nach § 4 Abs. 6 S. 1 die jährlich in **116** grundsätzlich gleichmäßigen Schritten absinkenden zulässigen Jahresemissionsmengen der einzelnen Sektoren im Jahr 2024 für die Jahre 2031 bis 2040 und im Jahr 2034 für die Jahre 2041 bis 2045 fest. Diese Jahresemissionsmengen müssen wiederum im Einklang stehen mit der Erreichung der nationalen Klimaschutzziele des KSG, mit den jährlichen Minderungszielen gem. § 4 Abs. 1 S. 6 und 7 und den unionsrechtlichen Anforderungen. Dabei ist gem. § 4 Abs. 6 S. 3 sicherzustellen, dass in jedem Sektor deutliche Reduzierungen der Treibhausgase erreicht werden.

117 Nach § 4 Abs. 1 S. 10 werden **subjektive Rechte** und klagbare Rechtspositionen durch das KSG nicht begründet. Ob dieser vom Gesetzgeber gewollte Ausschluss eines auf die Verletzung von Bestimmungen des KSG gestützten Rechtsschutzes auch den vom BVerfG begründeten Grundrechtsschutz in diesem Zusammenhang einschränken kann, ist allerdings zweifelhaft. Mindeststandards des Klimarechtsschutzes, die aus den Grundrechten i.V.m. dem Klimaschutzgebot des Art. 20a GG vom BVerfG abgeleitet worden sind, kann der Gesetzgeber nicht durch eine einfachgesetzliche Regelung ausschließen oder einschränken (siehe dazu v. Weschpfennig in Fellenberg/Guckelberger, Klimaschutzrecht 2022, § 4 KSG Rn. 27; Klinger ZUR 2020, 259, 260). Aus dem Grundrechtsschutz dürfte sich allerdings kein Anspruch auf die Einhaltung bestimmter Jahresemissionsmengen ergeben, weil es dem Gesetzgeber die Entscheidung vorbehalten bleibt, wie er einer unverhältnismäßigen Beeinträchtigung von Grundrechten heute und auch zukünftig begegnet (Frenz Klimaschutzrecht, 2022, § 4 KSG Rn. 61).

118 Für den Sektor **Landnutzung, Landnutzungsänderung und Forstwirtschaft** wurde im Rahmen der Gesetzesnovelle 2021 in § 3a eine Sonderregelung eingeführt. Der Beitrag dieses Sektors zum Klimaschutz soll gem. § 3a Abs. 1 S. 1 gestärkt werden. Die Besonderheit dieses Sektors im Vergleich zu anderen Sektoren besteht darin, dass dieser Treibhausgasemissionen kompensiert, in dem der Atmosphäre CO_2 durch Bindung in den von diesem Sektor erfassten ökologischen Systemen entzogen wird. Die Klimaschutzziele für diesen Sektor werden deshalb in § 3 Abs. 1 Nr. 1-3 negativ formuliert; sie legen fest, dass der sektorale Klimaschutzbeitrag durch Einspeicherung von CO_2-Äquivalenten in den Zeiträumen bis 2030, bis 2040 und 2045 jeweils einen bestimmten Mindestumfang erreichen muss (Saurer in Rudi Klimaschutzrecht, 2022, § 10 Rn. 19).

III. Instrumente des Klimaschutzgesetzes

119 Zu den Instrumenten des Klimaschutzgesetzes gehören der Klimaschutzplan, der allerdings im Gesetz nur legaldefiniert ist (§ 2 Nr. 7), dessen Anforderungen jedoch nicht im Klimaschutzgesetz selbst geregelt sind. Hinzu kommen Klimaschutzprogramme, der Klimaschutzbericht, der Klimaschutz-Projektionsbericht und Sofortprogramme.

120 **1. Klimaschutzplan und Klimaschutzprogramme.** Die Bundesregierung beschließt gem. § 9 Abs. 1 S. 1 mindestens nach jeder Fortschreibung des Klimaschutzplans ein Klimaschutzprogramm. Darüber hinaus muss nach § 9 Abs. 1, 2. HS bei Zielverfehlungen das bestehende Klimaschutzprogramm um Maßnahmen nach § 8 Abs. 2 aktualisiert werden.

121 § 9 Abs. 2 des Entwurfs eines Zweiten Gesetzes zur Änderung des KSG sieht vor, dass soweit zur Einhaltung der zu bildenden Jahresemissionsgesamtmengen Maßnahmen erforderlich sind, alle zuständigen Bundesministerien innerhalb von sechs Monaten nach Beginn der Legislaturperiode zur Einhaltung der Jahresemissionsgesamtmengen geeignete Maßnahmen vorschlagen müssen.

122 Der **Klimaschutzplan** ist nach § 2 Nr. 7 die deutsche Langfriststrategie nach dem Übereinkommen von Paris und nach Art. 15 EU Governance-Verordnung. Der konkrete Inhalt des Klimaschutzplans ergibt sich aus Anhang IV der EU Governance-Verordnung. Erforderlich sind insbesondere Angaben zur Verringerung von Emissionen, über erneuerbare Energien, über die Energieeffizienz sowie Angaben über spezifische Sektoren und

z.B. auch über die sozioökonomischen Folgen der vorgesehenen Maßnahmen zur Dekarbonisierung.

Wie die Klimaschutzpläne verwaltungsrechtsdogmatisch einzuordnen sind, ist noch nicht abschließend geklärt. Beschlossen wird der Klimaschutzplan durch einen einfachen Beschluss der Bundesregierung (dazu Saurer in Rodi Klimaschutzrecht, 2022, § 10 Rn. 21; Saurer NVwZ 2017, 1574, 1578). Erläutert wird dazu, es handele sich bei dem Klimaschutzplan lediglich um ein (abstraktes) Programm, das mehr ein Strategiepapier und weniger ein Plan im rechtlichen Sinne sei (Schlacke EuRUP 2020, 338, 340). Ergänzend wird aber darauf hingewiesen, dass die zu entwickelnden Langzeitstrategien von der EU-Kommission bewertet werden können und dass die Kommission bei einem unzureichenden Ambitionsniveau Empfehlungen aussprechen kann (Peters in Fellenberg/Guckelberger Klimaschutzrecht, 2022, § 2 KSG Rn. 14). **123**

Der Klimaschutzplan ist von den Klimaschutzprogrammen zu unterscheiden. Der Klimaschutzplan ist zwar in § 2 Nr. 7 vom Gesetzgeber definiert; konkrete Pflichten zur Aufstellung des Klimaschutzplans ergeben sich jedoch nicht aus dem KSG, sondern aus Art. 14 Abs. 2 des Pariser Übereinkommens sowie aus Art. 15 Abs. 1 EU-Governance-Verordnung. Danach erstellt jeder Mitgliedstaat bis zum 1. Januar 2020 und anschließend bis zum 1. Januar 2029 und danach alle zehn Jahre seine jeweilige langfristige Strategie mit einer Perspektive von 30 Jahren und im Einklang mit dem Unionsziel der Klimaneutralität gem. Art. 2 Abs. 1 der Verordnung (EU) 2021/1119 und übermittelt sie der Kommission. Die Mitgliedstaaten sollen diese Strategien erforderlichenfalls alle fünf Jahre aktualisieren. **124**

Der Klimaschutzplan ist inhaltliche Grundlage des Klimaschutzprogramms, das dementsprechend auch nach § 9 Abs. 1 S. 1 nach jeder Fortschreibung des Klimaschutzplans neu beschlossen werden muss (siehe dazu Franßen/Operhalsky in Frenz Klimaschutzrecht § 2 KSG Rn. 36). **126**

Das **Klimaschutzprogramm** gilt als zentrales Instrument der Klimaschutzplanung, weil es die Maßnahmen konkretisiert, die geeignet und erforderlich sind, um die Ziele des Klimaschutzgesetzes zu erreichen (Posser in Frenz Klimaschutzrecht, § 9 KSG Rn. 1). In jedem Klimaschutzprogramm legt die Bundesregierung nach § 9 Abs. 1 S. 2 unter Berücksichtigung des jeweils aktuellen **Klimaschutz-Projektionsberichts** nach § 10 Abs. 2 fest, welche Maßnahmen sie zur Erreichung der nationalen Klimaschutzziele in den einzelnen Sektoren ergreifen wird. Maßgeblich für diese Maßnahmen ist die Einhaltung der nach § 4 KSG festgelegten zulässigen Jahresemissionsmengen (§ 9 Abs. 1 S. 3). Zudem legt die Bundesregierung fest, welche Maßnahmen sie zur Erreichung der Ziele nach § 3a KSG ergreifen wird (§ 9 Abs. 1 S. 4). **127**

Der Entwurf eines Zweiten Gesetzes zur Änderung des KSG mit Stand vom 13.06.2023 sieht vor, dass die Bundesregierung in jedem Klimaschutzprogramm unter Berücksichtigung der jeweils aktuellen Projektionsdaten nach § 5a KSG neu festlegt, welche Maßnahmen sie in den einzelnen Sektoren sowie sektorübergreifend zur Erreichung der nationalen Klimaschutzziele gemäß § 3 Absatz 1 ergreifen wird. **128**

Das Klimaschutzprogramm wird nach dem geltenden KSG spätestens im Kalenderjahr nach der Fortschreibung des Klimaschutzplans beschlossen. Die nach § 4 Abs. 4 für die Sektoren zuständigen Bundesministerien schlagen innerhalb von sechs Monaten nach Fortschreibung des Klimaschutzplans Maßnahmen vor, die geeignet sind, die in den jeweiligen Sektoren erforderlichen zusätzlichen Treibhausgasminderungen zu erzielen. Die **Maßnahmenvorschläge** enthalten neben wissenschaftlichen Abschätzungen zu den voraussichtlichen Treibhausgasminderungswirkungen auch wissenschaftliche Abschätzungen zu möglichen ökonomischen, sozialen und weiteren ökologischen Folgen. Diese Abschätzungen schließen soweit möglich auch Auswirkungen auf die Beschäftigungsentwicklung, **129** die Wirtschaftsstruktur, die Gleichwertigkeit der Lebensverhältnisse auch im ländlichen Raum sowie die Effizienz des Einsatzes von natürlichen Ressourcen ein. Das Bundesministerium für Umwelt, Naturschutz und nukleare Sicherheit ermittelt in Abstimmung mit dem Bundesministerium für Wirtschaft und Energie die voraussichtliche Treibhausgasgesamtminderungswirkung der vorgeschlagenen Maßnahmen (§ 4 Abs. 2). Für jedes Klimaschutzprogramm bezieht die Bundesregierung gem. § 9 Abs. 3 in einem öffentlichen **Konsultationsverfahren** Länder, Kommunen, Wirtschaftsverbände und zivilgesellschaftliche Verbände sowie die Wissenschaftsplattform Klimaschutz und wissenschaftliche Begleitgremien der Bundesregierung ein.

130 Weisen die Emissionsdaten nach § 5 Abs. 1 und 2 eine **Überschreitung der zulässigen Jahresemissionsmenge** für einen Sektor in einem Berichtsjahr aus, so legt das zuständige Bundesministerium der Bundesregierung gem. § 8 Abs. 1 S. 1 des geltenden KSG innerhalb von drei Monaten nach der Vorlage der Bewertung der Emissionsdaten durch den Expertenrat für Klimafragen nach § 11 Abs. 1 ein **Sofortprogramm** für den jeweiligen Sektor vor, das die Einhaltung der Jahresemissionsmengen des Sektors für die folgenden Jahre sicherstellt. Die Bundesregierung berät gem. § 8 Abs. 2 S. 1 über die zu ergreifenden Maßnahmen im betroffenen Sektor oder in anderen Sektoren oder über sektorübergreifende Maßnahmen und beschließt diese schnellstmöglich. Sofortprogramme werden als einfache Regierungsbeschlüsse mit beschränkter, nur regierungsinterner Bindungswirkung eingeordnet (Saurer in Rodi Klimaschutzrecht, 2022, § 10 Rn. 25).

131 Da die Pflicht zur Aufstellung eines Sofortprogramms an die Emissionsdaten nach § 5 anknüpft, kann eine solche **Pflicht zur Nachsteuerung** jährlich begründet werden. Für den Sektor Energiewirtschaft greift die Pflicht zur Nachsteuerung durch Sofortprogramme zeitlich versetzt, beginnend ab dem Jahr 2023, und dann in größeren zeitlichen Abständen, nämlich alle drei Jahre.

132 Für das Vorgehen zur Beratung und Beschlussfassung zusätzlicher Klimaschutzmaßnahmen stellt § 8 des Entwurfs eines Zweiten Gesetzes zur Änderung des KSG mit Stand vom 13.06.2023 auf die nach § 5a des Gesetzesentwurfs zu erhebenden Projektionsdaten ab. Weisen diese Projektionsdaten gem. § 5a nach Feststellung des Expertenrats nach § 12 Abs. 1 in zwei aufeinanderfolgenden Jahren aus, dass bei aggregierter Betrachtung aller Sektoren die Summe der Treibhausgasemissionen in den Jahren 2021 bis 2030 die Summe der Jahresemissionsgesamtmengen nach Anlage 2a in Verbindung mit § 4 Absatz 2 für diese Jahre überschreitet, so beschließt die Bundesregierung nach dem Gestzesentwurf 2023 Maßnahmen, die die Einhaltung der Summe der Jahresemissionsgesamtmengen für diese Jahre sicherstellen.

133 **2. Berichterstattung.** Die Bundesregierung erstellt nach § 10 Abs. 1 jährlich einen **Klimaschutzbericht**, der die Entwicklung der Treibhausgasemissionen in den verschiedenen Sektoren, den **Stand der Umsetzung** der Klimaschutzprogramme nach § 9 und der Sofortprogramme nach § 8 sowie eine **Prognose der zu erwartenden Treibhausgasminderungswirkungen** enthält. Erstmals im Jahr 2024 und dann alle zwei Jahre enthält der Klimaschutzbericht auch eine Darstellung zum Stand und zur weiteren Entwicklung der CO_2-Bepreisung innerhalb der Europäischen Union sowie zu technischen und internationalen Entwicklungen und zu ihrer Kompatibilität mit der nationalen CO_2-Bepreisung sowie den nationalen Klimaschutzzielen einschließlich der Wirkung auf die Sektoren nach § 4 Abs. 1. Die Bundesregierung leitet den Klimaschutzbericht für das jeweilige Vorjahr bis zum 30. Juni dem Deutschen Bundestag zu.

134 Die Bundesregierung erstellt ab dem Jahr 2021 gem. § 10 Abs. 2 S. 1 alle zwei Jahre einen **Klimaschutz-Projektionsbericht** nach den Vorgaben des Art. 18 EU-Governance-Verordnung, der die Projektionen von Treibhausgasemissionen, einschließlich der

Quellen und Senken des Sektors Landnutzung, Landnutzungsänderung und Forstwirtschaft, und die nationalen Politiken und Maßnahmen zu deren Minderung enthält. Die Bundesregierung leitet den Klimaschutz-Projektionsbericht bis zum 31. März des jeweiligen Jahres dem Deutschen Bundestag zu.

Der Klimaschutz-Projektionsbericht ist nach § 10 Abs. 3 maßgeblich für die **integrierten nationalen energie- und klimabezogenen Fortschrittsberichte** gem. Art. 17 EU-Governance-Verordnung, die das Bundesministerium für Wirtschaft und Energie im Einvernehmen mit dem Bundesministerium für Umwelt, Naturschutz und nukleare Sicherheit erstellt. Der integrierte nationale energie- und klimabezogene Fortschrittsbericht enthält unter anderem Informationen über die Fortschritte, die bei der Verwirklichung der Ziele, einschließlich im Hinblick auf das Unionsziel der Klimaneutralität, der Vorgaben und der Beiträge des integrierten nationalen Energie- und Klimaplans sowie bei der Finanzierung und Umsetzung der zu ihrer Verwirklichung erforderlichen Politiken und Maßnahmen erzielt wurden. 135

3. Expertenrat für Klimafragen. Nach § 11 Abs. 1 S. 1 muss ein Expertenrat für Klimafragen aus fünf sachverständigen Personen verschiedener Disziplinen eingerichtet werden. Die Bundesregierung benennt für die Dauer von fünf Jahren die Mitglieder, davon jeweils mindestens ein Mitglied mit hervorragenden wissenschaftlichen Kenntnissen und Erfahrungen aus einem der Bereiche Klimawissenschaften, Wirtschaftswissenschaften, Umweltwissenschaften sowie soziale Fragen. Der Expertenrat soll als Ganzes auch eine übergreifende Expertise zu den Sektoren nach § 4 Abs. 1 abbilden. Die gleichberechtigte Vertretung von Frauen und Männern ist sicherzustellen. Eine einmalige Wiederernennung ist möglich. 136

Der Expertenrat für Klimafragen ist nach § 11 Abs. 3 S. 1 nur an den durch das KSG begründeten Auftrag gebunden und in seiner Tätigkeit unabhängig. Der Bund trägt nach § 11 Abs. 3 S. 2 die Kosten des Expertenrats für Klimafragen nach Maßgabe des Bundeshaushaltes. Der Expertenrat für Klimafragen prüft gem. § 12 Abs. 1 die Emissionsdaten nach § 5 Abs. 1 und 2 und legt der Bundesregierung und dem Deutschen Bundestag innerhalb von einem Monat nach Übersendung durch das Umweltbundesamt eine Bewertung der veröffentlichten Daten vor. Vor der Erstellung der Beschlussvorlage für die Bundesregierung über die Maßnahmen nach § 8 Abs. 2 prüft der Expertenrat für Klimafragen nach § 12 Abs. 2 die den Maßnahmen zugrunde gelegten Annahmen zur Treibhausgasreduktion. 137

Nach § 12 Abs. 3 holt die Bundesregierung zu bestimmten Maßnahmen eine Stellungnahme des Expertenrats für Klimafragen im Hinblick auf die diesen zugrunde liegenden Annahmen zur Treibhausgasreduktion ein, bevor sie diese veranlasst. Dazu gehören Änderungen oder Festlegungen der Jahresemissionsmengen nach dem KSG, die Fortschreibung des Klimaschutzplans und der Beschluss von Klimaschutzprogrammen nach § 9. 138

Der Expertenrat für Klimafragen legt nach § 12 Abs. 4 S. 1 seit dem Jahr 2022 alle zwei Jahre dem Bundestag und der Bundesregierung ein Gutachten zu bisherigen Entwicklungen der Treibhausgasemissionen, zu Trends bezüglich der Jahresemissionsmengen und zur Wirksamkeit von Maßnahmen mit Blick auf die Zielerreichung nach dem KSG vor. Darüber hinaus können Bundestag und Bundesregierung durch Beschluss den Expertenrat mit der Erstellung von Sondergutachten beauftragen. 139

Der Aufgabenzuschnitt des Expertenrats soll nach dem Entwurf eines Zweiten Gesetzes zur Änderung des KSG verändert bzw. erweitert werden. Nach § 12 Abs. 1 S. 1 des Gesetzentwurfs soll der Expertenrat für Klimafragen zukünftig die Emissionsdaten nach § 5 Abs, 1 und 2 sowie die Projektionsdaten nach § 5a des Gesetzesentwurfs prüfen und der Bundesregierung und dem Bundestag innerhalb von einem Monat nach Übersendung 140 durch das Umweltbundesamt eine Bewertung der übersandten Daten vorlegen. Dabei soll er nach dem Gesetzesentwurf für alle Sektoren aggregiert feststellen, inwieweit die Summe der Treibhausgasemissionen gemäß den Projektionsdaten die Summe der Jahresemissionsgesamtmengen nach Anlage 2a in Verbindung mit § 4 Absatz 2 in den Jahren 2021 bis 2030 über- oder unterschreitet und dabei unter Berücksichtigung von Anlage 2b des Gesetzesentwurfs auch die Projektionsdaten für die einzelnen Sektoren und deren Entwicklung im Vergleich zu den Jahresemissionsmengen darstellen.

141 **4. Berücksichtigungsgebot.** Die Träger öffentlicher Aufgaben haben nach § 13 Abs. 1 S, 1 bei ihren Planungen und Entscheidungen den Zweck des KSG und die zu seiner Erfüllung festgelegten Ziele zu berücksichtigen. Die Kompetenzen der Länder, Gemeinden und Gemeindeverbände, das Berücksichtigungsgebot innerhalb ihrer jeweiligen Verantwortungsbereiche auszugestalten, bleiben unberührt. Der Kreis der Berücksichtigungspflichtigen ist äußerst weit gesteckt (Guckelberger KlimR 2022, 294). Das Berücksichtigungsgebot gilt umfassend für jede nicht gesetzesgebundene Tätigkeit der öffentlichen Verwaltung, die klimarelevante Auswirkungen haben kann (BVerwG Urt. v. 04.05.2022, NVwZ 2022, 1549, 1556; Schink NuR 2021, 1), unabhängig davon, ob es sich dabei um hoheitliche, schlichthoheitliche oder privatrechtliche Tätigkeiten handelt (Guckelberger KlimR 2022, 294). Auch Unternehmen der öffentlichen Hand in privatrechtlicher Rechtsform, etwa der einer GmbH, werden verpflichtet, soweit sie öffentliche Aufgaben wahrnehmen. § 13 Abs. 1 S. 1 verpflichtet hingegen private Unternehmen ohne staatliche Beteiligung, abgesehen vom Fall der Beleihung, nicht (Guckelberger KlimR 2022, 294, 295).

142 Das Berücksichtigungsgebot bezieht sich als materiell-rechtliche Vorgabe des Bundesrechts auf sämtliche Bereiche, für die dem Bund eine Gesetzgebungskompetenz zusteht, in denen es um den **Vollzug von materiellem Bundesrecht** geht (BVerwG Urt. v. 04.05.2022, NVwZ 2022, 1549, 1556; Klinski/Scharlau/v. Swieykowski-Trzaska/Keimeyer/Sina NVwZ 2020, 1, 5; Kahl/Gärditz Umweltrecht, 2021, § 6 Rn. 52; Schlacke NVwZ 2022, 905, 911; Wickel ZUR 2021, ZUR 2021 337; a.A. Hermes EurUP 2021, 162, 171; Fellenberg in Fellenberg/Guckelberger, Klimaschutzrecht, 2022, § 13 KSG Rn. 8; Guckelberger KlimR 2022, 294, 295 mit beachtlichen Gründen).

143 Das Berücksichtigungsgebot begründet nach Ansicht des BVerwG selbst keine neuen Handlungs- oder Entscheidungsspielräume, sondern setzt das Bestehen derartiger Spielräume aufgrund anderer gesetzlicher Regelungen voraus. Das BVerwG stellt klar, dass überall dort, wo materielles Bundesrecht auslegungsbedürftige Rechtsbegriffe verwendet oder Planungs-, Beurteilungs- oder Ermessensspielräume einräumt, Zweck und Ziele des KSG als (mit-)entscheidungserhebliche Gesichtspunkte in die Erwägungen einzustellen sind (BVerwG Urt. v. 04.05.2022, NVwZ 2022, 1549, 1556; Klinski/Scharlau/v. Swieykowski-Trzaska/Keimeyer/Sina NVwZ 2020, 1, 6; Schink NuR 2021, 1, 3; Frenz/Schink KSG, 2022, § 13 Rn. 18; Guckelberger KlimR 2022, 294, 296).

144 Etwas anderes ergibt sich auch nicht aus dem UVPG, das ebenfalls keine eigenen materiell-rechtlichen Maßstäbe für die Umweltprüfung aufstellt, sondern für die Bewertung und Berücksichtigung der festgestellten Umweltfolgen auf die materiell-rechtlichen Zulassungsvoraussetzungen und Entscheidungsspielräume verweist. Dazu wird allerdings vertreten, dass die Berücksichtigungspflichten nach § 13 und nach § 25 Abs. 2 UVPG i.V.m. § 16 Abs. 3 UVPG nicht kongruent seien. Nach § 2 Abs. 1 Nr. 2 UVPG sei zwar nicht nur das lokale/regionale, sondern auch das globale Klima angesprochen und gem. § 16 Abs. 3 UVPG i.V.m. Anl. 4, Nr. 4 UVPG sei in den UVP-Bericht auch eine Beschreibung der Auswirkungen eines Projekts auf das Schutzgut Klima aufzunehmen. Im Rahmen der UVP-Prüfung seien jedoch einem Vorhaben nur bestimmte Treibhausgas-

emissionen zuzurechnen, zu denen, anders als bei der Berücksichtigungspflicht des § 13, die bei der Herstellung von Bauprodukten entstehenden Emissionen genauso wenig zu berücksichtigen seien, wie etwa die Emissionen, die beim späteren Verbrauch von Erdgas, das durch eine geplante Pipeline befördert wird, entstehen (Saurer in Rodi Klimaschutzrecht, 2022, § 10 Rn. 41 unter Verweis auf OVG BB Urt. v. 12.03.2020 – 11 A 7.18, BeckRS 2020, 2525 Nr. 40 ff.).

Unbestreitbar ist, dass das im Klimaschutzgebot des Art 20a GG enthaltene Ziel der Herstellung von Klimaneutralität bei fortschreitendem Klimawandel und zunehmenden Klimawandelfolgen in allen Abwägungsentscheidungen des Staates weiter an relativem Gewicht gewinnt (BVerfG Beschl. v. 24.03.2021, 1 BvR 2656/18, juris Rn 198; BVerfG Beschl. v. 15.12.2022 – 1 BvR 2146/22, juris Rn. 3). Das betrifft auch **nachvollziehende Abwägungen zur Auslegung unbestimmter Rechtsbegriffe.** **145**

Das VG Brauschweig führt beispielsweise zur Genehmigung von **Windenergieanlagen** im planungsrechtlichen Außenbereich des **§ 35 BauGB** aus, die Genehmigungsbehörde dürfe deren Errichtung nach § 35 Abs. 1 und Abs. 3 Satz 1 Nr. 1 BauGB nur dann unter Berufung auf öffentliche Belange ablehnen, wenn diese Belange dem Vorhaben entgegenstehen würden. Ob dies der Fall sei, sei im Wege einer Abwägung zwischen den jeweils berührten öffentlichen Belangen und dem Interesse an der Verwirklichung des Vorhabens zu ermitteln. Durch die generelle Verweisung bestimmter Vorhaben, wie die Errichtung von Windenergieanlagen, in den Außenbereich habe der Gesetzgeber selbst eine planerische Entscheidung zugunsten solcher Vorhaben getroffen und damit auch in Kauf genommen, dass in Einzelfällen öffentliche Belange beeinträchtigt würden. Diese Privilegierung falle bei der Abwägung zugunsten des Vorhabens ins Gewicht (VG Braunschweig Urt. v. 11.05.2022 – 2 A 100/19, juris Rn. 42 unter Verweis auf BVerwG Urt. v. 31.01.2013 - 4 CN 1.12, juris Rn. 24; VG Aachen Beschl. v. 12.03.2021 - 6 L 417/20, juris Rn. 63). Erforderlich sei eine auf den Einzelfall bezogene nachvollziehende Abwägung. Bei der Gewichtung des Interesses an einer Windenergieanlage habe die Genehmigungsbehörde neben der grundsätzlichen Privilegierung von Windenergieanlagen im Außenbereich auch die Bedeutung höherer Anlagen für die effektive Nutzung der Windenergie und damit auch den besonderen Stellenwert zu berücksichtigen, der der Windenergie für die Sicherung der Energieversorgung und dem Klimaschutz zukomme (VG Braunschweig Urt. v. 11.05.2022 – 2 A 100/19, juris Rn. 43) Das VG Braunschweig leitet daraus ab, dass eine im Flächennutzungsplan geregelte Höhenbegrenzung für Windenergieanlagen nicht ausreicht, um die Genehmigung für eine diese Grenze überschreitende Anlage nach § 35 Abs. 1 und 3 BauGB zu versagen. **146**

Eine Verstärkung des Klimaschutzbelangs im Rahmen der nachvollziehenden Abwägung bei der Auslegung unbestimmter Rechtsbegriffe kann sich z.B. auch daraus ergeben, dass der Gesetzgeber dem Betrieb von Windenergielagen ein überragendes öffentliches Interesse attestiert. So kann ein Grund für die Erteilung einer Ausnahme von artenschutzrechtlichen Verboten nach § 45 Abs. 7 Satz 1 i.V.m. § 45b Abs. 8 Nr. 1 BNatSchG darin bestehen, dass der Betrieb von Windenergieanlagen im überragenden öffentlichen Interesse liegt und damit der öffentlichen Sicherheit dient. Dasselbe ergibt sich auch aus § 2 Satz 1 EEG, wonach die Errichtung und der Betrieb u.a. von Windenergieanlagen (§ 3 Nr. 1 EEG) sowie den dazugehörigen Nebenanlagen im überragenden öffentlichen Interesse liegen und der öffentlichen Sicherheit dienen. Das OVG NRW bescheinigt der Erteilung von artenschutzrechtlichen Verboten mit dem Verweis auf das überragende öffentliche Interesse an dem Betrieb von Windenergieanlagen auch eine Vereinbarkeit mit dem Unionsrecht (OVG NRW Urt. v. 29.11.2022 – 22 A 1184/18, juris Rn. 360; zu § 2 EEG ausführlich Attendorn NVwZ 2022, 1586; Schlacke/Wentzien/Römling NVwZ 2022, 1577). **147**

148 § 13 formuliert grundsätzlich jedoch keine materiell-rechtlich gesteigerten Beachtens- oder Berücksichtigungspflichten, ob sich daraus ein **Optimierungs- oder Minmierungsgebot** ableiten lässt, ist bislang umstritten; ein grundsätzlicher Vorrang des Klimaschutzes gegenüber anderen Belangen lässt sich nach der Rechtsprechung des BVerfG weder aus Art. 20a GG noch aus § 13 ableiten (BVerwG Urt. v. 04.05.2022, NVwZ 2022, 1549, 1555; zur Bauleitplanung siehe OVG BB Beschl. v. 25.01.2022 – OVG 10 S 17/21, juris Rn. 48; Dirnberger in Jäde/Dirnberger, BauGB, 2018, § 1a Rn. 33; Guckelberger KlimR 2022, 294, 296; a.A. unter Verweis auf § 13 Abs. 2 Schlacke/Römling DVBl 2021, 144, 150: „Klimaschutz als Optimierungsgebot bei Planfeststellungsbeschlüssen"). Klimaschutzbelange können daher bei der planerischen Abwägung zugunsten anderer, gewichtigerer Belange im Einzelfall auch zurückgestellt werden. Zutreffend führt das BVerwG aus, dass das Grundgesetz keine näheren Vorgaben dazu enthält. Art. 20a GG mit dem darin enthaltenen Klimaschutzgebot bedürfe insoweit zunächst der gesetzgeberischen Ausgestaltung und Konkretisierung (BVerwG Urt. v. 04.05.2022, NVwZ 2022, 1549, Rn. 61 unter Verweis auf BVerfG Beschl. v. 24.03.2021, BVerfGE 157, 30 Rn. 205). Eine solche Konkretisierung sei, so das BVerwG, auch mit dem KSG nicht erfolgt.

149 Ein weiteres Beispiel für eine zulässige Berücksichtigung der Klimafolgen durch den Gesetzgeber bietet das Gebührenrecht: Bei der gesetzlichen Bemessung von Verwaltungsgebühren kann und darf der Klimaschutz als Konkretisierung des Klimaschutzgebots des Art. 20a GG berücksichtigt werden; der Schutz des Klimas kann ein zulässiges gesetzgeberisches Lenkungsziel sein (VGH BW Beschl. v. 24.06.2022, KlimR 2022, 255 zur Bemessung einer Bewohnerparkgebühr, bei der die Erreichung des staatlichen Klimaschutzziels des Art. 20a GG und der Schutz von Grundrechten vor den Gefahren des Klimawandels durch eine Reduktion des Kfz-Verkehrs und der Verringerung des hierdurch bedingten CO_2-Ausstoßes eine Staffelung der Bewohnerparkgebühr nach der Größe des Fahrzeugs und damit nach der in Anspruch genommenen Parkfläche rechtfertigt).

IV. Verfassungsrechtliche Grundlagen des Klimaschutzes

150 Die für den Klimaschutz zentrale Bestimmung des Grundgesetzes enthält die Staatszielbestimmung des Art. 20a GG (siehe dazu im Einzelnen die Kommentierung von Gärditz zu Art. 20a GG in Band I des Landmann/Rohmer). Weitere Maßgaben für den Klimaschutz ergeben sich aus den Grundrechten. Für den Gesetzgeber geltende Schutzpflichten bemessen sich nach Art. 2 Abs. 2 S. 1 GG und Art. 14 Abs. 1 GG; sie können den Klimaschutz befördern, insoweit sie in einer auf die Sicherung künftiger Freiheit zielenden Schutzrichtung das Klimaschutzgebot verstärken. Als negatorische Freiheitsgrundrechte können sie jedoch auch eine Klimaschutzgesetzgebung in Frage stellen, weil und soweit Klimaschutzmaßnahmen in Grundrechte eingreifen und gegebenenfalls verfassungsrechtlich gerechtfertigt werden müssen (Britz NVwZ 2022, 825 zur Erläuterung der Rechtsprechung des BVerfG, ohne allerdings auf die umfassende Kritik an dieser Rechtsprechung durch die Rechtswissenschaft einzugehen; siehe auch BVerfG Beschl. v. 24.3.2021, NVwZ 2021, 951; BVerfG Beschl. v. 23.03.2022, NVwZ 2022, 861; BVerfG Beschl. v. 30.6.2020, NVwZ-RR 2021, 177; BVerfG Beschl. v. 18.1.2022, NVwZ 2022, 321). In einer auf die Sicherung künftiger Freiheit zielenden Schutzrichtung – im Klimabeschluss als intertemporale Freiheitssicherung beschrieben - sollen sie nach der Rechtsprechung des BVerfG das sich aus Art. 20a GG folgende Klimaschutzgebot verstärken können.

151 **1. Staatsziel Umweltschutz (Art. 20a GG).** Das Staatsziel Umweltschutz des Art. 20a GG schließt den Klimaschutz selbstverständlich und völlig unstreitig ein (BVerfG, Beschl. v. 13.03.2007, NVwZ 2007, 937; BVerfG Urt. v. 18.12.2014, NVwZ 2015, 288; BVerfG Beschl. v. 30.6.2020, NVwZ-RR 2021, 177; BVerfG Beschl. v. 24.3.2021,

NVwZ 2021, 951; BVerfG Beschl. v. 23.03.2022, NVwZ 2022, 861; BVerfG Beschl. v. 23.03.2022, NVWZ 2022, 861 Rn 103). Das Klimaschutzgebot des Art. 20a GG ist eine justiziable Verfassungsnorm, die allerdings weiterer Konkretisierung bedarf (Britz NVwZ 2022, 825).

Das BVerfG deutet das Klimaschutzgebot des Art. 20a GG unter Verweis auf die Erkenntnisse der Klimaforschung und der Klimapolitik als ein Gebot, eine bestimmte Schwelle der Erderwärmung nicht zu überschreiten (BVerfG Beschl. v. 24.3.2021, NVwZ 2021, 951). Mit der Notwendigkeit, die Erderwärmung zu stoppen, rechtfertigt das BVerfG die weitere Verpflichtung, Emissionen von Treibhausgasen kontinuierlich bis zur Klimaneutralität, einem für die Treibhausgaskonzentration in der Erdatmosphäre neutralen Maß, zu reduzieren (BVerfG Beschl. v. 24.3.2021, NVwZ 2021, 951, Rn. 198; BVerfG, NVwZ 2022, 861 Rn. 107), wobei das Gericht auf das Treibhausgas CO_2 abstellt, weil dessen Konzentration in der Erdatmosphäre wegen seiner quantitativen Bedeutung und besonderen Langlebigkeit für den Klimawandel besonders relevant ist. **152**

Aus Art. 20a GG lässt sich allerdings unmittelbar kein Maßstab ableiten, mit dessen Hilfe sich entscheiden ließe, ob bereits verfassungsrechtlich ausreichende Maßnahmen zur hinreichenden Begrenzung der Erderwärmung ergriffen wurden. Britz räumt deshalb ein, die Konkretisierung einer „verfassungsrechtlichen Temperaturmaßgabe" sei eine „besondere verfassungsrechtsdogmatische Herausforderung". Es gebe ein „Dilemma, entweder den gerichtlichen Kontrollanspruch insoweit im Wesentlichen aufgeben oder aber anstelle des Gesetzgebers schöpfend tätig werden zu müssen" (Britz NVwZ 2022, 825). Der Ausweg aus diesem Dilemma soll sich nach Ansicht des BVerfG aus dem „verfassungskonkretisierenden Fachrecht" ergeben. In Anerkennung einer in Art. 20a GG angelegten Konkretisierungsprärogative des Fachgesetzgebers müsse die Temperaturmaßgabe des Bundesgesetzgebers in § 1 S. 3 KSG als aktuelle Konkretisierung des verfassungsrechtlichen Klimaschutzgebots herangezogen werden (BVerfG Beschl. v. 24.3.2021, NVwZ 2021, 951, Rn. 208 ff; BVerfG Beschl. v. 23.03.2022, NVwZ 2022, 861 Rn. 107). Als Grundlage des Klimaschutzgesetzes werde in § 1 S. 3 die Verpflichtung nach dem Übereinkommen von Paris aufgrund der Klimarahmenkonvention der Vereinten Nationen bezeichnet, wonach der Anstieg der globalen Durchschnittstemperatur auf deutlich unter 2 °C und möglichst auf 1,5 °C gegenüber dem vorindustriellen Niveau zu begrenzen sei. Damit wird das einfachgesetzliche Klimaziel zum verfassungsrechtlichen Prüfungsmaßstab umgedeutet, an dem sich der Gesetzgeber mit Blick auf seine Verpflichtung aus Art. 20a GG messen lassen muss. Einfach zu verstehen ist diese Hochzonung der einfachgesetzlichen Zielbestimmung des Bundesgesetzgebers zum verfassungsmäßigen, ihn im Sinne einer Selbstbindung begrenzenden Prüfungsmaßstab nicht (kritisch zu dem Klimabeschluss des BVerfG insoweit Beckmann UPR 2021, 241, Berkemann DÖV 2021, 701; Berkemann UPR 2021, 585; Callies UPR 2021, 355; Ekardt/Hess NVwZ 2021, 1421; Faßbender NJW 2021, 2085; Hofmann NVwZ 2021, 1587 Ruttloff/Freihoff NVwZ 2021, 917; Breuer NVwZ 2022, 1233, 1237: „unbefugte Teilhabe an der Gesetzgebung"). Dem BVerfG kann man entgegengehalten, dass es seinen verfassungsrechtlichen Prüfungsrahmen selbst schafft. Dies gelingt durch eine Unterscheidung des verfassungskonkretisierenden Gehalts von § 1 S. 3 von dem daran zu messenden einfachgesetzlichen Gehalt von § 3 Abs. 1 S. 2 und § 4 Abs. 1 S. 3. Erst die Erhebung der Temperaturziele zum verfassungsrechtlichen Maßstab erlaubt die spätere Konstruktion, nach der die Umsetzung der Temperaturziele in Emissionsziele nur bei einer ausgewogenen Fortschreibung der Emissionsziele auch über das Jahr 2030 hinaus gerechtfertigt ist. Es kommt insoweit zu einer Vermischung unterschiedlicher Normkategorien, es entsteht eine Art von Zwischenkategorie, die im Grundgesetz nicht angelegt ist (Beckmann UPR 2021, 241). Hinzu kommt der Vorwurf, um den globalen Klimaschutz zu verbessern, diktiere das BVerfG dem Ge- **153** setzgeber eine Erweiterung und Verschärfung der Ziel- und Reduktionsfixierungen. Damit suche es die gesamte Umwelt-, Technik- und Wirtschaftspolitik zu steuern, obwohl es – noch weniger als die staatlichen Parlamente und Regierungen – zielführende Realisierungswege und Vollzugsmaßnahmen sowie vorzugswürdige Technologien für Infrastrukturen, Anlagensysteme, Verkehrs- und Kommunikationsmittel, Konsumgüter und Stoff- oder Produktqualitäten vorzugeben vermöge (Breuer NVwZ 2022, 1233, 1237).

154 Die Konkretisierungsbefugnis des Gesetzgebers soll mit Blick auf die Staatszielbestimmung nach Ansicht des BVerfG nicht umfassend sein. Denn trotz seiner besonderen Konkretisierungsbedürftigkeit durch den Gesetzgeber seien Art. 20a GG zugleich Bindungen des Gesetzgebers zu entnehmen. Die Konkretisierungsbefugnis des Gesetzgebers schließe es (natürlich) nicht aus, dass der Gesetzgeber diese Befugnis überschreite. Das BVerfG bescheinigt dem Gesetzgeber in seinem Klimabeschluss auch dem Jahr 2021 auch nur, dass er seinen verfassungsrechtliche Konkretisierungsspielraum mit dem in § 1 S. 3 formulierten Klimaschutzziel nach den aktuell verfügbaren Erkenntnissen nicht überschritten habe, dass jedoch eine neue Erkenntnislage dies ändern könne (BVerfG Beschl. v. 24.3.2021, NVwZ 2021, 951 Rn. 211 ff.). Aktuell müsse sich der Gesetzgeber verfassungsrechtlich an dem von ihm selbst in § 1 S. 3 KSG aufgenommenen Paris-Ziel messen lassen. Dies erfordere allerdings noch eine „Übersetzung der Temperaturmaßgabe in eine Emissionsmaßgabe" (BVerfG Beschl. v. 24.3.2021, NVwZ 2021, 951 Rn. 215).

155 Das BVerfG beschränkt sich in diesem Zusammenhang auf eine **Plausibilitätsprüfung**, ob trotz der in § 4 bereits bis zum Jahr 2030 zugelassenen CO_2-Emissionen – noch möglich sei, das Temperaturziel des § 1 S. 3 zu erreichen (allgemeiner zu einem solchen Prüfungsmaßstab Beckmann Plausibilität als richterlicher Kontrollmaßstab, in Gärditz/Keller/Niesler, Der Kontrollauftrag der Verwaltungsgerichtsbarkeit, liber amicorum für Max-Jürgen Seibert, Berlin 2020, 13 ff.). Das BVerfG bezieht sich dazu auf Analysen und Berechnungen des IPCC zu einem für bestimmte Temperaturziele jeweils global verbleibenden **CO_2-Restbudget**. Aus dem globalen Restbudget leitet das BVerfG einen schon vom Sachverständigenrat für Umweltfragen berechneten Anteil für Deutschland ab, wobei es das globale Restbudget rechnerisch nach der Einwohnerzahl auf die Staaten verteilt. Das globale Budget nach der Einwohnerzahl zu verteilen, sei zwar verfassungsrechtlich nicht zwingend; verfassungsrechtlich sei es nicht einmal zwingend, überhaupt eine Budgetrechnung zugrunde zu legen. Für die verfassungsrechtliche Kontrolle des im Gesetz eingeschlagenen Reduktionspfads biete dies jedoch gleichwohl eine plausible Grundlage (BVerfG Beschl. v. 24.3.2021, NVwZ 2021 951, Rn 231 ff.; kritisch dazu Frenz Grundzüge des Klimaschutzrechts, 2021, Rn. 388). Überzeugend ist diese Ableitung nicht. Denn wenn für die Bestimmung des verfassungsrechtlich mit Art. 20a GG noch vereinbaren Tätigwerdens bzw. Untätigbleibens weder auf ein globales Restbudget abgestellt werden muss noch eine die Zuteilung eines Anteils an diesem globalen Restbudgets nach der Einwohnerzahl geboten ist, noch eine entsprechende unionsrechtliche oder völkerrechtliche Verpflichtung besteht, dann hätte das BVerfG dem Gesetzgeber die Entscheidung überlassen müssen, welche Anteil an den weltweiten CO_2-Emissionen noch in Deutschland verursacht werden darf. Angesichts der vom BVerfG ausführlich beschriebenen Grundrechtsrelevanz der Emissionen einerseits, umgekehrt jedoch auch der Klimaschutzmaßnahmen andererseits, hätte es seine ständige Wesentlichkeitsrechtsprechung, auf die das BVerfG im Klimabeschluss vom 24.3.2021 selbst ausdrücklich hinweist, unvermeidbar gemacht, diese Entscheidung dem Gesetzgeber selbst zu überlassen (so zu Recht Frenz Grundzüge des Klimaschutzrates, 2021, Rn. 390). Eine Plausibilitätsprüfung, wie sie das BVerfG anstellen wollte, würde mit Blick auf eine anteilige Verteilung eines Restbudgets nur dann Sinn machen, wenn der Gesetzgeber selbst sich zu einer solchen Bud-

getrechnung entschlossen hätte und dessen Plausibilität in Rede stünde. Das war jedoch gerade nicht der Fall.

Völkerrechtlich zwingend ist Bemessung des auf Deutschland entfallenen Restbudgets, wenn man überhaupt auf eine solche Budgetrechnung abstellen möchte, nach einem Anteil an der Weltbevölkerung nicht. Genauso gut könnte man die Wirtschaftsleistung der Staaten einbeziehen oder aber auch ihre industrielle und gesellschaftliche Entwicklung, die bei einer hohen Gesamtemission von Treibhausgasen schon in der Vergangenheit für einen Anteil an dem verbleibenden globalen Restbudget sogar unterhalb des Bevölkerungsanteils sprechen könnte. Zu Recht wird dafür plädiert, die jeweiligen nationalen Besonderheiten einzubeziehen und wertend unter Einbeziehung ökologischer, sozialer und ökonomischer Belange zu berücksichtigen (Frenz Grundzüge des Klimaschutzrechts, 2021, Rn. 388). Eine Ausrichtung auf den Anteil an der Weltbevölkerung ist insoweit weder völkerrechtlich noch verfassungsrechtlich gefordert; sie ist möglicherweise auch nur mit einer Wohlstandsverringerung und einer Deindustrialisierung zu erreichen. Darüber zu entscheiden, wäre Sache des Gesetzgebers und nicht des BVerfG. **156**

Das BVerfG hielt es für plausibel, dass das nach dem von ihm und nicht vom Gesetzgeber berechnete Restbudget für Deutschland durch die nach § 4 bis 2030 zugelassenen Emissionen weitgehend, aber noch nicht vollständig aufgebraucht würde. Wenn Deutschland nach dem Jahr 2030 sehr große Anstrengungen für eine Transformation hin zur Klimaneutralität unternehmen würde, könne das Restbudget noch eingehalten werden. Ein Verfassungsverstoß wurde vom BVerfG insoweit nicht festgestellt, weil in den Berechnungen erhebliche tatsächliche Ungewissheiten und eine Reihe normativer Wertungen enthalten seien. Die Annahme des Gesetzgebers, Deutschland werde das Klimaschutzziel des § 1 S. 3 KSG mit der in § 4 KSG bis 2030 zugelassenen Emissionsmenge erreichen, könne verfassungsgerichtlich nicht beanstandet werden (BVerfG Beschl. v. 24.3.2021, NVwZ 2021, 951 Rn. 237). **157**

2. Grundrechtsschutz gegen die Folgen des Klimawandels. Auch die vom BVerfG angenommene Grundrechtsrelevanz des Staatsziels Klimaschutz erschließt sich nicht. Das BVerfG hat klargestellt, dass die Staatszielbestimmung des Art. 20a GG weiterhin kein subjektives Recht sei. Gleichwohl könne das Klimaschutzgebot für die Grundrechtsprüfung bedeutsam sein und zwar sowohl für Grundrechtsbeeinträchtigungen, die als Folge des Klimawandels drohen, als auch als Rechtfertigungsgrund für Grundrechtseingriffe als Folge von erforderlichen Klimaschutzmaßnahmen (siehe dazu Britz NVwZ 2022, 825, 827; Schlacke NVwZ 2021, 912). Dadurch dass Grundrechtseingriffe nach Auffassung des BVerfG auch objektiv verfassungsgemäß und insofern auch mit Art. 20a GG vereinbar sein müssen, wird die Staatszielbestimmung trotz der Klarstellung des BVerfG, dass die Staatszielbestimmung des Art. 20a GG weiterhin kein subjektives Recht sei, doch subjektiviert. Allerdings wurde auch zuvor bereits vertreten, dass mit einem Verweis auf das Elfes-Urteil des BVerfG im Rahmen eines anderweitig betroffenen Grundrechts geltend gemacht werden könne, ein angegriffener Rechtsakt stehe wegen eines Verstoßes gegen Art. 20a GG nicht mit der verfassungsmäßigen Ordnung in Einklang (Gärditz in Landmann/Rohmer, Umweltrecht, Art. 20a GG Rn. 25; Kahl JZ 2010, 668, 670; offen gelassen von Voßkuhle NVwZ 2013, 1, 5). **158**

Ob eine solche **Subjektivierung der Staatszielbestimmung** des Art. 20a GG mit dem Willen des Verfassungsgesetzgebers vereinbar ist, der bei Einführung dieser Staatszielbestimmung ausdrücklich Wert darauf gelegt hat, damit keinen grundrechtlichen Schutz einzuräumen, ist zweifelhaft. Im Bericht der Gemeinsamen Verfassungskommission des Deutschen Bundestages und des Bundesrats vom 05.11.1993 heißt es dazu wörtlich: „Der Umweltschutz wird als objektiv-rechtliches Staatsziel ausgestaltet; die von der Gemeinsa- **159** men Verfassungskommission empfohlene Formulierung enthält keinen subjektiven Anspruchstatbestand. Es wird daher nicht möglich sein, aufgrund der empfohlenen Staatszielbestimmung bestimmte Umweltentscheidungen einzuklagen oder aus ihr konkrete Leistungsansprüche abzuleiten" (BT-Drs. 12/6000, S. 67; kritisch zu einer „Versubjektivierung" des Art. 20a GG auch Callies ZUR 2021, 355; a.A. Faßbender NJW 2021, 2085, 2088).

160 Nach der Rechtsprechung des BVerfG kann jedoch eine Vereinbarkeit mit dem Klimaschutzgebot des Art. GG 20 a GG Voraussetzung für die Zulässigkeit einer Grundrechtsbeeinträchtigung sein, die sich aus den Folgen des Klimawandels (intertemporär) ergibt. Das Klimaschutzgebot zählt nach Auffassung des BVerfG zu den elementaren Grundentscheidungen des Grundgesetzes, deren Einhaltung nach der sogenannten Elfes-Formel im Fall einer zulässigen Verfassungsbeschwerde gegen einen Grundrechtseingriff geprüft wird (BVerfG Beschl. v. 24.3.2021, NVwZ 2021, 905 Rn. 189 f; Britz NVwZ 2022, 825, 829). Das BVerfG sieht eine „eingriffsähnliche Grundrechtsvorwirkung" darin, dass der Gesetzgeber angesichts der nach § 4 KSG schon bis zum Jahr 2030 zugelassenen Emissionsmengen und weil Art. 20a GG die insgesamt noch zulässige Menge an CO_2-Emissionen begrenzt, künftig zu schwerwiegenden Grundrechtseingriffen zur Treibhausgasreduktion gezwungen sein könnte.

161 Ob die von § 4 KSG ausgehenden eingriffsähnlichen Grundrechtsvorwirkungen zulässig, insbesondere verhältnismäßig sind, muss ebenfalls unter Berücksichtigung der Staatszielbestimmung zum Klimaschutz entschieden werden. Der Klimaschutz ist nach der Rechtsprechung des BVerfG ein verfassungsrechtlich besonders gewichtiges Ziel bzw. Belang von beträchtlichem Gewicht (BVerfG, BVerfG Beschl. v. 30.6.2020, NVwZ-RR 2021, 177 Rn. 106; BVerfG Beschl. v. 23.03.2022, NVwZ 2022, 861 Rn. 140; Britz NVwZ 2022, 825, 829). Dem Klimaschutz kommt zwar kein absoluter Vorrang zu, aber in der Abwägung mit entgegenstehenden Grundrechten und anderen Belangen gewinnt der Klimaschutz bei zunehmendem Klimawandel immer stärker an Gewicht (BVerfG Beschl. v. 24.3.2021, NVwZ 2021, 951 Rn. 117, 185, 198). Der Klimawandel wird durch zahllose Maßnahmen und Verhaltensweisen verursacht, die zwar für sich genommen zumeist nur geringe Mengen an Treibhausgas emittieren. Aufgehalten werden kann der Klimawandel jedoch nur durch eine ebenso große Zahl von Einzelmaßnahmen. Da der Klimawandel nur begrenzt werden kann, wenn all diese vielen, für sich genommen oft kleinen Mengen von CO_2-Emissionen lokal vermieden oder verringert werden, kann einer einzelnen Maßnahme nicht entgegengehalten werden, sie wirke sich nur geringfügig aus (BVerfG Beschl. v. 23.03.2022, NVwZ 2022, 861 Rn. 143; Britz NVwZ 2022, 825, 829).

162 Aus Art. 2 Abs. 2 S. 1 GG und aus Art. 14 Abs. 1 GG ergibt sich eine Pflicht zum Schutz vor den Gefahren des Klimawandels. Die **Schutzpflicht** enthält den Auftrag, dazu beizutragen, den Klimawandel zu begrenzen, und die Pflicht zu Maßnahmen zur Anpassung an die Folgen des Klimawandels (BVerfG Beschl. v. 23.03.2022, NVwZ 2021, 951 Rn. 145 ff.; Britz NVwZ 2022, 825, 829). Eine Verletzung der Schutzpflicht kommt aber nur dann in Betracht, wenn Schutzvorkehrungen überhaupt nicht getroffen sind, wenn die getroffenen Regelungen und Maßnahmen offensichtlich ungeeignet oder völlig unzulänglich sind, das gebotene Schutzziel zu erreichen, oder wenn diese erheblich hinter dem Schutzziel zurückbleiben. Diese Voraussetzungen liegen nach Ansicht des BVerfG jedenfalls bislang nicht vor (BVerfG Beschl. v. 23.03.2022, NVwZ 2021, 951 Rn. 152). Das BVerfG war außerdem der Ansicht, dass der Gesetzgeber mit dem Klimaschutzgesetz in der zum Zeitpunkt des Klimabeschlusses 2021 geltenden Fassung nicht erheblich hinter dem durch die grundrechtlichen Schutzpflichten gebotenen Schutz zurückbleibt (BVerfG Beschl. v. 23.03.2022, NVwZ 2021, 951 Rn. 158 ff.).

Das Grundgesetz verpflichtet nach der Rechtsprechung des BVerfG unter bestimmten Voraussetzungen zur Sicherung grundrechtsgeschützter Freiheit über die Zeit und zur verhältnismäßigen Verteilung von Freiheitschancen über die Generationen. Subjektivrechtlich schützen die Grundrechte als **intertemporale Freiheitssicherung** vor einer einseitigen Verlagerung der durch Art. 20a GG aufgegebenen Treibhausgasminderungslast in die Zukunft. Auch der objektivrechtliche Schutzauftrag des Art. 20a GG schließt nach Ansicht des BVerfG die Notwendigkeit ein, mit den natürlichen Lebensgrundlagen so sorgsam umzugehen und sie der Nachwelt in solchem Zustand zu hinterlassen, dass nachfolgende Generationen diese nicht nur um den Preis radikaler eigener Enthaltsamkeit weiter bewahren könnten (BVerfG Beschl. v. 23.03.2022, NVwZ 2021, 951). Die Schonung künftiger Freiheit verlangt nach Ansicht des BVerfG, den Übergang zu Klimaneutralität rechtzeitig einzuleiten. Konkret soll dies erfordern, dass frühzeitig transparente Maßgaben für die weitere Ausgestaltung der Treibhausgasreduktion formuliert werden, die für die erforderlichen Entwicklungs- und Umsetzungsprozesse Orientierung bieten und diesen ein hinreichendes Maß an Entwicklungsdruck und Planungssicherheit vermitteln BVerfG Beschl. v. 23.03.2022, NVwZ 2021, 951). 163

3. Klimaschutz und EU-Grundrechte. Auch auf der Ebene der EU verfügt der Richtlinien- und Verordnungsgeber über einen weiten Beurteilungsspielraum, der gerichtlich nur auf evidente Verletzungen überprüft werden kann (im Einzelnen dazu Frenz EuR 2022, 3, 5; EuGH, Rs. C-112/00, ECLI:EU:C:2003:333, Slg. 2003, Rn. 80 ff.). 164

V. Klimarechtsschutz

Nach § 4 Abs. 1 S. 7 werden subjektive Rechte und klagbare Rechtspositionen durch das KSG oder aufgrund des KSG nicht begründet. Nach der Gesetzesbegründung (BT Drs. 19/14337, S. 28) handelt es sich bei § 4 Abs. 1 S. 7 lediglich um einen deklaratorischen Hinweis, sodass Klagemöglichkeiten zum Schutz des Klimas sich letztlich nur aus außerhalb des KSG liegenden Bestimmungen des Umweltrechtsschutzes ergeben können (Saurer in Rodi, Klimaschutzrecht, 2022, § 10 Rn. 52). Für Individualkläger kommt es insoweit überwiegend auf die Rechtsschutzmöglichkeiten der VwGO an. Für Umweltvereinigungen stehen Klagemöglichkeiten nach dem UmwRG im Vordergrund. 165

Von Bedeutung sind aber nicht nur Klagemöglichkeiten der Umweltvereinigungen nach dem UmwRG, sondern auch die Voraussetzungen für die Beiladung von im Genehmigungsverfahren beteiligten Umweltvereinigungen in Verpflichtungsstreitverfahren, die darauf gerichtet sind, die Genehmigungsbehörde zur Erteilung einer von ihr abgelehnten Genehmigung zu verpflichten. In einem Verpflichtungsklageverfahren, in dem eine unter § 1 Abs. 1 Satz 1 UmwRG fallende Zulassungsentscheidung erstritten werden soll, bedarf es aufgrund europa- und völkerrechtlicher Verpflichtungen, insbesondere Art. 9 Abs. 2 Aarhus-Konvention, der **Beiladung eines anerkannten Umweltverbands**, um diesem die Möglichkeit zu geben, seinen Rechtsstandpunkt in das gerichtliche Verfahren einzubringen (so jedenfalls VGH Kassel Beschl. v. 18.08.2022, KlimR 2022, 386). 166

Die Missachtung von Vorschriften des Klimaschutzrechts beschäftigt zunehmend die Verwaltungsgerichte, daneben aber auch die **Zivilgerichte**. Klimaklagen verfolgen Klimaschutzanliegen (Fellenberg/Guckelberger Klimaschutzrecht, 2022, Einleitung Rn. 33; zum Begriff der Klimaklage näher Rodi/Kalis KlimR 2022, 5, 6; Köck/Markus ZUR 2019, 257; Winter ZUR, 2019, 259; Buser DVBl. 2021, 1389; Verheyen ZRP 2021, 133). Klimaklagen Privater stützen sich unter anderem auf Grundrechte, um gegenüber dem Staat und/oder auch gegenüber privaten Unternehmen mehr Klimaschutz bzw. eine Einstellung klimaschädlicher Aktivitäten zu erreichen (kritisch dazu Wegener NJW 2022, 425). Klimaklagen können sich in Verfassungsstreitverfahren auch gegen den Gesetzgeber 167 wenden, um eine Veränderung, zumeist eine Verschärfung des Klimaschutzrechts zu erreichen mit Verweis auf Pflichten des Gesetzgebers, die sich aus höherrangigem Verfassungsrecht oder EU-Recht bzw. dem Völkerrecht ergeben. Der Klimarechtsschutz wird vor allem durch die Rechtsprechung des BVerfG, des EuGH und auch des BVerwG beflügelt.

168 **1. Klimaschutz bei staatlichen Abwägungsentscheidungen.** Eine größere Relevanz erhält der Klimaschutz sowohl in verwaltungsrechtlichen als auch in verfassungsrechtlichen Streitigkeiten bereits dadurch, dass das im Klimaschutzgebot des Art 20a GG enthaltene Ziel der Herstellung von Klimaneutralität bei fortschreitendem Klimawandel in allen Abwägungsentscheidungen des Staates weiter an relativem Gewicht gewinnt (BVerfG Beschl. v. 24.03.2021, 1 BvR 2656/18, juris Rn 198; BVerfG Beschl. v. 15.12.2022 – 1 BvR 2146/22, juris Rn. 3). Dies gilt nicht nur für Verwaltungsentscheidungen, sondern auch für den Gesetzgeber. Verdeutlicht hat das BVerfG das zunehmende Gewicht des Klimaschutzes für staatliche Abwägungsentscheidungen z.B. im Zusammenhang mit dem Ausbau von Anlagen für erneuerbare Energien. Der Ausbau erneuerbarer Energien diene, so das BVerfG, dem Klimaschutzziel des Art. 20a GG und dem Schutz von Grundrechten vor den Gefahren des Klimawandels, weil mit dem dadurch CO_2-emissionsfrei erzeugten Strom der Verbrauch fossiler Energieträger zur Stromgewinnung und in anderen Sektoren wie etwa Verkehr, Industrie und Gebäude verringert werden könne. Der Ausbau erneuerbarer Energien diene zugleich dem Gemeinwohlziel der Sicherung der Stromversorgung, weil er zur Deckung des infolge des Klimaschutzziels entstehenden Bedarfs an emissionsfrei erzeugtem Strom beitrage und überdies die Abhängigkeit von Energieimporten verringere. Der für die Abwägung mit gegenläufigen grundrechtlich geschützten Interessen maßgeblichen Bedeutung einzelner Maßnahmen zum Ausbau erneuerbarer Energien für den Klimaschutz und den Schutz der Grundrechte vor den Gefahren des Klimawandels könne nicht entgegengehalten werden, dass die einzelne Maßnahme für sich genommen im Vergleich zur global emittierten Gesamtmenge von CO_2 geringfügig sei (BVerfG Beschl. v. 23.03.2022 – 1 BvR 1187/17, juris Rn 142 f.). Mit dieser wichtigen Klarstellung begegnet das BVerfG dem in der Praxis häufig anzutreffenden Versuch, die Klimarelevanz einzelner Vorhaben mit Blick auf den - gemessen an nationalen oder gar internationalen Zahlen zu den Gesamtmengen der emittierten Treibhausgase -eher kleinen Emissionsbeitrag zu relativieren oder gar zu bagatellisieren. So führt z.B. das OVG NRW (Beschl. v. 29.12.2021 – 20 B 1690/21, juris Rn 57) zu den Auswirkungen einer Deponieerweiterung und des dafür erforderlichen Abraumtransports und der dafür ebenfalls erforderlichen Rodung einiger ha Wald aus, die Größenordnungen des vorhabenbedingten CO_2-Ausstoßes sei bezogen auf Deutschland, Europa und die Welt verschwindend gering. Insgesamt werde die mangelnde Relevanz der CO_2-Bilanz des Planvorhabens im Hinblick auf das globale Klima nicht zuletzt auch bei einem Vergleich mit den Größenordnungen der in der Anlage 2 zu § 4 KSG n.F. zur Erreichung der nationalen Klimaschutzziele (§ 1, § 3 Abs. 1 KSG n.F.) bis 2030 festgelegten zulässigen Jahresemissionsmengen an CO_2 deutlich. Danach liege die zulässige Jahresemissionsmenge an CO_2 für 2030 für die einzelnen Sektoren im Bereich von mindestens mehreren Millionen Tonnen, überwiegend sogar im zwei- und dreistelligen Millionenbereich. Mit diesen Relativierungen verkennt das OVG NRW den vom BVerfG wiederholt bereits formulierten Leitsatz, dass der Klimaschutz in allen Abwägungsentscheidungen des Staates weiter an relativem Gewicht gewinnt, und die Tatsache, dass der Klimawandel Folge zahlloser Vorhaben, Maßnahmen und Unternehmungen ist und insoweit auch die Effizienz des Klimaschutzes nur durch Beiträge genauso zahlloser Einzelmaßnahmen zu erreichen ist.

Planfeststellungsbehörden müssen seit dem Inkrafttreten des KSG bei ihrer Abwägungsentscheidung nach Art. 20a GG iVm § 13 Abs. 1 S. 2 Aspekte auch des globalen Klimaschutzes und der Klimaverträglichkeit berücksichtigen (siehe dazu Guckelberger KlimR 2022, 294). Das Berücksichtigungsgebot des § 13 Abs. 1 S. 2 verlangt von der Planfeststellungsbehörde, mit einem – bezogen auf die konkrete Planungssituation – vertretbaren Aufwand zu ermitteln, welche CO_2-relevanten Auswirkungen das Vorhaben hat und welche Folgen sich daraus für die Klimaschutzziele des KSG ergeben (BVerwG Urt. v. 04.05.2022, NVwZ 2022, 1549). **169**

2. Erweiterter Grundrechtsschutz. Der Klimabeschluss des BVerfG vom 24.3.2021 weckt, was den Grundrechtsschutz gegen Klimabeeinträchtigungen angeht, große Hoffnungen und Erwartungen; zum Teil macht sich aber auch bereits Enttäuschung breit, insbesondere was die Erfolgsaussichten von Klimaklagen gegen Unternehmen auf dem Zivilrechtsweg angeht. Das BVerfG erläutert in seinem grundlegenden Beschluss vom 24.03.2021, dass der Schutz des Lebens und der körperlichen Unversehrtheit nach Art. 2 Abs. 2 S. 1 GG den Schutz vor Beeinträchtigungen grundrechtlicher Schutzgüter durch Umweltbelastungen einschließt, gleich von wem und durch welche Umstände sie drohen. Die aus Art. 2 Abs. 2 S. 1 GG folgende Schutzpflicht des Staates umfasse auch die Verpflichtung, Leben und Gesundheit vor den Gefahren des Klimawandels zu schützen. Sie könne eine objektivrechtliche Schutzverpflichtung auch in Bezug auf künftige Generationen begründen. Das BVerfG hat außerdem entschieden, dass das Grundgesetz unter bestimmten Voraussetzungen zur Sicherung grundrechtsgeschützter Freiheit über die Zeit und zur verhältnismäßigen Verteilung von Freiheitschancen über die Generationen verpflichtet. Subjektivrechtlich schützen die Grundrechte nach der Rechtsprechung des BVerfG als intertemporale Freiheitssicherung vor einer einseitigen Verlagerung der durch Art. 20a GG aufgegebenen Treibhausgasminderungslast in die Zukunft. Auch der objektivrechtliche Schutzauftrag des Art. 20a GG schließe die Notwendigkeit ein, mit den natürlichen Lebensgrundlagen so sorgsam umzugehen und sie der Nachwelt in solchem Zustand zu hinterlassen, dass nachfolgende Generationen diese nicht nur um den Preis radikaler eigener Enthaltsamkeit weiter bewahren könnten (BVerfG Beschl. v. 24.03.2021, NW 2021, 1723). Die Schonung künftiger Freiheit verlange auch, den Übergang zu Klimaneutralität rechtzeitig einzuleiten. Damit wird der Grundrechtsschutz im Zusammenhang mit den Folgen des Klimawandels deutlich erweitert. **170**

Die Erweiterung des Grundrechtsschutzes in diesem Zusammenhang folgt auch daraus, dass unter bestimmten Umständen nach der Rechtsprechung des BVerfG mit einer Verfassungsbeschwerde auch mittelbar ein Verstoß gegen Art 20a GG gerügt werden kann. Das sei denkbar, wenn sich Beschwerdeführer gegen einen Eingriff in Grundrechte wendeten. Denn dieser könnte verfassungsrechtlich nur gerechtfertigt werden, wenn die zugrunde liegenden Regelungen den elementaren Grundentscheidungen und allgemeinen Verfassungsgrundsätzen des Grundgesetzes entsprechen, zu denen auch das Klimaschutzgebot des Art. 20a GG zähle (BVerfG Beschl. v. 15.12.2022 – 1 BvR 2146/22, juris Rn. 4). Die lediglich objektiv-rechtliche Staatszielbestimmung wird insoweit für den subjektiven Grundrechtsschutz instrumentalisiert. Voraussetzung dafür ist allerdings nach Ansicht des BVerfG eine **substantiierte Darlegung**, dass gesetzliche Regelungen oder gesetzgeberisches Unterlassen eingriffsähnliche Vorwirkung auf die Freiheitsgrundrechte der Beschwerdeführenden entfalten könnten, indem sie zu einem späteren Zeitpunkt unausweichlich zu aus heutiger Sicht unverhältnismäßigen staatlichen Beschränkungen grundrechtlich geschützter Freiheit führten. Dafür müsse sich die Verfassungsbeschwerde grds. gegen die Gesamtheit der zugelassenen Emissionen richten, weil regelmäßig nur diese, **171** nicht aber punktuelles Tun oder Unterlassen des Staates die Reduktionlasten insgesamt unverhältnismäßig auf die Zukunft verschieben.

172 Hinzu kommt, dass das BVerfG auch eine **Klagebefugnis von ausländischen Personen**, die im Ausland leben, nicht ausschließt und insoweit einen weltweiten Grundrechtsschutz durch das GG eröffnet. Art. 1 Abs. 3 GG enthalte keine Beschränkung der Grundrechtsbindung des deutschen Staates auf das Staatsgebiet, sondern begründe eine umfassende Bindung der deutschen Staatsgewalt an die Grundrechte (kritisch dazu Breuer NVwZ 2022, 1233, 1238: „Eine großzügige Zuerkennung grundrechtlicher Schutzpflichten kann leicht zu einer Überforderung des sozialen Rechtsstaats führen und illusionäre Wunsch- und Trugbilder auslösen."). Allerdings könnten sich die aus den Grundrechten konkret folgenden Schutzwirkungen einschließlich ihrer Reichweite im Ausland trotz der umfassenden Bindung der deutschen Staatsgewalt an die Grundrechte danach unterscheiden, unter welchen Umständen sie zur Anwendung kämen. So könne zwischen verschiedenen Grundrechtsdimensionen, etwa der Wirkung der Grundrechte als Abwehrrechte, als Leistungsrechte, als verfassungsrechtliche Wertentscheidungen oder als Grundlage von Schutzpflichten zu unterscheiden sein. Unter welchen Umständen Grundrechte als Grundlage von Schutzpflichten gegenüber im Ausland lebenden Menschen zur Anwendung kommen könnten, sei bislang nicht näher geklärt. Möglicher Anknüpfungspunkt einer grundrechtlichen Schutzverpflichtung wäre, dass die schweren Beeinträchtigungen, denen Beschwerdeführer wegen des Klimawandels (weiter) ausgesetzt sein könnten, zu einem, wenngleich geringen Teil auch durch von Deutschland ausgehende Treibhausgasemissionen verursacht seien (BVerfG Beschl. v. 24.03.2021, NW 2021, 1723, 1736; siehe auch OLG Hamm Beschl. v. 30.11.2017, ZUR 2018, 118).

173 In seinem weiteren Beschluss vom 18.01.2022 zum Fehlen eines Landesklimaschutzgesetzes stellt das BVerfG klar, dass Beschwerdeführende sich mit einer Verfassungsbeschwerde zwar gegen Regelungen wenden können, die festlegen, welche Gesamtmenge an CO_2 in näherer Zukunft emittiert werden dürfe, wenn die Regelungen eingriffsähnliche Vorwirkung für anschließende Zeiträume entfalten. Eine eingriffsähnliche Vorwirkung setze allerdings voraus, dass der jeweilige Gesetzgeber selbst einem grob erkennbaren Budget insgesamt noch zulassungsfähiger CO_2-Emissionen unterliege. Zur Begründung der Rüge, künftige Freiheit werde unverhältnismäßig beschränkt, müsse sich die Verfassungsbeschwerde außerdem grundsätzlich gegen die Regelung der Gesamtheit der gegenwärtig zugelassenen CO_2-Emissionen richten, weil regelmäßig nur diese, nicht aber punktuelles Tun oder Unterlassen des Staates die Reduktionlasten insgesamt unverhältnismäßig auf die Zukunft verschieben könnte. Für die Bundesländer fehle es gegenwärtig bereits an Reduktionsmaßgaben, denen sich wenigstens grob landesspezifische CO_2-Restbudgets entnehmen ließen (BVerfG Beschl. v. 18.01.2022 – 1 BvR 1565/21, NJW 2022, 844).

174 **3. Rechtsprechung des EuGH zur Klagebefugnis.** Die Rechtsprechung des EuGH ist, was die für eine Klagebefugnis notwendige individuelle Betroffenheit angeht, restriktiver als die des BVerfG. Natürliche oder juristische Personen erfüllen die Bedingung der individuellen Betroffenheit nach Ansicht des EuGH nur dann, wenn die angefochtene Handlung sie aufgrund bestimmter ihnen besonderer Merkmale oder aufgrund von Umständen, unter denen sie sich von allen anderen Personen unterscheiden, betrifft (EuGH Urt. v. 25.03.2021 – C-565/19 P, BeckRS 2021, 5531; dazu Frenz Grundzüge des Klimaschutzrecht, 2021, Rn. 226 ff.).

175 Weiteren Auftrieb erhält der Klimarechtsschutz jedoch durch ein Urteil des EuGH vom 08.11.2022 zur Klagebefugnis von Umweltvereinigungen zur Anfechtung der für bestimmte Fahrzeuge erteilten EG-**Typgenehmigung** (EuGH, Urteil vom 08.11.2022, C-873/19, juris). Der EuGH hat damit entschieden, dass Art. 9 Abs. 3 Aarhus-Abkom-

men in Verbindung mit Art. 47 der Charta der Grundrechte der Europäischen Union dahin auszulegen sei, dass es einer anerkannten Umweltvereinigung nicht verwehrt werden darf, eine EG-Typgenehmigung für Fahrzeuge, die möglicherweise gegen Art. 5 Abs. 2 der Verordnung (EG) Nr. 715/2007 des Europäischen Parlaments und des Rates vom 20. Juni 2007 über die Typgenehmigung von Kraftfahrzeugen hinsichtlich der Emissionen von leichten Personenkraftwagen und Nutzfahrzeugen (Euro 5 und Euro 6) und über den Zugang zu Reparatur- und Wartungsinformationen für Fahrzeuge verstößt, vor einem innerstaatlichen Gericht anzufechten.

Das VG Schleswig hatte die Klagebefugnis einer Umweltvereinigung zur Durchsetzung **176** eines Anspruchs auf Rücknahme einer EU-Typengenehmigung abgelehnt (VG Schleswig Urt. v. 13.12.2017 – 3 A 26/17, juris). Die Voraussetzungen der dafür allein in Betracht kommenden rechtsbehelfsfähigen Entscheidungen nach § 1 Abs. 1 Nr. 5 und Nr. 6 UmwRG lägen nicht vor. Die Anwendbarkeit des § 1 Abs. 1 Nr. 5 UmwRG setze einen Verwaltungsakt oder einen öffentlich-rechtlichen Vertrag voraus, durch den ein anderes als in § 1 Abs. 1 Nr. 1 bis 2b UmwRG genanntes Vorhaben unter Anwendung umweltbezogener Rechtsvorschriften zugelassen werde. Der Gesetzgeber verwende einen Vorhabenbegriff des Planungsrechts. Danach sei ein Vorhaben die Errichtung und der Betrieb einer technischen Anlage, der Bau einer sonstigen Anlage, die Durchführung einer sonstigen in Natur und Landschaft eingreifenden Maßnahme bzw. die Änderung, einschließlich der Erweiterung der Lage, der Beschaffenheit oder des Betriebs einer technischen Anlage, der Lage oder der Beschaffenheit einer sonstigen Anlage, der Durchführung einer sonstigen in Natur und Landschaft eingreifenden Maßnahme. Aus der Gesetzesbegründung der aktuellen Fassung des UVPG (BT-Drs. 18/11499, S. 75) ergebe sich aufgrund der exemplarischen Aufzählung von sonstigen Anlagen, dass der Gesetzgeber der Regelung lediglich ortsfeste Anlagen zu Grunde gelegt habe. Nach diesen Maßgaben fielen die Erteilung einer EG-Typgenehmigung für Kraftfahrzeuge sowie diesbezügliche Folgemaßnahmen nicht unter den Vorhabenbegriff im Sinne des UmwRG (VG Schleswig Urt. v. 13.12.2017 – 3 A 26/17, juris Rn. 101 unter Verweis auf Schlacke NVwZ 2017, 905). Weder der genehmigte Fahrzeugtyp noch das konkrete Fahrzeug, das aufgrund der EG-Typgenehmigung und der Übereinstimmungsbescheinigung für den Betrieb zugelassen werde, stellten Anlagen im Sinne des UmwRG dar. Auch erfolge durch die Genehmigung des Fahrzeugtyps und auch durch die Zulassung eines konkreten Fahrzeugs kein unmittelbarer Eingriff in Natur und Landschaft im Sinne des UVPG (siehe auch VG Düsseldorf Urt. v. 24.01.2018 – 6 K 12341/17, juris Rn. 79 zur straßenverkehrsrechtliche Einzelzulassung eines Fahrzeugs, das typgenehmigt ist).

Die Rechtsprechung des EuGH führt mittelbar zu einer erheblichen Erweiterung des **177** Anwendungsbereichs des UmwRG und bietet insoweit zusätzlichen Raum für Klimaklagen. Dabei ist zu berücksichtigen, dass eine **klimagerechte Kreislaufwirtschaft** bereits bei der Produktgestaltung beginnt. Produkte sind so zu gestalten, dass sie möglichst langlebig, leichter wiederverwendbar, reparabel und recyclebar sind. Handelt es sich bei Vorschriften der Produktverantwortung bzw. der erweiterten Herstellerverantwortung des EU-Rechts und des deutschen Kreislaufwirtschaftsrechts um umweltbezogene Vorschriften i.S.v. § 1 Abs. 1 S. 1 Nrn. 5, 6 UmwRG, dann eröffnen sich im Zusammenhang mit Verwaltungsakten über Überwachungs- und Aufsichtsmaßnahmen sowie mit unterlassenen Entscheidungen im Sinne von § 1 Abs. 1 S. 2 UmwRG neue Rechtsschutzperspektiven.

4. Zivilrechtliche Haftung für Klimaschäden. Klimaklagen können sich gegen **178** Gesetzgeber, aber außerdem und vor allem gegen klimabeeinträchtigende Vorhaben wenden. Dazu können die für solche Form erteilten Zulassungen angegriffen werden oder aber auch Unternehmen, klimaschädliche Emissionen verursachen, zivilrechtlich auf Unterlassung oder Schadensersatz in Anspruch genommen werden (im Einzelnen dazu Fellenberg NVwZ 2022, 913). Voraussetzung für eine **zivilrechtliche Haftung** für Klimaschäden ist der **Nachweis einer hinreichenden Kausalität** zwischen den eingetretenen Schäden und der Tätigkeit des beklagten Unternehmens. Der Kausalitätsnachweis ist in aller Regel deshalb schwierig, weil erst eine Summation zahlreicher Tätigkeiten zu den schadensverursachenden Klimafolgen führt. Es handelt sich um eine Frage der kumulativen Kausalität, bei der der Wegfall eines Emittenten den Schaden nicht verhindern würde. Der BGH hat in der Vergangenheit für geltend gemachte Schäden im Zusammenhang mit Waldschäden durch Emissionen solche Langzeit-, Summations- und Distanzschäden Schadensersatzansprüchen nicht anerkannt (BVerfG-K Beschl. v. 26.05.1998, NJW 1998, 3264, 32, 65; Beschl. v. 15.03.2018, NJW 2018, 2312, 2313; BGH Urt. v. 10.12.1987, BGHZ 102, 350, 368; Frenz Grundzüge des Klimaschutzrechts, Rn. 1427; Frenz Klimaschutzrecht, 2022, S. 279 ff.; Gärditz EuRUP 2022, 45, 47; Buser DVBl. 2020, 1389, 1392; Kahl JURA 2021, 117, 119).

179 Soweit Klagen gegen Unternehmen aus Gründen des Klimaschutzes auf Grundrechte gestützt werden, steht ihrem Erfolg die fehlende **Drittwirkung der Grundrechte** entgegen (BGH Urt. v. 15.01.2013, JZ 2013, 567 Rn. 27; Gärditz EuRUP 2022, 45, 47).

180 Auf Vorlage des Landgerichts Ravensburg hat der EuGH am 21.03.2023 ein für den Umweltrechtsschutz und den Klimarechtsschutz wichtiges Urteil gefällt. In dem Rechtsstreit geht es um Ansprüche auf Schadensersatz wegen des Erwerbs eines Kraftfahrzeugs mit einem Dieselmotor, das mit einer nicht mit den sich aus dem Unionsrecht ergebenden Vorgaben im Einklang stehenden Software ausgerüstet ist, die die Rückführung der Abgase dieses Fahrzeugs je nach der Außentemperatur verringert. Der EuGH entschied, Art. 18 Abs. 1, Art. 26 Abs. 1 und Art. 46 der Richtlinie 2007/46/EG des Europäischen Parlaments und des Rates vom 5. September 2007 zur Schaffung eines Rahmens für die Genehmigung von Kraftfahrzeugen und Kraftfahrzeuganhängern sowie von Systemen, Bauteilen und selbstständigen technischen Einheiten für diese Fahrzeuge (Rahmenrichtlinie) in der durch die Verordnung (EG) Nr. 385/2009 der Kommission vom 7. Mai 2009 geänderten Fassung in Verbindung mit Art. 5 Abs. 2 der Verordnung (EG) Nr. 715/2007 des Europäischen Parlaments und des Rates vom 20. Juni 2007 über die Typgenehmigung von Kraftfahrzeugen hinsichtlich der Emissionen von leichten Personenkraftwagen und Nutzfahrzeugen (Euro 5 und Euro 6) und über den Zugang zu Reparatur- und Wartungsinformationen für Fahrzeuge dahin auszulegen sind, dass sie neben allgemeinen Rechtsgütern die Einzelinteressen des individuellen Käufers eines Kraftfahrzeugs gegenüber dessen Hersteller schützen, wenn dieses Fahrzeug mit einer unzulässigen Abschalteinrichtung im Sinne von Art. 5 Abs. 2 dieser Verordnung ausgestattet ist. Das Unionsrecht sei dahin auszulegen, dass es in Ermangelung einschlägiger unionsrechtlicher Vorschriften Sache des Rechts des betreffenden Mitgliedstaats sei, die Vorschriften über den Ersatz des Schadens festzulegen, der dem Käufer eines mit einer unzulässigen Abschalteinrichtung im Sinne von Art. 5 Abs. 2 der Verordnung Nr. 715/2007 ausgestatteten Fahrzeugs tatsächlich entstanden sei, vorausgesetzt, dass dieser Ersatz in einem angemessenen Verhältnis zum entstandenen Schaden stehe (EuGH Urt. v. 21.03.2023 – C-100/21, juris).

VI. Bundes-Klimaanpassungsgesetz

181 Im April 2023 hat das Bundesministerium für Umwelt, Naturschutz, nukleare Sicherheit und Verbraucherschutz den Referentenentwurf eines Bundes-Klimaanpassungsgesetzes (KAnG) zur Anhörung bekannt gemacht (siehe dazu Beckmann KlimRZ 2023, 151).

Die internationale und die deutsche Klimapolitik verfolgen zwei systematische Ansätze oder strukturprägende Strategien zum Klimawandel, nämlich die Reduzierung von Treibhausgasemissionen (Mitigation) und die Anpassung an die Folgen des unvermeidbaren Klimawandels (Adaption). Das Klimaschutzgesetz des Bundes enthält allerdings keine Regelungen zur Klimaanpassung. Anpassungsmaßnahmen an die Folgen des Klimawandels sollen Gegenstand des Bundes-Klimaanpassungsgesetzes werden. Zutreffend geht die einleitende Erläuterung des Referentenentwurfs davon aus, dass die Klimakrise eine Bedrohung für die gegenwärtigen und künftigen Generationen darstellt und dass trotz ambitionierter Ziele und Maßnahmen zur Minderung der Treibhausgasemissionen auf internationaler, europäischer und nationaler Ebene ein Anstieg der pulmonalen Durchschnittstemperatur gegenüber dem vorindustriellen Niveau nicht mehr vollständig verhindert werden kann. Im Detail wirft der Referentenentwurf allerdings auch erörterungsbedürftige Fragen auf. 182

1. Ziel und Zweck des Gesetzes. Ziel des KAnG soll es nach § 1 Abs. 1 S. 1 KAngE sein, zum Schutz der menschlichen Gesundheit, Gesellschaft, Wirtschaft und Infrastruktur sowie der Natur und der Ökosysteme negative Auswirkungen des Klimawandels, insbesondere die drohenden Schäden, weitestgehend zu vermeiden und nicht vermeidbare Auswirkungen möglichst zu reduzieren. Die Widerstandsfähigkeit ökologischer und gesellschaftlicher Systeme gegenüber den auch in Zukunft fortschreitenden klimatischen Veränderungen soll zur Bewahrung gleichwertiger Lebensverhältnisse unter Beachtung des Vorsorgeprinzips gesteigert und Beiträge zu den nationalen und internationalen Anstrengungen bei der Klimaanpassung geleistet werden. Die Vertiefung sozialer Ungleichheiten durch die negativen Auswirkungen des Klimawandels soll verhindert werden. Ob mit Hilfe des im Gesetzesentwurf vorgesehenen Instrumentariums (Vorsorgende Klimaschutzstrategien, Klimarisikoanalysen, Klimaschutzkonzepte, Monitoring einschl. umfassender Berichterstattung) eine in diesem Sinne zielgerichtete Steuerung der Klimaanpassung in allen erforderlichen Handlungsfeldern und auf allen Ebenen in der notwendigen Geschwindigkeit erreicht werden kann, muss sich erweisen. Der bürokratische Aufwand, der mit der Verfassung von Klimaanpassungsstrategien, Klimarisikoanalysen und Klimaschutzkonzepten für alle Gebietskörperschaften verbunden sein wird, dürfte jedenfalls erheblich werden. Weitere Rechtsunsicherheiten und Rechtsstreitigkeiten darüber sind absehbar. 183

2. Begriffe. Bei den Begriffsbestimmungen des § 2 KAnGE beschränkt sich der Referentenentwurf auf eine Legaldefinition der Begriffe „Klimaanpassung", „Klimarisikoanalyse" und „Träger öffentlicher Belange". Angesichts des ausdifferenzierten Instrumentariums des Gesetzes wirkt der sehr kleine Katalog von Legaldefinitionen knapp. Sinnvoll wäre es, auch weitere Begriffe, die in dem Gesetz eine zentrale Rolle spielen, durch den Gesetzgeber zu definieren. Dazu gehören vor allem die Begriffe „vorsorgende Klimaanpassungsstrategie" und „Klimaanpassungskonzepte". 184

Zwar werden inhaltlichen Anforderungen an diese Instrumente im Gesetzentwurf formuliert. Hilfreich wäre jedoch insbesondere eine Definition, die die Unterschiede zwischen den Klimaanpassungsstrategien und den Klimaanpassungskonzepten deutlich macht. § 12 Abs. 2 S. 2 KAnGE schreibt z.B. vor, dass Klimaanpassungskonzepte der Gebietskörperschaften unter anderem auch eine übergeordnete Gesamtstrategie zur nachhaltigen Klimaanpassung enthalten müssen. So verstanden sollen offenbar Klimaanpassungskonzepte auch Klimaanpassungsstrategien enthalten. Auch Rechtsfolgen dieser Strategien und Konzepte, Verfahrensanforderungen zur Beteiligung bei der Erstellung und eventuelle Rechtsschutzmöglichkeiten, das Verhältnis zu anderen Verfahren und Instrumenten, ins- 185 besondere zur Umweltprüfung und zur gesamträumlichen Planung der Raumordnung und der Bauleitplanung werden nicht angesprochen.

186 Den Begriff „Klimaanpassung" definiert der Referentenentwurf in § 2 KAnGE als „Ausrichtung an den aktuellen oder erwarteten Auswirkungen des Klimawandels." Besonders erhellend ist diese Definition nicht. Wer oder was sich in welche Richtung ausrichten soll ergibt sich aus dieser Definition nicht.

187 Als Klimarisikoanalyse definiert § Nr. 2 KAnGE „eine Ermittlung und Bewertung der gegenwärtigen und zukünftigen Risiken im Zusammenhang mit den Auswirkungen des Klimawandels." Der Umfang der Klimarisikoanalyse soll sich nach der Situation und den Bedürfnissen der jeweiligen juristischen Person richten. Allzuviel Erkenntnisgewinn vermittelt auch diese Legaldefinition nicht. Im Zusammenhang mit den geforderten Klimarisikoanalysen stellen sich verschiedene Fragen, insbesondere nach der Methodik einer solchen Risikoanalyse und nach Umfang und Aufwand bei der dafür betrieben werden muss.

188 Der ergänzende Halbsatz, dass sich der Umfang der Analyse nach der Situation und den Bedürfnissen der jeweiligen juristischen Person richten soll, lässt mehr Fragen offen als damit beantwortet werden können. Es wird mit diesem Halbsatz eine situations- und adressatenbezogene Relativität des Umfangs einer solchen Risikoanalyse eingeführt, ohne dass Methodik und Umfang näher konkretisiert und Maßstäbe für die damit offenbar angesprochene Verhältnismäßigkeitsprüfung genannt werden. Verhältnismäßigkeits- und insbesondere Zumutbarkeitserwägungen sind jedoch bekanntlich zumeist kaum sicher prognostizierbar; sie erhöhen die Rechtsrisiken der Klimaanpassungsstrategien und Klimaschutzkonzepte, die auf möglicherweise unzureichende Klimarisikoanalysen beruhen. Es droht auch in diesem Zusammenhang, ähnlich wie bei der Forderung nach einer Ermittlung und Berücksichtigung globaler Klimafolgen bei der Umweltprüfung oder hinsichtlich der Frage nach der Erheblichkeit einer Beeinträchtigung von Natura-2000-Gebieten, dass der Gesetzgeber abstrakte Forderungen an die Gesetzesadressaten richtet, ohne die für den effektiven Vollzug dieser Verpflichtungen notwendigen Konkretisierungen vorzusehen.

189 Auch die dritte Legaldefinition in § 2 Nr. 3 KAnGE, wonach Träger öffentlicher Aufgaben, alle Stellen sind, die öffentliche Aufgaben wahrnehmen, ist eher nichtssagend. Immerhin wird mit der Definition klargestellt, dass die von Funktion eines Trägers öffentlicher Aufgaben unabhängig davon sein soll, ob die Stelle öffentlich-rechtlich oder privatrechtlich organisiert ist.

190 **3. Vorsorgende Klimaanpassungsstrategie.** Nach § 3 Abs. 1 S. 1 KAnGE legt die Bundesregierung bis zum 30.09.2025 eine vorsorgende Klimaanpassungsstrategie mit messbaren Zielen vor, setzt sie um und schreibt sie unter Berücksichtigung aktueller wissenschaftlicher Erkenntnisse alle vier Jahre fort. Zwar fehlt es an einer Legaldefinition des Begriffs der vorsorgende Klimaanpassungsstrategie. Immerhin gibt der Gesetzesentwurf jedoch vor, dass die vorsorgende Klimaanpassungsstrategie auf einer Klimarisikoanalyse beruhen muss (§ 4 Abs. 1 S. 2 KAngE), dass als Struktur der vorsorgenden Klimaanpassungsstrategie bestimmte, im einzelnen aufgezählten Cluster und in ihnen zusammengefasste Handlungsfelder festgelegt werden (§ 4 Abs. 2 KAngE) und dass die vorsorgende Klimaanpassungsstrategie nach § 3 Abs. 3 KAngE bestimmte Inhalte aufweisen muss.

191 Unklar bleibt jedoch der Rechtscharakter einer solchen Klimaanpassungsstrategie. Handelt es sich dabei um staatliche Planung, die an den Anforderungen des Abwägungsgebots gemessen werden darf oder muss? Bedarf es einer Umweltprüfung bei der Entwicklung einer solchen Klimaanpassungsstrategie, vergleichbar der Prüfungspflicht nach Nr. 2.13 der Anl. 6 des UVPG für Klimaschutzprogramme nach § 9 KSG und bedürfte

es dazu einer Ergänzung des Anl. 6 des UVPG? Welche Rechtsschutzmöglichkeiten gegen eine Klimaanpassungsstrategie sind eingeräumt oder sollen eingeräumt werden? Die Erläuterungen zu § 3 des Gesetzesentwurfs verweisen auf die Deutsche Anpassungsstrategie an den Klimawandel vom 17.12.2008, die mit dem Gesetz weiterentwickelt werden soll. Die Strategie sei ein rechtlich unverbindlicher Rahmen für die Anpassung an den Klimawandel. Ob damit gemeint ist, dass nur die Deutsche Anpassungsstrategie an den Klimawandel vom 17.12.2008 oder auch die vorsorgende Klimaanpassungsstrategie des § 3 KAnGE rechtlich unverbindlich sein soll, bleibt klärungsbedürftig.

Nach § 8 Abs. 1 S. 1 KAnGE haben die Träger öffentlicher Aufgaben bei ihren Planun- **192** gen und Entscheidungen das Ziel der Klimaanpassung nach § 1 Abs. 1 KAnGE fachübergreifend und integriert zu berücksichtigen. Dabei sind sowohl die bereits eingetretenen als auch die zukünftig zu erwartenden Auswirkungen des Klimawandels § 8 Abs. 1 S. 2 KAnGE zu berücksichtigen. Zwar knüpft die Berücksichtigungspflicht unmittelbar an das Ziel der Klimaanpassung nach § 1 Abs. 1 des Gesetzesentwurfes an. Ob allerdings bei einer solchen Berücksichtigung der Inhalt der vorsorgenden Klimaanpassungsstrategie, der ebenfalls dazu dient, das Ziel der Klimaanpassung nach § 1 Abs. 1 KAnGE zu konkretisieren, unberücksichtigt bleiben kann, erscheint zweifelhaft.

a) Cluster und Handlungsfelder. Als Struktur der vorsorgenden Klimaanpassungs- **193** strategie werden nach § 3 Abs. 2 KAnGE bestimmte Cluster und in ihnen zusammengefasste Handlungsfelder festgelegt. Ob diese Systematik von Clustern und Handlungsfeldern für eine Struktur der vorsorgenden Klimaanpassungsstrategie überzeugen kann, mag man bezweifeln. Die überwiegenden Handlungsfelder, die bei einer solchen Klimaanpassungsstrategie zu berücksichtigen sind, dürften damit zwar erfasst sein. Ob allerdings der Cluster Infrastruktur mit den Handlungsfeldern Bauwesen, Energiewirtschaft und Verkehr/Verkehrsinfrastruktur hinreichend beschrieben wird, ist zweifelhaft. Infrastruktur dürfte jedenfalls mehr als Energiewirtschaft, Bauwesen und Verkehrsinfrastruktur sein. Sicher gehören dazu z.B. auch Kommunikationsnetze und Anlagen der Entsorgungswirtschaft.

Bei dem Cluster Land und Landnutzung wird zwar Land- und Forstwirtschaft aufge- **194** führt, die weiten Flächen des Natur- und Landschaftsschutzes bleiben jedoch in diesem Zusammenhang unerwähnt, obwohl doch etwa 27 % der Fläche Landschaftsschutzgebiete und ca. 6, 3 % der Flächen Naturschutzgebiete sind, und eine weitere Ausdehnung des Flächenschutzes in Aussicht genommen wird. Es ist insoweit kaum denkbar, dass dies Flächen bei der Entwicklung vorsorgender Klimaanpassungsstrategien außen vor bleiben sollen. Der weite Bereich des stationären Groß- und Einzelhandels sowie des Online-Handels bleibt ebenfalls unerwähnt. Das Cluster Stadtentwicklung, Raumplanung, Bevölkerungsschutz passt kaum in die übrige Systematik, weil Raumplanung und Stadtentwicklung zusammen einen gesamträumlichen Planungsansatz verfolgen, der sich grundsätzlich über die gesamte Breite der anderen Cluster erstreckt. Die Zuordnung des Bevölkerungsschutzes zum Cluster Stadtentwicklung und Raumplanung erschließt sich ebenfalls nicht. Nicht erwähnt wird der Bereich des Militärs, der doch nach der sogenannten Zeitenwende eine zunehmende Bedeutung bekommen soll mit hohen Ausgaben und hohem Ressourcenverbrauch bei der Beschaffung. Ob man diesen Bereich bei einer vorsorgenden Klimaanpassungsstrategie außen vorlassen bzw. nicht in den Mindestkatalog aufnehmen sollte, erscheint jedenfalls hinterfragungsbedürftig.

In den Erläuterungen wird allerdings darauf hingewiesen, dass die Vorgaben des § 2 **195** Abs. 2 KAnGE nur dabei helfen sollen, „zentrale Handlungsfelder nicht aus dem Blick zu verlieren." Sie sollten deshalb nicht die in der Klimaanpassungsstrategie zu behandelnden Themen begrenzen. Da § 2 Abs. 2 KAnGE jedoch als Mindestkatalog formuliert worden ist, sollte er keine Handlungsfelder unerwähnt lassen, die für eine vorsorgenden Klimaanpassungsstrategie unentbehrlich sind.

196 **b) Beteiligung der Länder und der Öffentlichkeit.** Die Länder und die Öffentlichkeit sind nach § 3 Abs. 4 KAnGE bei der Festlegung von messbaren Zielen und den entsprechenden Indikatoren sowie der Auswahl von Maßnahmen zu beteiligen. In welcher Form eine solche Beteiligung stattfinden muss, lässt der Gesetzesentwurf offen. Das ist insbesondere mit Blick auf die Öffentlichkeitsbeteiligung nicht sinnvoll.

197 **c) Konsequenzen einer Zielverfehlung.** Für die Aufstellung, Einhaltung und Aktualisierung der Ziele der vorsorgende Klimaanpassungsstrategie nach § 3 Abs. 3 S. 1 Nr. 1 KAnGE soll das jeweils aufgrund seines Geschäftsbereichs fachlich überwiegend zuständige Bundesministerium verantwortlich sein. Die Maßnahmen nach § 3 Abs. 3 S. 1 Nr. 3 KAnGE sind nach § 3 Abs. 5 S. 1 KAnGE durch das jeweils zuständige Bundesministerium zu benennen und mit Haushaltsmitteln zu unterlegen. Drohen die festgelegten Ziele der vorsorgenden Klimaanpassungsstrategie verfehlt zu werden, legt das zuständige Bundesministerium nach § 3 Abs. 6 KAnGE so schnell wie möglich, spätestens innerhalb eines Jahres nach Feststellung der drohenden Zielverfehlung, geeignete Maßnahmen zur Nachbesserung vor, um die Zielerreichung sicherzustellen. Daraus ergibt sich, dass es sich bei den in der vorsorgende Klimaanpassungsstrategie festgelegten Ziele und Maßnahmen immer nur um solche handeln kann, für die der Bund die finanzielle Verantwortung trägt. Damit sind solche Strategien allerdings für die bundesweite Klimaanpassung nur bedingt effektiv, weil eine bundesweite Klimaanpassungsstrategie nur dann erfolgreich sein kann, wenn alle staatlichen und gesellschaftlichen Akteure mit eigenen Maßnahmen daran mitwirken. Solche Maßnahmen müssten deshalb ebenfalls in die Strategie aufgenommen werden, ohne dass damit bereits festgelegt würde, ob und auf welchem Wege die Durchführung solcher Maßnahmen verpflichtend angeordnet werden kann.

198 **4. Klimarisikoanalyse.** Zur Ermittlung der Verletzlichkeit natürlicher, gesellschaftlicher und ökonomischer Systeme gegenüber den Folgen des Klimawandels erstellt und veröffentlicht die Bundesregierung nach § 4 Abs. 1 S. 1 KAnGE regelmäßig nach aktuellem Stand der Wissenschaft und Forschung mindestens alle 10 Jahre eine aktualisierte Klimarisikoanalyse. Fraglich ist, ob das Ziel des Gesetzes nach § 1 Abs. 1 KAnGE, die negativen Auswirkungen des Klimawandels, insbesondere drohende Schäden weitestgehend zu vermeiden und nicht vermeidbare Auswirkungen möglichst zu reduzieren, wirkungsvoll mit Hilfe von Klimarisikoanalysen befördert werden kann.

199 Nach der Legaldefinition des Begriffs sollen mit der Klimarisikoanalyse gegenwärtige und zukünftige Risiken im Zusammenhang mit den Auswirkungen des Klimawandels ermittelt und bewertet werden. Grundsätzlich wird jedoch vom Gesetzgeber und in Rechtsprechung und Literatur zwischen Gefahren und Risiken unterschieden. Die als Grundlage der vorsorgenden Klimaanpassungsstrategie dienende Analyse sollte sich dementsprechend nicht auf Risiken beschränken, sondern bereits eingetretene Schäden und Gefahren (hinreichende Wahrscheinlichkeit des Eintritts von Schäden) einbeziehen. Möglicherweise wäre eine in diesem Sinne umfassendere Klimawandelfolgenanalyse vorzugswürdig.

200 Zweifelhaft ist außerdem, ob es ausreichend ist, eine derartige Analyse, lediglich alle zehn Jahre zu aktualisieren. Angesichts der zeitlichen Dringlichkeit einer Klimaanpassung könnte ein Zehn-Jahres-Zeitraum nicht ausreichend sein, zumal die vorsorgende Klimaanpassungsstrategie nach § 3 Abs. 1 S. 1 KAnGE auf der Grundlage der Klimarisikoanalyse alle vier Jahre fortgeschrieben werden muss. Soweit in § 4 Abs. 2 des Gesetzesentwurfs

die Bundesregierung verpflichtet wird, regelmäßig Daten zu Schadenssummen durch Wetterextreme sowie zu den Ausgaben des Bundes zur Klimaanpassung zu erheben, fehlt es an einem zeitlichen Rhythmus, in dem diese Daten erhoben werden müssen.

5. Berücksichtigungsgebot. Nach § 8 Abs. 1 S. 1 KAnGE haben die Träger öffentlicher Aufgaben bei ihren Planungen und Entscheidungen das Ziel der Klimaanpassung nach § 1 Absatz 1 KAnGE fachübergreifend und integriert zu berücksichtigen. Dabei sind nach § 8 Abs. 1 S. 2 KAnGE sowohl die bereits eingetretenen als auch die zukünftig zu erwartenden Auswirkungen des Klimawandels zu berücksichtigen. Fraglich könnte nach dem Wortlaut der Vorschrift sein, ob mit diesem Berücksichtigungsgebot eine zusätzliche Voraussetzung für die Zulassung von Vorhaben eingeführt werden soll oder ob die Berücksichtigung (lediglich) bei der Auslegung bestehender Zulassungsvoraussetzungen bzw. bei der Ausübung von Ermessen/Planungsermessen stattfinden soll. In den Erläuterungen dazu wird ausgeführt, dass Berücksichtigungsgebot komme zum Tragen, soweit im Rahmen der gesetzlichen Vorgaben Entscheidungsspielräume bestünden. Diese Erläuterung hat eine erhebliche Tragweite und sollte deshalb bereits im Wortlaut der Regelung Anklang finden. 201

Die Berücksichtigungspflicht des § 8 Abs. 1 KAnGE lässt offen, mit welchem Gewicht und mit welcher Konsequenz das Ziel der Klimaanpassung berücksichtigt werden muss. Daraus ergeben sich wiederum neue Rechtsrisiken bei der Planung und Zulassung von Vorhaben. Unbestimmte Rechtsbegriffe, wie das Wohl der Allgemeinheit, werden über die Berücksichtigungspflicht des § 8 Abs. 1 KAnGE weiter aufgeladen, ohne dass dem Rechtsanwender konkrete Maßstäbe für eine solche Berücksichtigung an die Hand gegeben werden. Das hat sich aktuell als ein erhebliches Problem bei der gesetzlichen Forderung nach einer Berücksichtigung globaler Klimafolgen erwiesen. Dieser Mangel sollte sich in diesem Gesetz nicht wiederholen. 202

6. Verschlechterungsverbot. Nach § 8 Abs. 2 S. 1 KAnGE dürfen die Träger öffentlicher Aufgaben durch ihre Planungen und Entscheidungen die Vulnerabilität von Grundstücken und Bauwerken sowie der betroffenen Gebiete insgesamt gegenüber den negativen Folgen des Klimawandels nur insoweit erhöhen, als dies unvermeidlich ist (Verschlechterungsverbot). Eine Erhöhung der Vulnerabilität ist vermeidbar, wenn zumutbare Alternativen, den mit der Planung oder Entscheidung verfolgten Zweck ohne oder mit geringerer Erhöhung der Vulnerabilität zu erreichen, gegeben sind. Es ist davon auszugehen, dass dieses Verschlechterungsverbot, anders als die Berücksichtigungspflicht nach § 8 Abs. 1 KAnGE ausweislich der Erläuterungen, nicht davon abhängig ist, dass die Zulassungsvoraussetzungen für ein Vorhaben Beachtung eines solchen Verschlechterungsverbots ermöglichen. Die Regelung ist jedenfalls so formuliert, dass sie unmittelbar Geltung beansprucht. Mit dem Verschlechterungsverbot werden wiederum erhöhte Rechtsrisiken für die Planung und Zulassung von Vorhaben begründet. Eine Erhöhung der Vulnerabilität von Grundstücken und Bauwerken gegenüber den negativen Folgen des Klimawandels dürfte bei der überwiegenden Zahl von Vorhaben im Außenbereich feststellbar sein. Für alle diese Vorhaben bedürfte es, wenn die Regelung in Kraft tritt, einer Alternativenprüfung, ob und inwieweit der mit der Planung oder Entscheidung verfolgten Zweck ohne oder mit geringerer Erhöhung der Vulnerabilität zu erreichen ist. Es ist absehbar, dass darüber vielfältiger Rechtsstreit entstehen würde. 203

Die Erfahrungen mit vergleichbaren Alternativenprüfungen, etwa im Bereich des Planfeststellungsrechts, des Flächenschutzes für Natura-2000-Gebiete und des Artenschutzes lassen erwarten, dass über die Frage der Zumutbarkeit einer Alternative weitreichend gestritten werden kann. Insbesondere Vorhaben, die im Wege einer Kontrollerlaubnis 204 zugelassen werden, etwa immissionsschutzrechtliche genehmigungsbedürftige Anlagen, für die jahre- und jahrzehntelang darauf geachtet wurde, das Erfordernis einer Alternativenprüfung insbesondere bei der Umweltverträglichkeitsprüfung zu vermeiden, werden über diese Vorschrift in neue Unwägbarkeiten geführt.

205 **7. Minimierung der Bodenversiegelung.** § 8 Abs. 3 S. 1 KAnGE sieht vor, dass, um aus Gründen der Klimaanpassung Versickerungs- und Verdunstungsflächen für einen naturnahen Wasserhaushalt im Rahmen einer wassersensiblen Entwicklung, insbesondere in urbanen Räumen, zu erhalten, die Versiegelung von Böden auf ein Minimum zu begrenzen ist; bereits versiegelte Böden, die dauerhaft nicht mehr genutzt werden, sind in ihrer Leistungsfähigkeit nach § 1 des BBodSchG so weit wie möglich und zumutbar wiederherzustellen und zu entsiegeln. Das Bundesnaturschutzgesetz, § 5 BBodSchG und § 55 Abs. 2 WHG sollen § 8 Abs. 3 S. 2 KAnGE unberührt bleiben. Bei dieser Vorschrift stellt sich die Frage nach ihrem Standort. Es handelt sich um eine Vorschrift des Bodenschutzrechts, die aus rechtssystematischen Gründen eher in das BBodSchG gehört. Soweit sie die bodenschutzrechtlichen Anforderungen des BBodSchG verschärfen soll, müsste sie aus Gründen der Rechtsklarheit auch in das BBodSchG aufgenommen werden. Sollte sie die Anforderungen des BBodSchG nicht verschärfen wollen, sollte auf sie verzichtet werden.

206 **8. Klimaanpassung der Länder.** Die Länder werden durch das KAnGE in verschiedener Weise in Anspruch genommen. Nach § 10 Abs. 1 S. 1 KAnGE legen sie jeweils eine landeseigene vorsorgende Klimaanpassungsstrategie vor und setzen sie um. Nach § 11 Abs. 1 KAngE berichten sie dem für die Klimaanpassung zuständigen Bundesministerium ab dem 30. September 2024 alle zwei Jahre, ob und in welchem Umfang Klimarisikoanalysen und darauf aufbauende Klimaanpassungskonzepte in den Gemeinden, Landkreisen und Kreisen vorliegen und welche regionalen und örtlichen Klimadaten genutzt werden. Weitere Berichtspflichten enthält § 11 Abs. 2 KAngE. Nach § 12 Abs. 1 KAnGE bestimmen die Länder im Rahmen der Grenzen des Art. 28 Abs. 2 GG diejenigen öffentlichen Stellen, die für die Gebiete der Gemeinden und der Landkreise oder Kreise jeweils ein integriertes Klimaanpassungskonzept aufstellen und die darin vorgesehenen Maßnahmen umsetzen.

207 Für die Klimaanpassungskonzepte sieht § 12 Abs. 2 KAnGE bestimmte Mindestinhalte vor. Dazu gehören eine Bestandsaufnahme von Klimadaten zur aktuellen Situation und zur zukünftigen Entwicklung, eine spezielle Klimarisikoanalyse (Betroffenheitsanalyse), eine Gesamtstrategie zur nachhaltigen Klimaanpassung und ein Maßnahmenkatalog zur Umsetzung des Klimaanpassungskonzepts. Nach § 12 Abs. 4 KAnGE sind in Klimaanpassungskonzepten insbesondere bestehende Hitzeaktionspläne, Starkregenkarten sowie Landschafts- und Grünordnungspläne zu berücksichtigen. Es soll identifiziert werden, welche Lücken bezüglich der Klimaanpassung in der bisherigen Planung für das Gebiet der Gemeinde, des Landkreises oder Kreises oder anhand anderer Kriterien festgelegten Gebiets bestehen und diese sollen in den Klimaanpassungskonzepten adressiert werden.

208 Die Erstellung von Klimaanpassungsstrategien, von Klimarisikoanalysen und von Klimaschutzkonzepten aller Gebietskörperschaften wird einen erheblichen finanziellen, personellen und bürokratischen Aufwand in Zeiten knapper Ressourcen und ohnehin schon langer Verfahrensdauern auslösen. Angesichts dessen wären klarere Aussagen zu den Methoden, zum Umfang, zur rechtlichen Relevanz dieser Instrumente, zur Verbindlichkeit, zur Notwendigkeit einer Öffentlichkeitsbeteiligung und zu den Rechtsschutzmöglichkeiten hilfreich.

Nach § 12 Abs. 2 S. 3 KAngE sollen die Länder bestimmen, ob und inwieweit bei der Erstellung von Klimaanpassungskonzepten die Öffentlichkeit zu beteiligen ist. Der Umfang der Klimarisikoanalyse soll sich gem. § 12 Abs. 3 S. 1 KAnGE nach der Situation und den Bedürfnissen der jeweiligen juristischen Person richten. Was das bedeutet, lässt sich kaum erschließen. Möglicherweise wird die Rechtsprechung Gelegenheit nehmen, dies in jahrelangen Rechtsstreitigkeiten auszuloten. **209**

9. Vorläufiges Fazit. Das Ziel des Gesetzesentwurfs, rechtliche Rahmenbedingungen für die Klimaanpassung zu formulieren, ist zu begrüßen. Es bedarf einer Ergänzung des Klimaschutzgesetzes des Bundes, das keine Regelungen zur Klimaanpassung vorsieht. Allerdings sollte der Entwurf im Sinne einer effektiven Vollziehbarkeit und einer Vermeidung zusätzlicher Rechtsrisiken überarbeitet werden. Es fehlt insbesondere an klaren Vorgaben zum Umfang und zur Methodik von Klimarisikoanalysen, zur Beteiligung der Öffentlichkeit, zum Rechtsschutz. Auf das Verschlechterungsverbot und die damit verbundene Notwendigkeit einer Alternativenprüfung sollte zur Vermeidung zusätzlicher Rechtsrisiken für die Rechtsanwender verzichtet werden. **210**

2. Bundes-Klimaschutzgesetz (KSG)

Vom 12. Dezember 2019
(BGBl. I S. 2513)
FNA 2129-64
Zuletzt geändert durch Art. 1 Erstes ÄndG vom 18.8.2021 (BGBl. I S. 3905)

Abschnitt 1 Allgemeine Vorschriften

§ 1 Zweck des Gesetzes

[1]Zweck dieses Gesetzes ist es, zum Schutz vor den Auswirkungen des weltweiten Klimawandels die Erfüllung der nationalen Klimaschutzziele sowie die Einhaltung der europäischen Zielvorgaben zu gewährleisten. [2]Die ökologischen, sozialen und ökonomischen Folgen werden berücksichtigt. [3]Grundlage bildet die Verpflichtung nach dem Übereinkommen von Paris aufgrund der Klimarahmenkonvention der Vereinten Nationen, wonach der Anstieg der globalen Durchschnittstemperatur auf deutlich unter 2 Grad Celsius und möglichst auf 1,5 Grad Celsius gegenüber dem vorindustriellen Niveau zu begrenzen ist, um die Auswirkungen des weltweiten Klimawandels so gering wie möglich zu halten.

(Kommentierung folgt)

§ 2 Begriffsbestimmungen

Im Sinne dieses Gesetz ist oder sind:

1. Treibhausgase: Kohlendioxid (CO2), Methan (CH4), Distickstoffoxid (N2O), Schwefelhexafluorid (SF6), Stickstofftrifluorid (NF3) sowie teilfluorierte Kohlenwasserstoffe (HFKW) und perfluorierte Kohlenwasserstoffe (PFKW) gemäß Anhang V Teil 2 der Europäischen Governance-Verordnung in der jeweils geltenden Fassung;
2. Treibhausgasemissionen: die anthropogene Freisetzung von Treibhausgasen in Tonnen Kohlendioxidäquivalent, wobei eine Tonne Kohlendioxidäquivalent eine Tonne Kohlendioxid oder die Menge eines anderen Treibhausgases ist, die in ihrem Potenzial zur Erwärmung der Atmosphäre einer Tonne Kohlendioxid entspricht; das Potenzial richtet sich nach der Delegierten Verordnung (EU) Nr. 666/2014 der Kommission vom 12. März 2014 über die grundlegenden Anforderungen an ein Inventarsystem der Union und zur Berücksichtigung von Veränderungen der Treibhauspotenziale und der international vereinbarten Inventarleitlinien gemäß der Verordnung (EU) Nr. 525/2013 des Europäischen Parlaments und des Rates (ABl. L 179 vom 19.6.2014, S. 26) oder nach einer aufgrund von Artikel 26 Absatz 6 Buchstabe b der Europäischen Governance-Verordnung erlassenen Nachfolgeregelung;
3. Europäische Governance-Verordnung: die Verordnung (EU) 2018/1999 des Europäischen Parlaments und des Rates vom 11. Dezember 2018 über das Governance-System für die Energieunion und für den Klimaschutz, zur Änderung der Verordnungen (EG) Nr. 663/2009 und (EG) Nr. 715/2009 des Europäischen Parlaments und des Rates, der Richtlinien 94/22/EG, 98/70/EG, 2009/31/EG, 2009/73/EG, 2010/31/EU, 2012/27/EU und 2013/30/EU des Europäischen Parlaments und des Rates, der Richtlinien 2009/119/EG und (EU) 2015/652 des Rates und zur Aufhebung der Verordnung (EU) Nr. 525/2013 des Europäischen Parlaments und des Rates (ABl. L 328 vom 21.12.2018, S. 1), die durch den Beschluss (EU) 2019/504 (ABl. L 85 I vom 27.3.2019, S. 66) geändert worden ist;
4. Europäische Klimaschutzverordnung: die Verordnung (EU) 2018/842 des Europäischen Parlaments und des Rates vom 30. Mai 2018 zur Festlegung verbindlicher nationaler Jahresziele für die Reduzierung der Treibhausgasemissionen im Zeitraum 2021 bis 2030 als Beitrag zu Klimaschutzmaßnahmen zwecks Erfüllung der Verpflichtungen aus dem Übereinkommen von Paris sowie zur Änderung der Verordnung (EU) Nr. 525/2013 (ABl. L 156 vom 19.6.2018, S. 26);
5. Europäische Klimaberichterstattungsverordnung: die Durchführungsverordnung (EU) Nr. 749/2014 der Kommission vom 30. Juni 2014 über die Struktur, das Format, die Verfahren der Vorlage und die Überprüfung der von den Mitgliedstaaten gemäß der Verordnung (EU) Nr. 525/2013 des Europäischen Parlaments und des Rates gemeldeten Informationen (ABl. L 203 vom 11.7.2014, S. 23);
6. Übereinkommen von Paris: das von den Vertragsstaaten der Klimarahmenkonvention der Vereinten Nationen unterzeichnete und mit Gesetz vom 28. September 2016 ratifizierte Übereinkommen von Paris vom 12. Dezember 2015 (BGBl. 2016 II S. 1082, 1083);
7. Klimaschutzplan: die deutsche Langfriststrategie nach dem Übereinkommen von Paris und nach Artikel 15 der Europäischen Governance-Verordnung;
8. Landnutzung, Landnutzungsänderung und Forstwirtschaft: der in Anlage 1 Nummer 7 definierte Sektor Landnutzung, Landnutzungsänderung und Forstwirtschaft; für diesen Sektor sind § 3 Absatz 1 und die §§ 4, 7 und 8 nicht anzuwenden.

9. Netto-Treibhausgasneutralität: das Gleichgewicht zwischen den anthropogenen Emissionen von Treibhausgasen aus Quellen und dem Abbau solcher Gase durch Senken.

(Kommentierung folgt)

Abschnitt 2. Klimaschutzziele und Jahresemissionsmengen

§ 3 Nationale Klimaschutzziele

(1) **Die Treibhausgasemissionen werden im Vergleich zum Jahr 1990 schrittweise wie folgt gemindert:**

1. bis zum Jahr 2030 um mindestens 65 Prozent,

2. bis zum Jahr 2040 um mindestens 88 Prozent.

(2) **Bis zum Jahr 2045 werden die Treibhausgasemissionen so weit gemindert, dass Netto-Treibhausgasneutralität erreicht wird. Nach dem Jahr 2050 sollen negative Treibhausgasemissionen erreicht werden.**

(3) **Die Möglichkeit, die nationalen Klimaschutzziele teilweise im Rahmen von staatenübergreifenden Mechanismen zur Minderung von Treibhausgasemissionen zu erreichen, bleibt unberührt.**

(4) **Sollten zur Erfüllung europäischer oder internationaler Klimaschutzziele höhere nationale Klimaschutzziele erforderlich werden, so leitet die Bundesregierung die zur Erhöhung der Zielwerte nach Absatz 1 notwendigen Schritte ein. Klimaschutzziele können erhöht, aber nicht abgesenkt werden.**

Übersicht

Schrifttum: Abel, Parlamentarische CO_2-Budgethoheit und -Budgetverantwortung, ZUR 2022, 333; Albrecht, Das Klimaschutzgesetz des Bundes – Hintergrund, Regelungsstruktur und wesentliche Inhalte, NuR 2020, 370; Beckmann, Das Bundesverfassungsgericht, der Klimawandel und der „intertemporale Freiheitsschutz", UPR 2021, 241; Berkemann, „Freiheitschancen über die Generationen" (Art. 20a GG) – Intertemporaler Klimaschutz im Paradigmenwechsel, DÖV 2021, 701; Breuer, Klimaschutz durch Gerichte? Kritische Anmerkungen zum verfassungsgerichtlichen Zugriff, NVwZ 2022, 1233; Buser, Ein Grundrecht auf Klimaschutz? Möglichkeiten und Grenzen grundrechtlicher Klimaklagen in Deutschland, DVBl 2020, 1389; Calliess, Das „Klimaurteil" des Bundesverfassungsgerichts: „Versubjektivierung" des Art. 20a GG?, ZUR 2021, 355; ders., Klimapolitik und Grundrechtsschutz – Brauchen wir ein Grundrecht auf Umweltschutz? –, ZUR 2021, 323; Durner, Leistungskraft und Regelungstechniken des internationalen Klimaschutzrechts, EurUP 2021, 330; Ehrmann, Klimaschutzgesetz: Entscheidung des BVerfG und Änderung des Gesetzes, UWP 2021, 139: Ekardt/Heß/Wulff, BVerfG-Klima-Beschluss: Folgen für Bund, EU, Länder und Kommunen, EurUP 2021, 212; Faßbender, Der Klima-Beschluss des BVerfG – Inhalte, Folgen und offene Fragen, NJW 2021, 2085; Franzius, Ziele des Klimaschutzrechts, ZUR 2021, 131; Frenz, Freiheitsbedingter Klimaschutz für die junge Generation, DVBl 2021, 808; ders., Klimaschutz nach BVerfG-Beschluss und EU-Klimagesetz, EnWZ 2021, 201; Guckelberger, Konturen des Berücksichtigungsgebots des § KSG § 13 Abs. KSG § 13 Absatz 1 S. 1 KSG, KlimR 2022, 294; Hermes, Klimaschutz durch neue Planungsinstrumente im föderalen System, EuRUP 2021, 162; Kment, Klimaschutzziele und Jahresemissionsmengen – Kernelemente des neuen Bundes-Klimaschutzgesetzes, NVwZ 2020, 1537; Kloepfer/Wiedman, Die Architektur des deutschen Klimaschutzrechts. EuRUP 2022, 304, 305; Kohlrausch, Die deutschen Klimaschutzgesetze im Vergleich, ZUR 2020, 262; Kreuter-Kirchhof, Kohärenz der Klimaschutzziele, KlimR 2022, 43; Ruttloff/Freihoff, Intertemporale Freiheitssicherung oder doch besser „intertemporale Systemgerechtigkeit? – auf Konturensuche, NVwZ 2021, 917; Saurer, Grundstrukturen des Bundes-Klimaschutzgesetzes, NuR 2020, 433; Scharlau/v. Swieykowski-Trzaska/Keimeyer/Klein-ski/Sina, Das Bundes-Klimaschutzgesetz, NVwZ 2020, 1; Schink, Das Berücksichtigungsgebot des § 13 Klimaschutzgesetz, NuR 2021, 1; Schlacke, Klimaschutzrecht – Ein Grundrecht auf intertemporale Freiheitssicherung, NVwZ 2021, 912; Schlacke, Kursänderung der EU: Verschärfung der Klimaschutzziele. Konsequenzen für das EU- und deutsche Klimaschutz- und Energierecht, EnWZ 2021, 7; Seibert, Klimaschutz und Generationengerechtigkeit – Der Jahrhundert-Beschluss des Bundesverfassungsgerichts, DVBl 2021, 1141; Stäsche, Reform des EU-Emissionshandelssystems, der Effort-Sharing-Verordnung, der Erneuerbare-Energien-Richtlinie und der Energieeffizienzrichtlinie – „Fit for 55"?, KlimR 2023, 171; Uechtritz/Ruttloff, Der Klimaschutz-Beschluss des Bundesverfassungsgerichts, NVwZ 2022, 9; Wagner, Klimaschutz durch Gerichte, NJW 2021, 2256; Wickel, Mögliche Inhalte von Klimaschutzgesetzen auf Länderebene, DVBl. 2013, 79; Wickel, Das Bundes-Klimaschutzgesetz und seine rechtlichen Auswirkungen, ZUR 2021, 332; Willert/Nesselhauf: Dürfte die Bundesregierung die Sektorziele abschaffen?, KlimR 2023, 135.

A. Allgemeines

1 Die gesetzliche Bestimmung von Klimaschutzzielen in § 3 dient verschiedenen Zwecken: Sie soll eine über die sich schon aus dem Völkerrecht und dem Unionsrecht ergebende Verpflichtung zum Klimaschutz hinausgehende (Selbst-) Bindung des Staates bewirken (Gesetzesbegründung, BT-Drs. 19/14337, S. 18; Franßen/Operhalsky in Frenz Klimaschutzrecht 2022, § 3 KSG Rn. 1). Klimaschutzziele hatte sich die Bundesregierung aber auch schon vor dem Inkrafttreten des KSG, vor allem im Klimaschutzplan aus dem Jahre 2016 gesetzt, der bereits das Ziel einer Treibhausgasneutralität für das Jahr 2050 enthielt (dazu Kment NVwZ 2020, 1537).

2 Die Klimaschutzziele des § 3 dienen außerdem dem in § 1 S. 1 formulierten Gesetzeszweck, nämlich zum Schutz vor den Auswirkungen des weltweiten Klimawandels die Erfüllung der nationalen Klimaschutzziele sowie die Einhaltung der europäischen Zielvorgaben zu gewährleisten. Sie sollen sicherstellen, dass die in § 1 S. 3 angesprochene Verpflichtung nach dem Übereinkommen von Paris aufgrund der Klimarahmenkonvention der Vereinten Nationen eingehalten wird, wonach der Anstieg der globalen Durchschnittstemperatur auf deutlich unter 2 Grad Celsius und möglichst auf 1,5 Grad Celsius gegenüber dem vorindustriellen Niveau zu begrenzen ist, um die Auswirkungen des weltweiten Klimawandels so gering wie möglich zu halten.

3 Der **Entwurf eines Zweiten Gesetzes zur Änderung des Bundes-Klimaschutzgesetzes** mit Stand vom 13.6.2023 lässt die bestehenden Klimaschutzziele unberührt; allerdings soll die Einhaltung dieser Klimaschutzziele bzw. die Beachtung der zu ihrer Erreichung festgelegten Grenzen zulässiger Emissionsmengen zukünftig nicht mehr ausschließlich sektorbezogen, sondern sektorübergreifend am Maßstab einer zulässigen Jahresemissionsgesamtmenge aller Sektoren überprüft werden. Zukünftig soll nach diesem Gesetzesentwurf die Summe der Gesamtemissionen in den Jahren 2021 bis 2030 entscheidend sein. Wenn die zulässige Jahresgesamtemissionsmenge nach Erkenntnissen einer Vorausschau überschritten wird, müssen ergänzende Klimaschutzmaßnahmen von der Bundesregierung beschlossen werden.

4 Grundlage eines kohärenten Klimaschutzregimes im **Mehrebenensystem** des Rechts sind Klimaschutzziele, die auf den verschiedenen nationalen und internationalen Ebenen auf das globale Klimaschutzziel ausgerichtet sind und dieses im Zusammenwirken erreichen sollen. Dazu legen das Völkerrecht, das Unionsrecht und das deutsche Recht Klima-

schutzziele fest. Mit Hilfe der aufeinander abgestimmten Klimaschutzziele der verschiedenen staatlichen und internationalen Rechtsebenen soll das Ziel weltweiter Treibhausgasneutralität spätestens im Jahr 2050 erreicht werden (Kreuter-Kirchhof KlimR 2022, 43; Franzius KlimR 2022, 2; Schlacke EnWZ 2020, 355, Kloepfer/Wiedmann EuRUP 2022, 304, 305).

Klimaschutzziele sollen nicht zuletzt zu der vom BVerfG im Klimabeschluss vom 24.03.2021 geforderten **Transparenz** der erforderlichen Anforderungen des Klimaschutzes beitragen. Die Schonung künftiger Freiheit verlangt nach der Rechtsprechung des BVerfG unter anderem, den Übergang zur **Klimaneutralität** rechtzeitig einzuleiten. Konkret erfordere dies, dass frühzeitig transparente Maßgaben für die weitere Ausgestaltung der Treibhausgasreduktion formuliert würden, die für die erforderlichen Entwicklungs- und Umsetzungsprozesse Orientierung bieten und diesen ein hinreichendes Maß an Entwicklungsdruck und Planungssicherheit vermitteln können (BVerfG Beschl. v. 24.03.2021 – 1 BvR 2656/18, juris Rn. 248, 252; Kment NVwZ 2020, 1537, 1538; Saurer NuR 2020, 433, 434). 5

Der Gesetzgeber hat grundsätzlich einen weiten Entscheidungsfreiraum, wie er das Ziel der Klimaneutralität erreichen möchte. Er muss aber über das Jahr 2030 hinaus seine Planungen fortschreiben und weitere Jahresemissionsmengen und Reduktionsmaßgaben über das Jahr 2030 hinaus differenziert festlegen, wobei die gesetzlichen **Reduktionspfade** allerdings in einem gestuften Prozess über die Zeit hinweg kontinuierlich fortentwickelt werden müssen (Kreuter-Kirchhof KlimR 2022, 43, 46). Dementsprechend können Jahresemissionsmengen und Reduktionsmaßgaben nur bedingt langfristig, verbindlich und unabänderlich festgelegt werden, so wünschenswert dies aus Gründen der Verlässlichkeit des Rechtsrahmens und der Kalkulierbarkeit der hohen Investitionen und Aufwendungen für den Klimaschutz sein mag. 6

Die Klimaschutzziele des § 3 binden unmittelbar den Bund und über § 13 Abs. 1 S. 1 weitergehend alle Träger öffentlicher Aufgaben, nicht nur solche des Bundes. Die Klimaschutzziele sollen jedoch keine Rechte oder Pflichten unmittelbar für Bürger und Unternehmen begründen (BT-Drs. 19/14337, S. 26). Dementsprechend bestimmt § 4 Abs. 1 S. 10, dass subjektive Rechte und klagbare Rechtspositionen weder durch das KSG noch durch Rechtsverordnung aufgrund des KSG begründet werden. 7

Dies gilt allerdings mit Blick auf **Klagemöglichkeiten von Umweltvereinigungen** und den Grundrechtsschutz nur eingeschränkt. In Betracht kommen weiterhin auf Art. 9 Abs. 3 Aarhus-Abkommen und Art. 47EGrCh gestützte Klagen (Klinger ZUR 2020, 259; Ziehm ZUR 2020, 129, 130; Schlacke EnWZ 2020, 355, 361; Schlacke EuRUP 2020, 338, 344; Ewer in Frenz, Klimaschutzrecht, 2022, § 8 Rn. 15, 17). 8

Das BVerfG hat § 1 S. 3 als eine Konkretisierung des Art. 20a GG eingeordnet und der Bestimmung Verfassungsrang mit erheblicher Bedeutung für den Grundrechtsschutz zugebilligt. In Wahrnehmung seines Konkretisierungsauftrags und seiner Konkretisierungsprärogative habe der Gesetzgeber das Klimaschutzziel des Art. 20a GG aktuell durch § 1 Satz 3 dahingehend bestimmt, dass der Anstieg der globalen Durchschnittstemperatur auf deutlich unter 2 °C und möglichst auf 1,5 °C gegenüber dem vorindustriellen Niveau zu begrenzen sei. Die Temperaturschwelle des § 1 Satz 3 sei als verfassungsrechtlich maßgebliche Konkretisierung auch der verfassungsgerichtlichen Prüfung zugrunde zu legen (BVerfG Beschl. v. 24.03.2021 – 1 BvR 2656/18, juris Rn. 208). Subjektivrechtlich schützen die Grundrechte nach der Rechtsprechung des BVerfG als **intertemporale Freiheitssicherung** vor einer einseitigen Verlagerung der durch Art. 20a GG aufgegebenen Treibhausgasminderungslast in die Zukunft. Damit hat sich das BVerfG über die Absicht des Gesetzgebers, durch das Klimaschutzgesetz gerade keine subjektiven Rechte begründen zu wollen, hinweggesetzt. 9

10 Dasselbe gilt auch für die Subjektivierung der Staatszielbestimmung des Art. 20a GG (BVerfG Beschl. v. 24.03.2021 – 1 BvR 2656/18, juris Rn. 117, 183), die das BVerfG eingeleitet hat, obwohl die Ergänzung des GG durch ein Staatsziel Umweltschutz anstelle eines Grundrechts auf eine menschenwürdige Umwelt grundrechtliche Ansprüche gerade ausschließen sollte (BT-Drs. 12/6000, S. 67; siehe dazu Beckmann UPR 2021, 241, 249).

11 Mittelbar ergeben sich aus den Klimaschutzzielen weitere Konsequenzen für Bürger und Unternehmen. Denn nach § 13 Abs. 1 S. 1 haben Träger öffentlicher Aufgaben bei ihren Planungen und Entscheidungen den Zweck des Klimaschutzgesetzes und die zu seiner Erfüllung festgelegten Ziele zu berücksichtigen. Das bezieht sich auch auf Klimaschutzziele des § 3 Abs. 1, Abs. 2. Insoweit beeinflussen die Klimaschutzziele nicht nur Planungen, sondern auch die Zulassungsfähigkeit von Vorhaben, wobei § 13 Abs. 1 S. 1 eine Pflicht zur Berücksichtigung und keine zwingende Beachtenspflicht vorsieht.

I. Gesetzliche Systematik der Klimaschutzziele

12 Die im Zweiten Abschnitt des KSG geregelten Klimaschutzziele, zulässigen Jahresemissionsmengen und jährlichen Minderungsziele stehen in einem engen rechtssystematischen Zusammenhang zu dem in § 1 geregelten Zweck des Gesetzes.

13 **1. Orientierung auf den Gesetzeszweck.** Ausgangspunkt ist § 1 S. 1, wonach es Zweck des KSG ist, zum Schutz vor den Auswirkungen des weltweiten Klimawandels die Erfüllung der nationalen Klimaschutzziele sowie die Einhaltung der europäischen Zielvorgaben zu gewährleisten, wobei nach § 1 S. 2 die ökologischen, sozialen und ökonomischen Folgen berücksichtigt werden müssen. Grundlage des Klimaschutzes des KSG ist nach § 1 S. 3 die Verpflichtung nach dem Übereinkommen von Paris aufgrund der Klimarahmenkonvention der Vereinten Nationen, wonach der Anstieg der globalen Durchschnittstemperatur auf deutlich unter 2 Grad Celsius und möglichst auf 1,5 Grad Celsius gegenüber dem vorindustriellen Niveau zu begrenzen ist, um die Auswirkungen des weltweiten Klimawandels so gering wie möglich zu halten.

14 **2. Gestaffeltes System von Klimaschutzzielen.** Um diese Verpflichtung aus dem Abkommen von Paris erfüllen zu können und das damit verbundene Ziel des Klimaschutzes zu erreichen, verfolgt der Gesetzgeber ein gestaffeltes System nationaler Klimaschutzziele. In einem ersten Schritt müssen nach § 3 Abs. 1 Nr. 1 die Treibhausgasemissionen bis zum Jahr 2030 um mindestens 65 % im Vergleich zum Jahre 1990 gemindert werden. In einem zweiten Schritt müssen die Treibhausgasemissionen dann bis zum Jahr 2040 mindestens um 88 % gemindert werden. Zeitlich folgt ein dritter Schritt bis zum Jahr 2045. Bis dahin soll die Treibhausgasemissionen nach § 3 Abs. 2 S. 1 soweit gemindert werden, dass **Netto-Treibhausgasneutralität** entsteht. In einem vierten Schritt sollen dann schließlich nach dem Jahr 2050 sogar **negative Treibhausgasemissionen** erreicht werden.

15 Um die so beschriebenen Klimaschutzziele des § 3 Abs. 1 stufenweise zu erreichen, schreibt der Gesetzgeber bislang in § 4 Abs. 1 S. 1 jährliche Minderungsziele durch die Vorgabe von Jahresemissionsmengen für bestimmte Sektoren fest. Zu den Sektoren, für die jährliche Minderungsziele durch die Vorgabe von Jahresemissionsmengen festgelegt werden, gehören die Energiewirtschaft, die Industrie, der Verkehr, die Gebäude, die Landwirtschaft sowie die Abfallwirtschaft und Sonstiges. Die Emissionsquellen der einzelnen Sektoren und deren Abgrenzung ergeben sich nach § 4 Abs. 1 S. 2 aus der Anl. 1 des KSG. Die Jahresemissionsmengen für den Zeitraum bis zum Jahr 2030 richten sich gem. § 4 Abs. 1 S. 3 nach Anl. 2 des KSG.

Dieses System sektorbezogener Jahresemissionsmengen soll durch das Zweite Gesetz zur Änderung des Bundes-Klimaschutzgesetz weitgehend aufgegeben werden. Nach § 4 Abs. 1 S. 1 des Gesetzesentwurfs mit Stand vom 13.06.2023 soll zur Einhaltung der nationalen Klimaschutzziele nach § 3 Absatz 1 eine **sektorübergreifende und mehrjährige Gesamtrechnung** durchgeführt werden. Dazu werden nach § 4 Abs. 1 S. 2 des Gesetzesentwurfs **Jahresemissionsgesamtmengen**, insbesondere als Grundlage für die Überprüfung nach §§ 5, 5a, 8 und 10 sowie für das Gesamtminderungsziel nach § 8 Abs. 1 des Gesetzesentwurfs, festgelegt. Die Jahresemissionsgesamtmengen für den Zeitraum bis zum Jahr 2030 sollen sich nach einer neuen Anlage 2a richten. 16

Das KSG bestimmt orientierungsstiftende Klimaschutzziele, zulässige Jahresemissionsmengen und jährliche Minderungsziele, ohne allerdings die konkreten Maßnahmen und Mittel zu benennen, mit denen diese Vorgaben auch erreicht werden können (kritisch zu einem „vorauseilenden Finalismus" der vom BVerfG geforderten isolierten und vorgreiflichen Festlegung von „abstrakten und realitätsentrückten" Klimaschutzzielen Breuer NVwZ 2022, 1233, Kohlrausch ZUR 2020, 262, 271; a.A. Kment NVwZ 2020, 1537, 1539; Wickel DVBl 2013, 77, 79; Faßbdender NJW 2021, 2085, 2091). Daran wird auch die Zweite Änderung des Klimaschutzgesetzes 2023 nichts ändern. 17

Die Klimaschutzziele sind als solche nicht vollziehbar; sie bedürfen der Konkretisierung durch die Vornahme von koordinierten Maßnahmen (Kohlrausch ZUR 2020, 262, 263). Begründet wird die Beschränkung des KSG auf ein Grundlagen- oder Rahmengesetz damit, dass die Bekämpfung des Klimawandels eine hochkomplexe Aufgabe ist, die nicht in einem Gesetz „auf einen Streich" zu bewältigen ist Viele Sachfragen seien noch ungeklärt und könnten noch nicht vom Gesetzgeber entschieden werden. Außerdem bedürfe es in unterschiedlichen Zusammenhängen einer Kooperation mit den Bundesländern (Kment NVwZ 2020, 1537, 1539; Schlacke EuRUP 2020, 338, 339; Saurer NuR 2020, 433, 434; Faßbender NJW 2021, 2089, 2091) 18

3. Adressat der Klimaschutzziele. In der Gesetzesbegründung heißt es, die Klimaschutzziele seien für den Bund verbindlich. Sie begründeten jedoch keine Rechte oder Pflichten für Bürger oder Unternehmen (Gesetzesbegründung, BT. Drs. 19/14337, S. 26). 19

§ 13 bestimmt allerdings, dass alle Träger öffentlicher Aufgaben bei ihren Planungen und Entscheidungen den Zweck des Gesetzes und die zu seiner Erfüllung festgelegten Ziele zu berücksichtigen haben. Daraus wird zu Recht der Schluss gezogen, dass die gesamte öffentliche Hand zur Erreichung der nationalen Klimaschutzziele verpflichtet ist (Albrecht NuR 2020, 370, 376; Uechtritz/Ruttloff, NVwZ 2022, 9: Franßen/Operhalsky in Frenz, Klimaschutzrecht, 2022, § 3 KSG Rn. 38). Die Einschätzung der Gesetzesbegründung, dass die Klimaschutzziele des Gesetzes nur für den Bund verbindlich sind, ist mit der umfassenderen Regelung des § 13 nicht zu vereinbaren. 20

Umstritten ist, ob Länder, Gemeinden und Gemeindeverbände nur bei der Ausführung von Bundesrecht oder aber auch beim Vollzug von Landesrecht an § 13 Abs. 1 S. 1 gebunden sind (für eine Bindung nur bei der Ausführung von Bundesrecht Klinski/Scharlau u.a. NVwZ 2020, 1, 5; Kahl/Gärditz Umweltrecht, 2021, § 6 Rn. 52; Schlacke NVwZ 2022, 905, 911; Wickel ZUR 2021, 332, 337; BVerwG Urt. v. 04.05.2022 – 9 A 7.21, BeckRS 2022, 21990 Rn. 62). Der Bund könne, so die Begründung dieser Sichtweise, nicht in Verwaltungsbereichen bestimmen, für die er keine Gesetzgebungskompetenz habe. § 13 Abs. 1 S. 2 übertrage keine neuen Aufgaben auf Träger öffentlicher Aufgaben. Die Länder könnten gem. § 14 Abs. 1 eigene Landesklimaschutzgesetze erlassen; es obliege insoweit ihnen, eigene Regelungen zum Berücksichtigungsgebot aufzustellen (Schink in Frenz, Klimaschutzrecht, 2022, § 13 KSG Rn. 3, 21; Schink NuR 2021, 1, 2; Klinski/ 21

Scharlau u.a. NVwZ 2020, 1, 5). Nach anderer Ansicht beschränkt sich die Berücksichtigungspflicht aber nicht auf den Vollzug von Bundesrecht (Fellenberg in Fellenberg/Guckelberger, Klimaschutzrecht, 2022, § 13 KSG Rn. 8; Hermes EuRUP 2021, 162, 171; Guckelberger KlimR 2022, 294 ff.). Für diese Ansicht spricht, dass § 13 Abs. 1 S. 1 eine materiell-rechtliche Regelung enthält, dass nur der Bund nationale Klimaziele festlegen kann und dass sich nur bei einer Bindung auch der Landes- und Kommunalverwaltung die Klimaschutzziele des Bundes erreichen lassen (ausführlicher dazu Guckelberger KlimR 2022, 294, 295).

22 Auch die weitere Annahme der Gesetzesbegründung, aus den Klimaschutzziele könnten sich keine Rechte oder Pflichten für Bürger oder Unternehmen ergeben, die ihren ausdrücklichen Niederschlag in § 4 Abs. 1 S. 10 gefunden hat, ist mit Blick auf den nach der Rechtsprechung des BVerfG gebotenen Grundrechtsschutz nur bedingt zutreffend. Das BVerfG könnte jedenfalls verfassungsgerichtlich überprüfen, ob die Minderungsziele des § 3 Abs. 1, Abs. 2 den verfassungsrechtlichen Anforderungen noch genügen, die sich aus der Notwendigkeit einer Sicherung intertemporaler Freiheit ergeben (Franßen/Operhalsky in Frenz, Klimaschutzrecht, 2022, § 3 KSG Rn. 41; Frenz Grundzüge des Klimaschutzrechts, 2021, Rn. 646 ff.).

II. Unionsrechtliche Vorgaben

23 Mit der EU-Verordnung (EU) 2021/1119 vom 30. Juni 2021 zur Schaffung des Rahmens für die Verwirklichung der Klimaneutralität und zur Änderung der Verordnungen (EG) Nr. 401/2009 und (EU) 2018/1999 (**„Europäisches Klimagesetz"**) wird ein Rahmen für die unumkehrbare, schrittweise Senkung der anthropogenen Emissionen von Treibhausgasen aus Quellen und die Steigerung des Abbaus von Treibhausgasen durch Senken, die im Unionsrecht geregelt werden, geschaffen (Art. 1 S. 1 EU-KlimaG).

24 Die Verordnung gibt das **verbindliche Ziel** vor, für die Verwirklichung des in Art. 2 Abs. 1a des Übereinkommens von Paris festgelegten langfristigen Temperaturziels bis zum Jahr 2050 in der Union **Klimaneutralität** zu erreichen, und schafft einen Rahmen für Fortschritte bei der Verwirklichung des in Art. 7 des Übereinkommens von Paris festgelegten globalen Ziels für die Anpassung. Außerdem wird in der Verordnung eine verbindliche Unionsvorgabe für die Senkung der Nettotreibhausgasemissionen innerhalb der Union für 2030 festgelegt. (Art 1 S. 2 EU-KlimaG).

25 Nach Art 2 Abs. 1 EU-KlimaG müssen die unionsweit reglementierten Treibhausgasemissionen und deren Abbau in der Union bis spätestens 2050 ausgeglichen sein, sodass die Emissionen bis zu diesem Zeitpunkt auf netto null reduziert sind; darüber hinaus strebt die Union negative Emissionen an. Die zuständigen Organe der Union und die Mitgliedstaaten treffen auf Unionsebene bzw. auf nationaler Ebene nach Art. 2 Abs. 2 EU-KlimaG die notwendigen Maßnahmen, um die gemeinsame Verwirklichung des in Art. 2 Abs. 1 EU-KlimaG festgelegten Ziels der Klimaneutralität zu ermöglichen, und berücksichtigen dabei die Bedeutung der Förderung sowohl von Fairness als auch von Solidarität zwischen den Mitgliedstaaten und von Kostenwirksamkeit bei der Verwirklichung dieses Ziels.

26 Um das in Art. 2 Abs. 1 EU-KlimaG formulierte Ziel der Klimaneutralität zu erreichen, gibt die EU mehrere **Klimazwischenziele** vor. Nach Art. 4 Abs. 1 EU-KlimaG gilt als verbindliche Klimazielvorgabe der Union bis 2030 die Senkung der Nettotreibhausgasemissionen (Emissionen nach Abzug des Abbaus) innerhalb der Union um mindestens 55 % gegenüber dem Stand von 1990. Bei der Umsetzung dieses Zwischenziels haben die zuständigen Organe der Union und die Mitgliedstaaten rasche und vorhersehbare Emissionsreduktionen zu priorisieren und gleichzeitig den Abbau von Treibhausga-

sen durch natürliche Senken zu verbessern. Bei der 27. Weltklimakonferenz, die unter ägyptischer Präsidentschaft in Sharm El-Sheikh vom 6. bis 20.11.2022 stattfand, kündigte die EU ein neues Klimaziel von 57 % bis 2030 an (siehe dazu Stäsche KlimR 2023, 171; zu den Zwischenzielen der EU siehe auch Kloepfer/Wiedman EuRUP 2022, 304, 309).

Um sicherzustellen, dass bis 2030 ausreichende Minderungsmaßnahmen ergriffen werden, wird nach Art. 4 Abs. 1 Unterabs. 3 EU-KlimaG der Beitrag des Nettoabbaus von Treibhausgasen zum Klimaziel der Union für 2030 auf 225 Mio. Tonnen CO_2-Äquivalent begrenzt. Um die Kohlenstoffsenken der Union im Einklang mit dem Ziel, bis 2050 Klimaneutralität zu erreichen, zu verbessern, strebt die Union an, bis 2030 einen größeren Umfang ihrer Netto-Kohlenstoffsenke zu erreichen (ausführlicher dazu Franßen/Operhalsky in Frenz, Klimaschutzrecht, 2022, § 3 KSG Rn. 15 ff). 27

In der Klimaschutz-Verordnung (EU) 2018/842, auch **Lastenteilungsverordnung** genannt, werden für die EU und ihre Mitgliedstaaten verbindliche Minderungsziele für Treibhausgasemissionen im Zeitraum 2021–2030 festlegt, die für Wirtschaftsbereiche gelten, die nicht unter den EU-Emissionshandel fallen. Zur Reduzierung der Emissionen in diesen Sektoren für den Zeitraum 2021–2030 werden in der Lastenteilungsverordnung verbindliche nationale Ziele und jährliche Emissionszuweisungen für jeden Mitgliedstaat festgelegt. Die Kommission hat im Juli 2021 einen Vorschlag zur Änderung der Verordnung vorgelegt. Das Parlament sollte im März 2023 in erster Lesung über den Vorschlag der Kommission abstimmen. Erreicht werden soll, dass die Treibhausgasemissionen in den Sektoren, die nicht unter das Emissionshandelssystem, dafür aber in den Anwendungsbereich der Lastenteilung fallen (Verkehr, Gebäude, kleine Industrieanlagen und Gase, die nicht unter das EU-Emissionshandelssystem fallen, Abfälle und Landwirtschaft) um 40 % gegenüber dem Stand von 2005 reduziert werden. 28

III. Entstehungsgeschichte

§ 3 enthielt in seiner ursprünglichen ab 2019 geltenden Fassung lediglich eine Emissionsminderungsquote von mindestens 55 % gegenüber dem Jahr 1990 bis zum Jahr 2030. Die in einem ersten Referentenentwurf für das Klimaschutzgesetz vom Februar 2019 vorgesehenen Klimaschutzziele für die Jahre 2020, 2030, 2040 und 2050 wurden nicht in das Gesetz in seiner Fassung vom 12.12.2019 (BGBl I Seite 2513) übernommen. Es blieb bei einer in § 1 S. 3 allgemein formulierten Zielsetzung, Treibhausgasneutralität bis zum Jahr 2050 anstreben zu wollen. 29

Die ursprünglich auf das Jahr 2030 beschränkten Zielvorgabe einer Emissionsminderungsquote von 55 % erklärte das BVerfG mit seinem Beschluss vom 24.03.2021 für verfassungswidrig. Das BVerfG beanstandete das Fehlen eines Planungshorizonts bzw. von konkreteren Klimaschutzzielen über das Jahr 2030 hinaus. Unmittelbar bezog sich dies auf die Festlegung zulässiger Jahresemissionsmengen nach § 4. Da die zulässigen Jahresemissionsmengen an die nationalen Klimaschutzziele anknüpfen, erklärte das BVerfG auch die fehlende Minderungsquote in § 3 für die Zeit nach 2030 für verfassungswidrig. Das BVerfG hielt außerdem den Reduktionskurs bis zum Jahr 2030 für unzureichend. Zwar verstieß die Regelung nach Auffassung des Gerichts „noch" nicht gegen Art. 20a GG. Jedoch sah das BVerfG eine Verpflichtung, die verfassungsrechtlich notwendigen Reduktionen der Treibhausgasemissionen bis hin zur Klimaneutralität vorausschauend und in einer grundrechtssichernden Weise über die Zeit zu verteilen. Daraus musste der Schluss gezogen werden, dass bereits bis zum Jahr 2030 höhere Reduktionen an Treibhausgasen notwendig sind, weil ansonsten für die Folgezeit ein nur noch zu geringes Restbudget verbleiben würde. Das BVerfG verpflichtete den Bundesgesetzgeber, bis spätestens zum 30

31.12.2022 weitere Emissionsreduktionen gesetzlich zu regeln (siehe dazu auch Abel ZUR 2022, 333).

31 Dementsprechend hat der Gesetzgeber auch das Minderungsziel bis zum Jahr 2030 um 10 % von 55 % auf mindestens 65 % angehoben, um, so die Begründung des Gesetzes, im Rahmen einer intertemporalen Freiheitssicherung vor einer einseitigen Verlagerung der durch Art. 20a GG aufgegebenen Treibhausgasminderungslast in die Zukunft zu schützen (BT-Drs. 19/30230, S. 18). Darüber hinaus wurde der entwicklungsfördernde Planungshorizont mit einem nationalen Klimaschutzziel einer Emissionsminderung bis zum Jahre 2040 um mindestens 88 % gegenüber dem Jahr 1990 sowie durch weitere Zielvorgaben zur Treibhausgasneutralität sektorübergreifend angelegt und in § 4 konkretisiert.

32 Der Gesetzgeber hat das Klimaschutzgesetz nach dem Beschluss des BVerfG vom 24.03.2021 in bemerkenswerter Geschwindigkeit novelliert und strengere, zeitlich über das Jahr 2030 hinausreichende Vorgaben in den §§ 3 und 4 geregelt. Der Gesetzgeber nahm damit auch europarechtliche Verschärfungen durch das EU-Klimagesetz vorweg (BT-Drs. 19/30230, 18).

33 Grundlage der Novelle war der Entwurf eines Änderungsgesetzes vom 14.05.2021 (BR-Drs. 411/21) und vom 02.06.2021 (BT-Drs. 19/30230). Verabschiedet wurde das Gesetz im Bundestag bereits am 24.06.2021 (BT-Plenarprotokoll 19/236, 30655D, 30664D). Auf eine Anrufung des Vermittlungsausschusses wurde verzichtet. Verkündet wurde das Erste Gesetz zur Änderung des Bundes-Klimaschutzgesetzes vom 18.08.2021 schon am 30.08.2021.

B. Nationale Klimaschutzziele bis 2030/2040 (Abs. 1)

34 Nach § 3 Abs. 1 werden die Treibhausgasemissionen im Vergleich zum Jahr 1990 **schrittweise** bis zum Jahr 2030 um mindestens 65 % (§ 3 Abs. 1 Nr. 1) und bis zum Jahr 2040 um mindestens 88 % (§ 3 Abs. 1 Nr. 2) gemindert.

35 Ursprünglich sah das Gesetz lediglich eine Reduzierung der Treibhausgasemissionen von mindestens 55 % bis zum Jahr 2030 im Vergleich zum Jahr 1990 vor. In dem der Gesetzgeber bis zu den Jahren 2030 und 2040 Treibhausgasemissionen in einem bestimmten Umfang zulässt, führt dies zu einer eingriffsähnlichen Vorwirkung auf die grundgesetzlich geschützten Freiheiten einzelner und künftiger Generationen. Soweit die damit zugelassenen Treibhausgasemissionen unumkehrbare Folgen für die künftige Wahrnehmung von Freiheitsrechten haben, bedarf es einer verfassungsrechtlichen Rechtfertigung (BVerfG Beschl. v. 24.03.2021 – 1 BvR 2656/18, juris Rn. 183 ff.; Franßen/Operhalsky in Frenz, Klimaschutzrecht, 2022, § 3 KSG Rn. 20).

36 Welche Treibhausgasemissionen nach § 3 Abs. 1 reduziert werden müssen, ergibt sich aus der Definition in § 2 Nr. 1. Treibhausgase sind danach Kohlendioxid (CO_2), Methan (CH_4), Distickstoffoxid (N_2O), Schwefelhexafluorid (SF_6), Stickstofftrifluorid (NF_3) sowie teilfluorierte Kohlenwasserstoffe (HFKW) und perfluorierte Kohlenwasserstoffe (PFKW) gemäß Anhang V Teil 2 der Europäischen Governance-Verordnung in der jeweils geltenden Fassung.

37 Von den Minderungsziel des § 3 Abs. 1 werden grundsätzlich sowohl die Emissionen erfasst, die unter die EU-KlimaschutzV fallen (siehe § 2 Nr. 4), als auch solche Emissionen, die durch die Emissionshandels-Richtlinie erfasst werden (v. Weschpfennig in Fellenberg/Guckelberger, Klimaschutzrecht, 2022, § 3 KSG Rn. 27).

38 Nicht erfasst werden hingegen Emissionen des internationalen Luft- und Seeverkehrs. In der Gesetzesbegründung heißt es dazu, die auf Deutschland bzw. den **Luft- und Schiffsverkehr** unter deutscher Flagge entfallenden Treibhausgasemissionen des interna-

tionalen zivilen Luftverkehrs und der Internationalen Seeschifffahrt würden Deutschland nach dem Rahmenübereinkommen der Vereinten Nationen über Klimaänderungen (UNFCCC) nicht zugerechnet. Die schnell wachsenden Emissionen des internationalen Luft- und Seeverkehrs müssten deshalb in Klimaschutzinstrumente außerhalb des Klimaschutzgesetzes einbezogen werden (BT-Drs. 19/14337, S. 27).

§ 3 Abs. 1 bezieht auch den **Sektor Landnutzung, Landnutzungsänderungen und Forstwirtschaft** (LULUCF) nicht in die Minderungsziele ein und definiert hierfür auch keine Jahresemissionsmenge nach Anl. 2. Der Beitrag dieses Sektors zum Klimaschutz ist Gegenstand einer eigenständigen Regelung in § 3a. 39

Die **Bilanzierung der Emissionen** und des Sektors LULUCF regelt die sog. LULUCF-Verordnung. Die Netto-Treibhausgasbilanz dieses Sektors wird danach nicht auf die Minderungsziele eines Mitgliedstaates oder der Europäischen Union angerechnet. Die Mitgliedstaaten müssen jedoch dafür sorgen, dass die Bilanz zwischen den nach Art. 4 LULUCF-Verordnung verbuchten Treibhausgasemissionen und dem Abbau von Treibhausgasen nach Anwendung der Verbuchungsregeln für die jeweiligen Landnutzungskategorien mindestens neutral ist (sog. „No-Debit-Regel", siehe dazu die Gesetzesbegründung, BT-Drs. 29/14337, S. 27). Nach Anwendung europäischer Anrechnungs- und Flexibilitätsregeln muss die Emissionsbilanz aus der Land- und Waldnutzung eines Mitgliedstaats ausgeglichen sein, die verbuchten Treibhausgasemissionen dürfen die verbuchten, abgebauten CO_2-Mengen nicht überschreiten. Die Mitgliedstaaten sind verpflichtet, eine negative Bilanz durch den Zukauf von LULUCF-Gutschriften oder Emissionszuweisungen anderer Mitgliedstaaten der EU auszugleichen (Gesetzesbegründung, BT-Drs. 29/14337, S. 27; Franßen/Operhalsky in Frenz, Klimaschutzrecht, 2022, § 3 KSG Rn. 23). 40

Die nach § 3 Abs. 1 zu reduzierenden Treibhausgasemissionen werden in § 2 Nr. 2 legaldefiniert. **Treibhausgasemissionen** sind danach die anthropogene Freisetzung von Treibhausgasen in Tonnen Kohlendioxidäquivalent, wobei eine Tonne Kohlendioxidäquivalent eine Tonne Kohlendioxid oder die Menge eines anderen Treibhausgases ist, die in ihrem Potenzial zur Erwärmung der Atmosphäre einer Tonne Kohlendioxid entspricht. 41

Ergänzend zu den Klimaschutzzielen für die Jahre 2030 und 2040 schreibt der Gesetzgeber vor, dass die Treibhausgasemissionen schrittweise gemindert werden müssen. Für die Zeit bis zum Jahr 2030 richten sich die zulässigen **Jahresemissionsmengen** nach § 4 Abs. 1 S. 3 und nach Anl. 2 KSG. Dort werden die zulässigen Jahresemissionsmengen in Mio. Tonnen CO_2-Äquivalent für die Jahre 2020 bis 2030 und für die Sektoren Energiewirtschaft, Industrie, Gebäude, Verkehr, Landwirtschaft, Abfallwirtschaft und Sonstiges zugeteilt. Im Sektor Energiewirtschaft sinken die Treibhausgasemissionen zwischen den angegebenen Jahresemissionsmengen möglichst stetig. 42

Der Entwurf eines Zweiten Gesetzes zur Änderung des Bundes-Klimaschutzgesetzes mit Stand vom 13.06.2023 sieht vor, dass sich die Jahresemissionsgesamtmengen für den Zeitraum bis zum Jahr 2030 nach einer neuen Anlage 2a richten. 43

Die Bundesregierung wird die in Anlage 2 festgelegten zulässigen Jahresemissionsmengen im Lichte möglicher Änderungen der Europäischen Klimaschutzverordnung und der Europäischen Emissionshandelsrichtlinie zur Umsetzung des erhöhten Klimaziels der EU für das Jahr 2030 überprüfen und spätestens sechs Monate nach deren Inkrafttreten einen Gesetzgebungsvorschlag zur **Anpassung der zulässigen Jahresemissionsmengen** in Anlage 2 vorlegen, soweit dies erforderlich erscheint. Die jährlichen Minderungsziele für die Jahre 2031 bis 2040 richten sich nach Anlage 3. Spätestens im Jahr 2032 legt die Bundesregierung einen Gesetzgebungsvorschlag zur Festlegung der jährlichen Minderungsziele für die Jahre 2041 bis 2045 vor. Die Aufteilung der jährlichen Minderungsziele in zulässige Jahresemissionsmengen für die einzelnen Sektoren für die Jahre 2031 bis 44

2045 erfolgt durch Rechtsverordnung gem. § 4 Abs. 6. Die Jahresemissionsmengen und jährlichen Minderungsziele sind verbindlich, soweit das KSG auf sie Bezug nimmt (§ 4 Abs. 1 S. 4- 9).

45 An dem Konzept präzis festgelegter, zulässiger Jahresemissionsmengen wird Kritik geübt. Es entspreche nicht dem Vorbehalt des Völker- und Europarechts, die Klimaschutzbeiträge der Staaten alle fünf Jahre zu überprüfen und zu verschärfen. In dem der Gesetzgeber im KSG präzise Jahresemissionsmengen bis zum Jahr 2040 festlege, suggeriere er eine Pfad- und Planungssicherheit für die nächsten zwei Jahrzehnte, die den Unwägbarkeiten der Entwicklungen, aber auch den Hoffnungen auf wissenschaftliche und technologische Innovationen auf dem Weg zu weltweiter Treibhausgasneutralität nicht gerecht werde. Solche Entwicklungsprognosen könne weder das Völker- und Europarecht begründen noch das nationale Recht gewährleisten. Klimaschutzziele, die eine Planungssicherheit suggerieren würden, dieses Versprechen dann aber absehbar nicht einlösen könnten, gefährdeten das Vertrauen in das Recht (Kreuter-Kirchhof KlimR 2022, 43, 46).

46 § 4 Abs. 2 des Entwurfs eines Zweiten Gesetzes zur Änderung des Bundes-Klimaschutzgesetzes mit Stand vom 13.06.2023 sieht für den Fall, dass die zulässige Jahresemissionsgesamtmenge über- oder unterschritten wird, vor, dass die Differenzmenge auf die verbleibenden Jahresemissionsgesamtmengen bis zum nächsten in § 3 Abs. 1 genannten Zieljahr gleichmäßig angerechnet werden. Durch Rechtsverordnung soll die Bundesregierung nach § 4 Abs. 4 S. 1 des Gesetzesentwurfs zur Änderung des KSG vom 13.06.2023 die jährlichen Minderungsziele im Jahr 2024 für die Jahre 2031 bis 2040 und im Jahr 2034 für die Jahre 2041 bis 2045 in Jahresemissionsgesamtmengen überführen, die in grundsätzlich gleichmäßigen Schritten absinken.

C. Netto-Treibhausgasneutralität bis 2045 (Abs. 2 S. 1)

47 Bis zum Jahr 2045 müssen die Treibhausgasemissionen nach § 3 Abs. 2 S. 1 so weit gemindert werden, dass Netto-Treibhausgasneutralität erreicht wird. Netto-Treibhausgasneutralität ist nach § 2 Nr. 9 das Gleichgewicht zwischen den anthropogenen Emissionen von Treibhausgasen aus Quellen und dem Abbau solcher Gase durch Senken. Das Ziel der Netto-Treibhausgasneutralität wurde durch das Erste Gesetz zur Änderung des Klimaschutzgesetzes vom 30.8.2021 in das KSG aufgenommen. Die Erwähnung des langfristigen Ziels der Treibhausgasneutralität in § 1 S. 3 a.F. konnte dementsprechend gestrichen werden. Die Gesetzesbegründung geht davon aus, dass nach den vorliegenden Annahmen zu technischen und sonstigen THG-Vermeidungsoptionen zur Erreichung von Netto-Treibhausgasneutralität bis zum Jahr 2045 eine Minderung der durch Menschen verursachten Freisetzung von Treibhausgasen um mindestens 97 % gegenüber dem Basisjahr 1990 anzustreben ist. Unvermeidbare Restemissionen – auch staatlicher Organisationen – sollen durch Senken ausgeglichen werden.

48 In diesem Zusammenhang ist § 3a neu eingeführt worden (BT-Drs. 19/30230, S. 18). Grundlage für die Einführung des § 3a war die Einschätzung, dass der Sektor Landnutzung, Landnutzungsänderung und Forstwirtschaft (LULUCF) nicht nur über Emissionen von Treibhausgasen einen negativen Einfluss auf das Klima, sondern über die Bindung von Kohlendioxid auch positiven Einfluss zur Minderung des Klimawandels hat. In der Gesetzesbegründung wird darauf hingewiesen, dass die meisten natürlichen Ökosysteme Kohlendioxid aus der Atmosphäre binden können. Nur wenn Kohlendioxid der Atmosphäre entzogen und als organischer Kohlenstoff dauerhaft gebunden bleibe, trage dieser Prozess jedoch zur Begrenzung des Klimawandels bei. Um dies sicherzustellen, sollen

Ökosysteme sowie ihre Funktion als Kohlenstoffspeicher und als Kohlenstoffsenke geschützt und gestärkt werden (BT-Drs. 19/30.230, S. 19).

Die Aufnahme des Ziels der Netto-Treibhausgasneutralität war nach Auffassung des BVerfG verfassungsrechtlich gefordert. Das Gericht hatte festgestellt, dass ein Schutzkonzept, das auf eine Minderung von Treibhausgas-Emissionen abzielt, ohne aber zugleich das Ziel einer Klimaneutralität zu verfolgen, nicht geeignet wäre, die sich aus Art. 2 Abs. 2 S. 1 GG folgende Schutzpflicht des Staates zu erfüllen, die sich auch auf die Verpflichtung erstreckt, Leben und Gesundheit vor den Gefahren des Klimawandels zu schützen. Erst wenn Treibhausgasemissionen auf ein klimaneutrales Niveau verringert werden, könne, so das BVerfG, die Erderwärmung aufgehalten werden (BVerfG Beschl. v. 24.3.2021, 1 BvR 2656/18, juris Rn. 155). 49

Die Notwendigkeit, Klimaneutralität zu erreichen, ergibt sich aber nicht nur aus dem Verfassungsrecht, sondern auch aus dem EU-Klimagesetz (Franßen/Operhalsky in Frenz, Klimaschutzrecht, 2022, § 3 KSG Rn. 50). Art. 1 Abs. 1 EU-Klimagesetz gibt verbindlich das Ziel vor, für die Verwirklichung des im Paris-Abkommen festgelegten langfristigen Temperaturziels bis zum Jahr 2050 in der Union Klimaneutralität zu erreichen. Die unionsweiten Emissionen von durch Rechtsvorschriften der Union regulierten Treibhausgase und deren Abbau müssen nach Art. 2 Abs. 1 EU-Klimagesetz bis spätestens 2050 ausgeglichen sein, sodass die Emissionen bis zu diesem Zeitpunkt auf netto null reduziert sind. Die zuständigen Organe der Union und der Mitgliedstaaten treffen auf Unions- bzw. auf nationaler Ebene gem. Art. 2 Abs. 2 EU-Klimagesetz die notwendigen Maßnahmen, um die gemeinsame Verwirklichung des Ziels der Klimaneutralität zu ermöglichen, und berücksichtigen dabei die Bedeutung der Förderung von Fairness und Solidarität zwischen den Mitgliedstaaten. 50

Der Entwurf eines Zweiten Gesetzes zur Änderung des Bundes-Klimaschutzgesetzes mit Stand vom 13.06.2023 sieht in § 3b die Einführung einer ergänzenden Regelung zum **Beitrag technischer Senken** vor. Zur Erreichung der nationalen Klimaschutzziele nach § 3 Abs. 2 werden nach § 3b S. 1 dieses Gesetzesentwurfs Ziele für technische Senken für die Jahre 2035, 2040 und 2045 bestimmt. Die Bundesregierung wird in dem § 3b S. 2 des Gesetzesentwurfs ermächtigt, die Ziele für technische Senken auf Basis der Langfriststrategie der Bundesregierung zum Umgang mit unvermeidbaren Restemissionen durch Rechtsverordnung, die nicht der Zustimmung des Bundesrates bedarf, festzulegen. 51

D. Negative Treibhausgasemissionen nach 2050 (Abs. 2 S. 2)

Nach dem Jahr 2050 sollen gem. § 3 Abs. 2 S. 2 negative Treibhausgasemissionen erreicht werden. Negative Treibhausgasemissionen führen zu einem Abbau von Kohlendioxid aus der Atmosphäre. Etwaige Restemissionen aus den in § 4 genannten Sektoren sollen somit nicht nur kompensiert, sondern sogar überkompensiert werden. Dies stehe, so die Gesetzesbegründung, im Einklang mit der Einigung zum Klimagesetz vom 21.04.2021 zwischen dem Europäischen Parlament, dem Rat und der Europäischen Kommission. Dort sei neben dem Ziel der Treibhausgasneutralität bis zum Jahr 2050 die Absicht festgehalten, nach dem Jahr 2050 negative Treibhausgasemissionen auf Ebene der Europäischen Union anzustreben. 52

Bemängelt wird, dass das Ziel einer Netto-Treibhausgasneutralität bereits bis zum Jahr 2045 erreicht werden soll, während das Ziel negativer Treibhausgasemissionen erst mit einem Abstand von fünf Jahren nach 2050, d.h. ab dem Jahr 2051, erreicht werden soll. Diese Zeitspanne erscheine nicht plausibel; wenn nämlich die Treibhausgasemissionen ab dem Jahre 2045 neutral sein müssten und die Treibhausgasemissionen auch nicht wieder 53 ansteigen dürften, dann sei es nicht nachvollziehbar, warum der Zustand der Netto-Treibhausgasneutralität über fünf Jahre eingefroren oder unverändert bleiben könne. Naheliegender sei es, unmittelbar ab dem Jahr 2046 das Ziel einer negativen Treibhausgasbilanz vorzugeben (Franßen/Operhalsky in Frenz, Klimaschutzrecht, 2022, § 3 KSG Rn. 55).

E. Staatenübergreifende Mechanismen (Abs. 3)

54 Die Möglichkeit, die nationalen Klimaschutzziele teilweise im Rahmen von staatenübergreifenden Mechanismen zur Minderung von Treibhausgasemissionen zu erreichen, bleibt nach § 3 Abs. 3 unberührt. Abs. 3 bestimmt das Verhältnis der nationalen Klimaschutzziele zu den unionsrechtlichen und internationalen Vorgaben zur Minderung von Treibhausgasemissionen. Die Klimaschutzziele des KSG dienen der Erreichung dieser unionsrechtlichen und internationalen Vorgaben (Gesetzesbegründung, BT-Drs. 19/14137, S. 27).

55 Auch das BVerfG weist darauf hin, dass das Klimaschutzgebot des Art. 20a GG eine internationale Dimension hat. Der nationalen Klimaschutzverpflichtung stehe nicht entgegen, dass der globale Charakter von Klima und Erderwärmung eine Lösung der Probleme des Klimawandels durch einen Staat allein ausschließe. Das Klimaschutzgebot verlange vom Staat international ausgerichtetes Handeln zum globalen Schutz des Klimas und verpflichte, im Rahmen internationaler Abstimmung auf Klimaschutz hinzuwirken. Der Staat könne sich seiner Verantwortung nicht durch den Hinweis auf die Treibhausgasemissionen in anderen Staaten entziehen (BVerfG Beschl. v. 24.03.2021 – 1 BvR 2656/18, juris Rn. 203; siehe dazu auch Ehrmann UWP 2021, 139, 144; Franßen/Operhalsky in Frenz, Klimaschutzrecht, 2022, § 3 KSG Rn. 9).

56 Das völkerrechtlich verbindlich vereinbarte 2 °C/1,5 °C-Ziel kann nur erreicht werden, wenn die nationalen Klimaschutzziele und -maßnahmen aller Staaten weltweit aufeinander abgestimmt und in verlässlichen Verfahren kontinuierlich so verschärft werden, dass spätestens im Jahr 2050 weltweit Treibhausgasneutralität erreicht wird (Kreuter-Kirchhof KlimR 2022, 43). Der Staat kann aber umgekehrt seiner Verantwortung für den Klimaschutz auch mit Hilfe staatenübergreifende Mechanismen Rechnung tragen. Das stellt Abs. 3 klar.

F. Erhöhung der Klimaschutzziele (Abs. 4)

57 Sollten zur Erfüllung europäischer oder internationaler Klimaschutzziele höhere nationale Klimaschutzziele erforderlich werden, leitet die Bundesregierung nach § 3 Abs. 4 die zur Erhöhung der Zielwerte nach § 3 Abs. 1 notwendigen Schritte ein (siehe dazu Frenz, Grundzüge des Klimaschutzrechts, 2021, Rn. 601). Der Gesetzgeber erteilt damit der Bundesregierung den Auftrag, ein Gesetzgebungsverfahren einzuleiten, wenn europäische oder internationale Klimaschutzziele erhöht werden und insoweit Anpassungsbedarf für das Bundesrecht entsteht. Soweit sich ein solcher Anpassungsbedarf aus verbindlichen völker- oder europarechtlichen Verpflichtungen ergibt, ist diese Regelung allerdings eher deklaratorischer Natur (v. Weschpfennig in Fellenberg/Guckelberger, Klimaschutzrecht, 2022, § 3 KSG Rn. 38).

58 Klimaschutzziele können nach § 3 Abs. 4 S. 2 erhöht, aber nicht abgesenkt werden. Das gilt grundsätzlich allerdings nur vorbehaltlich einer Gesetzesänderung. Es handelt sich insoweit zunächst nur um eine politische Leitlinie (v. Weschpfennig in Fellenberg/Gu-

ckelberger, Klimaschutzrecht, 2022, § 3 KSG Rn. 39) mit Signalwirkung (Frenz Grundzüge des Klimaschutzrechts, 2021, Rn. 633; Franßen/Operhalsky in Frenz, Klimaschutzrecht, 2022, § 3 KSG Rn. 62) bzw. um eine Art von Selbstverpflichtung des Gesetzgebers. Eine Gesetzesänderung mit dem Ziel, Klimaschutzziele anzusenken, müsste allerdings mit höherrangigem Recht, mit dem Verfassungsrecht, mit Unionsrecht und mit dem Völkerrecht vereinbar sein (siehe dazu Willert/Nesselhauf KlimR 2023, 135).

Das BVerfG hat in diesem Zusammenhang aus dem Grundsatz der Verhältnismäßigkeit die Forderung abgeleitet, dass nicht einer Generation zugestanden werden dürfe, unter vergleichsweise milder Reduktionslast große Teile des CO_2-Budgets zu verbrauchen, wenn damit zugleich den nachfolgenden Generationen eine radikale Reduktionslast überlassen und deren Leben schwerwiegenden Freiheitseinbußen ausgesetzt würde (BVerfG Beschl. v. 24.03.2021, juris Rn. 192). **59**

Ob der Gesetzgeber Klimaschutzziele auch wieder absenken könnte, hängt unter anderem davon ab, ob Art. 20a GG ein sog. **Verschlechterungsverbot** im Vergleich zur Umweltsituation bei Einführung der Staatszielbestimmung in das GG 1994 enthält, welche Reichweite ein solches Verschlechterungsverbot hat und ob eine Absenkung von Klimaschutzzielen in diesem Sinne zu einer relevanten Verschlechterung der Umweltsituation führt (ein Verschlechterungsverbot aus Art. 20a GG bejahend Willert/Nesselhauf, KlimR 2023, 135, 137; Murswiek in Sachs, Grundgesetz, 2021, Art. 20a Rn. 43 f.; Jarass in Jarass/Pieroth, GG, 2020, Art. 20a Rn. 11; Kluth in Berliner Kommentar zum GG, Art. 20a Rn. 106; einschränkend Gärditz in Landmann/Rohmer, Art. 20a GG Rn. 53: „kein absolutes ökologisches Verschlechterungsverbot"; ablehnend auch Schlacke Umweltrecht, 2021, § 4 Rn. 7; Kloepfer Umweltrecht, 2016, § 4 Rn. 73; Huster/Rux, BeckOK zum GG, Stand: 2020, Art. 20a GG Rn. 22). **60**

§ 3a Beitrag des Sektors Landnutzung, Landnutzungsänderung und Forstwirtschaft

(1) Der Beitrag des Sektors Landnutzung, Landnutzungsänderung und Forstwirtschaft zum Klimaschutz soll gestärkt werden. Der Mittelwert der jährlichen Emissionsbilanzen des jeweiligen Zieljahres und der drei vorhergehenden Kalenderjahre des Sektors Landnutzung, Landnutzungsänderung und Forstwirtschaft soll wie folgt verbessert werden:

1. auf mindestens minus 25 Millionen Tonnen Kohlendioxidäquivalent bis zum Jahr 2030,

2. auf mindestens minus 35 Millionen Tonnen Kohlendioxidäquivalent bis zum Jahr 2040,

3. auf mindestens minus 40 Millionen Tonnen Kohlendioxidäquivalent bis zum Jahr 2045.

Grundlage für die Emissionsbilanzen sind die Daten nach § 5 Absatz 2 Nummer 3.

(2) Für die Einhaltung der Ziele nach Absatz 1 ist das aufgrund seines Geschäftsbereichs für den Sektor Landnutzung, Landnutzungsänderung und Forstwirtschaft überwiegend zuständige Bundesministerium verantwortlich. Es hat die Aufgabe, die für die Einhaltung der Ziele nach Absatz 1 erforderlichen nationalen Maßnahmen vorzulegen und umzusetzen. § 4 Absatz 4 Satz 3 und 4 gilt entsprechend.

(3) Die Bundesregierung wird ermächtigt, durch Rechtsverordnung, die nicht der Zustimmung des Bundesrates bedarf,

1. die Anrechnung und Verbuchung gemäß unionsrechtlicher Vorgaben zu regeln,

2. den Umgang mit und die Anrechenbarkeit von natürlichen Störungen zu regeln,

3. nähere Bestimmungen zu den Methoden und Grundlagen für die umfassende Berichterstattung über Treibhausgasemissionen und den Abbau von Kohlendioxid im Sektor Landnutzung, Landnutzungsänderung und Forstwirtschaft, insbesondere zur Erstellung der jährlichen Emissionsbilanzen nach Absatz 1, zu erlassen, und

4. nähere Bestimmungen zur Erhebung, Nutzung und Auswertung von Daten der Fernerkundung, insbesondere mittels satellitengestützter Systeme, für die Treibhausgas-Berichterstattung für den Sektor Landnutzung, Landnutzungsänderung und Forstwirtschaft zu erlassen.

Übersicht

Schrifttum: Beckmann, Der Schutz der Wälder durch den Landesentwicklungsplan NRW beim beschleunigten Ausbau erneuerbarer Energien, NuR 2023, 289; Geden/Schenuit, Unkonventioneller Klimaschutz. Gezielte CO_2-Entnahme aus der Atmosphäre als neuer Ansatz in der EU-Klimapolitik, Berlin, 2020; Hofmann, Landwirtschaft und Klimaschutz aus deutscher Sicht, NVwZ 2019, 1145; Markus/Heß/Otto/Dittmeyer: Direct Air Capture Use & Storage – rechtliche und klimapolitische Hintergründe, ZUR 2023, 131; Frenz, Das novellierte Klimaschutzgesetz, NuR 2021, 583; Freytag, Naturbasierte Lösungen im Klimaschutzrecht – zugleich eine Anmerkung zu § 3a KSG, NuR 2023, 378.

A. Allgemeines

1 Nach § 3 Abs. 2 S. 1 müssen bis zum Jahr 2045 die Treibhausgasemissionen so weit gemindert werden, dass Netto-Treibhausgasneutralität erreicht wird. Nach dem Jahr 2050 sollen gem. § 3 Abs. 2 S. 2 sogar negative Treibhausgasemissionen erreicht werden. Gem. § 2 Nr. 9 bedeutet Netto-Treibhausgasneutralität ein Gleichgewicht zwischen den anthropogenen Emissionen von Treibhausgasen aus Quellen und dem Abbau solcher Gase durch Senken. Für das Nettonullemissionsziel soll bis 2045 eine Reduzierung von Emissionen in einer Größenordnung von 97 % im Vergleich zum Jahr 1990 angestrebt werden. Die dann noch verbleibenden Emissionen in einer Größenordnung von etwa 3 % sollen durch natürliche Kohlenstoffsenken kompensiert werden (siehe dazu Freytag NuR 2023, 378, 379, dort auch zu den Gefährdungen der Funktion des LULUCF-Sektors als Nettosenke, wonach der Emissionsbilanztrend des LULUCF-Sektors auf eine fortschreitend abnehmende Senkenleistung des Waldes sowie auf hohe bzw. steigende THG-Emissionen der übrigen Landnutzungskategorien hindeutet, nicht zuletzt auch angesichts eines zunehmend besorgniserregenderen Waldzustands; siehe dazu den Bericht des Bundesministeriums für Ernährung und Landwirtschaft über den Waldzustand 2022; siehe auch Beckmann NuR 2023, 520 zum landesplanerischen Schutz der Wälder). Anders als die Nettoreduktionsvorgaben des Art. 4 VO (EU) 2021/119 (Europäisches Klimagesetz) sehen die Reduktionsziele des § 3 Abs. 1 keine Saldierung von Emissionen mit deren Abbau vor. Dementsprechend erwartet § 3a Abs. 1 S. 1 auch keinen Beitrag zur Treibhausgasminderung, sondern zum „Klimaschutz" (Freytag NuR 2023. 378, 283).

2 Der Begriff der Landnutzung, Landnutzungsänderungen und Forstwirtschaft (LULUCF) in Abs. 1 Satz 1 umfasst nach der Gesetzesbegründung (BT-Drs. 19/30230, S. 19) alle zum LULUCF-Sektor beitragenden Ökosysteme, unabhängig von der Frage, ob diese bewirtschaftet werden; er erstreckt sich auf die in land- und forstwirtschaftlicher Nutzung befindlichen Flächen, die stoffliche Verwendung von Biomasse, insbesondere Holz, aber auch auf Ökosysteme in Siedlungsräumen oder Schutzgebieten.

3 Grundsätzlich werden die Sektoren, für die nach § 4 bestimmte Jahresemissionsmengen und jährliche Minderungsziele gelten, nach den **Quellkategorien** abgegrenzt. Quellkategorien des Sektors LULUCF sind nach Anl. 1 des KSG Wald, Acker, Grünland, Feuchtgebiete, Siedlungen; Holzprodukte; Änderungen zwischen Landnutzungskategorien.

4 § 2 Nr. 8 schreibt vor, dass für den in Anl. 1 Nr. 7 definiert den Sektor LULUCF § 3 Abs. 1 und die §§ 4, 7 und 8 nicht anzuwenden sind. Dementsprechend gelten bis zum Jahre 2040 für die Emissionsbilanzen des Sektors LULUCF allein die Verbesserungspflichten nach § 3a Abs. 1 S. 2 Nr. 1 und Nr. 2, während für die Treibhausgasemissionen der anderen Sektoren die Klimaschutzziele des § 3 Abs. 1 gelten. § 2 Nr. 8 nimmt den Sektor LULUCF nur von den Klimaschutzzielen des § 3 Abs. 1 aus; hingegen gelten die Klimaschutzziele des § 3 Abs. 2 für das Jahr 2045 (Netto-Treibhausgasneutralität) und für das Jahr 2050 (negative Treibhausgasemissionsbilanz) auch für den Sektor LULUCF (siehe dazu Franßen/Operhalsky in Frenz, Klimaschutzrecht, 2022, § 3a KSG Rn. 31).

5 § 3a wurde mit der Novelle 2021 in das KSG eingefügt. Bis dahin enthielt das Gesetz für den Sektor LULUCF keine spezifischen Ziele oder Vorgaben (Franßen/Operhalsky in Frenz, Klimaschutzrecht, 2022, § 3a KSG Rn. 1). Die Einfügung des § 3a in das Gesetz dient auch der sich aus Art. 4 LULUCF-Verordnung ergebenden Verpflichtung der Mitgliedstaaten. Danach müssen die Mitgliedstaaten für die Zeiträume von 2021 bis 2025 und von 2026 bis 2030 unter Berücksichtigung der in den Art. 12, 13 vorgesehenen Flexibilitätsregelung dafür sorgen, dass die Emissionen nicht den Abbau übersteigen (siehe dazu Franßen/Operhalsky in Frenz, Klimaschutzrecht, 2022, § 3a KSG Rn. 3). § 3a geht

allerdings über diese Verpflichtung hinaus und erweitert das Verbot einer Minusbilanz zu einem **„Senkenausbaugebot“** (Freytag NuR 2023, 378, 382).

Zur Begründung des § 3a erläutert die Bundesregierung, der Sektor LULUCF habe über die Emissionen von Treibhausgasen und die Bindung von Kohlendioxid Einfluss auf den Klimawandel. Die meisten natürlichen Ökosysteme könnten Kohlendioxid aus der Atmosphäre binden. Dabei werde Kohlenstoff in den natürlichen Ökosystemen eingespeichert. Dies gilt insbesondere für eine **Kohlenstoffspeicherung im Wald** und eine Kohlenstoffspeicherung durch die **Wiedervernässung von Moorböden**. In den deutschen Wäldern sind gegenwärtig etwa 2.6 Mrd. t Kohlenstoff in Biomasse, Totholz und Boden gebunden, jährlich werden etwa 57 Mio. t CO_2 gespeichert (Bundesministerium für Ernährung und Landwirtschaft, Waldstrategie 2050, 2021, S. 12; zu weiteren Verfahren zur Entnahme von CO_2 aus der Atmosphäre und insbesondere zu Hoffnungen, das aus der Atmosphäre entnommene CO_2 als Grundstoff kommerziell verwertbarer Produkte zu nutzen und darüber nachhaltige Karbonkreisläufe zu initiieren, siehe Markus/Heß/Otto/Dittmeyer ZUR 2023, 131, 132). Die Wiedervernässung von Moorböden sowie die Extensivierung der Waldbewirtschaftung zählen zu den Maßnahmen mit größtem Minderungspotential und den höchsten Synergieeffekten mit Blick auf den Biodiversitätsschutz und die Ernährungssicherheit (Freytag NuR 2023, 378, 384). In den Moorböden, die nur rund 5 % der Landesfläche in Deutschland ausmachen, soll genauso viel Kohlenstoff gespeichert sein wie in den deutschen Wäldern insgesamt (Franßen/Operhalsky in Frenz, Klimaschutzrecht, 2022, § 3a KSG Rn. 7), die sich auf etwa ein Drittel der deutschen Landflächen erstrecken. Forcierte Kohlenstoffspeicherung im Wald bedeutet eine planmäßige Ausweitung von Waldflächen und eine konsequente Wiederaufforstung insbesondere auch der durch Klimaschäden (Dürren, Schädlingsbefall und Feuer) arg in Mitleidenschaft gezogenen Wälder (Geden/Schenuit, Unkonventioneller Klimaschutz. Gezielte CO_2-Entnahme aus der Atmosphäre als neuer Ansatz in der EU-Klimapolitik, 2020, S. 10, dort auch zu weiteren Methoden der Kohlenstoffbindung). 6

Nur wenn Kohlendioxid der Atmosphäre entzogen und als organischer Kohlenstoff dauerhaft gebunden bleibe, trage der Prozess zur Begrenzung des Klimawandels bei. Um dies sicherzustellen, sollten die Ökosysteme sowie ihre Funktion als Kohlenstoffspeicher und -senke geschützt und gestärkt werden (BT-Drs. 19/30230, S. 19; Geden/Schenuit Unkonventioneller Klimaschutz. Gezielte CO_2-Entnahme aus der Atmosphäre als neuer Ansatz in der EU-Klimapolitik, Berlin, 2020, S. 5; zur Bedeutung des LULUCF-Sektors für den Klimaschutz siehe auch Franßen/Operhalsky in Frenz, Klimaschutzrecht, 2022, § 3a KSG Rn. 4 ff.). Zweck ist ausweislich von Abs. 1 Satz 1 die Stärkung des Beitrags des LULUCF-Sektors zum Klimaschutz (v. Weschpfennig in Fellenberg/Guckelberger, Klimaschutzrecht, 2022, § 3a Rn. 1). 7

In den Erwägungsgründen 20, 22 des EU-KlimG heißt es dazu, die Union solle bestrebt sein, bis 2050 innerhalb der Union ein Gleichgewicht zwischen den wirtschaftsweiten anthropogenen Emissionen durch Quellen und dem Abbau von Treibhausgasen durch Senken herzustellen und danach gegebenenfalls negative Emissionen zu erreichen. Kohlenstoffsenken seien für den Übergang zur Klimaneutralität in der Union von wesentlicher Bedeutung, und insbesondere die Land- und Forstwirtschaft sowie die Landnutzung leisteten in diesem Zusammenhang einen wichtigen Beitrag. Die Maßnahmen des LULUCF-Sektors sollen aber auch so gestaltet werden, dass sie kohärent sind mit anderen Politikzielen, insbesondere dem **Erhalt der Biodiversität** und der **Ernährungssicherheit** (BT-Drs. 19/30230, S. 19; siehe dazu auch Markus/Heß/Otto/Dittmeyer ZUR 2023, 131; Franßen/Operhalsky in Frenz, Klimaschutzrecht, 2022, § 3a KSG Rn. 9, 15; zu den Zielkonflikten bei der Inanspruchnahme von Ökosystemleistungen des Waldes siehe BMELF, Waldstrategie 2050, 2021, S. 13). 8

9 Die Bundesregierung erläutert, um Treibhausgasneutralität zu erreichen, sei die kontinuierliche Bindung von Kohlendioxid aus der Atmosphäre unerlässlich, da die Treibhausgasemissionen mit den gegenwärtigen Minderungsoptionen nicht in allen Sektoren, insbesondere in der Landwirtschaft, auf null reduziert werden könnten (siehe auch Hofmann NVwZ 2019, 1145; v. Weschpfennig in Fellenberg/Guckelberger, Klimaschutzrecht, 2022, § 3a Rn. 1). Nach derzeitigen Annahmen zu technischen und sonstigen THG-Vermeidungsoptionen sei zur Erreichung von Netto-Treibhausgasneutralität bis zum Jahr 2045 eine Minderung der menschlich verursachten Freisetzung von Treibhausgasen um mindestens 97 % gegenüber dem Basisjahr 1990 anzustreben. Wenn dies gelinge, verblieben Restemissionen in Höhe von bis zu 37,5 Mio. t CO_2-Äquivalenten jährlich. Die bis dahin mindestens zu erreichende negative Emissionsbilanz des Sektors LULUCF sollte dann, so die Gesetzesbegründung, mindestens in dieser Größenordnung liegen (BT-Drs. 19/30230, S. 19; siehe dazu auch Freytag NuR 2023, 378, 379; Markus/Heß/Otto/Dittmeyer ZUR 2023, 131, 141). Die Emissionsbilanzen sollen für bestimmte Jahre verbessert werden und zwar mindestens minus 25 Mio. t bis 2030 und mindestens minus 35 Mio. t bis 2040 und mindestens minus 40 Mio. t bis zum Jahr 2045. Der Gesetzgeber nennt keine Obergrenzen; er setzt Zielvorgaben durch die Festlegung von Mindestentnahmemengen (Markus/Heß/Otto/Dittmeyer ZUR 2023, 131, 141).

10 Der Entwurf eines Zweiten Gesetzes zur Änderung des Bundes-Klimaschutzgesetzes mit Stand vom 13.06.2023 sieht eine ergänzende Bestimmung zum Beitrag technischer Senken vor. Zur Erreichung der nationalen Klimaschutzziele nach § 3 Abs. 2 werden nach § 3b S. 1 dieses Gesetzesentwurfs Ziele für technische Senken für die Jahre 2035, 2040 und 2045 bestimmt. Die Bundesregierung wird in § 3b S. 2 des Gesetzesentwurfs ermächtigt, die Ziele für technische Senken auf Basis der Langfriststrategie der Bundesregierung zum Umgang mit unvermeidbaren Restemissionen durch Rechtsverordnung, die nicht der Zustimmung des Bundesrates bedarf, festzulegen.

B. Stärkung des Beitrags des Sektors LULUCF zum Klimaschutz (Abs. 1 S. 1)

11 Nach Abs. 1 S. 1 soll der Beitrag des Sektors LULUCF zum Klimaschutz gestärkt werden. Der einleitende Satz des § 3a enthält eine gesetzgeberische Absichtserklärung im Sinne eines Programmsatzes oder einer gesetzlichen Zielvorgabe. Man mag der Regelung auch ein gewisses Maß an Verbindlichkeit attestieren (Franßen/Operhalsky in Frenz, Klimaschutzrecht, 2022, § 3a KSG Rn. 24), soweit Bund und Länder damit aufgefordert und verpflichtet werden, den Beitrag dieses Sektors zum Klimaschutz zu stärken. Dies gilt insbesondere dann, wenn man Abs. 1 S. 1 im Sinne eines **Optimierungsgebots** versteht, das über die Mindestanforderungen des Abs. 1 S. 2 noch hinausgeht. Dass es sich dabei nur um eine „Soll-Pflicht" handelt, ändert grundsätzlich nichts an der Verbindlichkeit (Franßen/Operhalsky in Frenz, Klimaschutzrecht, 2022, § 3a KSG Rn. 24). Nicht auszuschließen ist, dass die Verpflichtung zur Verstärkung des Beitrags dieses Sektors zum Klimaschutz durch die Staatszielbestimmung des Art. 20a GG in der Auslegung des BVerfG mit zunehmenden Gefahren des Klimawandels an Bedeutung noch gewinnt. Welche konkreten Maßnahmen geboten sein können, um den Beitrag des Sektors zum Klimaschutz hinreichend zu stärken, lässt sich allerdings aus der gesetzlichen Regelung nicht ableiten, sodass die Vorschrift vor allem im Bereich von Abwägungs- und Ermessensentscheidungen das Gewicht verstärken kann, das dem Klimaschutz im Bereich Landnutzung, Landnutzungsänderung und Forstwirtschaft einzuräumen ist.

C. Verbesserung des Mittelwerts der Emissionsbilanzen (Abs. 1 S. 2)

Abs. 1 S. 2 sieht vor, dass der Mittelwert der jährlichen Emissionsbilanzen des jeweiligen Zieljahres und der drei vorhergehenden Kalenderjahre des Sektors LULUCF verbessert werden soll. Abs. 1 Satz 2 legt für einzelne Zieljahre (2030, 2040, 2045) negative Emissionsbilanzen fest, wonach der Abbau von Treibhausgasen in Senken die Emissionen im LULUCF-Sektor in einer vorgeschriebenen Größenordnung übersteigen soll. Um den Einfluss natürlicher Schwankungen der Senkleistung zu begrenzen, gilt der Mittelwert der jährlichen Emissionsbilanzen des jeweiligen Zieljahres und der drei vorhergehenden Kalenderjahre. Gemeint ist das arithmetische Mittel (BT-Drs. 19/30230, 19; v. Weschpfennig in Fellenberg/Guckelberger, Klimaschutzrecht, 2022, § 3a Rn. 4). Der Mittelwert soll bis 2030 auf mindestens minus 25 Mio. t CO_2-Äquivalent, bis 2040 auf mindestens minus 35 Mio. t. CO_2-Äquivalent und bis 2045 auf mindestens minus 40 Mio. t CO_2-Äquivalent reduziert werden. Es werden insoweit anders als im Rahmen der jährlichen Minderungsziele und Jahresemissionsmengen nach § 4 keine jahresbezogenen Zielvorgaben festgelegt. 12

D. Grundlage der Emissionsbilanzen (Abs. 1 S. 3)

Grundlage der in Abs. 1 Satz 2 genannten Emissionsbilanzen für den Sektor LULUCF sind nach § 3a Abs. 1 S. 3 die Daten nach § 5 Abs. 2 Nr. 3. Das Umweltbundesamt erstellt nach § 5 Abs. 2 Nr. 3 die Daten der Treibhausgasemissionen in den Sektoren nach Anlage 1 **(Emissionsdaten)** für das zurückliegende Kalenderjahr (Berichtsjahr) auf der Grundlage der methodischen Vorgaben der Europäischen Klimaberichterstattungsverordnung oder auf der Grundlage einer nach Art. 26 der Europäischen Governance-Verordnung erlassenen Nachfolgeregelung. Zusätzlich zu den Emissionsdaten werden nach § 5 Abs. 2 Nr. 3 für den Sektor LULUCF auch Quellen und Senken von Treibhausgasen dargestellt. 13

Die Berechnung der Emissionsbilanzen für den LULUCF-Sektor erfolgt im Rahmen der Erstellung der Emissionsdaten durch das **Thünen-Institut** und der anschließenden Übermittlung an das Umweltbundesamt jährlich. Bei dem Thünen-Institut (Johann Heinrich von Thünen-Institut, Bundesforschungsinstitut für Ländliche Räume, Wald und Fischerei) handelt es sich um eine bundesunmittelbare, nicht rechtsfähige Anstalt des öffentlichen Rechts und um eine Bundesoberbehörde im Geschäftsbereich des Bundesministeriums für Ernährung und Landwirtschaft (BMEL) mit Hauptsitz in Braunschweig. 14

Neben der alle zehn Jahre stattfindenden **Bundeswaldinventur** sollen für eine möglichst zeitnahe und belastbare Ermittlung der Bilanz Fernerkundungsdaten, jährliche Statistiken und jahresspezifische Modellrechnungen auf Grundlage weiterzuentwickelnder Modellierungsinstrumente verwendet werden (siehe BT-Drs. 19/30230, S. 19). 15

In die Emissionsbilanz des Sektors fließen alle Treibhausgasemissionen der Quellkategorie 4 des gemeinsamen Berichtsformats des Rahmenübereinkommens der Vereinten Nationen über Klimaänderungen sowie der Abbau von Kohlendioxid ein. Dabei werden insbesondere die Quellkategorien Wald, Acker, Grünland, Feuchtgebiete, Siedlungen und Holzprodukte erfasst. Emissionen aus entwässerten Moorböden sind den Quellkategorien Acker und Grünland zugeordnet (BT-Drs. 19/30230, S. 19). 16

Die quantifizierten Vorgaben für diesen Sektor erfolgen relativ zur gemittelten Emissionsbilanz für das jeweilige Jahr und die drei vorausgegangenen Jahre, um den Einfluss natürlicher Schwankungen der Senkenleistung zu begrenzen. Der **Mittelwert der jährli-** 17

chen Emissionsbilanzen nach § 3a Satz 2 ist das arithmetische Mittel (BT-Drs. 19/30230, S. 19).

E. Sektorprinzip und Ressortzuständigkeit (Abs. 2)

18 Abs. 2 legt fest, wer für die Einhaltung der Ziele nach Abs. 1 verantwortlich ist. Der Gesetzgeber trifft eine dem § 4 Abs. 4 entsprechende Regelung für den Sektor LULUCF. Für die Einhaltung der Jahresemissionsmengen ist nach § 4 Abs. 4 S. 1 das aufgrund seines Geschäftsbereichs für einen Sektor überwiegend zuständige Bundesministerium verantwortlich. Damit besteht, wie auch für die anderen Sektoren gem. S 4 Abs. 4 S. 1 KSG, eine nach der Sachnähe orientierte **Ressortzuständigkeit** (Frenz in Frenz, Klimaschutzrecht. 2021, § 4 KSG Rn. 65; Freytag NuR 2023, 378, 384). In der Gesetzesbegründung wird die Ressortzuständigkeit beim Bundesministerium für Ernährung und Landwirtschaft gesehen, weil land- und forstwirtschaftlich genutzten Flächen die stärksten Auswirkungen auf die Emissionsbilanz des Sektors haben (Gesetzesbegründung, BT-Drs. 19/30230, S. 19); andere plädieren angesichts des notwendigen Biodiversitätsschutzes für eine Zuständigkeit beim Schutzressort, dem Bundesumweltministerium (Freytag NuR 2023, 378, 384.

19 Die Gesetzesbegründung erläutert zu § 3a Abs. 2, dass dabei die verfassungsrechtliche **Organisationsgewalt der Bundeskanzlerin bzw. des Bundeskanzlers** beachtet wird, durch Organisationserlass die Zuständigkeiten der Bundesministerinnen und Bundesminister zu bestimmen. Derzeit sei das Bundesministerium für Ernährung und Landwirtschaft das überwiegend für den Sektor zuständige Bundesministerium, da die land- und forstwirtschaftlich genutzten Flächen die stärksten Auswirkungen auf die Emissionsbilanz des Sektors hätten (BT-Drs. 19/30230, S. 20).

20 Das zuständige Bundesministerium hat nach Abs. 2 Satz 2 die Aufgabe, die nationalen Maßnahmen zu veranlassen, um die Einhaltung der Ziele nach Abs. 1 in der Regel zu gewährleisten. Nicht gesetzliche Maßnahmen können, so die Gesetzesbegründung (BT-Drs. 19/30230, S. 20; Freytag NuR 2023, 378, 384), in der Regel im Rahmen der eigenen Ressortzuständigkeit und unter Beachtung des Haushaltsrechts ergriffen werden. Gesetzliche Maßnahmen müssten im Rahmen der Ressortzuständigkeit veranlasst, also der Bundesregierung vorgelegt werden, da Gesetzesvorlagen nur durch die Bundesregierung in den Deutschen Bundestag eingebracht werden könnten. Das Budgetrecht des Parlaments bleibe unberührt. Soweit Haushaltsmittel erforderlich seien, um eine Maßnahme zur Emissionsminderung umzusetzen, seien diese mit dem Haushaltsentwurf zu beantragen (BT-Drs. 19/30230, S. 20).

F. Verordnungsermächtigungen (Abs. 3)

21 Absatz 3 enthält verschiedene Verordnungsermächtigungen für die Bundesregierung. Nr. 1 ermöglicht, die Anrechnung und Verbuchung von Quellen und Senken des LULUCF-Sektors nach unionsrechtlichen Vorgaben zu regeln, wobei „Anrechnung und Verbuchung nach unionsrechtlichen Vorgaben" sich auf die sektorspezifischen Bilanzierungsregeln des Art. 5 LULUCF-VO bezieht.

22 Nr. 2 ermächtigt die Bundesregierung, zu bestimmen, wie nach international verwendeten Standards natürliche Störungen bei der Anrechnung und Verbuchung für die Klimaberichterstattung zum LULUCF-Sektor berücksichtigt werden können. Was natürliche Störungen im Sinne dieser Verordnungsermächtigung sind, definiert der Gesetzgeber

nicht ausdrücklich. Nach Art. 3 Abs. 1 Nr. 9 der LULUCF-Verordnung sind natürliche Störungen alle nicht anthropogenen Ereignisse oder Situationen, die in Wäldern erhebliche Emissionen verursachen und deren Auftreten außerhalb der Kontrolle des Mitgliedstaats liegt, und deren Folgen unter Emissionsgesichtspunkten selbst nach ihrem Auftreten der Mitgliedstaat nicht wesentlich zu begrenzen vermag.

Nach § 3a Abs. 3 Nr. 3 kann die Bundesregierung nähere Bestimmungen zu den Methoden und Grundlagen für die umfassende Berichterstattung über Treibhausgasemissionen und den Abbau von Kohlendioxid im Sektor Landnutzung, Landnutzungsänderung und Forstwirtschaft, insbesondere zur Erstellung der jährlichen Emissionsbilanzen nach Absatz 1 erlassen. Nr. 3 trägt ausweislich der Gesetzesbegründung (BT-Drs. 19/30230, S. 20) dem Bedürfnis Rechnung, die Berichtsregeln über Treibhausgasemissionen und den Abbau von Kohlendioxid im Sektor LULUCF näher zu regeln. Die bisher für die Berichterstattung verwendeten Methoden und Basisdaten zur Erfassung der Emissionen aus Quellen und der Einbindung durch Senken des Sektors weisen nach den Erläuterungen der Bundesregierung hohe Unsicherheiten auf; sie seien teilweise auch nicht ausreichend, Fortschritte in der Stärkung der natürlichen Ökosysteme ausreichend abzubilden. Angesichts der langfristig bis zum Jahr 2045 angestrebten Ziele sollten daher nach Einschätzung der Bundesregierung die Aussagefähigkeit und Genauigkeit der Emissionsdaten und der Prognosewerkzeuge für die Berichterstattung erhöht werden. Regelungen hierzu seien insbesondere mit Blick auf die Erstellung der jährlichen Emissionsbilanzen nach Absatz 1 zu erlassen. Den Rahmen hierfür bildeten die verbindlichen Vorgaben für die Berichterstattung auf EU-Ebene und auf internationaler Ebene. Soweit sich die Vorgaben für die Berichterstattung änderten, sei auch die nach § 3a Abs. 3 Nr, 2 erlassene Verordnung anzupassen (BT-Drs. 19/30230, S. 20). 23

Nr. 4 ermächtigt die Bundesregierung zum Erlass näherer Bestimmungen zur Erhebung, Nutzung und Auswertung von Daten der Fernerkundung, insbesondere mittels satellitengestützter Systeme, für die Treibhausgas-Berichterstattung für den Sektor LULUCF. Das dient der dringend erforderlichen Verbesserung der Datenlage für den Sektor LULUCF. Zur Erreichung einer möglichst genauen Berichterstattung über sowohl langfristige Entwicklungen, aber auch kurzfristige Schwankungen des Klimaschutzbeitrags des Sektors ist nach Ansicht der Bundesregierung die Einbeziehung moderner Fernerkundungssysteme in die Datenerfassung eine wichtige Voraussetzung. Diese Systeme würden derzeit noch nicht in ausreichendem Maße für die Datenerfassung genutzt, so dass manche für eine aussagekräftige zeitnahe Berichterstattung notwendige Daten nicht in der Berichterstattung berücksichtigt werden könnten. Daher solle die Bundesregierung durch Rechtsverordnung die Erhebung von Fernerkundungsdaten sowie deren Nutzung und Auswertung näher regeln können. (BT-Drs. 19/30230, S. 20). 24

§ 4 Zulässige Jahresemissionsmengen und jährliche Minderungsziele, Verordnungsermächtigung

(1) **Zur Erreichung der nationalen Klimaschutzziele nach § 3 Absatz 1 werden jährliche Minderungsziele durch die Vorgabe von Jahresemissionsmengen für die folgenden Sektoren festgelegt:**

1. Energiewirtschaft,
2. Industrie,
3. Verkehr,
4. Gebäude,
5. Landwirtschaft,
6. Abfallwirtschaft und Sonstiges.

Die Emissionsquellen der einzelnen Sektoren und deren Abgrenzung ergeben sich aus Anlage 1. Die Jahresemissionsmengen für den Zeitraum bis zum Jahr 2030 richten sich nach Anlage 2. Im Sektor Energiewirtschaft sinken die Treibhausgasemissionen zwischen den angegebenen Jahresemissionsmengen möglichst stetig. Die Bundesregierung wird die in Anlage 2 festgelegten zulässigen Jahresemissionsmengen im Lichte möglicher Änderungen der Europäischen Klimaschutzverordnung und der Europäischen Emissionshandelsrichtlinie zur Umsetzung des erhöhten Klimaziels der Europäischen Union für das Jahr 2030 überprüfen und spätestens sechs Monate nach deren Inkrafttreten einen Gesetzgebungsvorschlag zur Anpassung der zulässigen Jahresemissionsmengen in Anlage 2 vorlegen, soweit dies erforderlich erscheint. Die jährlichen Minderungsziele für die Jahre 2031 bis 2040 richten sich nach Anlage 3. Spätestens im Jahr 2032 legt die Bundesregierung einen Gesetzgebungsvorschlag zur Festlegung der jährlichen Minderungsziele für die Jahre 2041 bis 2045 vor. Die Aufteilung der jährlichen Minderungsziele in zulässige Jahresemissionsmengen für die einzelnen Sektoren für die Jahre 2031 bis 2045 erfolgt durch Rechtsverordnung gemäß Absatz 6. Die Jahresemissionsmengen und jährlichen Minderungsziele sind verbindlich, soweit dieses Gesetz auf sie Bezug nimmt. Subjektive Rechte und klagbare Rechtspositionen werden durch dieses Gesetz oder aufgrund dieses Gesetzes nicht begründet.

(2) **Die Bundesregierung wird ermächtigt, durch Rechtsverordnung, die nicht der Zustimmung des Bundesrates bedarf, die Zuordnung von Emissionsquellen zu den Sektoren in Anlage KSG 1 zu ändern, sofern dies zur Sicherstellung der einheitlichen internationalen Berichterstattung über Treibhausgasemissionen erforderlich ist und unionsrechtliche Vorgaben nicht entgegenstehen.**

(3) **Über- oder unterschreiten die Treibhausgasemissionen ab dem Jahr 2021 in einem Sektor die jeweils zulässige Jahresemissionsmenge, so wird die Differenzmenge auf die verbleibenden Jahresemissionsmengen des Sektors bis zum nächsten in § 3 Absatz 1 genannten Zieljahr gleichmäßig angerechnet. Die Vorgaben der Europäischen Klimaschutzverordnung bleiben unberührt.**

(4) **Für die Einhaltung der Jahresemissionsmengen ist das aufgrund seines Geschäftsbereichs für einen Sektor überwiegend zuständige Bundesministerium verantwortlich. Es hat die Aufgabe, die für die Einhaltung erforderlichen nationalen Maßnahmen zu veranlassen, insbesondere die Maßnahmen nach den §§ 8 und 9 vorzulegen und umzusetzen. Die Zuständigkeitsverteilung innerhalb der Bundesregierung bleibt unberührt. Die Bundesregierung kann bei Überschneidungen zwischen den Zuständigkeiten einzelner Bundesministerien nach Satz 1, insbesondere in Ansehung der Klimaschutzprogramme nach § 9, die Verantwortlichkeit nach Satz 1 zuweisen.**

(5) **Die Bundesregierung wird ermächtigt, durch Rechtsverordnung ohne Zustimmung des Bundesrates die Jahresemissionsmengen der Sektoren in Anlage 2 mit Wirkung zum Beginn des jeweils nächsten Kalenderjahres zu ändern. Diese Veränderungen müssen im Einklang mit der Erreichung der Klimaschutzziele dieses Gesetzes und mit den unionsrechtlichen Anforderungen stehen. Die Rechtsverordnung bedarf der Zustimmung des Deutschen Bundestages. Hat sich der Deutsche Bundestag nach Ablauf von drei Sitzungswochen seit Eingang der Rechtsverordnung nicht mit ihr befasst, gilt seine Zustimmung zu der unveränderten Rechtsverordnung als erteilt.**

(6) **Durch Rechtsverordnung legt die Bundesregierung die jährlich in grundsätzlich gleichmäßigen Schritten absinkenden zulässigen Jahresemissionsmengen der einzelnen Sektoren im Jahr 2024 für die Jahre 2031 bis 2040 und im Jahr 2034 für die Jahre 2041 bis 2045 fest. Diese Jahresemissionsmengen müssen im Einklang stehen mit der Erreichung der nationalen Klimaschutzziele dieses Gesetzes, mit den jährlichen Minderungszielen gemäß Absatz 1 Satz 6 und 7 und den unionsrechtlichen Anforderungen. Dabei ist sicherzustellen, dass in jedem Sektor deutliche Reduzierungen der Treibhausgase erreicht werden. Die zulässigen Jahresemissionsmengen gelten, soweit nicht auf der Grundlage des § 4 Absatz 7 eine abweichende Regelung getroffen wird. Rechtsverordnungen nach Satz 1 bedürfen der Zustimmung des Deutschen Bundestages. Hat sich der Deutsche Bundestag nach Ablauf von sechs Sitzungswochen seit Eingang der Rechtsverordnung nicht mit ihr befasst, gilt seine Zustimmung zu der unveränderten Rechtsverordnung als erteilt.**

(7) **Die Bundesregierung wird dem Deutschen Bundestag im Jahr 2028 einen Bericht zum Stand und zur weiteren Entwicklung der CO2-Bepreisung innerhalb der Europäischen Union sowie zu technischen Entwicklungen vorlegen. In dem Bericht wird die Bundesregierung auch untersuchen, ob in der Zeit ab dem Jahr 2031 im Lichte dieser Entwicklungen auf die Zuweisung von zulässigen Jahresemissionsmengen für einzelne Sektoren verzichtet werden kann. In diesem Fall legt die Bundesregierung einen entsprechenden Gesetzgebungsvorschlag vor.**

Übersicht

Schrifttum: Appel/Meyn, Bundes-Klimaschutzgesetz – Sind Klimaschutzziele einklagbar?, DB Beilage 02 zu Heft Nr. 20, 2021, 5; Chatzinerantzis/Appel, Haftung für den Klimawandel, NJW 2019, 881; Durner, Umweltrechtliche Genehmigungen als Vergabeentscheidungen?, DVBl. 2020, 149: Durner, Leistungskraft und Regelungstechniken des internationalen Klimaschutzrechts, EuRUP 2021, 330; Franzius, Ziele des Klimaschutzrechts, ZUR 2021, 131; Frenz, Freiheitsbedingter Klimaschutz für die junge Generation, DVBl 2021, 818; Klinger, Klagerechte zur Durchsetzung des Bundes-Klimaschutzgesetzes, ZUR 2020, 259; Reimer. Klimaschutz und Verkehr: In welchem Tempo?, ZUR 2023, 7; Köck, Auf dem Weg zur Nachhaltigkeitstransformation?, ZUR 2023, 321; Saurer, Strukturen gerichtlicher Kontrolle im Klimaschutzrecht – Eine rechtsvergleichende Analyse, ZUR 2018, 679; Scharlau/v. Swieykowski-Trzaska/Keimeyer/Klinski/Sina, Das Bundes-Klimaschutzgesetz, NVwZ 2020, 1; Schlacke, Bundes-Klimaschutzgesetz: Klimaschutzziele und -pläne als Herausforderung des Verwaltungsrechts, EurUP 2020, 338; dies./Römling, Neue Herausforderungen der gerichtlichen Kontrolle von Plänen unter besonderer Berücksichtigung des Klimaschutzgesetzes (KSG), DVBl 2021, 144; Verheyen, Klagen für Klimaschutz, ZRP 2021, 133; Wagner, Klimaschutz durch Gerichte, NJW 2021, 2256; Weller/Tran, Klimawandelklagen im Rechtsvergleich – private enforcement als weltweiter Trend?, ZEuP 2021, 573; Wickel, Das Bundes-Klimaschutzgesetz und seine rechtlichen Auswirkungen, ZUR 2021, 332; Winter, Von der Bewahrung zur Bewirtschaftung, ZUR 2022, 215.

A. Allgemeines

I. Überblick und Systematik

1 § 4 steht in einem engen systematischen Zusammenhang zu § 3; beide Vorschriften bilden zusammen den materiellen Kern des KSG. Während § 3 nationale **Klimaschutzziele** für eine schrittweise Reduktion von Treibhausgasemissionen formuliert, verlangt § 4, dass zur Erreichung dieser nationalen Klimaschutzziele nach § 3 Abs. 1 jährliche **Minderungsziele** durch die Vorgabe von **Jahresemissionsmengen** für bestimmte Sektoren festgelegt werden. Es muss insoweit zwischen den jährlichen Minderungszielen, den Jahresemissionsmengen und den Sektoren unterschieden werden.

2 Der **Entwurf eines Zweiten Gesetzes zur Änderung des Bundes-Klimaschutzgesetzes** mit Stand vom 13.06.2023 soll zu erheblichen Änderungen des § 4 führen. Das System, jährliche Minderungsziele durch die Vorgabe von sektorbezogenen Jahresemissionsmengen festzulegen, soll zugunsten einer mehrjährigen und sektorübergreifende Gesamtrechnung aufgegeben werden. Entscheidend soll zukünftig sein, ob der Treibhausgasausstoß insgesamt reduziert wird, unabhängig davon, in welchem Sektor die Treibhausgase entstehen. Die Bundesregierung verspricht sich davon eine größere Effizienz des Klimaschutzes. Indem die Emissionen insbesondere dort gemindert werden, wo die größten Einsparpotentiale vorhanden sind, können nach Einschätzung der Bundesregierung die Klimaziele sozial gerecht und volkswirtschaftlich effizient erreicht werden. Damit sollen die Gesamtverantwortung der Bundesregierung insgesamt und die Flexibilität zwischen den Sektoren gestärkt werden. Eine solches Konzept führt im Gegenzug allerdings auch zu einer Schwächung der sektorbezogenen Ressortverantwortung und zu der Gefahr, dass in einzelnen Sektoren notwendige Anstrengungen zur Verringerung von Treibhausgasemissionen mit dem Verweis auf anderweitige Einsparmöglichkeiten unterbleiben.

3 Auch wenn zukünftig für die Einhaltung der nationalen Klimaschutzziele nach § 3 Abs. 1 eine sektorübergreifenden, mehrjährige Gesamtrechnung auf der Basis einer zulässigen Jahresemissionsgesamtmenge maßgeblich sein soll, behält der **Entwurf eines Zweiten Gesetzes zur Änderung des Bundes-Klimaschutzgesetzes** die Bestimmung von sektorbezogenen Jahresemissionsmengen in einer Anl. 2b bei. Das Umweltbundesamt soll zukünftig nach § 5 Abs. 1 S. 1 die Emissionsdaten insgesamt und auch aufgeschlüsselt nach den Sektoren erstellen. Die Festlegung von Jahresemissionsmengen für die einzelnen Sek-

toren ist Grundlage für die Bestimmung einer sektorübergreifenden Jahresemissionsgesamtmenge. Außerdem soll mit der Erstellung von sektorbezogenen Emissionsdaten weiterhin für Transparenz gesorgt werden. Es soll auch zukünftig erkennbar sein, in welchem Sektor Treibhausgasemissionen in welchem Umfang entstehen und ob die festgelegten Jahresemissionsmengen der einzelnen Sektoren überschritten werden. Zwar soll die sektorbezogene Ressortverantwortung für eine Überschreitung der festgelegten Jahresemissionsmenge entfallen, sodass das zuständige Ministerium kein Sofortprogramm im Sinne des geltenden § 8 Abs. 1 aufzustellen hat. Zukünftig soll es bei Überschreitung einer Jahresimmissionsgesamtmenge nicht mehr auf die Überschreitung festgelegter Jahresemissionsmengen im vergangenen Berichtsjahr, sondern auf Projektionsdaten ankommen, die vom Umweltbundesamt für die Zukunft prognostiziert werden. Weisen die Projektionsdaten in zwei aufeinanderfolgenden Jahren aus, dass bei aggregierter Betrachtung aller Sektoren die Summe der Treibhausgasemissionen in den Jahren 2021 bis 2030 die Summe der Jahresemissionsgesamtmengen nach Anlage 2a in Verbindung mit § 4 Abs. 2 für diese Jahre überschreitet, muss die Bundesregierung nach § 8 Abs. 1 des Gesetzesentwurfs 2023 Maßnahmen, die die Einhaltung der Summe der Jahresemissionsgesamtmengen für diese Jahre sicherstellen, beschließen. Bei dieser (politischen) Beschlussfassung kann die sich aus den Emissionsdaten ergebende Verfehlung von Jahresemissionsmengen in einzelnen Sektoren weiterhin eine Rolle spielen. Eine rechtliche Verpflichtung, just in diesen Sektoren zusätzliche Klimaschutzmaßnahmen zu ergreifen, soll aber zukünftig nicht mehr bestehen. Dass öffnet Tür und Tor für parteipolitische Grabenkämpfe und für einen nachlassenden Ehrgeiz sektorverantwortlicher Ressorts für einen effizienten Klimaschutz in ihrem Sektor.

4 Absatz 1 Satz 1 des geltenden Gesetzes definiert in Verbindung mit Anlage 1 die **Sektoren**, für die – in der Regel jährlich – absinkende Emissionsmengen festgelegt werden, um die nationalen Klimaschutzziele nach § 3 zu erreichen. Die Emissionsquellen der einzelnen Sektoren und deren Abgrenzung ergeben sich nach Abs. 1 S. 2 aus Anlage 1.

5 Satz 3 bestimmt, dass die **Jahresemissionsmengen** für den Zeitraum bis zum Jahr 2030 sich nach Anlage 2 des KSG richten. Die Tabelle der Anlage 2 des KSG bestimmt für jeden Sektor und für jedes Jahr einschließlich des Jahres 2030 die insgesamt für den jeweiligen Sektor zulässige Jahresemissionsmenge. Anders als bei Punktzielen für bestimmte Zieljahre kommt es nicht allein darauf an, das Emissionsniveau in einem Zieljahr zu erreichen. Maßgeblich für die Klimawirkungen ist vielmehr das gesamte Emissionsvolumen im zehnjährigen Zeitraum bis zum Zieljahr. Dies entspricht der Europäischen Klimaschutzverordnung, die jährliche Emissionsbudgets für jeden Mitgliedstaat der Europäischen Union ausweist. Die Jahresemissionsmengen nach Satz 3 in Verbindung mit Anlage 2 dürfen die Deutschland nach der Europäischen Klimaschutzverordnung zugewiesenen jährlichen Emissionsbudgets nicht überschreiten. Die in Anlage 2 zugrunde gelegten Jahresemissionsmengen ergeben sich aus den Sektorzielen des Klimaschutzplans und entsprechen für die von der Europäischen Klimaschutzverordnung erfassten Sektoren den unionsrechtlichen Anforderungen (Gesetzesbegründung, BT-Drs. 19/14337, S. 27). Im Sektor Energiewirtschaft sinken die Treibhausgasemissionen zwischen den angegebenen Jahresemissionsmengen möglichst stetig (Abs. 1 S. 4).

6 Die Bundesregierung wird nach Abs. 1 S. 5 die in Anlage 2 festgelegten zulässigen Jahresemissionsmengen im Lichte möglicher Änderungen der Europäischen Klimaschutzverordnung und der Europäischen Emissionshandelsrichtlinie zur Umsetzung des erhöhten Klimaziels der Europäischen Union für das Jahr 2030 überprüfen und spätestens sechs Monate nach deren Inkrafttreten einen Gesetzgebungsvorschlag zur Anpassung der zulässigen Jahresemissionsmengen in Anlage 2 vorlegen, soweit dies erforderlich erscheint.

Die **jährlichen Minderungsziele** sind nicht mit den Jahresemissionsmengen zu verwechseln. Die jährlichen Minderungsziele werden in § 4 Abs. 1 Satz 6 bis 8 von den Jahresemissionsmengen unterschieden. Die jährlichen Minderungsziele werden in Anlage 3 für die Jahre 2031 bis 2040 als prozentuale Treibhausgasemissionseinsparungen gegenüber dem Basisjahr 1990 angegeben. Spätestens im Jahr 2032 legt die Bundesregierung einen Gesetzgebungsvorschlag zur Festlegung der jährlichen Minderungsziele für die Jahre 2041 bis 2045 vor. Die Aufteilung der jährlichen Minderungsziele in zulässige Jahresemissionsmengen für die einzelnen Sektoren für die Jahre 2031 bis 2045 erfolgt durch Rechtsverordnung gemäß Abs. 6. Die Jahresemissionsmengen und jährlichen Minderungsziele sind verbindlich, soweit das KSG auf sie Bezug nimmt. Subjektive Rechte und klagbare Rechtspositionen werden durch das KSG nicht begründet (Abs. 1 S. 6-10). 7

II. Entstehungsgeschichte

§ 4 legte ursprünglich in der Fassung vom 12.12.2019 (BGBl. I S. 2513) iVm Anlage 2 lediglich auf der Grundlage der nationalen Klimaschutzziele die Jahresemissionsmengen für die verschiedenen Sektoren bis einschließlich zum Jahr 2030 fest. Danach sollten die jährlichen Minderungsziele gem. § 4 Abs. 1 Satz 5 KSG aF durch Rechtsverordnung der Bundesregierung nach § 4 Abs. 6 KSG aF fortgeschrieben werden, ohne dass allerdings der Gesetzgeber dem Verordnungsgeber dazu konkrete Vorgaben gemacht hätte. Nach § 4 Abs. 6 Satz 1 KSG aF sollte die Bundesregierung im Jahr 2025 für weitere Zeiträume nach dem Jahr 2030 jährlich absinkende Emissionsmengen durch Rechtsverordnung festlegen. § 4 Abs. 6 Satz 2 KSG aF bestimmte dazu nur, dass die Emissionsmengen im Einklang mit der Erreichung der Klimaschutzziele des KSG und mit dem Unionsrecht hätten stehen müssen (siehe dazu v. Weschpfennig in Fellenberg/Guckelberger, Klimaschutzrecht, 2022, § 4 KSG Rn. 2). 8

Das BVerfG hielt § 4 in seiner Ursprungsfassung für verfassungswidrig (BVerfG Beschl. v. 24.03.2021, NJW 2021, 1723). Das BVerfG beanstandete unter anderem einen fehlenden sektorspezifischen Planungshorizont für die Zeit nach 2030 und das Fehlen konkreter Vorgaben des Gesetzgebers für den Verordnungsgeber, die Art. 80 Abs. 1 GG sowie dem Vorbehalt des Gesetzes hätten genügen können. Das BVerfG verpflichtete den Gesetzgeber, bis Ende 2022 konkretere Bestimmungen für den weiteren Minderungspfad zu treffen. Der Gesetzgeber hat darauf unverzüglich mit einer Änderung des KSG und insbesondere auch mit Änderungen und Ergänzungen des § 4 reagiert. Er hat dazu unter anderem den sektorübergreifenden Planungshorizont auf das Jahr 2040 erstreckt (Abs. 1 S. 5, 9 und Abs. 7), dem Verordnungsgeber einen Regelungsauftrag bis zum Jahr 2032 für die Zeit danach erteilt (Abs. 1 Satz 6 bis 8) und die Verordnungsermächtigung in Abs. 6 konkretisiert. Außerdem wurden in der Anlage 2 des Gesetzes parallel zur Verschärfung der Klimaziele in § 3 Abs. 1 Nr. 1 Jahresemissionsmengen abgesenkt. 9

B. Festlegung von Sektoren (Abs. 1 S. 1 und 2)

Das Sektorprinzip und die Sektorziele für das Jahr 2030 wurden schon 2016 mit der nach dem Übereinkommen von Paris hinterlegten Langfriststrategie für die Minderung von Treibhausgasen in Deutschland, dem Klimaschutzplan 2050, festgelegt. Die Zuordnung von Emissionen zu bestimmten Sektoren folgt dem internationalen Standard, mit dem die der Bundesrepublik Deutschland zugerechneten Emissionen nach völkerrechtlichen und unionsrechtlichen Vorgaben berichtet werden. Die neben den staatlichen Klimaschutzzielen bestehende Verpflichtung Privater zur gemeinschaftlichen Emissionsminderung im Rahmen des Europäischen Emissionshandels wurde bereits bei der Festlegung 10 der Sektorziele im Klimaschutzplan 2050 berücksichtigt (Gesetzesbegründung, BT-Drs. 19/14337, S. 28, 39).

11 Der Gesetzgeber fordert jährliche Minderungsziele durch die Vorgabe von Jahresemissionsmengen für die Sektoren Energiewirtschaft, Industrie, Verkehr, Gebäude, Landwirtschaft sowie Abfallwirtschaft und Sonstiges. Der Sektor LULUCF bleibt hier unberücksichtigt; er ist gesonderter Gegenstand des § 3a.

12 Die Bundesregierung kann durch Rechtsverordnung ohne Zustimmung des Bundesrats die Zuordnung von Emissionsquellen zu den Sektoren in Anlage 1 ändern, sofern dies zur Sicherstellung der einheitlichen internationalen Berichterstattung über Treibhausgasemissionen erforderlich ist und unionsrechtliche Vorgaben nicht entgegenstehen.

13 Im März 2023 veröffentlichte die Bundesregierung Eckpunkte für eine KSG-Novelle in einem Beschlusspapier mit dem Titel „Modernisierungspaket für Klimaschutz und Planungsbeschleunigung", wonach künftig „alle Sektoren aggregiert betrachtet" werden sollen. Die Sektorziele (sektorspezifische Jahresemissionsmengen) sollen danach zwar nicht abgeschafft, jedoch an Bedeutung verlieren, weil an die Überschreitungen aus dem Vorjahr keine unmittelbaren Konsequenzen im Sinne einer Notwendigkeit der Aufstellung eines Sofortprogramms mehr geknüpft werden sollen. Stattdessen soll die Regierung, wenn die Projektionsdaten in zwei aufeinanderfolgenden Jahren zeigen, dass mit den aggregierten Jahresemissionen bis zum Jahr 2030 das Gesamtminderungsziel nicht erreicht wird, auf Basis der Vorschläge der verantwortlichen Bundesministerien Maßnahmen beschließen, die sicherstellen, dass das Minderungsziel bis 2030 dennoch erreicht wird. Außerdem sollen künftige Regierungen im ersten Jahr einer Legislaturperiode ein umfassendes sektorübergreifendes Klimaschutzprogramm beschließen, um das Erreichen der Klimaziele sicherzustellen (zur klimapolitischen Einordnung dieser Eckpunkte für eine Novellierung des KSG siehe den Prüfbericht zur Berechnung der deutschen Treibhausgasemissionen für das Jahr 2022 des Expertenrats für Klimafragen vom 23.04.2023, S. 114 ff).

14 Der Expertenrat für Klimafragen hat sich kritisch zu der in Aussicht genommenen Aufweichung des Sektorprinzips geäußert. Die Zuweisung der Verantwortlichkeiten für Sektorziele an einzelne Bundesministerien sei wichtig zur Herstellung einer klaren Governance. Die Effizienz und Geschwindigkeit des Gesetzgebungsverfahrens sowie die Koordination innerhalb der Bundesregierung werde dadurch unterstützt. Zwar habe die Bundesregierung bereits nach der geltenden Fassung des KSG die Möglichkeit, bei ihren Beschlüssen Emissionsmengen in gewissem Umfang zwischen den Sektoren zu verrechnen (§ 8 Abs. 2 Satz 2); allerdings müsse bislang das verantwortliche Ministerium unbenommen von dieser Flexibilitätsoption zwingend ein geeignetes Sofortprogramm vorschlagen, sofern ein Sektor das Jahresziel im Vorjahr überschritten habe (§ 8 Abs. 1). Der Wegfall dieser Verpflichtung würde die Ressortverantwortung schwächen. Zudem könne der Verzicht auf die sektorbezogene Zuweisung von Zuständigkeiten die Gefahr des Verharrens in angestammten technologischen Pfaden erhöhen (beispielsweise in den Sektoren Verkehr und Gebäude), somit einen rechtzeitigen Wechsel zu aus klimapolitischer Sicht erforderlichen Lösungen verzögern, und damit auch aus industriepolitischer Sicht den Transformationsprozess in der deutschen Wirtschaft hemmen. Der Expertenrat warnt daher dringlich vor den möglichen abträglichen Folgen einer Aufweichung des strengen Ressortprinzips in § 8 Abs. 1 hin (siehe dazu den Prüfbericht zur Berechnung der deutschen Treibhausgasemissionen für das Jahr 2022 des Expertenrats für Klimafragen vom 23.04.2023, S. 125).

I. Einzelne Sektoren

Die Sektoren werden in Anlage 1 durch eine Beschreibung ihrer Quellkategorien des gemeinsamen Berichtsformats definiert. Ergänzend erläutert werden diese Beschreibungen der Sektoren in Anlage 1 durch die Gesetzesbegründung (BT-Drs- 19/14337, S. 40 f.). **15**

1. Der Sektor **Energiewirtschaft** umfasst folgende Quellkategorien des gemeinsamen Berichtsformats (Common Reporting Formats – CRF): **16**
   a. Quellkategorie CRF 1.A.1 „Verbrennung von Brennstoffen in der Energiewirtschaft": Hier werden insbesondere die Emissionen aus der Verbrennung von Brennstoffen in der öffentlichen Strom- und Wärmeproduktion, in Erdölraffinerien sowie im Steinkohlen- und Braunkohlenbergbau, in Kokereien und Brikettfabriken sowie bei der Gewinnung von Rohöl und Erdgas berichtet.
   b. Quellkategorie CRF 1.A.3.e „übriger Transport" (Pipelinetransport): Hier werden insbesondere die Emissionen aus der Verbrennung von Brennstoffen in Gasturbinen der Verdichterstationen an Gaspipelines berichtet.
   c. Quellkategorie CRF 1.B „Flüchtige Emissionen aus Brennstoffen": Hier werden diffuse Emissionen berichtet, die während aller Stadien, von der Extraktion fossiler Brennstoffe bis hin zu ihrem abschließenden Gebrauch freigesetzt werden können. Diese Quellkategorie umfasst zum Beispiel Methanemissionen aus dem Kohlebergbau, und aus Leitungsverlusten der Erdgasnetze, Kohlendioxidemissionen aus Fackeln des Kohlebergbaus und der Öl- und Gasförderung sowie Emissionen an flüchtigen Kohlenwasserstoffen aus der Verteilung von flüssigen Kraftstoffen, welche in der Atmosphäre zu Kohlendioxid umgesetzt werden.
2. Der Sektor **Industrie** umfasst folgende Quellkategorien des gemeinsamen Berichtsformats:
   a. Quellkategorie CRF 1.A.2 „Verbrennung von Brennstoffen im verarbeitenden Gewerbe und Bauwirtschaft": Hier werden insbesondere die Emissionen aus der Verbrennung von Brennstoffen in der industriellen Strom- und Wärmeproduktion, sowie in Prozessfeuerungen berichtet. Emissionen aus bau- wirtschaftlichen Maschinen sind eingeschlossen.
   b. Quellkategorie CRF 2 „Industrieprozesse und Produktverwendung": Als Prozessemissionen werden insbesondere Emissionen berichtet, die nicht aus der Verbrennung von Brennstoffen stammen. Dies umfasst zum Beispiel die mineralische Industrie (zum Beispiel Kohlendioxidemissionen aus dem Einsatz von Karbonaten in der Zementindustrie), die chemische Industrie (z.B. Kohlendioxidemissionen aus dem stofflichen Einsatz von Erdgas in der Ammoniakproduktion), die Metallindustrie (zum Beispiel Kohlendioxidemissionen aus dem Einsatz von Koks als Reduktionsmittel in der Roheisenproduktion), Emissionen von Kohlendioxid aus dem nichtenergetischen Einsatz von Brennstoffen (zum Beispiel als Schmierstoffe) und Emissionen von fluorierten Treibhausgasen aus diversen Anwendungen dieser Gase, zum Beispiel in der Elektroindustrie oder als Kühlmittel.
   c. Quellkategorie CRF 1.C. „CO2-Transport und -Lagerung": In dieser Quellgruppe können Emissionen aus dem Transport und der Lagerung von abgeschiedenem Kohlendioxid berichtet werden. Bisher berichtet Deutschland auf europäischer und internationaler Ebene hinsichtlich des CRF-Untersektors 1.C, dass diese Aktivitäten in Deutschland nicht stattfinden. Auch wenn derzeit und bis auf weiteres in Deutschland kein CO2-Transport und keine CO2-Lagerung stattfindet, ist es erfor-

derlich diesen Untersektor dem nationalen Inventar und damit einem Sektor des Klimaschutzgesetzes zuzuordnen, damit keine Lücken in der Klimaberichterstattung entstehen können.

3. Der Sektor **Gebäude** umfasst folgende Quellkategorien des gemeinsamen Berichtsformats:
   a. Quellkategorie CRF 1.A.4.a „Handel und Behörden": Hier werden insbesondere die Emissionen aus der Verbrennung von Brennstoffen zur Wärmeerzeugung in Gewerbe, Handel und Behörden berichtet. Emissionen aus mobilen Quellen dieser Quellkategorie (vor allem Gabelstapler) werden mit einbezogen.
   b. Quellkategorie CRF 1.A.4.b „Haushalte": Hier werde insbesondere die Emissionen aus der Verbrennung von Brennstoffen in Feuerungsanlagen der privaten Haushalte berichtet. Emissionen aus mobilen Quellen in Haushalten (vor allem Rasenmäher) werden mit einbezogen.
   c. Quellkategorie CRF 1.A.5 „Sonstige Tätigkeiten im Zusammenhang mit der Verbrennung von Brennstoffen": Hier werden insbesondere die Emissionen der Verbrennung von Brennstoffen aus militärischen Einrichtungen im Inland berichtet. Dies umfasst die Wärmeerzeugung zu Heizzwecken sowie die Verbrennung von Treibstoffen.
4. Der Sektor **Verkehr** umfasst folgende Quellkategorien des gemeinsamen Berichtsformats:
   Quellkategorie CRF 1.A.3 „Transport" mit Ausnahme der untergeordneten Quellkategorie CRF 1.A.3.e, welche dem Sektor Energiewirtschaft zugeordnet ist. Im Sektor Verkehr werden somit insbesondere die Emissionen aus der Verbrennung von Brennstoffen im bzw. Treibstoffen im zivilen inländischen Flugverkehr, im Straßenverkehr, im Schienenverkehr und im inländischen Schiffsverkehr berichtet. Emissionen des internationalen Flug- und Schiffsverkehrs sind nicht eingeschlossen.
5. Der Sektor **Landwirtschaft** umfasst folgende Quellkategorien des gemeinsamen Berichtsformats:
   a. Quellkategorie CRF 3 „Landwirtschaft": Hier werden insbesondere Emissionen der Tierhaltung sowie der landwirtschaftlichen Bodenbewirtschaftung sowie aus der Anwendung von Düngemitteln berichtet.
   b. Quellkategorie CRF 1.A.4.c „Verbrennung von Brennstoffen in Land- und Forstwirtschaft und Fische- rei": Hier werden insbesondere die Emissionen aus der Verbrennung von Brennstoffen in Feuerungsanlagen von Betrieben der Landwirtschaft, Forstwirtschaft und Fischerei berichtet. Emissionen aus den Motoren land- und forstwirtschaftlicher Maschinen sowie von Fischereibooten werden mit einbezogen.
6. Der Sektor **Abfallwirtschaft und Sonstiges** umfasst folgende Quellkategorien des gemeinsamen Berichtsformats:
   a. Quellkategorie CRF 5 „Abfall und Abwasser": Hier werden insbesondere Emissionen aus der Abfallbehandlung und der Abwasserbehandlung berichtet. Emissionen aus der Müllverbrennung werden in Deutschland regelmäßig gemäß den internationalen Berichterstattungsrichtlinien wegen der damit verbundenen Energierückgewinnung nicht in der CRF-Quellkategorie 5.C „Müllverbrennung" berichtet, sondern in der CRF-Quellgruppe 1.A „Verbrennung von Brennstoffen" und sind den Sektoren Energiewirtschaft (öffentliche Müllverbrennung) bzw. Industrie (Einsatz in industriellen Feuerungsanlagen) zugeordnet.
   b. Quellkategorie 6. „Sonstige". Bisher werden von Deutschland in dieser Quellgruppe keine Emissionen berichtet. Es ist dennoch erforderlich diesen Sektor dem nationa-

len Inventar und damit einem Sektor des Klimaschutzgesetzes zuzuordnen, damit keine Lücken in der Klimaberichterstattung bestehen.

7. Der Sektor **Landnutzung, Landnutzungsänderung und Forstwirtschaft** umfasst folgende Quellkategorie des gemeinsamen Berichtsformats:
Quellkategorie CRF 4 „Landnutzung, Landnutzungsänderung und Forstwirtschaft“: Hier werden insbesondere Freisetzungen und Einbindungen (Quellen und Senken) erfasst, die aus den Kohlenstoffpools ober- und unterirdischer Biomasse, Totholz, Streu, organischen und mineralischen Böden sowie aus Holzprodukten stammen. Berichtet wird für die Landnutzungskategorien Wald, Acker, Grünland, Feuchtgebiete, Siedlungen und Sonstiges.

II. Planung und Bewirtschaftungsordnung

Die Zuordnung zulässiger Emissionsmengen zu den genannten Sektoren führt im Ergebnis zu einer Bewirtschaftungsordnung, die an diejenige des Wasserhaushaltsrechts erinnert; sie hat Züge einer Bewirtschaftungsplanung, der man planwirtschaftliche Elemente attestieren kann, auch wenn das KSG keine konkreten Vorgaben zur Umsetzung dieser Emissionsbeschränkungen formuliert (Durner EuRUP 2021, 330, 338;: „planwirtschaftliche Kontingentierung des CO_2 -Budgets“; v. Weschpfennig in Fellenberg/Guckelberger, Klimaschutzrecht, 2022, § 4 KSG Rn. 6; Franzius ZUR 2021, 131, 133: siehe auch Durner DVBl. 2020, 149, 158 f.; Winter ZUR 2022, 215). 17

Die Emissionsbudgets nehmen in den Sektoren unterschiedlich stark ab: In der Energiewirtschaft von 280 Mio. t. CO_2-Äquivalent auf 175 Mio. t (-37,5 %), im Gebäudesektor von 118 Mio. auf 70 Mio. t (-40,6 %), im Verkehrssektor von 150 Mio. t auf 95 Mio. t (-36,6 %), im Industriesektor von 186 Mio. t auf 140 Mio. t (-24,7 %) und in der Landwirtschaft von 70 Mio. t auf 58 Mio. t (-17,1 %). 18

Es ist nicht zu verkennen, dass diese Festlegungen in erster Linie politisch motiviert, nicht aber klimawissenschaftlich determiniert sind (Franzius ZUR 2021, 131, 136), was Zweifel an einer dem Rechtsstaatsgebot und dem Verhältnismäßigkeitsgrundsatz standhaltenden Abwägung dieser planerischen Steuerung der nahezu gesamten Volkswirtschaft begründen könnte. 19

C. Festlegung der Jahresemissionsmengen

Der Gesetzgeber unterscheidet für die Festlegung der Jahresemissionsmengen für die einzelnen Sektoren drei verschiedene Zeiträume, nämlich die Zeit bis 2030, den Zeitraum von 2031 bis 2040 und den Zeitraum von 2041 bis 2045. Für die Zeit bis 2030 hat der Gesetzgeber die zulässigen Jahresemissionsmengen bereits im Gesetz sektorspezifisch bestimmt, dem Verordnungsgeber aber die Möglichkeit der Änderung eingeräumt. Für den Zeitraum von 2031 bis 2040 hat der Gesetzgeber in einem ersten Schritt bereits sektorübergreifende prozentuale Minderungsziele vorgegeben, die für die Jahre 2041 bis 2045 vom Gesetzgeber gesetzlich fortgeschrieben werden. Diese Minderungsziele sind in einem zweiten Schritt vom Verordnungsgeber in sektorspezifische Jahresemissionsmengen aufzuteilen, wobei Über- oder Unterschreitungen in den Folgejahren angerechnet werden. 20

I. Jahresemissionsmengen bis 2030 (Abs. 1 Satz 3 bis 5 iVm Anlage 2, Abs. 5)

Die Jahresemissionsmengen für den Zeitraum bis zum Jahr 2030 richten sich gem. Abs. 1 S. 3 nach Anlage 2; sie sinken im Wesentlichen linear ab. Für den Sektor der Ener- 21 giewirtschaft legt der Gesetzgeber in Anlage 2 des KSG nur für die Jahre 2020, 2022 und 2030 Jahresemissionsmengen fest. Nach Abs. 1 S. 4 sinken im Sektor Energiewirtschaft die Treibhausgasemissionen zwischen den angegebenen Jahresemissionsmengen möglichst stetig.

22 Der Gesetzgeber eröffnet zwei Möglichkeiten, die Festlegung der Jahresemissionsmengen zu verändern. Die Bundesregierung wird nach § 4 Abs. 1 S. 5 die in Anlage 2 festgelegten zulässigen Jahresemissionsmengen im Lichte möglicher Änderungen der Europäischen Klimaschutzverordnung und der Europäischen Emissionshandelsrichtlinie zur Umsetzung des erhöhten Klimaziels der Europäischen Union für das Jahr 2030 überprüfen und spätestens sechs Monate nach deren Inkrafttreten einen Gesetzgebungsvorschlag zur Anpassung der zulässigen Jahresemissionsmengen in Anlage 2 vorlegen, soweit dies erforderlich erscheint. Ein solches Erfordernis liegt vor, wenn die geltenden Jahresemissionsmengen nicht ausreichen, um den deutschen Anteil zur Erreichung der EU-Ziele sicherzustellen oder wenn das EU-KlimaG oder die Lastenteilung Verordnung verschärft werden (Frenz in Frenz, Klimaschutzrecht, 2022, § 4 KSG Rn. 42 ff.). Eine Anpassung der zulässigen Jahresemissionsmengen bleibt auf diesem Wege dem Gesetzgeber vorbehalten.

23 Eine weitere Möglichkeit zur Anpassung der Jahresemissionsmengen eröffnet Abs. 5 für die Bundesregierung. Diese wird ermächtigt, durch Rechtsverordnung ohne Zustimmung des Bundesrates die Jahresemissionsmengen der Sektoren in Anlage 2 mit Wirkung zum Beginn des jeweils nächsten Kalenderjahres zu ändern. Diese Veränderungen müssen nach Abs. 5 S. 2 im Einklang mit der Erreichung der Klimaschutzziele des KSG und mit den unionsrechtlichen Anforderungen stehen. Die Rechtsverordnung bedarf gem. Abs. 5 S. 3 der Zustimmung des Deutschen Bundestags. Hat sich der Deutsche Bundestag nach Ablauf von drei Sitzungswochen seit Eingang der Rechtsverordnung nicht mit ihr befasst, gilt seine Zustimmung zu der unveränderten Rechtsverordnung als erteilt (Abs. 5 S. 4). Einer Änderung des KSG bedarf es für die Anpassung der Jahresemissionsmengen auf diesem Wege nicht.

24 Die Bundesregierung holt zu Änderungen oder Festlegungen der Jahresemissionsmengen nach § 12 Abs. 3 Nr. 1 eine Stellungnahme des Expertenrats für Klimafragen im Hinblick auf die diesen zugrunde liegenden Annahmen zur Treibhausgasreduktion ein, bevor sie diese veranlasst.

II. Jährliche Minderungsziele ab 2031 (Abs. 1 Satz 6 bis 8, Abs. 6)

25 Die jährlichen Minderungsziele für die Jahre 2031 bis 2040 richten sich gem. Abs. 1 S. 6 nach Anlage 3. Dort legt der Gesetzgeber jährliche Minderungsziele sektorübergreifend und prozentual im Vergleich zum Basisjahr 1990 und damit die in diesem Zeitraum noch zulässigen Gesamtemissionen fest (vgl. BT-Drs. 19/30230, 21). Gem. § 4 Abs. 1 Satz 8 werden auf dieser Grundlage die jährlichen Minderungsziele in zulässige Jahresemissionsmengen für die einzelnen Sektoren durch den Verordnungsgeber nach Abs. 6 festgelegt.

26 Nach der Anlage 3 beträgt das Minderungsziel für das Jahr 2031 -gegenüber dem Jahr 1990- 67 %, für das Jahr 2032 beträgt das Minderungsziel 70 %, für 2033 sind es 72 %, für 2034 schreibt der Gesetzgeber 74 % als Minderungsziel vor. Im Jahr 2035 beträgt das Minderungsziel 77 %, im Jahr 2036 sind es 79 %, 2037 lautet das Minderungsziel 81 %, 2038 sind es 83 %, 2039 86 % und im Jahr 2040 beträgt das jährliche Minderungsziel gegenüber dem Vergleichsjahr 1990 88 %.

27 Spätestens im Jahr 2032 legt die Bundesregierung nach Abs. 1 S. 7 einen Gesetzgebungsvorschlag zur Festlegung der jährlichen Minderungsziele für die Jahre 2041 bis 2045 vor. Die Aufteilung der jährlichen Minderungsziele in zulässige Jahresemissionsmengen

für die einzelnen Sektoren erfolgt auch für diese Jahre wiederum durch Rechtsverordnung gemäß Abs. 6.

III. Bindungswirkung der Jahresemissionsmengen und Minderungszielen (Abs. 1 S. 9)

Die Jahresemissionsmengen und die jährlichen Minderungsziele sind nach Abs. 1 S. 9 verbindlich, soweit das KSG auf sie Bezug nimmt; sie sind dementsprechend nicht verbindlich, soweit eine solche Bezugnahme fehlt. Ihre Verbindlichkeit erfahren sie über § 5 und die §§ 7-12 (Frenz in Frenz Klimaschutzrecht, 2022, § 4 KSG Rn. 60). Es handelt sich insoweit allerdings grundsätzlich nur um eine objektiv-rechtliche Verbindlichkeit; subjektive Rechte oder klagbare Rechtspositionen sollen daraus nach § 4 Abs. 1 S. 10 nicht entstehen. 28

§ 13 Abs. 1 verlangt allerdings, dass bei Planungen und Entscheidungen von Trägern öffentlicher Aufgaben der Zweck des KSG und die zu seiner Erfüllung festgelegten Ziele zu berücksichtigen sind. Zu diesen Zielen zählen nicht nur die nationalen Klimaschutzziele des § 3, sondern auch die jährlichen Minderungsziele, die auch insoweit iSd § 4 Abs. 1 Satz 9 in Bezug genommen werden (v. Weschpfennig in Fellenberg/Guckelberger, Klimaschutzrecht, 2022, § 4 KSG Rn. 23). Fraglich ist, ob auch die sektorspezifischen Jahresemissionsmengen im Rahmen der Berücksichtigungspflicht nach § 13 verbindlich und insoweit zu berücksichtigen sind. Jahresemissionsmengen sind keine Minderungsziele und damit auch keine „Ziele“ im Rahmen des § 13 Abs. 1, sodass die ausdrücklich verlangte Bezugnahme iSd § 4 Abs. 1 Satz 9 fehlt. Die nationalen Klimaschutzziele des § 3 werden hingegen in Bezug genommen. 29

IV. Subjektive Rechte und klagbare Rechtspositionen (Abs. 1 S. 10)

Subjektive Rechte und klagbare Rechtspositionen werden nach Abs. 1 S. 10 durch das KSG oder aufgrund des KSG nicht begründet. Bei dieser Regelung handelt es sich wiederum um einen deklaratorischen Hinweis des Gesetzgebers. Denn subjektive Rechte und klagbare Rechtspositionen ließen sich aus dem KSG auch unabhängig von einer solchen Regelung nur ableiten, wenn und soweit den Bestimmungen des KSG insoweit auch eine sich auf den Individualrechtsschutz erstreckende Zweckrichtung entnehmen ließe. Dafür spricht nichts (Frenz in Frenz, Klimaschutzrecht, 2022, § 4 KSG Rn. 61 ff.). 30

In Betracht zu ziehen, wären am ehesten Rechtsbehelfe gegen Maßnahmen aufgrund des KSG, etwa gegen Sofort- oder Klimaschutzprogramme nach den §§ 8, 9. Solche Maßnahmen müssen jedoch, wenn sie geeignet sein sollen, in Rechte Dritter einzugreifen, durch belastende Verwaltungsakte umgesetzt werden, gegen die Rechtsschutz zu gewähren ist (Schlacke/Römling DVBl 2021, 144, 148; v. Weschpfennig in Fellenberg/Guckelberger, Klimaschutzrecht, 2022, § 4 KSG Rn. 26). 31

Auch individuelle Ansprüche auf Umsetzung der im KSG vorgesehenen Maßnahmen sowie auf Einhaltung der Jahresemissionsmengen ergeben sich aus dem KSG nicht. Das Gesetz sieht keine konkreten Rechte und Pflichten vor, aus denen sich für einzelne Betroffene individuelle Ansprüche auf einen bestimmten Klimaschutz mit Hilfe bestimmter Schutzmaßnahmen ableiten ließe. Wie die Klimaschutzziele des KSG konkret erreicht werden, obliegt nach wie vor weitgehend gesetzgeberischer Gestaltungsfreiheit und ist insoweit grundsätzlich nicht justiziabel (Frenz in Frenz, Klimaschutzrecht, 2022, § 4 KSG Rn. 37). 32

Ob der vom Gesetzgeber gewollte Ausschluss eines auf die Verletzung von Bestimmungen des KSG gestützten Rechtsschutzes auch den vom BVerfG begründeten **Grundrechtsschutz** in diesem Zusammenhang einschränken kann, ist allerdings zweifelhaft. 33

Mindeststandards des Klimarechtsschutzes, die aus den Grundrechten i.V.m. dem Klimaschutzgebot des Art. 20a GG vom BVerfG abgeleitet worden sind, kann der Gesetzgeber nicht durch eine einfachgesetzliche Regelung ausschließen oder einschränken (siehe dazu v.Weschpfennig in Fellenberg/Guckelberger, Klimaschutzrecht 2022, § 4 KSG Rn. 27; Klinger ZUR 2020, 259, 260).

34 Aus dem Grundrechtsschutz dürfte sich allerdings kein Anspruch auf die Einhaltung bestimmter Jahresemissionsmengen ergeben, weil dem Gesetzgeber die Entscheidung vorbehalten bleibt, wie er einer unverhältnismäßigen Beeinträchtigung von Grundrechten heute und auch zukünftig begegnet (Frenz Klimaschutzrecht, 2022, § 4 KSG Rn. 61).

35 Eine Verletzung von Grundrechten ist auch durch die Planungsinstrumente des Klimaschutzplans und des Klimaschutzprogramms kaum denkbar. Zwar wird das Klimaschutzprogramm, nicht allerdings der Klimaschutzplan, als ein Plan im verwaltungsrechtlichen Sinne eingeordnet. Das Programm selbst dürfte aber kaum jemals bereits Rechte Dritter verletzen. Vielmehr muss insoweit auf Maßnahmen zur Umsetzung des Klimaschutzprogramms und deren Konsequenzen für Rechte davon Betroffener gestellt werden (Schlacke/Römling DVBl 2021, 144, 148).

36 **Klagemöglichkeiten** zum Schutz des Klimas können sich aber aus den Bestimmungen des Umweltrechtsschutzes ergeben (Saurer in Rodi, Klimaschutzrecht, 2022, § 10 Rn. 52). Für Individualkläger kommt es insoweit überwiegend auf die Rechtsschutzmöglichkeiten der VwGO an. Für **Umweltvereinigungen** stehen Klagemöglichkeiten nach dem UmwRG im Vordergrund. Nach § 1 Abs. 1 S. 1 Nr. 4 UmwRG ist der Anwendungsbereich des UmwRG eröffnet, wenn für den Gegenstand des Rechtsbehelfsverfahrens eine Pflicht zur Durchführung einer Strategischen Umweltprüfung bestehen kann. Nach Anlage 5 zum UVPG unterliegen Klimaschutzprogramme i.S.d. § 9 einer SUP-Pflicht, wenn sie einen Rahmen für ein UVP-pflichtiges Vorhaben setzen (§ 35 Abs. 1 Nr. 2 UVPG). Daraus folgt eine gerichtliche Überprüfungsmöglichkeit für Klimaschutzprogramme bei Klagen von Umweltvereinigungen nach dem UmwRG (Schlacke EuRUP 2020, 337, 344; Schlacke/Römling DVBl 2021, 144, 148).

D. Verordnung zur Zuordnung von Emissionsquellen (Abs. 2)

37 § 4 Abs. 2 ermächtigt die Bundesregierung, Veränderungen bei der Zuordnung von Emissionsquellen und zur Abgrenzung der Sektoren durch Rechtsverordnung zu regeln. Die Festlegungen in Anlage 1 lassen sich danach durch Rechtsverordnung ändern, um Änderungen der einheitlichen internationalen Berichterstattungsregelungen berücksichtigen und die Einheitlichkeit der internationalen Treibhausgasberichterstattung sicherstellen zu können. Soweit internationale Berichterstattungsregeln durch europäisches Recht konkretisiert werden, ist das zu beachten (Gesetzesbegründung, BT-Drs. 19/14337, S. 27; kritisch zu verschiedenen Ermächtigungen der Bundesregierung, Grundbausteine des Gesetzes durch Rechtsverordnungen zu ändern oder fortzuschreiben Kment NVwZ 2020, 1537, 1540: „Da die Zuteilung der Emissionsverantwortung auf die einzelnen Sektoren gerade in der Schlussphase der Klimaschutzanstrengungen nach 2030, wenn immer weniger Verschmutzungsberechtigungen bleiben, besonders schmerzhaft und folgenstark ist, hätte es der ganzen Autorität des Gesetzgebers bedurft, die absehbaren Einschnitte in den grundrechtlichen Freiheitsbereich demokratisch abzustützen.").

E. Über- und Unterschreiten der zulässigen Jahresemissionsmenge (Abs. 3)

Wenn es zu einer Über- oder Unterschreitung der verbindlichen Jahresemissionsmengen kommt, wirkt sich dies unmittelbar auf das Folgejahr aus. Über- oder unterschreiten die Treibhausgasemissionen in einem Sektor die jeweils zulässige Jahresemissionsmenge, so wird nach Abs. 3 S. 1 die Differenzmenge auf die verbleibenden Jahresemissionsmengen des Sektors bis zum nächsten in § 3 Abs. 1 genannten Zieljahr gleichmäßig angerechnet. Die Zielverfehlung in einem Jahr führt zu einer Zielverschärfung in den verbleibenden Jahren bis 2030 (Klinski/Scharlau/von Swieykowski-Trzaska/Keimeyer/Sina NVwZ 2020, 1, 3). 38

Abs. 3 Satz 1 bestimmt, wie die Differenz zwischen den tatsächlichen Emissionen eines Sektors und der Jahresemissionsmenge des Sektors zu verrechnen ist. Die gemäß Abs. 2 bestimmten Jahresemissionsmengen sollen möglichst nicht überschritten werden. Eine Über- oder Untererfüllung bleibt aber zulässig; sie ist in der Schwankungsbreite der Auswirkungen von externen Faktoren wie Witterungseinflüssen oder Brennstoffpreisen sogar zu erwarten (Gesetzesbegründung, BT-Drs. 19/14337, S. 27). 39

Eine **Unterschreitung** der zulässigen Jahresemissionsmenge wird für Folgejahre positiv angerechnet. Eine **Überschreitung** muss von zukünftigen Jahresemissionsmengen abgezogen werden, um das unionsrechtlich vorgegebene Budgetziel einhalten zu können (Gesetzesbegründung, BT-Drs. 19/14337, S. 27). 40

Die Art und Weise dieser Anrechnung wird in Abs. 3 Satz 1 so bestimmt, dass Unter- und Überschreitungen gleichmäßig auf alle nachfolgenden Kalenderjahre bis zum nächsten in § 3 Abs. 1 genannten Zieljahr angerechnet, also über den verbleibenden Zeitraum geglättet werden. Damit soll vermieden werden, dass Emissionsschwankungen in einem Jahr zu einer Verzerrung der Jahresemissionsmenge für das nachfolgende Kalenderjahr führen. Durch die überjährige Anrechnung der positiven oder negativen Salden soll der Zielpfad für alle nachfolgenden Kalenderjahre erkennbar bleiben, um das jeweilige Klimaschutzziel nach § 3 Abs. 1 zu erreichen (Gesetzesbegründung, BT-Drs. 19/14337, S. 27). 41

Abs. 3 Satz 2 trägt dem Umstand Rechnung, dass diese Glättung durch den Anrechnungsmechanismus von Satz 1 über die verbleibenden Kalenderjahre von der Europäischen Klimaschutzverordnung nicht vorgesehen ist. Nach den europäischen Vorgaben besteht nur ein geringer Spielraum für eine Verschiebung von Emissionsminderungslasten in die Zukunft durch vorzeitige Nutzung von Emissionsgutschriften aus dem Folgejahr (10 % im Zeitraum 2021 bis 2025 bzw. 5 % im Zeitraum 2026 bis 2030 eines Jahresbudgets). Der glättende Anrechnungsmechanismus des Satz 1 ist gleichwohl für die nationale Zielerfüllung zulässig. Wird er auf die nationalen Budgets nach den Vorgaben der Europäischen Klimaschutzverordnung übertragen, ist ggf. ein Zukauf von Emissionsgutschriften anderer Mitgliedstaaten nach § 7 Abs. 1 nötig (Gesetzesbegründung, BT-Drs. 19/14337, S. 27). 42

Nach Abs. 3 S. 2 bleiben die Vorgaben der Europäischen Klimaschutzverordnung unberührt. Angesichts des Vorrangs des Unionsrechts und der unmittelbaren Geltung der EU-Klimaschutzverordnung handelt es sich nur um einen deklaratorischen Hinweis des Gesetzgebers. Anlass für den Hinweis ist Art. 5 EU-KlimaschutzVO, wonach nur geringe jährliche Überschreitungen zulässig sind. Allerdings können Überschreitungen der EU-Vorgaben durch den Zukauf von Emissionszuweisungen an andere Mitgliedstaaten kompensiert werden, sodass diese einer Glättung nach Abs. 3 Satz 1 nicht entgegenstehen (BT-Drs. 19/14337, S. 29). 43

Auch der Entwurf eines Zweiten Gesetzes zur Änderung des Bundes-Klimaschutzgesetzes mit Stand vom 13.06.2023 sieht eine Anrechnung von Überschreitungen und Un- 44 terschreitungen vor. Allerdings hebt der Gesetzentwurf nicht auf sektorbezogene Jahresemissionsmengen, sondern auf Jahresemissionsgesamtmengen ab. Über- oder unterschreiten die Treibhausgasemissionen die jeweilige Jahresemissionsgesamtmenge, wird nach § 4 Abs. 2 S. 1 des Gesetzesentwurfs die Differenzmenge auf die verbleibenden Jahresemissionsgesamtmengen bis zum nächsten in § 3 Absatz 1 genannten Zieljahr gleichmäßig angerechnet.

F. Verantwortliches Ministerium (Abs. 4)

45 Abs. 4 Satz 1 des geltenden Gesetzes legt die Verantwortlichkeit für die Einhaltung der Jahresemissionsmengen der Sektoren fest. In der Gesetzesbegründung weist die Bundesregierung darauf hin, dass dabei die verfassungsrechtliche Organisationsgewalt des Bundeskanzlers beachtet werde, durch Organisationserlass die Zuständigkeiten der Bundesminister zu bestimmen. Die Verantwortlichkeit für die Einhaltung der Jahresemissionsmengen folge nach dem Ressortprinzip der Zuständigkeit der Bundesministerien für ihre Geschäftsbereiche, die im Regelfall einen Sektor ganz oder überwiegend umfassen (Gesetzesbegründung BT-Drs. 19/14337, S. 27).

46 Das ressortzuständige und somit nach Satz 1 verantwortliche Bundesministerium hat nach Satz 2 die Aufgabe, die nationalen Maßnahmen zu veranlassen, um die Einhaltung der in seinen Geschäftsbereich fallenden Jahresemissionsmengen zu gewährleisten. Nicht gesetzliche Maßnahmen können, so die Gesetzesbegründung, in der Regel im Rahmen der eigenen Ressortzuständigkeit und unter Beachtung des Haushaltsrechts ergriffen werden. Gesetzliche Maßnahmen müssten hingegen im Rahmen der Ressortzuständigkeit veranlasst und damit der Bundesregierung vorgelegt werden, da Gesetzesvorlagen nur durch die Bundesregierung in den Deutschen Bundestag eingebracht werden können. Beschlüsse der Bundesregierung über Sofortprogramme gemäß § 8 oder Klimaschutzprogramme gemäß § 9 werden im Regelfall die mit der Verantwortlichkeit für die Jahresemissionsmenge eines Sektors verbundenen Aufgaben konkretisieren. Dementsprechend nimmt Satz 2 auf die §§ 8 und 9 Bezug. Das Budgetrecht des Parlaments bleibt unberührt. Soweit Haushaltsmittel erforderlich sind, um eine Maßnahme zur Emissionsminderung umzusetzen, sind diese mit dem Haushaltsentwurf zu beantragen (Gesetzesbegründung, BT-Drs. 19/14337, S. 27).

47 Satz 3 stellt klar, dass die Zuständigkeitsverteilung innerhalb der Bundesregierung durch das Gesetz nicht berührt wird. Satz 4 trägt dem Umstand Rechnung, dass es bei teilweisen Überschneidungen der Zuständigkeiten einzelner Bundesministerien, der Organisationsgewalt der Bundesregierung als Kollektivorgan obliegt, durch Beschluss die Verantwortlichkeit für die Einhaltung der Jahresemissionsmengen im Einzelfall zu regeln. Im Rahmen der Klimaschutzprogramme nach § 9 kann erforderlichenfalls durch Beschluss der Bundesregierung auch festgelegt werden, welche Ressorts mit der Erarbeitung einzelner darin beschlossener Klimaschutzmaßnahmen beauftragt werden und für deren Umsetzung zuständig sind.

48 Diese Ressortverantwortung für die Einhaltung von sektorbezogenen Jahresemissionsmengen soll nach dem **Entwurf eines Zweiten Gesetzes zur Änderung des Bundes-Klimaschutzgesetzes mit Stand vom 13.06.2023** aufgegeben werden. Das zuständige Bundesministerium braucht bei Überschreitung der Jahresemissionsmenge eines Sektors, für den das Ministerium zuständig ist, nach dem Gesetzentwurf kein Sofortprogramm mehr vorzulegen. Für eine Nachschärfung von Klimaschutzmaßnahmen soll ausschließlich die Bundesregierung verantwortlich sein. Sie soll aber nach § 8 Abs. 1 S. 1 des Gesetzesentwurfs erst dann über eine Nachsteuerung von Klimaschutzmaßnahmen entschei-

den, wenn Projektionsdaten nach § 5a des Gesetzesentwurfs nach Feststellung des Expertenrats nach § 12 Abs. 1 in zwei aufeinanderfolgenden Jahren ausweisen, dass bei aggregierter Betrachtung aller Sektoren die Summe der Treibhausgasemissionen in den Jahren 2021 bis 2030 die Summe der Jahresemissionsgesamtmengen nach Anlage 2a in Verbindung mit § 4 Abs. 2 des Gesetzesentwurfs für diese Jahre überschreitet.

G. Verordnung zur Änderung von zulässigen Jahresemissionsmengen der Sektoren (Abs. 5)

Abs. 5 Satz 1 des geltenden KSG ermächtigt die Bundesregierung, die Jahresemissions- **49** mengen der Sektoren in Anlage 2 durch Rechtsverordnung zu ändern. Anlage 2 kann insoweit durch den Verordnungsgeber angepasst werden, ohne dass es einer Novellierung des Klimaschutzgesetzes insgesamt bzw. einer Entscheidung des Gesetzgebers bedürfte. Ermöglicht werden soll damit z.B. eine Absenkung von Jahresemissionsmengen zur Umsetzung unionsrechtlicher Vorgaben (BT-Drs. 19/14337).

Eine Veränderung der Jahresemissionsmengen der Anlage 2 muss nach Abs. 5 S. 2 **50** immer im Einklang mit den Klimaschutzzielen nach den §§ 3 und 1 und mit den unionsrechtlichen Anforderungen stehen, die für den Zeitraum bis 2030 maßgeblich durch die Europäische Klimaschutzverordnung festgelegt werden.

Die Rechtsverordnung bedarf nach Abs. 5 S. 3 der Zustimmung des Bundestages. Hat **51** sich der Bundestag nach Ablauf von drei Sitzungswochen seit Eingang der Rechtsverordnung nicht mit ihr befasst, gilt seine Zustimmung gem. Abs. 5 S. 4 zu der unveränderten Rechtsverordnung als erteilt.

Bezweifelt wird, ob die Verordnungsermächtigung Art. 80 Abs. 1 Satz 2 GG sowie dem **52** Verfassungsgrundsatz des Vorbehalts des Gesetzes genügt (siehe dazu v. Weschpfennig in Fellenberg/Guckelberger, Klimaschutzrecht, 2022, § 4 KSG Rn. 13). Der Gesetzgeber müsse mit Blick auf die Bedeutung, die das BVerfG einem ausreichenden Planungshorizont gerade in den einzelnen Sektoren beimesse (BVerfG Beschl. v. 24.03.2021, NJW 2021, 1723 Rn. 249, 254 sowie 263 f.) näher bestimmen, unter welchen Voraussetzungen auch kurzfristige Verschiebungen der Emissionsmengen zwischen den Sektoren im Verordnungswege zulässig seien (v. Weschpfennig in Fellenberg/Guckelberger, Klimaschutzrecht, 2022, § 4 KSG Rn. 13).

Umstritten ist, ob von dieser Möglichkeit des Verordnungsgebers, die Jahresemissions- **53** mengen zu verändern, nur Änderungen der Anlage 2, nicht aber deren Fortschreibung, die Abs. 6 regelt, betroffen sind (bejahend v. Weschpfennig in Fellenberg/Guckelberger, Klimaschutzrecht, 2022, § 4 KSG Rn. 12; a.A Frenz in Frenz, Klimaschutzrecht, 2022, § 4 KSG Rn. 31).

Weisen die Emissionsdaten nach § 5 Abs. 1 und 2 eine Überschreitung der zulässigen **54** Jahresemissionsmenge für einen Sektor in einem Berichtsjahr aus, so legt nach § 8 Abs. 1 S. 1 das nach § 4 Abs. 4 zuständige Bundesministerium der Bundesregierung innerhalb von drei Monaten nach der Vorlage der Bewertung der Emissionsdaten durch den Expertenrat für Klimafragen nach § 11 Abs. 1 ein Sofortprogramm für den jeweiligen Sektor vor, das die Einhaltung der Jahresemissionsmengen des Sektors für die folgenden Jahre sicherstellt. Gem. § 8 Abs. 2 S. 1 berät die Bundesregierung in diesem Fall über die zu ergreifenden Maßnahmen im betroffenen Sektor oder in anderen Sektoren oder über sektorübergreifende Maßnahmen und beschließt diese schnellstmöglich. Dabei kann sie nach § 8 Abs. 2 S. 2 die bestehenden Spielräume der Europäischen Klimaschutzverordnung berücksichtigen und die Jahresemissionsmengen der Sektoren gemäß § 4 Abs. 5 ändern.

55 Auch nach dem **Entwurf eines Zweiten Gesetzes zur Änderung des Bundes-Klimaschutzgesetzes mit Stand vom 13.06.2023** bleibt die Bundesregierung ermächtigt, durch Rechtsverordnung ohne Zustimmung des Bundesrates die Jahresemissionsmengen der Sektoren mit Wirkung zum Beginn des jeweils nächsten Kalenderjahres zu ändern.

H. Verordnung zur Festlegung zulässiger Jahresemissionsmengen (Abs. 6)

56 Für den Zeitraum nach dem Jahr 2030 wird die Bundesregierung im Jahr 2025 Jahresemissionsmengen durch Rechtsverordnung festlegen, um die Erreichung des Treibhausgasneutralitätsziels im Jahr 2050 sicherzustellen. Dies ermöglicht die Fortschreibung der Anlage 2 für weitere Zeiträume nach dem Jahr 2030. Eine entsprechende Verordnungsermächtigung enthält auch der Entwurf eines Zweiten Gesetzes zur Änderung des Bundes-Klimaschutzgesetzes mit Stand vom 13.06.2023.

57 Nach Abs. 6 S. 1 legt die Bundesregierung durch Rechtsverordnung die jährlich in grundsätzlich gleichmäßigen Schritten absinkenden zulässigen Jahresemissionsmengen der einzelnen Sektoren im Jahr 2024 für die Jahre 2031 bis 2040 und im Jahr 2034 für die Jahre 2041 bis 2045 fest. Damit wird zugleich grundsätzlich sichergestellt, dass auch in den einzelnen Sektoren Treibhausgasminderungen erforderlich sind (v. Weschpfennig in Fellenberg/Guckelberger, Klimaschutzrecht, 2022, § 4 KSG Rn. 18). Soweit Jahresemissionsmengen nur in grundsätzlich gleichmäßigen Schritten absinken müssen, sind ausnahmsweise auch Abweichungen davon und damit auch Verschiebungen zwischen den Sektoren möglich, etwa um dem unterschiedlichen technischen Fortschritt Rechnung zu tragen.

58 Der Gesetzgeber trägt damit dem Klimabeschluss des BVerfG Rechnung, das einen unzureichenden Planungshorizont über das Jahr 2030 hinaus beanstandet hatte (BVerfG Beschl. v. 24.03.2021, NJW 2021, 1723 Rn. 248 ff., 256 ff.; v. Weschpfennig in Fellenberg/Guckelberger, Klimaschutzrecht, 2022, § 4 KSG Rn. 16).

59 Die Fortschreibung der Jahresemissionsmengen der Anlage 2 muss immer im Einklang mit den Klimaschutzzielen nach den §§ 3 und 1 und mit den unionsrechtlichen Anforderungen stehen. Hinsichtlich der Klimaschutzziele des KSG versteht sich dies von selbst und bedürfte insoweit keiner gesonderten Erwähnung noch an dieser Stelle. Grundsätzlich gilt das natürlich auch für unionsrechtliche Anforderungen, deren Geltung ebenfalls nicht auf eine solche Regelung des KSG angewiesen ist. Es handelt sich insoweit allenfalls um einen Merkposten des Gesetzgebers für den Verordnungsgeber. Die festgelegten Jahresemissionsmengen dürfen in ihrer Summe die jährlichen Minderungsziele weder über- noch unterschreiten, weil nach Abs. 1 Satz 8 die jährlichen Minderungsziele in zulässige Jahresemissionsmengen aufgeteilt werden (v. Weschpfennig in Fellenberg/Guckelberger, Klimaschutzrecht, 2022, § 4 KSG Rn. 19).

60 Die zulässigen Jahresemissionsmengen gelten nach Abs. 6 S. 4, soweit nicht auf der Grundlage des § 4 Abs. 7 eine abweichende Reglung getroffen wird.

I. Berichterstattung der Bundesregierung (Abs. 7)

61 Die Bundesregierung wird dem Bundestag nach Abs. 7 S. 1 im Jahr 2028 einen **Bericht zum Stand und zur weiteren Entwicklung der CO_2-Bepreisung** innerhalb der EU sowie zu technischen Entwicklungen vorlegen. In dem Bericht wird die Bundesregierung gem. Abs. 7 S. 2 auch untersuchen, ob in der Zeit ab dem Jahr 2031 im Lichte dieser

Entwicklungen auf die Zuweisung von zulässigen Jahresemissionsmengen für einzelne Sektoren verzichtet werden kann. Das könnte insbesondere dann der Fall sein, wenn technische Entwicklungen einen größeren Verzicht auf Jahresemissionen ermöglichen und/oder sich die CO_2-Preise so entwickeln, dass ein hinreichender Marktanreiz besteht, die Jahresemissionsmengen einzelner Sektoren hinreichend zu senken (Frenz in Frenz, Klimaschutzrecht, 2022 § 4 KSG Rn. 59). In diesem Fall legt die Bundesregierung nach Abs. 7 S. 3 einen entsprechenden Gesetzgebungsvorschlag vor. Die Regelung des Abs. 6 S. 4 ist angesichts der Bestimmung in § 4 Abs. 7 an sich überflüssig. Es handelt sich wiederum nur um einen deklaratorischen Hinweis. Denn dass der Gesetzgeber das KSG ändern darf und für den Fall, dass sich eine gesetzliche Beschränkung der zulässigen Jahresemissionsmengen mit Blick auf technische Entwicklungen als in einzelnen Sektoren nicht mehr erforderlich erweist, auf solche Grenzen zulässiger Jahresemissionsmengen auch verzichten darf, ist unbestreitbar und selbstverständlich nicht von der Bestimmung des Abs. 6 S. 4 abhängig.

Satz 3 stellt aufgrund der hohen Bedeutung einer Rechtsverordnung zur Festlegung 62
von Jahresemissionsmengen in neuen Zeiträumen über 2030 hinaus die Verordnungsermächtigung unter den **Zustimmungsvorbehalt** des Bundestages. Art. 80 GG sieht zwar einen solchen Zustimmungsvorbehalt nicht vor; steht einem solchen aber auch nicht entgegen. Rechtsstaatliche Defizite mit Blick auf den Gesetzesvorbehalt und dem Erfordernis einer hinreichenden Bestimmtheit der gesetzlichen Ermächtigung, könnten durch einen solchen Zustimmungsvorbehalt nicht kompensiert werden (von Weschpfennig in Fellenberg/Guckelberger, Klimaschutzrecht, 2022, § 4 KSG Rn. 21; BVerfG Beschl. v. 24.03.2021, NJW 2021, 1723 Rn. 265; Frenz DVBl 2021, 808, 818). Der Zustimmungsvorbehalt ist auch dann gewahrt, wenn sich der Bundestag nach Ablauf von sechs Sitzungswochen seit Eingang der Rechtsverordnung nicht mit ihr befasst. In diesem Fall gilt die Zustimmung nach § 4 Abs. 6 S. 3 als erteilt.

Die Festlegung der Jahresemissionsmengen bedarf nach § 12 Abs. 3 Nr. 1 einer **Stel-** 63
lungnahme des Expertenrats für Klimafragen.

Der Gesetzgeber trägt mit der von ihm vorgesehenen Evaluation auch dem Grundsatz 64
der Verhältnismäßigkeit Rechnung, in dem der Bericht sich auch auf eine Untersuchung zur Verzichtbarkeit von Jahresemissionsmengen für einzelne Sektoren erstreckt. Sollte für einzelne Sektoren auf die Zuweisung von zulässigen Jahresemissionsmengen verzichtet werden können, wird die Bundesregierung nach Abs. 7 S. 3 einen entsprechenden Gesetzgebungsvorschlag vorlegen.

Der Entwurf eines Zweiten Gesetzes zur Änderung des Bundes-Klimaschutzgesetzes 65
mit Stand vom 13.06.2023 sieht ergänzend vor, dass die Bundesregierung bis Ende des Jahres 2024 einen Bericht mit einem Vorschlag für den Übergang vom nationalen zum europäischen Brennstoffemissionshandel vorlegt (§ 4 Abs. 6 des Gesetzesentwurfs).

§ 5 Emissionsdaten, Verordnungsermächtigung

(1) Das Umweltbundesamt erstellt die Daten der Treibhausgasemissionen in den Sektoren nach Anlage 1 (Emissionsdaten) für das zurückliegende Kalenderjahr (Berichtsjahr), beginnend mit dem Berichtsjahr 2020 auf der Grundlage der methodischen Vorgaben der Europäischen Klimaberichterstattungsverordnung oder auf der Grundlage einer nach Artikel 26 der Europäischen Governance-Verordnung erlassenen Nachfolgeregelung. Das Umweltbundesamt veröffentlicht und übersendet bis zum 15. März eines jeden Jahres die Emissionsdaten des Berichtsjahres an den Expertenrat für Klimafragen nach § 10.

(2) Ab dem Berichtsjahr 2021 wird zusätzlich zu den Emissionsdaten Folgendes dargestellt:

1. für das jeweilige Berichtsjahr die Angabe für jeden Sektor, ob die Emissionsdaten die Jahresemissionsmengen nach Anlage 2 über- oder unterschreiten,

2. die Jahresemissionsmengen der einzelnen Sektoren für die auf das Berichtsjahr folgenden Jahre gemäß § 4 Absatz 3,

3. für den Sektor Landnutzung, Landnutzungsänderung und Forstwirtschaft auch Quellen und Senken von Treibhausgasen,

4. ein Anhang, in dem die an die Europäische Kommission übermittelten Emissionsdaten der Vorjahre ab dem Berichtsjahr 2020 beigefügt sind und in dem diejenigen Emissionsanteile der Sektoren separat ausgewiesen werden, die der Europäischen Klimaschutzverordnung unterliegen.

(3) Das Umweltbundesamt darf die zur Erfüllung der Aufgaben nach den Absätzen 1 und 2 erforderlichen Daten erheben. Die Erhebung der Daten von natürlichen und juristischen Personen des privaten und öffentlichen Rechts sowie von Personenvereinigungen ist ausgeschlossen, soweit diese Daten bereits auf der Grundlage sonstiger Rechtsvorschriften gegenüber Behörden des Bundes oder der Länder mitgeteilt wurden oder werden. Dem Umweltbundesamt wird jedoch insoweit Zugang zu diesen Daten eingeräumt, als die Erhebung der Daten zur Erfüllung der Aufgaben gemäß Absatz 1 erforderlich ist. [4]Dies gilt auch, wenn die Daten für andere Zwecke erhoben wurden.

(4) Die Bundesregierung kann durch Rechtsverordnung, die nicht der Zustimmung des Bundesrates bedarf,

1. die Verantwortlichkeit für die Ermittlung und die Mitteilung der Daten festlegen,

2. bestimmen, welche Daten ermittelt und mitgeteilt werden müssen,

3. Anforderungen an die Ermittlung und die Mitteilung der Daten festlegen sowie

4. das Verfahren für die Ermittlung und die Mitteilung der Daten regeln.

Übersicht

Schrifttum: Frenz, Das Bundesklimaschutzgesetz, ZNER 2020, 306; Kment, Klimaschutzziele und Jahresemissionsmengen – Kernelemente des neuen Bundes-Klimaschutzgesetzes, NVwZ 2020, 1537; Klinski/Scharlau/von Swieykowski-Trzaska/Keimeyer/Sina, Das Bundes-Klimaschutzgesetz, NVwZ 2020, 1; Schlacke, Klimaschutz im Mehrebenensystem – Internationale Klimaschutzpolitik und aktuelle Entwicklungen in der Europäischen Union und in Deutschland, EnWZ 2020, 355.

A. Allgemeines

1 § 5 verpflichtet das Umweltbundesamt zu einer jährlichen Erstellung von Emissionsdaten. Der **Entwurf eines Zweiten Gesetzes zur Änderung des Bundes-Klimaschutzgesetzes mit Stand vom 13.6.2023** sieht einige Änderungen dieser Bestimmung vor. Ergänzt werden soll die Vorschrift nach dem Gesetzesentwurf durch eine Verpflichtung des Umweltbundesamtes zur jährlichen Erstellung von Projektionen über die künftige Emissionsentwicklung insgesamt und in den Sektoren nach § 5 Abs. 1 für sämtliche nachfolgenden Jahre bis zum Jahr 2030 sowie zumindest für die Jahre 2035, 2040 und 2045.

2 Nach Abs. 1 S. 1 der geltenden Regelung erstellt das Umweltbundesamt **Emissionsdaten** für das jeweils zurückliegende Kalenderjahr, veröffentlicht diese und übersendet sie jeweils bis zum 15. März eines jeden Jahres an den Expertenrat für Klimafragen nach § 10. Zusätzlich zu den Emissionsdaten stellt das Umweltbundesamt nach § 5 Abs. 2 dar, ob und inwieweit die Emissionsdaten der Sektoren die Jahresemissionsmengen nach Anlage 2 über- oder unterschreiten. Außerdem berichtet das Umweltbundesamt über die Jahresemissionsmengen der einzelnen Sektoren für die auf das Berichtsjahr folgenden Jahre gemäß § 4 Abs. 3 und für den Sektor Landnutzung, Landnutzungsänderung und Forstwirtschaft auch Quellen und Senken von Treibhausgasen. Schließlich muss dem Bericht des Umweltbundesamts ein Anhang beigefügt werden, aus dem sich die an die EU-Kommission übermittelten Emissionsdaten der Vorjahre ab dem Berichtsjahr 2020 ergeben und in dem diejenigen Emissionsanteile der Sektoren separat ausgewiesen werden, die der EU-Klimaschutzverordnung unterliegen.

3 Neben den Berichtspflichten des Umweltbundesamts nach Abs. 1 und 2 Abs enthält § 5 Abs. 3 S. 1 eine **Ermächtigung zur Datenerhebung**. Das Umweltbundesamt darf danach die zur Erfüllung der Aufgaben nach den Absätzen 1 und 2 erforderlichen Daten erheben. Die Erhebung der Daten von natürlichen und juristischen Personen des privaten und öffentlichen Rechts sowie von Personenvereinigungen ist allerdings nach Abs. 3 S. 2 ausgeschlossen, soweit diese Daten bereits auf der Grundlage sonstiger Rechtsvorschriften gegenüber Behörden des Bundes oder der Länder mitgeteilt wurden oder werden. Dem Umweltbundesamt wird jedoch nach Abs. 3 S. 3 insoweit Zugang zu diesen Daten eingeräumt, als die Erhebung der Daten zur Erfüllung der Aufgaben gemäß Absatz 1 erforderlich ist. Dies gilt nach Abs. 3 S. 4 auch, wenn die Daten für andere Zwecke erhoben wurden.

4 § 5 Abs. 4 befugt die Bundesregierung zum Erlass einer **Rechtsverordnung**, mit der die Verantwortlichkeit für die Ermittlung und die Mitteilung der Daten festgelegt werden kann, mit der außerdem bestimmt werden kann, welche Daten ermittelt und mitgeteilt werden müssen, welche Anforderungen an die Ermittlung und die Mitteilung der Daten gelten sollen und wie das Verfahren für die Ermittlung und die Mitteilung der Daten ablaufen soll.

5 Die Erhebung von Emissionsdaten und die Berichterstattung dazu trägt auch völkerrechtlichen Verpflichtungen Rechnung. Art. 4 Abs. 1a **Klimarahmenkonvention** verpflichtet die Vertragsparteien zur Erstellung von **Treibhausgasinventaren** und zur Berichterstattung über die Implementierung des Abkommens (Art. 4 Abs. 1 lit. j

UNFCCC). Art. 4 Abs. 2b Klimarahmenkonvention verpflichtet zur **periodischen Berichterstattung** über Politiken und Maßnahmen zur Minderung von Treibhausgasemissionen. Art. 4 Abs. 2 PA verpflichtet die Parteien dazu, ihre Minderungsziele in selbstdefinierten nationalen Beiträgen anzugeben; Art. 4 Abs. 8 PA verpflichtet die Parteien zur Übermittlung aller relevanten Informationen zur Einschätzung dieser Beiträge.

Die nach § 5 zu ermittelnden Emissionsdaten sind Grundlage für die Wahrnehmung der sektorbezogenen Verantwortung der Bundesministerien nach § 4 Abs. 4 sowie für Maßnahmen bei einer Überschreitung der Jahresemissionsmenge nach § 8 (BT-Drs. 19/14337, S. 30). Dazu muss für jeden Sektor angegeben werden, ob sich aus den ermittelten Emissionsdaten eine Überschreitung oder eine Unterschreitung der für jeden Sektor zulässigen Jahresemissionsmenge ergibt (Thiemel in Frenz Klimaschutzrecht, 2022, § 5 Rn. 2). 6

Zukünftig soll es auf der Grundlage des Entwurfs **eines Zweiten Gesetzes zur Änderung des Bundes-Klimaschutzgesetzes** mit Stand vom 13.6.2023 keine Verpflichtung der für einen Sektor zuständigen Bundesministerien zur Aufstellung eines Sofortprogramms bei Überschreitung der Jahresemissionsmenge nach § 8 mehr geben. Dementsprechend sind die nach § 5 Abs. 1 ermittelten Emissionsdaten nach dem Gesetzentwurf auch nicht mehr die Grundlage für eine Nachversteuerung von Klimaschutzmaßnahmen. Vielmehr übernehmen diese Funktionen die vom Umweltbundesamt nach § 5a des Gesetzesentwurfs zu erstellenden **Projektionsdaten**. Dabei handelt es sich nach § 2 Nr. 10 des Gesetzesentwurfs um quantitative Abschätzungen zu künftigen anthropogenen Treibhausgasemissionen aus Quellen und zum Abbau solcher Gase durch Senken, bei denen die Auswirkungen von verabschiedeten und in Kraft gesetzten Politiken und Maßnahmen berücksichtigt werden. 7

§ 5a des Entwurfs eines Zweiten Gesetzes zur Änderung des Bundes-Klimaschutzgesetzes mit Stand vom 13.6.2023 sieht dazu vor, dass das Umweltbundesamt jährlich auf Grundlage aktuell verfügbarer Emissionsdaten und entsprechend der Vorgaben der Europäischen Governance-Verordnung Projektionsdaten über die künftige Emissionsentwicklung insgesamt und in den Sektoren nach § 5 Abs. 1 des Gesetzesentwurfs für sämtliche nachfolgenden Jahre bis zum Jahr 2030 sowie zumindest für die Jahre 2035, 2040 und 2045 erstellt. Hierzu beauftragt das Umweltbundesamt ein Forschungskonsortium, über dessen Zusammensetzung mit dem Bundeskanzleramt, dem Bundesministerium der Finanzen, dem Bundesministerium für Wirtschaft und Klimaschutz, dem Bundesministerium für Wohnen, Stadtentwicklung und Bauwesen, dem Bundesministerium für Digitales und Verkehr, dem Bundesministerium für Umwelt, Naturschutz, nukleare Sicherheit und Verbraucherschutz sowie dem Bundesministerium für Ernährung und Landwirtschaft Einvernehmen hergestellt wird. In der Darstellung werden zudem die der Europäischen Klimaschutzverordnung unterliegenden Emissionsanteile der Sektoren separat ausgewiesen. Das Umweltbundesamt übersendet die Projektionsdaten bis zum 15. März eines jeden Jahres zeitgleich mit der Veröffentlichung der Emissionsdaten nach § 5 an den Expertenrat für Klimafragen. Dieser soll zukünftig nach § 12 Abs. 1 S. 1 des Entwurfs eines Zweiten Gesetzes zur Änderung des Bundes-Klimaschutzgesetzes mit Stand vom 13.6.2023 die Emissionsdaten nach § 5 Abs. 1 und 2 sowie die Projektionsdaten nach § 5a des Gesetzesentwurfs prüfen und der Bundesregierung und dem Bundestag innerhalb von einem Monat nach Übersendung durch das Umweltbundesamt eine Bewertung der übersandten Daten vorlegen. 8

Weisen die Projektionsdaten nach § 5a nach Feststellung des Expertenrats nach § 12 des Entwurfs eines Zweiten **Gesetzes zur Änderung des Bundes-Klimaschutzgesetzes mit Stand vom 13.6.2023** in zwei aufeinanderfolgenden Jahren aus, dass bei aggregierter Betrachtung aller Sektoren die Summe der Treibhausgasemissionen in den Jahren 9

2021 bis 2030 die Summe der Jahresemissionsgesamtmengen nach Anlage 2a in Verbindung mit § 4 Absatz 2 für diese Jahre überschreitet, so beschließt die Bundesregierung nach § 8 Abs. 1 S. 1 des Gesetzesentwurfs zur Änderung des Klimaschutzgesetzes Maßnahmen, die die Einhaltung der Summe der Jahresemissionsgesamtmengen für diese Jahre sicherstellen. Eine Nachsteuerung soll nach § 8 Abs. 1 S. 2 des Gesetzesentwurfs nicht stattfinden, wenn die Bundesregierung in demselben Jahr, in dem die wiederholte Überschreitung nach Satz 1 festgestellt wurde, oder in dem vorangehenden Jahr bereits einen Beschluss gefasst hat, der die Anforderungen nach Satz 1 erfüllt.

B. Emissionsdaten des Umweltbundesamts (Abs. 1)

I. Erstellung der Emissionsdaten (Abs. 1 S. 1)

10 Das Umweltbundesamt erstellt nach Abs. 1 S. 1 die Daten der Treibhausgasemissionen in den Sektoren nach Anlage 1 (Emissionsdaten) für das zurückliegende Kalenderjahr (Berichtsjahr), beginnend mit dem Berichtsjahr 2020 auf der Grundlage der methodischen Vorgaben der Europäischen Klimaberichterstattungsverordnung oder auf der Grundlage einer nach Artikel 26 der Europäischen Governance-Verordnung erlassenen Nachfolgeregelung.

11 Abs. 1 S. 1 definiert den Begriff der Emissionsdaten (Daten der Treibhausgasemissionen in den Sektoren nach Anl. 1) und den Begriff des Berichtsjahrs (zurückliegendes Kalenderjahr).

12 Die Emissionsdaten werden auf der Grundlage der Durchführungsverordnung (EU) 2020/1208 erstellt; die EU-Klimaschutzberichterstattungsverordnung ist zum 31.12.2020 außer Kraft getreten.

II. Veröffentlichung der Emissionsdaten/Weitergabe an Expertenrat (Abs. 1 S. 2)

13 Nach Abs. 1 S. 2 veröffentlicht das Umweltbundesamt bis zum 15. März eines jeden Jahres die Emissionsdaten. Konkrete Anforderungen an die Art und Weise der Veröffentlichung ergeben sich aus dem KSG. Zur Erfüllung der Veröffentlichungspflicht werden die Daten auf der Homepage des UBA zur Verfügung gestellt. Das genügt den gesetzlichen Anforderungen.

III. Weitergabe an den Expertenrat (Abs. 1 S. 2)

14 Nach Abs. 1 S. 2 übersendet das Umweltbundesamt bis zum 15. März eines jeden Jahres die Emissionsdaten des Berichtsjahres an den Expertenrat für Klimafragen nach § 10. Dieser prüft nach § 12 Abs. 1 die Emissionsdaten und legt der Bundesregierung und dem Bundestag innerhalb von einem Monat nach Übersendung durch das Umweltbundesamt eine Bewertung der veröffentlichten Daten vor. Weisen die Emissionsdaten nach § 5 Abs. 1 und § 5 Abs. 2 eine Überschreitung der zulässigen Jahresemissionsmenge für einen Sektor in einem Berichtsjahr aus, so legt das nach § 4 Abs. 4 zuständige Bundesministerium der Bundesregierung innerhalb von drei Monaten nach der Vorlage der Bewertung der Emissionsdaten durch den Expertenrat für Klimafragen nach § 11 Abs. 1 ein **Sofortprogramm** für den jeweiligen Sektor vor, das die Einhaltung der Jahresemissionsmengen des Sektors für die folgenden Jahre sicherstellt.

15 Nach dem **Entwurf eines Zweiten Gesetzes zur Änderung des Bundes-Klimaschutzgesetzes mit Stand vom 13.6.2023** soll es allerdings zukünftig keine Verpflichtung des zuständigen Bundesministeriums zur Aufstellung eines Sofortprogramms mehr

geben. Stattdessen sollen nach § 8 Abs. 2 S. 1 des Gesetzesentwurfs zur Vorbereitung eines Beschlusses der Bundesregierung alle zuständigen Bundesministerien, insbesondere diejenigen, in deren Zuständigkeitsbereich die Sektoren liegen, die zur Überschreitung beitragen, innerhalb von drei Monaten nach der Vorlage der Bewertung der Projektionsdaten durch den Expertenrat für Klimafragen Vorschläge für Maßnahmen in den jeweiligen ihrer Verantwortlichkeit unterfallenden Sektoren vorlegen. Die Vorschläge sollen nach § 8 Abs. 2 S. 2 des Gesetzesentwurfs auch sektorübergreifende Maßnahmen enthalten. Dass die Bundesministerien Vorschläge für Maßnahmen zum Klimaschutz in erster Linie in den ihnen unterfallenden Sektoren vorlegen sollen, dürfte noch keine substantielle Veränderung gegenüber der bisherigen Rechtslage sein. Denn auch das sogenannte Sofortprogramm des zuständigen Bundesministeriums ist letztlich nichts anderes als eine Zusammenstellung von Vorschlägen für ergänzende Klimaschutzmaßnahmen im jeweiligen Sektor. Allerdings mussten bislang die zuständigen Bundesministerien in ihrem Verantwortungsbereich Maßnahmen vorsehen, mit denen die Defizite ihres Sektors ausgeglichen werden können. Das soll zukünftig nicht mehr gelten. Vielmehr können die Ministerien neben Klimaschutzmaßnahmen in dem von ihnen verantworteten Sektor auch Maßnahmen für andere Sektoren vorschlagen. Sie sind nicht verpflichtet, für ihren eigenen Sektor eine Maßnahmenbündel vorzuschlagen, das ausreicht, die Überschreitung von Jahresemissionsmengen des von ihnen verantworteten Sektors zu kompensieren. § 5 Abs. 3 des Entwurfs eines Zweiten Gesetzes zur Änderung des Bundes-Klimaschutzgesetzes mit Stand vom 13.6.2023 sieht allerdings immerhin noch vor, dass alle für die Sektoren verantwortlichen Bundesministerien ihren angemessenen Beitrag zur Erreichung der nationalen Klimaschutzziele nach § 3 Abs. 1 zu leisten haben. Was in diesem Sinne angemessen ist, dürfte allerdings im Zweifel umstritten sein; klare Kriterien dafür gibt es nicht. Allerdings schwebt darüber des Damoklesschwert-Schwert des BVerfG, das keinen Zweifel daran gelassen hat, welche hohe Bedeutung dem Klimaschutz zukommt. Gleichwohl dürfte die Frage, ob ein Bundesministerium im vorgenannten Sinne einen angemessenen Beitrag zur Erreichung der nationalen Klimaschutzziele leistet, kaum justiziabel sein. Letztlich kommt es ohnehin auf die entsprechenden Beschlüsse der Bundesregierung und gegebenenfalls auf die notwendigen gesetzlichen Regelungen an.

Die Bundesregierung soll auch nach dem Entwurf eines Gesetzes zur Änderung des Bundes-Klimaanpassungsgesetzes mit Stand vom 13.6.2023 über die zu ergreifenden Maßnahmen in den betroffenen Sektoren oder in anderen Sektoren oder über sektorübergreifende Maßnahmen beraten und diese schnellstmöglich, spätestens innerhalb desselben Jahres, beschließen. Die damit anvisierte, möglichst zügige Nachsteuerung von Klimaschutzmaßnahmen dürfte allerdings zukünftig dadurch zeitlich verzögert werden, dass es zukünftig nach § 8 Abs. 1 S. 1 des Gesetzesentwurfs auf Überschreitungen der Jahresemissionsgesamtmengen ankommen soll, die auf der Grundlage von Projektionsdaten des Umweltbundesamts vom Expertenrat für Klimafragen nach § 12 Abs. 1 in zwei aufeinanderfolgenden Jahren festgestellt werden. Nach der bislang geltenden Rechtslage muss bereits in dem Jahr, das auf das Berichtsjahr verfolgt, mit einem Sofortprogramm reagiert werden. Angesichts der Dringlichkeit der Einhaltung der Klimaziele, des immer kürzer werdenden Zeitraums, in dem Überschreitungen kompensiert werden können und nicht zuletzt auch angesichts einer lediglich vierjährigen Legislaturperiode ist ein zweijähriger Prüfungszeitraum zur Feststellung einer Überschreitung von Jahresemissionsgesamtmengen tendenziell geeignet, die Einhaltung der Klimaschutzziele zu gefährden. Dementsprechend hat der Expertenrat für Klimafragen von den geplanten Änderungen des Klimaschutzgesetzes abgeraten. 16

C. Ergänzende Darstellung des Umweltbundesamts (Abs. 2)

17 Ab dem Berichtsjahr 2021 sollen die Quellkategorien auch entsprechend der Sektorenabgrenzung nach Anlage 1 des Gesetzes aufbereitet werden, um die Einhaltung sowie Über- oder Unterschreitungen der Jahresemissionsmengen der Sektoren nach Anlage 2 transparent zu machen. Ebenso werden die jeweiligen Jahresemissionsmengen der Folgejahre nach Anrechnung von Über- oder Unterschreitungen der jährlichen Emissionsmengen nach § 4 Abs. 3 dargestellt. Die Emissionsdaten für Landnutzung, Landnutzungsänderung und Forstwirtschaft sind separat aufgeführt, da nicht nur Treibhausgasemissionen, sondern die Emissionen aus Quellen sowie der Abbau von Treibhausgasen in Senken (Bilanz) berichtet werden müssen.

18 Als Anhang sollen auch die gemäß der Durchführungsverordnung (EU) Nr. 749/2014 – oder einer aufgrund von Artikel 26 der Europäischen Governance-Verordnung erlassenen Nachfolgeregelung – an die EU-Kommission übermittelten Emissionsdaten der Vorjahre ab dem Berichtsjahr 2020 beigefügt werden, weil die gesicherten Daten aus früheren Jahren für die Abrechnung nach der Europäischen Klimaschutzverordnung relevant sind.

D. Datenerhebungsverordnung (Abs. 3)

19 Abs. 3 enthält eine Regelung zum Erlass einer Datenerhebungsverordnung, auf deren Grundlage das Umweltbundesamt die zur Erstellung der Emissionsdaten erforderlichen Ausgangsdaten erheben kann. In der Vergangenheit wurden die Berichte zum nationalen Emissionsinventar im Wesentlichen auf der Basis von anderweitig erhobenen Emissionsdaten sowie freiwilligen Datenzulieferungen Dritter erstellt. Zukünftig werden diese Emissionsdaten eine wesentlich höhere Bedeutung erlangen, da sie die Planungsgrundlage für die weitere Maßnahmenplanung sind und etwaige Zielverfehlungen weitere Rechtsfolgen auslösen.

20 Vor diesem Hintergrund ist es erforderlich, die Vollständigkeit und Richtigkeit der in die Gesamtbilanz einfließenden Emissionsdaten sicherzustellen. Dies ist für die von Dritten bislang freiwillig zur Verfügung gestellten Daten nicht ohne Weiteres gewährleistet. Abs. 3 Satz 2 stellt sicher, dass es nicht zur Doppelerhebung von Daten kommt. Sofern beispielsweise Unternehmen ihre Emissionsdaten bereits auf der Grundlage anderer Rechtsvorschriften an Bundes- oder Landesbehörden mitgeteilt haben, muss sich das Umweltbundesamt mit seiner Datenerhebung an die betreffenden Behörden wenden.

E. Verordnungsermächtigung (Abs. 4)

21 Abs. 4 enthält eine Verordnungsermächtigung. Danach kann die Bundesregierung durch Rechtsverordnung den Gegenstand und das Verfahren der Ermittlung und Mitteilung der Daten festlegen.

§ 6 Bußgeldvorschriften

(1) **Ordnungswidrig handelt, wer vorsätzlich oder fahrlässig einer Rechtsverordnung nach § 5 Absatz 4 oder einer vollziehbaren Anordnung aufgrund einer solchen Rechtsverordnung zuwiderhandelt, soweit die Rechtsverordnung für einen bestimmten Tatbestand auf diese Bußgeldvorschrift verweist.**

(2) **Die Ordnungswidrigkeit kann mit einer Geldbuße bis zu fünfzigtausend Euro geahndet werden.**

Übersicht

Schrifttum: Frenz, Das Bundes-Klimaschutzgesetz, ZNER 2020, 306; Frenz/Overath, Das Klimapaket der Bundesregierung, UPR 2019, 479.

A. Allgemeines

1 Die Bundesregierung kann nach § 5 Abs. 4 durch Rechtsverordnung, die Verantwortlichkeit für die Ermittlung und die Mitteilung der Emissionsdaten zu den Treibhausgasemissionen festlegen. Sie kann außerdem durch Verordnung bestimmen, welche Daten ermittelt und mitgeteilt werden müssen, Anforderungen an die Ermittlung und die Mitteilung der Daten festlegen sowie das Verfahren für die Ermittlung und die Mitteilung der Daten regeln. Die jährliche Erstellung der Emissionsdaten durch das Umweltbundesamt nach § 5 ist ein zentraler Bestandteil der Verpflichtungen nach dem internationalen Klimaschutzrecht (Küper/Callejon/Peters in: Fellenberg/Guckelberger, Klimaschutzrecht, 2022, § 5 KSG Rn. 1). Weisen die Emissionsdaten gem. § 5 Abs. 1 und Abs. 2 eine Überschreitung der zulässigen Jahresemissionsmenge für einen Sektor in einem Berichtsjahr aus, muss das zuständige Bundesministerium nach § 8 Abs. 1 S. 1 innerhalb von drei Monaten nach der Vorlage der Bewertung der Emissionsdaten durch den Expertenrat für Klimafragen nach § 11 Abs. 1 ein **Sofortprogramm** für den jeweiligen Sektor vorlegen, das die Einhaltung der Jahresemissionsmengen des Sektors für die folgenden Jahre sicherstellt.

2 Zur Begründung der Bußgeldvorschrift erläutert die Bundesregierung, für die Erstellung der Emissionsdaten nach § 5 sei die Vollständigkeit und Richtigkeit der erhobenen Daten ebenso wichtig wie ihre rechtzeitige Verfügbarkeit. Daher sollen Verstöße gegen die in der Verordnung nach § 5 Abs. 3 konkretisierten Datenmitteilungspflichten als Ordnungswidrigkeit bußgeldpflichtig sein können (Gesetzesbegründung BT-Drs. 19/14337, S. 31).

3 Der Gesetzgeber regelt in Abs. 2 lediglich die Bußgeldhöhe, nicht jedoch einen konkreten Bußgeldtatbestand, für den er stattdessen auf eine auf der Grundlage des § 5 Abs. 4 KSG erlassene Rechtsverordnung verweist. Solange eine solche Verordnung nicht erlassen wird, und es dementsprechend an einem Verweis auf § 6 fehlt, hat die Vorschrift noch keinen konkreten Anwendungsbereich. Gegen einen Bußgeldbescheid auf der Grundlage des § 6 i.V.m. einer entsprechenden Verordnung kann Einspruch eingelegt werden. Der

Einspruch muss innerhalb von zwei Wochen nach der Zustellung schriftlich bei der Erlassbehörde eingelegt werden.

4 Zweifel an einer hinreichenden Bestimmtheit der Vorschrift bestehen nicht. Zwar regelt § 6 den Bußgeldtatbestand nicht selbst; er ergibt sich vielmehr erst aus einer Verordnung nach § 5 Abs. 4 und in dieser Verordnung muss jedoch auf § 6 ausdrücklich hingewiesen werden, sodass die Adressaten unzweifelhaft erkennen können, dass eine Verletzung bestimmter Pflichten auch zu einer Ordnungswidrigkeit führen kann (Müggenborg in Frenz Klimaschutzrecht, 2022, § 6 KSG Rn. 3).

5 Das Bußgeldverfahren richtet sich nach dem Ordnungswidrigkeitengesetz des Bundes. Die Ordnungswidrigkeit kann nach § 6 mit einer Geldbuße geahndet werden. Es gilt jedoch der Opportunitätsgrundsatz des § 47 OWiG; dementsprechend kann die Behörde ein Bußgeld verhängen, sie ist dazu jedoch nicht verpflichtet (Müggenborg in Frenz, Klimaschutzrecht, 2022, § 6 KSG Rn. 7).

B. Rechtsverordnung nach § 5 Abs. 4 KSG

6 Ordnungswidrig handelt, wer vorsätzlich oder fahrlässig einer Rechtsverordnung nach § 5 Absatz 4 oder einer vollziehbaren Anordnung aufgrund einer solchen Rechtsverordnung zuwiderhandelt, soweit die Rechtsverordnung für einen bestimmten Tatbestand auf diese Bußgeldvorschrift verweist. Eine solche Rechtsverordnung ist bislang nicht erlassen worden, so dass die Weigerung der Datenübermittlung oder die unvollständige oder falsche Übermittlung von Daten, die vom UBA auf Grundlage des § 5 Abs. 3 Satz 1 angefordert wurden, noch keinen Ordnungswidrigkeitentatbestand i.S.d § 6 KSG erfüllt.

C. Höhe des Bußgelds (Abs. 2)

7 Die Ordnungswidrigkeit kann nach Abs. 2 mit einer Geldbuße bis zu fünfzigtausend Euro geahndet werden.

§ 7 Durchführungsvorschriften zur Europäischen Klimaschutzverordnung

(1) Der Ankauf von Emissionszuweisungen zur Erfüllung der Pflichten nach der Europäischen Klimaschutzverordnung wird zentral durch das für die Durchführung der Europäischen Klimaschutzverordnung zuständige Bundesministerium nach Maßgabe der im Bundeshaushalt zur Verfügung stehenden Mittel durchgeführt. Beim Ankauf von Emissionszuweisungen hat das Bundesministerium nach Satz 1 darauf zu achten, dass der Verkäuferstaat zusichert, die erzielten Einnahmen für die Bekämpfung des Klimawandels zu verwenden.

(2) Die Bundesregierung legt dem Deutschen Bundestag und dem Bundesrat zusammen mit dem Entwurf des Bundeshaushaltsplans eine zahlenmäßige Übersicht vor, die insbesondere Folgendes enthält:

1. **eine Übersicht über die Einhaltung und die Über- oder Unterschreitungen der Jahresemissionsmengen der Sektoren nach Anlage 2 im jeweils zurückliegenden Kalenderjahr und seit dem Jahr 2021,**
2. **eine Übersicht über die nach der Europäischen Klimaschutzverordnung zur Verfügung stehenden Emissionszuweisungen im Haushaltsjahr und**
3. **die Anzahl der im zurückliegenden Kalenderjahr erworbenen Emissionszuweisungen und die Anzahl der seit dem Jahr 2021 insgesamt erworbenen Emissionszuweisungen.**

Darüber hinaus ist eine Übersicht der aufgewendeten Haushaltsmittel für den Erwerb beizufügen.

Übersicht

Schrifttum: Franzius, Auf dem Weg zum Klimaschutzgesetz, EnWZ 2019, 435, 438; Frenz, Das Bundes-Klimaschutzgesetz, ZNER 2020, 306.

A. Allgemeines

§ 7 regelt rechtliche Rahmenbedingungen für den Ankauf von Emissionszuweisungen. Der **Entwurf des Zweiten Gesetzes zur Änderung des Bundes-Klimaschutzgesetzes mit Stand vom 13.06.2023** sieht vor, § 7 um einen Abs. 3 zu ergänzen, wonach die Bundesregierung darauf hinwirkt, einen Ankauf von Emissionszuweisungen zur Erfüllung der Pflichten nach der EU-KlimaschutzVO zu vermeiden. Daraus würde sich ergeben, dass vor einem Ankauf von Emissionszuweisungen zunächst nach Alternativen zu suchen ist, mit denen unter Berücksichtigung des Grundsatzes der Verhältnismäßigkeit eine festgestellte Überschreitung der Jahresemissionsgesamtmenge anderweitig kompensiert werden kann. 1

Nach Art. 4 Abs. 1 EU-KlimaschutzVO hat jeder Mitgliedstaat seine Treibhausgasemissionen im Jahr 2030 im Vergleich zum Jahr 2005 zumindest um den Prozentsatz zu 2 begrenzen, der für ihn in Anhang I auf Basis seiner gem. Art. 4 Abs 3 der EU-KlimaschutzVO bestimmten Treibhausgasemissionen festgelegt ist. Deutschland ist danach verpflichtet, seine Treibhausgasemissionen im Jahre 2030 auf Basis der gem. Art. 4 Abs. 3 EU-KlimaschutzVO bestimmten Treibhausgasemissionen im Jahr 2005 um 38 % zu reduzieren.

3 Art. 5 EU-KlimaschutzVO ermöglicht eine gewisse **Flexibilität** bei der Einhaltung der Reduktionsziele. In einem bestimmten Umfang können Mitgliedstaaten Mengen ihrer jährlichen Emissionszuweisung für das folgende Jahr vorwegnehmen. Nach Art. 5 Abs. 4 S. 1 EU-KlimaschutzVO kann ein Mitgliedstaat für die Jahre 2021 bis 2025 bis zu 5 % und für die Jahre 2026 bis 2030 bis zu 10 % seiner jährlichen Emissionszuweisung für ein bestimmtes Jahr an einen anderen Mitgliedstaat übertragen. Der Empfängermitgliedstaat kann gem. Art. 5 Abs. 4 S. 2 EU-KlimaschutzVO diese Menge zwecks Einhaltung der Vorgaben gem. Art. 9 KlimaschutzVO für das betreffende Jahr oder für spätere Jahre des Zeitraums bis 2030 verwenden.

4 Ein Mitgliedstaat, dessen geprüfte Treibhausgasemissionen — unter Berücksichtigung der Inanspruchnahme der Flexibilitätsmöglichkeiten gemäß Art. 5 Abs. 1- 4 EU-KlimaschutzVO und gem. Art. 6 EU-KlimaschutzVO — in einem bestimmten Jahr unter seiner jährlichen Emissionszuweisung für dieses Jahr liegen, kann den überschüssigen Teil seiner jährlichen Emissionszuweisung gem. Art. 5 Abs. 5 S. 1 EU-KlimaschutzVO an andere Mitgliedstaaten übertragen. Der Empfängermitgliedstaat kann diese Menge nach Art. 5 Abs. 5 S. 2 EU-KlimaschutzVO zwecks Einhaltung der Vorgaben gem. Art. 9 EU-KlimaschutzVO für das betreffende Jahr oder für spätere Jahre des Zeitraums bis 2030 nutzen. Die Mitgliedstaaten können die durch die Übertragung von jährlichen Emissionszuweisungen gemäß Art. 5 Abs. 4 - 5 EU-KlimaschutzVO erzielten Einnahmen für die Bekämpfung des Klimawandels in der Union oder in Drittländern verwenden (Art. 5 Abs. 6 S. 1 EU-KlimaschutzVO).

5 Deutschland verfügt über **Jahreskonten** mit den nach der EU-KlimaschutzVO zugeteilten Emissionszuweisungen (siehe dazu die Gesetzesbegründung, BT-Drs. 19/14337, S. 31; Franzius EnWZ 2019, 435, 438). Jede Emissionszuweisung berechtigt zur Emission von einer Tonne CO_2 bzw. bei anderen Treibhausgasen zur Emission des entsprechenden Kohlendioxid-Äquivalents. Diese Emissionszuweisungen sind im Rahmen der EU-KlimaschutzVO übertragbar. Deutschland ist verpflichtet, den Bestand an Emissionszuweisungen auf den Jahreskonten zunächst bis einschließlich 2030 in der Höhe zu halten, die den deutschen Emissionen im jeweiligen Bezugsjahr entsprechen, die nach der EU-KlimaschutzVO i.V.m. der EU-Governance-Verordnung berichtet werden (Gesetzesbegründung, BT-Drs. 19/14337, S. 31).

6 § 7 bestimmt einige Rahmenbedingungen für den Ankauf von Emissionszuweisungen und verpflichtet dazu, die sich daraus für den Bundeshaushalt ergebenden Belastungen offenzulegen. Abs. 1 legt fest, wer für den Ankauf von Emissionszuweisungen zuständig ist; Abs. 2 bestimmt, dass die Bundesregierung darüber an Bundestag und Bundesrat zu berichten hat und welche Einzelheiten der entsprechende Bericht enthalten muss.

B. Ankauf von Emissionszuweisungen (Abs. 1)

7 Abs. 1 regelt den zentralen Ankauf von Emissionszuweisungen und setzt die Anforderung der EU-KlimaschutzVO um, dass Mitgliedstaaten die durch die Übertragung von jährlichen Emissionszuweisungen erzielten Einnahmen für die Bekämpfung des Klimawandels in der Union oder in Drittländern verwenden können.

Der Ankauf von Emissionszuweisungen von anderen Mitgliedstaaten der EU im Rahmen der EU-KlimaschutzVO ist eine Zahlung von Bundesmitteln mit dem Zweck, dass Emissionsminderungen nicht in Deutschland, sondern in einem anderen Staat der EU erbracht werden, insbesondere in dem dort **Investitionsprogramme** durchgeführt werden und die dadurch erzielten oder erzielbaren Minderungen von Treibhausgasen in Form von Emissionszuweisungen an Deutschland übertragen werden (Gesetzesbegründung, BT-Drs. 19/14337, S. 31). 8

I. Ankaufsverpflichtung

§ 7 bestimmt nicht, ob eine Ankaufsverpflichtung besteht. Eine solche Verpflichtung ergibt sich unmittelbar aus der EU-KlimaschutzVO in dem Fall, dass die dem jeweiligen Mitgliedstaat von der EU zugestandene Jahresemissionszuweisung überschritten wird, die nicht anderweitig kompensiert werden kann. Entscheidend ist insoweit nicht eine Überschreitung der Emissionszuweisungen eines bestimmten Sektors, sondern ob die Gesamtzuweisung überschritten wird (Frau in Fellenberg/Guckelberger, Klimaschutzrecht, 2022, § 7 KSG Rn. 14 ff.). 9

Der Gesetzgeber verpflichtet für den Fall, dass die Jahresemissionsmengen in Deutschland nicht eingehalten werden, in Abs. 1 S. 1 zu einem **zentralen Ankauf**. Dementsprechend gilt die sektorbezogene Verantwortung der Bundesministerien für die Einhaltung der Jahresemissionsmengen nach § 4 Abs. 4 S. 1 nicht für den Ankauf von Emissionszuweisungen. 10

II. Vorrang von Maßnahmen eines Sofortprogramms

Fraglich ist, ob vor einem Ankauf von Emissionszuweisungen zunächst andere Maßnahmen eingeleitet werden müssen, um eine Überschreitung der zulässigen Jahresemissionsmenge zu verhindern. Weisen die Emissionsdaten nach § 5 Abs. 1 und 2 eine Überschreitung der zulässigen Jahresemissionsmenge für einen Sektor in einem Berichtsjahr aus, so legt das nach § 4 Abs. 4 zuständige Bundesministerium gem. § 8 Abs. 1 S. 1 der Bundesregierung innerhalb von drei Monaten nach der Vorlage der Bewertung der Emissionsdaten durch den Expertenrat für Klimafragen nach § 11 Abs. 1 ein Sofortprogramm für den jeweiligen Sektor vor, das die Einhaltung der Jahresemissionsmengen des Sektors für die folgenden Jahre sicherstellt. Die Bundesregierung berät nach § 8 Abs. 2 S. 1 über die zu ergreifenden Maßnahmen im betroffenen Sektor oder in anderen Sektoren oder über sektorübergreifende Maßnahmen und beschließt diese schnellstmöglich. Dabei kann sie nach § 8 Abs. 2 S. 2 die bestehenden Spielräume der EU-KlimaschutzVO berücksichtigen und die Jahresemissionsmengen der Sektoren gemäß § 4 Abs. 5 ändern. 11

Ergebnis der Beratung über die zu ergreifenden Maßnahmen kann auch der Beschluss sein, Emissionszuweisungen von anderen Mitgliedstaaten anzukaufen. Weder aus § 7 Abs. 1 noch aus § 8 ergibt sich eine Verpflichtung, vor einem Ankauf von Zuweisungen zunächst zu versuchen, eine Überschreitung der zulässigen Jahresemissionsmenge durch andere Maßnahmen zu verhindern. 12

Dem wird allerdings entgegengehalten, das KSG diene der Einhaltung der nationalen Klimaschutzziele (§ 1). Diese seien verbindlich und das oberste Ziel des KSG. Die Möglichkeit, Emissionszuweisungen anzukaufen, sei nur als Ausnahme konzipiert, die nicht gegen den Gesetzeszweck laufen solle. Auch Art. 20a GG verpflichte alle Staatsgewalt, den Schutz der natürlichen Lebensgrundlagen zu verfolgen. Es sei ein umfassender Ansatz im Klimaschutz zu wählen. Dementsprechend gebe § 1 als Zweck vor, dass der weltweite Klimawandel bekämpft werden solle (Frau in Fellenberg/Guckelberger, Klimaschutzrecht, 2022, § 7 Rn. 19). Überzeugend ist diese Ansicht nicht. Denn im Sinne des weltweiten 13

Kampfes gegen den Klimawandel kann es durchaus sinnvoll sein, statt mit sehr hohem finanziellen und/oder technischen Aufwand inländische Maßnahmen zur Vermeidung einer Überschreitung der zulässigen Jahresemissionsmenge durchzuführen, Emissionszuweisungen anzukaufen und vertraglich sicherzustellen, dass mit den Einnahmen des Verkäuferstaats wiederum Maßnahmen des Klimaschutzes finanziert werden.

14 Insoweit ist auch der weitere Einwand, Grenzen für den Ankauf von Emissionszuweisungen ließen sich auch aus dem Grundsatz der wirtschaftlichen und sparsamen Haushaltsführung ableiten (§ 7 Abs. 1 BHO), nicht zwingend. Begründet wird dieser Einwand mit dem Argument, wirtschaftlich im Sinne von § 7 Abs. 1 BHO bedeute, dass der „Staat mit einem bestimmten Mitteleinsatz das bestmögliche Ergebnis erziele (Maximalprinzip) oder ein bestimmtes Ergebnis mit dem geringstmöglichen Mitteleinsatz erreiche (Minimalprinzip)". Der Grundsatz der Sparsamkeit hingegen verlange einen möglichst geringen Mitteleinsatz und sei damit bereits Teil des Wirtschaftlichkeitsprinzips. Ein Ankauf von Emissionszuweisungen im Falle der Überschreitung einer sektoriellen Zuweisung bei gleichzeitig noch bestehenden Ausgleichs- oder Flexibilisierungsmöglichkeiten würde dem Grundsatz der Wirtschaftlichkeit im Regelfall widersprechen, auch wenn die Emissionszertifikate schlussendlich von privaten Anlagenbetreiberinnen und nicht vom Staat bezahlt werden müssten. Somit sprächen nicht nur umwelt- und klimaschutzrechtliche Regelungen, sondern auch die haushaltsrechtliche Grundentscheidung der Wirtschaftlichkeit dafür, den Ankauf von Emissionszuweisungen im Rahmen des EU-weiten Emissionshandels erst dann vorzunehmen, wenn die gesamte, Deutschland zustehende Jahresemissionszuweisung überschritten werde. § 7 sei damit subsidiär zu den anderen Maßnahmen des KSG anzuwenden (Frau in Fellenberg/Guckelberger, Klimaschutzrecht, 2022, § 7 Rn. 20). Dieser Sichtweise lässt sich entgegenhalten, dass gerade der Grundsatz einer wirtschaftlichen und sparsamen Haushaltsführung im Einzelfall durchaus dafür sprechen kann, Emissionszuweisungen zuzukaufen, weil es für den internationalen Klimaschutz vorzugswürdig und effektiver sein kann, das Geld nicht für Maßnahmen eines inländischen Sofortprogramms auszugeben, sondern anderenorts einzusetzen.

15 Wenn, wie im **Entwurf des Zweiten Gesetzes zur Änderung des Bundes-Klimaschutzgesetzes mit Stand vom 13.06.2023** vorgesehen, § 7 um einen Abs. 3 ergänzt wird, wonach die Bundesregierung darauf hinwirkt, einen Ankauf von Emissionszuweisungen zur Erfüllung der Pflichten nach der Europäischen Klimaschutzverordnung zu vermeiden, gäbe es einen Vorrang von Maßnahmen zur innerstaatlichen Ergänzung des Klimaschutzes vor einem Ankauf von Emissionszuweisungen. Ob ein solcher Vorrang sinnvoll ist, ob er insbesondere dem internationalen Klimaschutz dienlich ist und ob er nicht sogar verhindert, dass effizientere und kostengünstigere Klimaschutzmaßnahmen eines Verkäuferstaats unterbleiben, mag man bezweifeln.

III. Zuständigkeit für den Ankauf von Emissionszuweisungen (Abs. 1 S. 2)

16 Nach Abs. 1 S. 1 wird der Ankauf von Emissionszuweisungen zur Erfüllung der Pflichten nach der EU-KlimaschutzVO zentral durch das für die Durchführung der EU-KlimaschutzVO zuständige Bundesministerium nach Maßgabe der im Bundeshaushalt zur Verfügung stehenden Mittel durchgeführt.

17 Die Zuständigkeitsregelung des Abs. 1 S. 1 bezieht sich nicht unmittelbar auf ein bestimmtes Bundesministerium, sondern auf das Bundesministerium, das für die Durchführung der EU-KlimaschutzVO zuständig ist. Dadurch kann sich die Zuständigkeit, abhängig von dem jeweiligen Zuschnitt der Ministerien verändern. In der Vergangenheit war das Bundesministerium für Umwelt, Naturschutz und nukleare Sicherheit für die Durchführung der EU-KlimaschutzVO zuständig. Nach einem Organisationserlass des Bundes-

kanzlers vom 8.12.2021 (BGBl. I S. 5176) ist für den Klimaschutz einschließlich seiner europäischen Bezüge mit Ausnahme der internationalen Klimapolitik aktuell das Bundesministerium für Wirtschaft und Klimaschutz zuständig (dazu Altenschmidt in Frenz, Klimaschutzrecht, 2022, § 7 Rn. 5).

IV. Zusicherung des Verkäuferstaats

Beim Ankauf von Emissionszuweisungen hat das zuständige Bundesministerium darauf zu achten, dass der Verkäuferstaat zusichert, die erzielten Einnahmen für die Bekämpfung des Klimawandels zu verwenden. Art. 5 Abs. 6 EU-KlimaschutzVO sieht allerdings lediglich vor, dass die Staaten die erzielten Einnahmen für die Bekämpfung des Klimawandels in der Union oder in Drittstaaten verwenden können. Eine entsprechende Verpflichtung enthält die Verordnung somit nicht. Dabei ist zu bedenken, dass andere Mitgliedstaaten Emissionszuweisungen nur verkaufen können, wenn sie trotz dieser Verkäufe ihre eigenen Minderungsziele erreichen können. Insoweit führt die Zusicherung eines Verkäuferstaats, die Verkaufserlöse für die Bekämpfung des Klimawandels zu verwenden, zu einer überobligatorischen Anstrengung bei dem Kampf gegen den Klimawandel (Altenschmidt in Frenz, Klimaschutzrecht, 2022, § 7 Rn. 6). 18

Die Verpflichtung des Ministeriums, auf eine solche Zusicherung des Verkäufers Staats zu achten, bedeutet im Regelfall, dass das Ministerium die Emissionszuweisungen nur einkaufen darf, wenn eine entsprechende Zusicherung auch gegeben wird. Lediglich in dem Fall, dass die infrage kommenden Verkäuferstaaten nicht bereit sind, eine solche Zusicherung abzugeben, und es auch keine anderen Möglichkeiten gibt, die Überschreitung der zulässigen Jahresemissionsmenge zu vermeiden, dürfte es zulässig sein, ohne eine hinreichende Zusicherung Emissionszuweisungen anzukaufen. Dafür spricht auch, dass der Verkäuferstaat seine Minderungsziele auch bei einem Verkauf von Emissionszuweisungen erreichen muss. Nicht zuletzt bedeutet die Verpflichtung, „darauf zu achten", dass der Verkäuferstaat zusichert, die Einnahmen für die Bekämpfung des Klimawandels zu verwenden, die Zusicherung nicht zur unabdingbaren Voraussetzung des Ankaufs macht. Vielmehr handelt es sich um eine Pflicht, den Versuch zu unternehmen, eine solche Zusicherung möglichst zu erreichen (a.A. Kment NVwZ 2020, 1537, 1542: „§ 7 Abs. 1 S. 2 KSG stellt sicher, dass beim Ankauf von Emissionszuweisungen nur solche Zertifikate erworben werden dürfen, deren Erlös in die Bekämpfung des Klimawandels fließt."). 19

Für den Fall, dass es mehrere verkaufsbereite Verkäuferstaaten gibt, kann das zuständige Bundesministerium im Rahmen seines **Auswahlermessens** dafür Sorge tragen, dass die zu erreichende Zusicherung den Klimaschutzzielen des KSG möglichst weitreichend Rechnung trägt. 20

Ob und inwieweit es gelingt, **vertragliche Sanktionen** für den Fall zu vereinbaren, dass die vertraglich zugesicherte Verwendung der Einnahmen aus dem Verkauf der Emissionszuweisungen nicht eingehalten werden, dürfte von der wechselseitigen Interessenlage, insbesondere von der jeweiligen Dringlichkeit des Verkaufs oder des Ankaufs der Emissionszuweisungen abhängen. Eine Verpflichtung, auf solchen vertraglichen Sanktionen zu bestehen, ergibt sich aus Abs. 1 S. 2 nicht. Auch insoweit gilt, dass der Verkäuferstaat verpflichtet ist, die zulässigen Jahresemissionsmengen nicht zu überschreiten. Eine Nichteinhaltung der vertraglichen Zusicherung ändert insoweit nichts daran, dass der Verkäuferstaat die verkauften Emissionszuweisungen anderweitig kompensieren muss. 21

C. Informationen für die Haushaltsplanung (Abs. 2)

22 Ein Zukauf von Emissionszuweisungen würde aus dem Bundeshaushalt finanziert (Altenschmidt in Frenz, Klimaschutzrecht, 2022, § 7 Rn. 5). Nach Abs. 2 S. 1 muss die Bundesregierung dem Bundestag und dem Bundesrat deshalb zusammen mit dem Entwurf des Bundeshaushaltsplans einen Bericht zu den Jahresemissionsmengen vorlegen, dessen Inhalt in Abs. 2 S. 1 näher, wenn auch nicht abschließend festgelegt wird. Damit soll Aufschluss über Bestand, Belastung und Entwicklung der Jahresemissionskonten erreicht werden, die im europäischen Register und damit außerhalb des Bundeshaushalts geführt werden (Gesetzesbegründung BT-Drs. 19/14337, 31).

23 Der Bericht nach Abs. 2 ergänzt den Bericht nach § 10, der sich auf Erfolge der Klimaschutzpolitik und der Entwicklung der Treibhausgasemissionen in den verschiedenen Sektoren bezieht, während der Bericht nach § 7 Abs. 2 finanzielle Auswirkungen einer Verfehlung der Jahresemissionsmengen auf den Haushalt thematisiert.

24 Beide Berichte sind zwingend zu erstatten; es kann nicht zu Gunsten des einen auf die Erstellung des anderen verzichtet werden (Frau in Fellenberg/Guckelberger, Klimaschutzrecht, 2022, § 7 KSG Rn. 38).

25 Die Gesetzesbegründung erläutert dazu, Absatz 2 übertrage die Zielsetzung des § 12 Stabilitäts- und Wachstumsgesetzes auf das Klimaschutzgesetz, soweit Bundesmittel für bestimmte Zwecke (hier Klimaschutzzwecke) an Stellen außerhalb der Bundesverwaltung (hier andere Mitgliedstaaten der EU) – gegeben werden. Der Ankauf von Emissionszuweisungen von anderen EU-Mitgliedstaaten im Rahmen der EU-KlimaschutzVO sei eine Zahlung von Bundesmitteln mit dem Zweck, dass Emissionsminderungen nicht in Deutschland sondern in einem anderen Staat der EU erbracht werden, insbesondere indem dort Investitionsprogramme durchgeführt werden und die dadurch erzielten oder erzielbaren Minderungen von Treibhausgasen in Form von Emissionszuweisungen an Deutschland übertragen würden. Wie bei Subventionszahlungen sollten Umfang und Entwicklung der hier eingesetzten Bundesmittel für den Haushaltsgesetzgeber transparent gemacht werden (Gesetzesbegründung BT-Drs. 19/143337, S. 31).

26 Die zahlenmäßige Übersicht nach Abs. 2 dient ausweislich der Gesetzesbegründung der laufenden Überprüfung der finanziellen Situation auf den deutschen Konten für Emissionszuweisungen. Zu diesem Zweck wird sowohl die zahlenmäßige Situation (Einhaltung, Über- oder Unterschreitung) der Jahresemissionsmengen nach Anlage 2 des KSG dargestellt als auch die zahlenmäßige Situation auf den deutschen Jahreskonten für Emissionszuweisungen. Die zusammen mit dem Entwurf des Bundeshaushaltsplans dem Bundesrat und dem Bundestag vorzulegende zahlenmäßige Übersicht gibt Aufschluss über Bestand, Belastung und Entwicklung dieser Konten, die außerhalb des Bundeshaushalts in einem europäischen Register geführt werden. Auf Grundlage dieser zahlenmäßigen Übersicht lassen sich die finanziellen Auswirkungen auf den Bundeshaushalt abschätzen. Der Bericht soll die gesetzgebenden Körperschaften und die Öffentlichkeit über die Entwicklung der Kosten für den Zukauf und etwaigen Einnahmen aus dem Verkauf von Emissionszuweisungen unterrichten und die politische Willensbildung erleichtern (Gesetzesbegründung BT-Drs. 19/143337, S. 31).

27 Der Bericht muss eine Übersicht über Einhaltung, Über- oder Unterschreitungen der Jahresemissionsmengen der Sektoren nach Anlage 2 im jeweils zurückliegenden Kalenderjahr und seit dem Jahr 2021 enthalten. Außerdem muss eine Übersicht über die nach der EU-KlimaschutzVO zur Verfügung stehenden Emissionszuweisungen im Haushaltsjahr beigefügt werden. Zusätzlich muss über die Anzahl der im zurückliegenden Kalenderjahr erworbenen Emissionszuweisungen und die Anzahl der seit dem Jahr 2021 insgesamt

erworbenen Emissionszuweisungen berichtet werden. Schließlich ist zusätzlich noch eine Übersicht der aufgewendeten Haushaltsmittel für den Erwerb beizufügen.

Soweit bereits Haushaltsmittel für den Zukauf von Emissionszuweisungen von anderen 28
Mitgliedstaaten aufgewendet wurden, werden diese nach Abs. 2 Satz 2 der zahlenmäßigen Übersicht beigefügt. Der **Schutz von Marktdaten und Geschäftsgeheimnissen** kann es erforderlich machen, diese Übersicht als Verschlusssache mit dem geeigneten Geheimhaltungsgrad im Sinne von § 4 des Gesetzes über die Voraussetzungen und das Verfahren von Sicherheitsüberprüfungen des Bundes und den Schutz von Verschlusssachen Sicherheitsüberprüfungsgesetzes einzustufen.

Fraglich ist allerdings, ob eine Geheimhaltung von Informationen in diesem Zusam- 29
menhang mit § 9 Abs. 1 S. 2UIG zu vereinbaren ist (Altenschmidt in Frenz, Klimaschutzrecht, 2022, § 7 Rn. 11), wonach der Zugang zu **Umweltinformationen über Emissionen** nicht unter Berufung auf Geschäftsgeheimnisse abgelehnt werden darf. Informationen zum Ankauf von Emissionszuweisung en dürften unzweifelhaft Umweltinformationen im Sinne von § 2 Abs. 3 Nr. 3b UIG sein, soweit es sich dabei um Maßnahmen und Tätigkeit handelt, die dem Schutz der Umwelt dienen. In diesem Sinne können auch Informationen über Emissionszuweisung und über den andere mit solchen Zuweisungen als Umweltinformationen im vorgenannten Sinne eingeordnet werden (Altenschmidt in Frenz, Klimaschutzrecht, 2022, § 7 Rn. 11).

§ 8 Sofortprogramm bei Überschreitung der Jahresemissionsmengen

(1) **Weisen die Emissionsdaten nach § 5 Absatz 1 und 2 eine Überschreitung der zulässigen Jahresemissionsmenge für einen Sektor in einem Berichtsjahr aus, so legt das nach § 4 Absatz 4 zuständige Bundesministerium der Bundesregierung innerhalb von drei Monaten nach der Vorlage der Bewertung der Emissionsdaten durch den Expertenrat für Klimafragen nach § 11 Absatz 1 ein Sofortprogramm für den jeweiligen Sektor vor, das die Einhaltung der Jahresemissionsmengen des Sektors für die folgenden Jahre sicherstellt.**

(2) **Die Bundesregierung berät über die zu ergreifenden Maßnahmen im betroffenen Sektor oder in anderen Sektoren oder über sektorübergreifende Maßnahmen und beschließt diese schnellstmöglich. Dabei kann sie die bestehenden Spielräume der Europäischen Klimaschutzverordnung berücksichtigen und die Jahresemissionsmengen der Sektoren gemäß § 4 Absatz 5 ändern. Vor Erstellung der Beschlussvorlage über die Maßnahmen sind dem Expertenrat für Klimafragen die den Maßnahmen zugrunde gelegten Annahmen zur Treibhausgasreduktion zur Prüfung zu übermitteln. Das Prüfungsergebnis wird der Beschlussvorlage beigefügt.**

(3) **Die Bundesregierung unterrichtet den Deutschen Bundestag über die beschlossenen Maßnahmen.**

(4) **Für den Sektor Energiewirtschaft sind die Absätze 1 bis 3 beginnend mit dem Berichtsjahr 2023 im Turnus von drei Jahren entsprechend anzuwenden.**

Übersicht

Schrifttum: Appel/Meyn, Bundes-Klimaschutzgesetz – sind Klimaschutzziele einklagbar?, DB Beilage 2021, Nr. 2, 5; Franzius, Ziele des Klimaschutzrechts, ZUR 2021, 131; Franzius, Auf dem Weg zum Klimaschutzgesetz, EnWZ 2019, 435; Groß, Die Ableitung von Klimaschutzmaßnahmen aus grundrechtlichen Schutzpflichten, NVwZ 2020, 337; Hermes, Die Systementwicklungsplanung – Instrument zur klimagerechten Transformation des Energiesystems, EnWZ 2022, 99; Klinski/Scharlau/von Swieykowski-Trzaska/Keimeyers/Sina, Das Bundes-Klimaschutzgesetz, NVwZ 2020, 1; Klinger, Klagerechte zur Durchsetzung des Bundes-Klimaschutzgesetzes, ZUR 2020, 259;. Kment, Klimaschutzziele und Jahresemissionsmengen – Kernelemente des neuen Bundes-Klimaschutzgesetzes, NVwZ 2020, 1537; Kohlrausch, Die deutschen Klimaschutzgesetze im Vergleich, ZUR 2020, 262; von Oppen, Klimaschutzgesetz, Kohleausstieg und nationaler Emissionshandel – Klimabürokratie, verhältnismäßige Klimagesetzgebung oder halbgares Stückwerk?, ER 2020, 3; Schlacke, Klimaschutzrecht im Mehrebenensystem, EnWZ 2020, 355; , Schlacke, Bundes-Klimaschutzgesetz: Klimaschutzziele und -pläne als Herausforderung des Verwaltungsrechts, EurUP 2020, 338; Schlacke/Römling, Neue Herausforderungen der gerichtlichen Kontrolle von Plänen unter besonderer Berücksichtigung des Klimaschutzgesetzes (KSG), DVBl. 2021, 144.

A. Allgemeines

1 § 8 bestimmt, dass bei Emissionsüberschreitungen eines Sektors das für diesen Sektor verantwortliche Bundesministerium ein Sofortprogramm zu erarbeiten und der Bundesregierung vorzulegen hat, die auf der Grundlage dieses Sofortprogramms über die in dem betroffenen Sektor zu ergreifenden Maßnahmen beschließt, mit deren Hilfe die festgestellte Überschreitung der zulässigen Jahresemissionsmenge abgestellt wird.

2 In **dem Entwurf eines Zweiten Gesetzes zur Änderung des Bundes-Klimaschutzgesetzes mit Stand vom 13.06.23** ist eine grundlegende Änderung dieser Bestimmung vorgesehen. Die Verpflichtung einzelner Bundesministerien, ein Sofortprogramm zu erstellen, soll aufgehoben werden. § 8 soll nach dem im Juni 2023 vom Bundeskabinett beschlossenen Gesetzentwurf zukünftig das Vorgehen bei Überschreitung der Jahresemissionsgesamtmengen regeln. Von einem Sofortprogramm ist dort nicht mehr die Rede. Das Instrument eines Sofortprogramms soll demnach zukünftig entfallen. Allerdings sollen zur Vorbereitung des Beschlusses der Bundesregierung zu nachsteuernden Klimaschutzmaßnahmen alle zuständigen Bundesministerien, insbesondere diejenigen, in deren Zuständigkeitsbereich die Sektoren liegen, die zur Überschreitung beitragen, innerhalb von drei Monaten nach der Vorlage der Bewertung der Projektionsdaten durch den Expertenrat für Klimafragen Vorschläge für Maßnahmen in den jeweiligen ihrer Verantwortlichkeit unterfallenden Sektoren vorlegen. Geht man davon aus, dass das Sofortprogramm des geltenden Rechts letztlich auch nichts anderes als ein Bündel von Vorschlägen des zuständigen Bundesministeriums für die Beschlussfassung der Bundesregierung ist, über das die Regierung unter Beachtung des Art. 20a GG, des KSG und des EU-Klimarechts grundsätzlich frei entscheiden kann, dann bleibt das Grundkonzept, wenn auch deutlich abgeschwächt, erhalten. Im Vergleich zur geltenden Regelung würde die Neufassung allerdings zur Folge haben, dass das zuständige Bundesministerium nicht verpflichtet ist, Vorschläge für Klimaschutzmaßnahmen innerhalb des in seiner Verantwortung befindlichen Sektors zu machen, die ausreichend sind, Überschreitungen von Jahresemissionsmengen zu kompensieren. Vielmehr sieht der Gesetzesentwurf in § 5 Abs. 3 lediglich vor, dass alle für die Sektoren verantwortlichen Bundesministerien ihren angemessenen Beitrag zur Erreichung der nationalen Klimaschutzziele nach § 3 Abs. 1 zu leisten haben. Was in diesem Sinne ein angemessener Beitrag ist, lässt sich angesichts fehlender Kriterien dafür kaum rechtlich erfassen und bleibt wohl politischen Meinungsstreit überlassen.

3 Grundsätzlich ist nach dem bislang geltenden Recht zwischen der Verpflichtung zur Erstellung und Vorlage eines Sofortprogramms nach § 8 Abs. 1 und der Pflicht zur Beratung und Beschlussfassung über zu ergreifende Maßnahmen nach § 8 Abs. 2 zu unterscheiden. Die Pflicht zur Erstellung und Vorlage eines Sofortprogramms trifft das für den defizitären Sektor zuständige Bundesministerium, die Pflicht zur Beratung und Beschlussfassung über die zu ergreifenden Maßnahmen besteht für die Bundesregierung. Das Sofortprogramm des zuständigen Bundesministeriums ist insoweit Grundlage der Beratung und Entscheidung der Bundesregierung; diese ist allerdings nicht verpflichtet, das Sofortprogramm des Ministeriums anzunehmen abzulehnen oder abzuändern. Vielmehr entscheidet die Bundesregierung zwar unter Berücksichtigung dieses Sofortprogramms bzw.

bei mehreren defizitären Sektoren auch unter Berücksichtigung mehrerer Sofortprogramme der verantwortlichen Bundesministerien. Streng genommen beschließt die Bundesregierung nach § 8 Abs. 2 kein Sofortprogramm, sondern berät über die ihm vorgelegten Sofortprogramme und beschließt die nach ihrer Einschätzung notwendigen Maßnahmen. Im weiteren Sinne mag man dann das von der Bundesregierung beschlossene Maßnahmenpaket als Sofortprogramm der Bundesregierung bezeichnen.

Während das Klimaschutzprogramm nach § 9 das Regelinstrument zur Erreichung der Klimaschutzziele ist, handelt es sich bei dem Sofortprogramm um ein Instrument zur kurzfristigen Gegensteuerung bei Zielverfehlungen (Gesetzesbegründung BT-Drs. 19/14337, S 30; siehe dazu Ewer in Frenz, Klimaschutzrecht, 2022, § 8 KSG Rn. 1; Franzius ZUR 2021, 131, 136; Klinski/Scharlau/von Swieykowski-Trzaska/Keimeyers/Sina NVwZ 2020, 1, 4). Die Bundesregierung beschließt nach § 9 Abs. 1 S. 1 bei Zielverfehlungen auch eine Aktualisierung des bestehenden Klimaschutzprogramms um Maßnahmen nach § 8 Abs. 2 (siehe dazu Kment NVwZ 2020, 1537, 1541), so dass zwischen einem Sofortprogramm und dem Klimaschutzprogramm ein inhaltlicher Abgleich stattfindet. 4

Das Sofortprogramm bei Überschreitung der zulässigen Jahresemissionsmengen und die schnellstmögliche Beschlussfassung der Bundesregierung zu den zu ergreifenden Maßnahmen dienen auch der Einhaltung der Vorgaben des Art. 8 Abs. 1 EU-KlimaschutzVO (BT-Drs. 19/14337, 32). Die Mitgliedstaaten müssen danach kurzfristig einen Plan für Abhilfemaßnahmen vorlegen, wenn sie ihr jährliches Emissionsminderungsziel (Art. 4 EU-KlimaschutzVO) nach Auffassung der Kommission verfehlen. Indem bereits im Vorfeld auf nationaler Ebene ein Sofortprogramm beschlossen und entsprechende Maßnahmen umgesetzt werden, kann evtl. eine Verfehlung des jährlichen Gesamtbudgets nach der EU-KlimaschutzVO i.V.m. den Vorgaben des Durchführungsbeschlusses (EU) 2020/2126 vermieden werden (BT-Drs. 19/14337, 32). 5

Zeitlich schließen ein Sofortprogramm und zu ergreifende Sofortmaßnahmen an die Erhebung der Emissionsdaten durch das Umweltbundesamt gem. § 5 Abs. 1 S. 1 und der sich daran anschließenden Überprüfung dieser Emissionsdaten durch den Expertenrat für Klimafragen nach § 12 Abs. 1 S. 1 an. 6

Gem. § 8 Abs. 1 ist das jeweils zuständige Bundesministerium verpflichtet, ein Sofortprogramm für den Sektor vorzulegen, bei dem die Emissionsdaten eine Überschreitung der zulässigen Jahresemissionsmenge im Berichtsjahr ergeben haben. Die Bundesregierung berät nach § 8 Abs. 2 über die zu ergreifenden Maßnahmen des Sofortprogramms und beschließt diese schnellstmöglich. Die Bundesregierung kann auch die Jahresemissionsmengen in den Sektoren für die Folgejahre ändern. 7

Der Bundestag wird nach § 8 Abs. 3 über die beschlossenen Maßnahmen durch die Bundesregierung unterrichtet. 8

Für den Sektor Energiewirtschaft gilt gem. § 8 Abs. 4 eine Sonderregelung vorgesehen, wonach die Absätze 1 bis 3 erst beginnend mit dem Berichtsjahr 2023 und ab dann in einem dreijährigen Turnus entsprechend Anwendung finden. 9

B. Erforderlichkeit eines Sofortprogramms (Abs. 1)

Nach Abs. 1 hat das zuständige Bundesministerium der Bundesregierung ein Sofortprogramm für den jeweiligen Sektor vorzulegen, wenn die Jahresemissionsmenge eines Sektors ausweislich der Emissionsdaten nach § 5 Abs. 1 und Abs. 2 für das jeweilige Berichtsjahr überschritten wurde, wobei dazu die vom Umweltbundesamt für das jeweils zurück- 10 liegende Berichtsjahr abzustellen ist (Ewer in Frenz Klimaschutzrecht, 2022, § 8 KSG Rn. 5).

11 Der Gesetzgeber hat dem Umweltbundesamt für die Erstellung der Emissionsdaten eine alleinige Zuständigkeit übertragen, sodass die für die jeweiligen Sektoren zuständigen Ministerien nicht berechtigt sind, anderweitige Erkenntnisse zur Jahresemissionsmenge zum Anlass dafür zu nehmen, auf die Vorlage eines Sofortprogramms zu verzichten (Ewer in Frenz, Klimaschutzrecht, 2022, § 8 KSG Rn. 5). Eine **Weisung**, Emissionsdaten zu korrigieren, könnte im Rahmen der Weisungsgebundenheit des Umweltbundesamts zwar grundsätzlich ergehen. Allerdings darf das Umweltbundesamt dadurch nicht verpflichtet werden, die Emissionsdaten abweichend von den dafür vorgesehenen Regelungen des EU-Rechts zu erstellen (Ewer in Frenz, Klimaschutzrecht, 2022, § 8 KSG Rn. 5).

12 Der Zweck des Sofortprogramms besteht darin, der Bundesregierung vorzuschlagen, durch geeignete Maßnahmen die Einhaltung der Jahresemissionsmenge für den betreffenden Sektor für die nachfolgenden Jahre sicherzustellen. Es ergänzt inhaltlich das Klimaschutzprogramm nach § 9 für den betreffenden Sektor, das nach § 9 Abs. 1 S. 1 um die von der Bundesregierung nach § 8 Abs. 2 beschlossenen Maßnahmen zu ergänzen ist.

13 § 8 Abs. 1 und 2 enthalten lediglich eine abstrakte Verpflichtung, bei Vorliegen der dort genannten Voraussetzung einer Überschreitung der zulässigen Jahresemissionsmenge ein Sofortprogramm zu erstellen, und die nicht näher definierte Pflicht der Bundesregierung, Maßnahmen zu ergreifen, ohne die Anforderungen an den Inhalt des Sofortprogramms festzulegen und ohne in Betracht zu ziehende Sofortmaßnahmen näher zu konkretisieren. Nur in § 8 Abs. 2 Satz 2 hat der Gesetzgeber das Recht eingeräumt, im Rahmen der von der EU-KlimaschutzVO vorgegebenen Spielräume die Jahresemissionsmengen der Sektoren nach Maßgabe des § 4 Abs. 5 zu ändern.

14 Dass der Gesetzgeber die Anforderungen an ein Sofortprogramm und an mögliche Sofortmaßnahmen nicht weiter konkretisiert hat, ist zwar kritisiert worden (Franzius EnWZ 2019, 435, 437). Der Kritik ist jedoch wohl zu Recht entgegengehalten worden, dass der Gesetzgeber mit dem Verzicht auf eine weitere Konkretisierung dieser Pflichten, der Bundesregierung hinreichende Entscheidungsspielräume(-sektor) bei drohenden Überschreitungen der zulässigen Jahresemissionswerten einräumen und dem Charakter des KSG als Rahmengesetz Rechnung tragen wollte (Kment NVwZ 2020, 1537, 1542; Küper/Callejon in Fellenberg/Guckelberger, Klimaschutzrecht, 2022, § 8 KSG Rn. 5). Dem Klimaschutz würde durch stärkere Vorfestlegungen womöglich eine Handlungsflexibilität und Reaktionspräzision genommen, die es zu erhalten gelte, um der Multikomplexität der Sachfragen und dem Querschnittscharakter des Klimaschutzrechts gerecht zu werden (Kment NVwZ 2020, 1537, 1542; Albrecht NuR 2020, 370, 378).

I. Pflicht zur Vorlage eines Sofortprogramms

15 Für die Erarbeitung und Vorlage des Sofortprogramms ist das nach § 4 Abs. 4 zuständige Bundesministerium verantwortlich, für dessen Sektor Emissionsdaten nach § 5 Abs. 1 und 2 ermittelt worden sind, die eine Überschreitung der zulässigen Jahresemissionsmenge für den Sektor ausweisen. Überschneiden sich die Zuständigkeiten zweier oder mehrerer Bundesministerien, weist gem. § 4 Abs. 4 Satz 4 die Bundesregierung als Kollegialorgan einem Bundesministerium die Zuständigkeit zu.

16 Das Bundesministerium muss das von ihm erstellte Sofortprogramm der Bundesregierung vorlegen, die auf der Grundlage des Sofortprogramms des zuständigen Bundesministeriums über die zu ergreifenden Maßnahmen im betroffenen Sektor oder in anderen Sektoren oder über sektorübergreifende Maßnahmen nach § 8 Abs. 2 S. 1 entscheidet.

Für die Erfüllung der Vorlagepflicht hat das zuständige Bundesministerium eine **Frist** von drei Monaten zu beachten. Die Frist beginnt mit der Bestätigung der Emissionsdaten durch den unabhängigen Expertenrat für Klimafragen zu laufen. 17

Der **Expertenrat für Klimafragen** stellt in seinem Prüfbericht zur Berechnung der deutschen Treibhausgasemissionen für das Jahr 2022 vom 23.04.2023 (S. 15) fest, dass die Bundesregierung den gesetzlichen Steuerungsmechanismus über die Vorlage von Sofortprogrammen bisher nur „mit – im Verkehr erheblichen – Einschränkungen" umgesetzt hat. Dadurch könnten aus Sicht des Expertenrats die Glaubwürdigkeit und Leistungsfähigkeit dieses Mechanismus, und damit des KSG insgesamt, ausgehöhlt werden. 18

II. Beteiligung des Expertenrats für Klimafragen

Der Expertenrat für Klimafragen prüft nach § 12 Abs. 1 die Emissionsdaten des Umweltbundesamts, die diese nach § 5 Abs. 1 und 2 ermittelt, und legt der Bundesregierung und dem Deutschen Bundestag innerhalb von einem Monat nach Übersendung durch das Umweltbundesamt eine Bewertung der veröffentlichten Daten vor (kritisch dazu SRU, Umweltgutachten 2020, S. 84: „Der Mehrwert dieser Prüfung bleibt unklar"). 19

Der Expertenrat für Klimafragen ist in diesem Zusammenhang noch ein zweites Mal gefragt: Vor der Erstellung der Beschlussvorlage für die Bundesregierung über die Maßnahmen nach § 8 Abs. 2 prüft der Expertenrat für Klimafragen nach § 12 Abs. 2 die den Maßnahmen zugrunde gelegten Annahmen zur Treibhausgasreduktion. 20

Beabsichtigt die Bundesregierung, gem. § 8 Abs. 2 S. 2 die Vorlage eines Sofortprogramms zum Anlass für eine Änderung der für die einzelnen Sektoren zulässigen Jahresemissionsmengen zu nehmen, holt sie gem. § 12 Abs. 3 Nr. 1 wiederum eine Stellungnahme des Expertenrats für Klimafragen im Hinblick auf die diesen zugrunde liegenden Annahmen zur Treibhausgasreduktion ein, bevor sie die **Änderung der Jahresemissionsmengen** beschließt. Nimmt sie ein Sofortprogramm zum Anlass für eine Aktualisierung des Klimaschutzprogramms gem. § 9 Abs. 1 S. 1 HS 2, dann holt sich auch dazu nach § 12 Abs. 3 Nr. 3 eine Stellungnahme des Expertenrats für Klimafragen ein. 21

Eine Pflicht, vor der Vorlage des Sofortprogramms eine **Behördenbeteiligung** durchzuführen, besteht nicht (Ewer in Frenz, Klimaschutzrecht, 2022, § 8 Rn. 12). 22

III. Überschreitung der zulässigen Jahresemissionsmenge

§ 8 Abs. 1 setzt für die Pflicht zur Erstellung eines Sofortprogramms voraus, dass die Emissionsdaten nach § 5 Abs. 1 und 2 eine Überschreitung der zulässigen Jahresemissionen der für einen oder mehrere Sektoren in einem Berichtsjahr belegen. Abzustellen ist insoweit auf die Emissionsdaten des Umweltbundesamts für das jeweils zurückliegende Jahr, bei dem es sich um das Berichtsjahr handelt. 23

IV. Rechtscharakter des Sofortprogramms und Fehlerfolgen

Das Sofortprogramm ist eine ad-hoc Maßnahme, die bei Überschreitung des Emissionsbudgets innerhalb von drei Monaten erforderlich wird (Schlacke EuRUP 2020, 338, 341). Auch wenn man die Erstellung des Sofortprogramms selbst in diesem Sinne als Maßnahme bezeichnen kann, ist das Sofortprogramm inhaltlich eher eine Beschreibung von Maßnahmen, die der Bundesregierung von dem für den jeweiligen Sektor zuständigen Bundesministerium vorgeschlagen werden müssen. Es wird auch als sektorale Ergänzung zum Klimaschutzprogramm bezeichnet (Saurer, Das Bundes-Klimaschutzgesetz in Rodi, Handbuch Klimaschutzrecht, 2022, § 10 Rn. 25). Das dürfte allerdings allenfalls für den Beschluss der Bundesregierung auf der Grundlage des Sofortprogramms des zuständigen Bundesministeriums, nicht aber für das Sofortprogramm des Ministeriums selbst gel- 24 ten. Bei dem Sofortprogramm handelt es sich allenfalls um ein regierungsinternes Planungsinstrument, weil und soweit es lediglich als Beschlussgrundlage bzw. als regierungsinterner Vorschlag für eine Beschlussfassung der Bundesregierung dient, nicht jedoch um einen Plan im verwaltungsrechtlichen Sinne (siehe aber auch Ewer in Frenz, Klimaschutzrecht, 2022, § 8 Rn. 10: „Fachplanung sui generis"; Kohlrauch, ZUR 2020, 262, 266; Shirvani ZUR 2022, 579, 581). Insoweit befindet sich die Regelung über das Sofortprogramm konsequenterweise auch nicht in dem mit „Klimaschutzplanung" überschriebenen Abschnitt 3 des KSG.

25 Der Klimaschutzplan ist gem. § 2 Nr. 7 die deutsche Langfriststrategie nach Art. 15 EU-Governance-VO und die Grundlage für das von der Bundesregierung zu beschließende Klimaschutzprogramm, in dem die Bundesregierung festlegt, welche Maßnahmen sie zur Erreichung der nationalen Klimaschutzziele in den einzelnen Sektoren ergreifen wird. Nach § 9 Abs. 1 S. 1 beschließt die Bundesregierung mindestens nach jeder Fortschreibung des Klimaschutzplans ein Klimaschutzprogramm. Ob es sich bei dem Klimaschutzplan um einen Plan im verwaltungsrechtlichen Sinne handelt, ist umstritten (bejahend Schlacke EuRUP 2020, 338, 341; siehe dazu auch Hermes EuRUP 2021, 162 ff.; Shirvani ZUR 2022, 579, 581: „das Sofortprogramm ist demnach Teil des Planungsprozesses").

26 Das Sofortprogramm mag insoweit auch ein Instrument politischer Planung sein. Es dient jedoch (lediglich) der regierungsinternen Vorbereitung einer Beschlussfassung der Bundesregierung über zu ergreifende Maßnahmen, die ihrerseits eine Aktualisierung des Klimaschutzprogramms notwendig mach kann. Von einer Planung im Rechtssinne wird man jedoch nicht sprechen können. Die Regelungen zum Sofortprogramm stehen insoweit auch zu Recht nicht in Abschnitt 3 des KSG zur Klimaschutzplanung (zur Klimaschutzplanung als Planung im verwaltungsrechtlichen Sinne siehe Schlacke EuRUP 2020, 338, 339, die annimmt, dass es sich bei dem Klimaschutzplan nicht um einen Plan im verwaltungsrechtlichen Sinne, sondern um eine politische Langzeitstrategie handelt, während das Klimaschutzprogramm ein Plan im verwaltungsrechtlichen Sinne sein soll).

27 Für den Fall, dass das zuständige Bundesministerium das Sofortprogramm innerhalb der Frist von drei Monaten der Bundesregierung nicht vorlegt, hat der Gesetzgeber keine **Fehlerfolgenregelung** vorgesehen. Die Bundesregierung hält Sanktionen in diesem Fall generell nicht für erforderlich (siehe dazu Küper/Callejon in Fellenberg/Guckelberger, Klimaschutzrecht, 2022, § 8 KSG Rn. 9). Auch für ein unzureichendes Sofortprogramm des zuständigen Bundesministeriums sieht der Gesetzgeber keine Sanktion vor. Die zuständige Ministerin bzw. der zuständige Minister kann angesichts der in den §§ 4 Abs. 4, 8 Abs. 1 S. 1 vorgesehenen Ressortverantwortung auch nicht durch den Bundeskanzler angewiesen werden. Es gebe lediglich die Möglichkeit, dem Bundespräsidenten die Entlassung des Ministers bzw. der Ministerin vorzuschlagen oder die Zuständigkeit des Ministeriums für den betreffenden Sektor zu verändern oder einem anderen Bundesministerium zu übertragen (Ewer in Frenz, Klimaschutzrecht, 2022 § 8 Rn. 7).

28 Da die Bundesregierung nach § 8 Abs. 2 S. 1 schnellstmöglich über die zu ergreifenden Maßnahmen zu entscheiden hat, dürfte auch eine formalisierte Zurückverweisung an das Bundesministerium bei einem mangelhaften Sofortprogramm nicht oder jedenfalls zumeist nicht in Frage kommen.

29 Der Expertenrat für Klimafragen hält in diesem Zusammenhang Klarstellungen des Gesetzgebers für erforderlich. Der Gesetzgeber sollte Kriterien festlegen, aus denen sich ergibt, ob ein von dem zuständigen Ministerium vorgelegtes Sofortprogramm den gesetzlichen Anforderungen genügt (Prüfbericht zur Berechnung der deutschen Treibhausgasemissionen für das Jahr 2022 des Expertenrats für Klimafragen vom 23.04.2023, S. 127). Eine Konkretisierung des Bewertungskriteriums in § 8 Abs. 1 sei mit Blick auf die Forderung nach „Sicherstellung" der „Einhaltung der Jahresemissionsmengen des Sektors in den folgenden Jahren" notwendig. Dabei gehe es um die Frage, ob die Einhaltung der zulässigen Jahresemissionsmengen in jedem einzelnen Jahr oder nur kumuliert über den verbleibenden Zeitraum bis zum nächsten Zieljahr, derzeit 2030, nachgewiesen werden müsse. Außerdem müsse geklärt werden, wie die Vorgabe der „Sicherstellung" der Einhaltung zukünftiger Ziele nachgewiesen und vom Expertenrat geprüft werden solle.

C. Maßnahmenbeschluss der Bundesregierung (Abs. 2)

Die Bundesregierung berät nach § 8 Abs. 2 S. 1 über die zu ergreifenden Maßnahmen im betroffenen Sektor oder in anderen Sektoren oder über sektorübergreifende Maßnahmen und beschließt diese schnellstmöglich. 30

I. Schnellstmögliche Beschlussfassung

Welche zeitliche Vorgabe die Anforderung „schnellstmöglich" erfüllt, ergibt sich aus dem Gesetz nicht. Es ist nicht ersichtlich, dass damit etwas anderes gemeint sein sollte, als mit dem Begriff unverzüglich, d.h. ohne schuldhaftes Zögern. Man wird aus der Zeitvorgabe allerdings schließen können, dass der Gesetzgeber der Bundesregierung eine besondere Anstrengung abverlangt und gegebenenfalls auch erwartet, dass die betreffende Maßnahme auch unter Zurückstellung anderer, ebenfalls gewichtiger Belange durchgeführt wird (Ewer in Frenz, Klimaschutzrecht, 2022, § 8 Rn. 8 unter Verweis auf VGH Kassel Urt. vom 10.12.2019-9 A 2691/18, juris Rn. 126 zu kurzfristig zu ergreifenden Maßnahmen zur Luftreinhaltung nach § 47 Abs. 2 S. 1 BImSchG – sog. Aktionsplan). 31

Der Zeitraum der Überschreitung der Jahresemissionsmengen muss so kurz wie möglich gehalten werden. Dem Sinn und Zweck der Verpflichtung zur schnellstmöglichen Beschlussfassung dürfte es entsprechen, dass eine bestehende Überschreitung schon frühzeitig so weit wie möglich verringert wird. 32

Der Expertenrat für Klimafragen kritisiert in seinem Prüfbericht zur Berechnung der deutschen Treibhausgasemissionen für das Jahr 2022 vom 23.04.2023 (S. 130), dass die Bundesregierung die im KSG festgelegten Handlungsfolgen bislang nur teilweise und nur in einer weiten Auslegung der Vorgabe von „schnellstmöglich" aus § 8 Abs. 2 Satz 1 umgesetzt habe. Der Expertenrat empfiehlt, bei einer Novellierung des KSG Schlussfolgerungen aus diesen Beobachtungen zu ziehen. Gerade wenn die Überprüfungszeiträume verlängert und die Inzidenz des Eintritts von Handlungsfolgen wie geplant gemindert werden sollten, werde es für eine möglichst sichere Zielerreichung umso wichtiger, dass Handlungsfolgen tatsächlich vollständig und schnellstmöglich realisiert würden. Der Expertenrat empfiehlt dem Gesetzgeber daher insbesondere, seine Erwartungen an das Verhalten der Bundesregierung inhaltlich sowie terminlich zu spezifizieren sowie über die Festlegung von expliziten Sanktionen bei Nicht-Befolgung dieser Vorgaben durch die Bundesregierung zu beraten. 33

II. Erfordernis des Sofortprogramms

Auch wenn § 8 Abs. 2 S. 1 dies nicht ausdrücklich erwähnt, dürfte die Beratung und Entscheidung der Bundesregierung grundsätzlich stets auf der Grundlage des von dem zuständigen Bundesministerium vorgelegten Sofortprogramms stattfinden. Fehlt es an diesem Sofortprogramm, legt das Bundesministerium das Sofortprogramm nicht fristgerecht vor oder ist das Sofortprogramm nach Einschätzung der Bundesregierung mangelhaft, bedeutet dies aber nicht, dass die Pflicht der Bundesregierung, über die zu ergreifenden 34

Maßnahmen zu beraten und schnellstmöglich zu beschließen, entfällt. Vielmehr muss die Bundesregierung nötigenfalls auch ohne ein zureichendes Sofortprogramm über die zu ergreifenden Maßnahmen entscheiden (zur Luftreinhalteplanung siehe VGH BW Urt. v. 18.03.2019 – 10 S 1977/18, juris Rn. 58; Jarass BImSchG 2022, § 47 Rn. 21). Die Verpflichtung zur schnellstmöglichen Beschlussfassung durch die Bundesregierung hat insoweit nicht nur eine rein verfahrensrechtliche, auf den Zeitpunkt der Beschlussfassung gerichtete Perspektive; vielmehr geht es mittelbar natürlich auch um die materiell-inhaltliche Notwendigkeit, so schnell wie möglich Maßnahmen zu beschließen, die geeignet sind, die Verfehlung der zulässigen Jahresemissionsmengen so schnell wie möglich zu beenden.

III. Mögliche Maßnahmen

35 Welche Maßnahmen in Betracht kommen, um eine Überschreitung der zulässigen Jahresemissionsmengen zu vermeiden, hat der Gesetzgeber nicht geregelt. Da die Maßnahmen nach § 8 Abs. 2 S. 1 nicht nur für den betroffenen, die zulässige Jahresemissionsmenge überschreitenden Sektor, sondern auch in anderen Sektoren oder aber auch sektorübergreifend beschlossen werden können, steht der Bundesregierung insoweit ein **Auswahlermessen** zu, das es ihr ermöglicht, die Ressortverantwortung des für die Verfehlung zuständigen Ministeriums aufzuweichen (Ewer in Frenz Klimaschutzrecht, 2022, § 8 Rn. 9; kritisch dazu Saurer NuR 2020, 2020, 433, 436; Wickel ZUR 2021, 332, 336; Kahl/Stürmlinger EuRUP 2021, 173, 175). Die Bundesregierung ist selbstverständlich berechtigt, über die Maßnahmen hinauszugehen, die das zuständige Bundesministerium in seinem Sofortprogramm vorschlägt. Darüber hinaus könnte auch der Gesetzgeber mit neuen Instrumenten dazu beitragen, die Einhaltung der zulässigen Jahresemissionsmengen zu ermöglichen (siehe z.B. das Plädoyer von Hermes für die Einführung einer **Systementwicklungsplanung** als Instrument zur klimagerechten Transformation des Energiesystems (Hermes EnWZ 2022, 99).

36 Maßnahmen des Sofortprogramms, über die die Bundesregierung zu beraten hat, oder darüber hinaus von der Bundesregierung in Betracht gezogenen Maßnahmen müssen nach § 8 Abs. 2 Satz 1 nicht zwangsläufig allein auf den Sektor bezogen oder beschränkt sein, für den eine Überschreitung der zulässigen Jahresemissionsmenge im Berichtsjahr festgestellt worden ist. Sie können auch andere Sektoren einbeziehen, in denen die Jahresemissionsmenge nicht überschritten worden ist; sie können auch sektorübergreifender Natur sein (Küper/Callejon in Fellenberg/Guckelberger, Klimaschutzrecht, 2022, § 8 Rn. 11). Daraus folgt eine Aufweichung der Ressortverantwortung; sie geht nämlich tendenziell zulasten solcher Sektoren, die durch ihre Anstrengungen überhaupt erst Freiräume für die Zurechnungen sektorenfremder Emissionen geschaffen haben (Kment NVwZ 2020, 1537, 1542). Dem Gesetzgeber wird jedoch zugutezuhalten, dass die Erfolge von Emissionseinsparbemühungen nur schwer prognostizierbar sind. Deshalb liege es auf der Hand, dass bis ins Jahr 2050 Korrekturen notwendig werden. Diese Anpassungen müssten sich nicht zwangsläufig auf die einzelnen Sektoren verengen. Der sektorenbezogene Ansatz sorge zwar für eine Verantwortungs- und Lastenteilung sowie für größere Transparenz; er setze damit Verbesserungsanreize, grenzt aber nicht die Handlungsspielräume der Bundesregierung als Verordnungsgeber oder des Gesetzgebers ein (Kment NVwZ 2020, 1537, 1542).

37 Die Bundesregierung kann gem. § 8 Abs. 2 Satz 2 bei der Festlegung der zu ergreifenden Maßnahmen auch die bestehenden Spielräume der EU-KlimaschutzVO berücksichtigen. Insofern kommt eine **Verrechnung der Emissionsmengen** zwischen den Sektoren sowie eine Verrechnung zwischen verbindlichen Jahresbudgets in Betracht (siehe dazu

Art. 5 Abs. 1 und 2 EU-KlimaschutzVO). Die Inanspruchnahme solcher Flexibilitätsmöglichkeiten durch die Bundesregierung wirkt sich natürlich auf den Inhalt des Sofortprogramms oder/und auf die zu ergreifenden Maßnahmen aus (Küper/Callejon in Fellenberg/Guckelberger, Klimaschutzrecht, 2022, § 8 Rn. 12).

Als eine mögliche Maßnahme zur Reaktion auf eine festgestellte Überschreitung der zulässigen Jahresemissionsmenge kommt nach § 8 Abs. 2 Satz 2, § 4 Abs. 5 in Betracht, die Jahresemissionsmengen der Sektoren zu ändern. Die **Änderung der Jahresemissionsmengen** in den Sektoren kann nach Maßgabe des § 4 Abs. 5 KSG auf Grund einer von der Bundesregierung erlassenen Rechtsverordnung mit Wirkung zum Beginn des jeweils nächsten Kalenderjahres erfolgen. Die spätere rechtliche Umsetzung der beschlossenen Maßnahmen richtet sich nach der Zuständigkeitsverteilung innerhalb der Bundesregierung. Im Rahmen etwaiger Rechtsbehelfe gegen solche späteren Umsetzungsmaßnahmen ist die inzidente Prüfung des Sofortprogramms möglich. Die Maßnahmen müssen schnellstmöglich beschlossen werden. 38

Damit wird eine Beachtung von Art. 8 Abs. 1 EU-KlimaschutzVO sichergestellt, wonach die Mitgliedstaaten der EU-Kommission einen Plan für Abhilfemaßnahmen vorlegen müssen, falls sie ihr jährliches Emissionsminderungsziel nach der Bewertung der Kommission verfehlen. Denn bereits die Verfehlung eines Sektorziels kann dazu führen, dass Deutschland sein Jahresbudget für Treibhausgasemissionen außerhalb des Emissionshandels überschreitet und gegebenenfalls von anderen Mitgliedstaaten Emissionszuweisungen nach § 7 Abs. 1 EU-KlimaschutzVO kaufen muss. Umgekehrt bietet das Abstellen auf die Verfehlung bereits von Jahresemissionsmengen nach diesem Gesetz die Chance, eine Verfehlung des Gesamtbudgets nach der Europäischen Klimaschutzverordnung zu vermeiden. 39

Der Beschluss der Bundesregierung kann von dem Sofortprogramm abweichen, das das zuständige Bundesministerium vorgelegt hat. Der Expertenrat für Klimafragen moniert in diesem Zusammenhang eine Unschärfe wegen eines möglichen Auseinanderfallens des nach § 8 Abs. 1 vorzulegenden Sofortprogramms und der Beschlussvorlage der Bundesregierung für ihre Entscheidung nach § 8 Abs. 2. Für letztere habe der Expertenrat das Prüfmandat gemäß § 12 Abs. 2 in Verbindung mit § 8 Abs. 2 Satz 3. In der Praxis habe der Expertenrat für Klimafragen in den Jahren 2021 und 2022 allerdings die jeweils vorgelegten Sofortprogramme im Sinne von § 12 Abs. 2 geprüft, was im Rahmen der im KSG angelegten Mechanik sinnvoll erscheine. Der Expertenrat empfiehlt dem Gesetzgeber eine Neuregelung, wonach die Prüfung des Expertenrats der bei Zielüberschreitungen erforderlich werdenden Maßnahmen in zwei Schritten erfolgen sollte, und zwar im ersten Schritt vor Beginn der Ressortabstimmung, im zweiten Schritt vor Beschlussfassung durch die Bundesregierung. 40

IV. Beteiligung des Expertenrats

Vor der Erstellung der Beschlussvorlage für die Bundesregierung über die Maßnahmen nach § 8 Abs. 2 prüft der Expertenrat für Klimafragen nach § 12 Abs. 2 die den Maßnahmen zugrunde gelegten Annahmen zur Treibhausgasreduktion. Mit der Bewertung durch den Expertenrat soll erreicht werden, dass die Maßnahmen auf einer zuverlässigen Abschätzung der Annahmen zur Treibhausgasreduktion beschlossen werden (Frenz ZNER 2020, 306, 307; Küper/Callejon in Fellenberg/Guckelberger, Klimaschutzrecht, 2022, § 8 Rn. 16). Dies ist nicht zuletzt deshalb so wichtig, weil angesichts der sich verschärfenden Klimaauswirkungen eine fehlerhafte Einschätzung und daraus folgend unzureichende Maßnahmen zur Vermeidung einer fortdauernden Überschreitung der zulässigen Jahres- 41 emissionsmengen unbedingt werden müssen. Das Ergebnis der Prüfung ist der Beschlussvorlage der Bundesregierung nach § 8 Abs. 2 Satz 4 beizufügen.

42 Während der Expertenrat für Klimafragen zur Prüfung und Bewertung der Emissionsdaten nach § 5 Abs. 1 und 2 eine Frist von einem Monat einzuhalten hat, ist ihm für die Prüfung der die vorgesehenen Maßnahmen zugrunde gelegten Annahmen zur Treibhausgasreduktion vom Gesetzgeber keine Frist gesetzt. Da die Prüfung durch den Expertenrat für Klimafragen vor Erstellung der Beschlussvorlage für die Bundesregierung über die Maßnahmen nach § 8 Abs. 2 stattfinden muss, muss die Bundesregierung den Eingang der Stellungnahme des Expertenrats abwarten. Ob sie dem Expertenrat dazu eine Frist setzen kann, ergibt sich aus dem Gesetz nicht. Auch ob die Bundesregierung nach einem fruchtlosen Verstreichen einer solchen Frist ohne die Stellungnahme des Expertenrats entscheiden könnte, ergibt sich nicht eindeutig aus dem Gesetz, wenngleich die zeitliche Vorgabe des § 12 Abs. 2 dafür spricht, dass die Bundesregierung über eine Beschlussvorlage nicht vor einer Stellungnahme des Expertenrats zu den in Aussicht genommenen Maßnahmen entscheiden kann.

D. Unterrichtung des Bundestags (Abs. 3)

43 Nach Abs. 3 Satz 1 informiert die Bundesregierung den Bundestag über die beschlossenen Maßnahmen. Dementsprechend wird der Bundestag nicht bereits vor der Beschlussfassung beteiligt. Das dürfte angesichts der Bedeutung, die der Beschlussfassung der Bundesregierung zukommen kann, wohl nur mit der besonderen Eilbedürftigkeit der Maßnahmen gerechtfertigt werden können (Frenz ZNER 2020, 306, 307; Küper/Callejon in Fellenberg/Guckelberger, Klimaschutzrecht, 2022, § 8 Rn. 19).

44 Eine Beteiligung oder sogar eine Entscheidung des Bundestags kann allerdings unabhängig davon für die Umsetzung der von der Bundesregierung beschlossenen Maßnahmen erforderlich werden. Das gilt natürlich für gesetzgeberische Maßnahmen und auch für Verordnungen der Bundesregierung, deren Erlass von der Zustimmung des Bundestags abhängt (siehe z.B. für die Änderung sektoraler Jahresemissionsmengen nach § 4 Abs. 5 S. 3). Nicht zuletzt kann der Einsatz von Haushaltsmitteln zur Umsetzung der beschlossenen Maßnahmen es erfordern, dass die Haushaltsmittel im Rahmen des Haushaltsentwurfs beantragt und vom Parlament gebilligt werden müssen.

45 Eine bestimmte Form ist für die Unterrichtung des Bundestags nicht vorgesehen. Es dürfte jedoch davon auszugehen sein, dass die Unterrichtung des Bundestags schriftlich erfolgt (Ewer in Frenz, Klimaschutzrecht, 2022, § 8 Rn. 13). Die Bundesregierung erstellt außerdem nach § 10 Abs. 1 S. 1 jährlich einen Klimaschutzbericht, der die Entwicklung der Treibhausgasemissionen in den verschiedenen Sektoren, den Stand der Umsetzung der Klimaschutzprogramme nach § 9 und der Sofortprogramme nach § 8 sowie eine Prognose der zu erwartenden Treibhausgasminderungswirkungen enthält.

E. Besonderheiten des Energiesektors (Abs. 4)

46 Für den Sektor Energiewirtschaft sind nach dem Abschlussbericht der Kommission „Wachstum, Strukturwandel und Beschäftigung" (S. 63) längere Überprüfungszeiträume zu berücksichtigen. Er sieht vor, dass in den Jahren 2023, 2026 und 2029 eine Bewertung der bis zu diesem Jahr umgesetzten Maßnahmen erfolgt. Nach Abs. 4 gilt deshalb für den Sektor Energiewirtschaft bei der Anwendung der Abs. 1 bis 3 keine jährliche Pflicht zur Vorlage eines Sofortprogramms bei Überschreitung der Jahresemissionsmenge, sondern

ein dreijähriger Überprüfungszeitraum beginnend mit dem Jahr 2023. Im Übrigen gelten die Abs. 1 bis 3 entsprechend.

Mit dem abweichenden Beginn sowie dem abweichenden Turnus für die Vorlage eines Sofortprogramms bei Überschreitung der zulässigen Jahresemissionsmenge wurde der Abschlussbericht der Kommission „Wachstum, Strukturwandel und Beschäftigung" berücksichtigt, wonach in den Jahren 2023, 2026 und 2029 eine Bewertung der bis zu diesem Jahr umgesetzten Maßnahmen erfolgen soll (BT-Drs. 19/14337, 33). **47**

F. Rechtsschutzmöglichkeiten

Gegen das Sofortprogramm des zuständigen Bundesministeriums steht unmittelbarer Rechtsschutz nicht zur Verfügung. Das Sofortprogramm kann für sich genommen noch keine Grundrechte verletzen, weil das Programm keinerlei rechtliche Verbindlichkeit hat, nicht einmal die Bundesregierung bindet und insoweit eine lediglich eine regierungsinterne Vorlage für eine Beschlussfassung der Bundesregierung darstellt (Ewer in Frenz, Klimaschutzrecht, 2022, § 8 Rn. 18). **48**

Dasselbe gilt für die Beschlussfassung der Bundesregierung. Auch diese hat noch keine rechtlich verbindlichen Außenwirkungen. Erst wenn auf der Grundlage des Sofortprogramms und der Beschlussfassung der Bundesregierung konkrete Umsetzungsmaßnahmen durchgeführt bzw. gesetzlich geregelt werden, kommen Rechtsschutzmöglichkeiten in Betracht. **49**

Fraglich ist, ob ein fehlendes Sofortprogramm eingeklagt oder die Verschärfung eines Sofortprogramms auf dem Gerichtsweg durchgesetzt werden kann. Wäre auf das Sofortprogramm das UmwRG anwendbar, dann hätte dies zur Folge, dass das Fehlerfolgenregime des UmwRG für Pläne und Programme zur Anwendung käme (Schlacke/Römling DVBl 2021, 144, 149). Für Pläne und Programme gelten gemäß § 4 Abs. 4 S. 1 UmwRG die Fehlerfolgen nach § 4 Abs. 1, 2 UmwRG. Da der Anwendungsbereich des UmwRG nach § 1 Abs. 1 S. 1 Nr. 4a UmwRG für das Sofortprogramm im Sinne von § 8 nicht eröffnet ist, gelten diese Fehlerfolgenregelungen nicht. Klimaschutzprogramme Sinne von § 9 müssen nach Nr. 2.13 der Anl. 5 zum UVPG einer strategischen Umweltprüfung unterzogen werden, wenn sie im Sinne von § 35 Abs. 1 Nr. 2 UVPG einen Rahmen für die Zulassung UVP-pflichtige Vorhaben setzen. Da der Gesetzgeber lediglich die Klimaschutzprogramme nach § 9 in die Anl. 5 aufgenommen hat, Sofortprogramme nach § 8 dort jedoch von ihm nicht aufgeführt worden sind, ist der Anwendungsbereich des §§ 1 Abs. 1 S. 1 Nr. 4a UmwRG für die Sofortprogramme nicht eröffnet (Ewer in Frenz, Klimaschutzrecht, 2022, § 8 Rn. 16). **50**

Grundsätzlich denkbar ist jedoch eine auf Art. 9 Abs. 3 Aarhus-Abkommen und Art. 47 EGrCh gestützte Klage gegen ein unzureichendes Sofortprogramm (Klinger ZUR 2020, 259, 261; Ziehm ZUR 2020, 129, 130; Schlacke EnWZ 2020, 355, 361; Schlacke EuRUP 2020, 338, 344; Ewer in Frenz, Klimaschutzrecht, 2022, § 8 Rn. 15, 17). Eine darauf gestützte Klage einer Umweltvereinigung auf Verschärfung eines Sofortprogramms könnte sich möglicherweise durch eine Beschlussfassung der Bundesregierung, die über das von dem zuständigen Ministerium vorgelegte Sofortprogramm hinausgeht, erledigen. Ohnehin stellt sich die Frage, ob es für eine solche Klage nicht eher auf die Beschlussfassung der Bundesregierung ankommt, die sich hinsichtlich der von ihr zu beschließenden Maßnahmen über das von dem zuständigen Ministerium vorgelegte Sofortprogramm hinwegsetzen kann. Eine auf die Verschärfung des Sofortprogramms durch eine Beschlussfassung der Bundesregierung gerichtete Klage könnte angesichts des der Bundesregierung in § 8 Abs. 2 eingeräumten politischen Ermessens ohnehin wohl nur als **Bescheidungs-** **51**

klage erfolgreich sein (Ewer in Frenz, Klimaschutzrecht, 2022, § 8 Rn. 17: Appel/Meyn DB Beilage 2021, Nr. 2. 5, 8; Groß NVwZ 2020, 337, 340 f.).

G. Entwurf eines Zweiten Gesetzes zur Änderung des Bundes-Klimaschutzgesetzes

52 Der Entwurf eines Zweiten Gesetzes zur Änderung des Bundes-Klimaschutzgesetzes mit Stand vom 13.6.2023, der einige Tage später vom Bundeskabinett beschlossen worden ist und im Herbst 2023 im Bundestag beraten werden soll, sieht eine grundlegende Neuregelung hinsichtlich des Vorgehens vor, das bei einer Überschreitung von Jahresemissionsgesamtmengen erforderlich werden soll. Entscheidend ist zunächst, dass für eine Beschlussfassung über eine Nachversteuerung notwendiger Klimaschutzmaßnahmen nicht mehr auf Emissionsdaten des jeweils vorangegangenen Jahres abzustellen ist, sondern dass dafür Projektionsdaten maßgeblich sein sollen, die eine Überschreitung zulässiger Emissionsmengen die Zukunft prognostizieren. Nach § 8 Abs. 1 S. 1 des Entwurfs eines Änderungsgesetzes sollte Bundesregierung Maßnahmen beschließen, die die Einhaltung der zulässigen Emissionsmengen für die Jahre 2021 bis 2030 sicherstellen. Grundlage dafür soll eine Feststellung des Expertenrats sein, wonach die Projektionsdaten in zwei aufeinanderfolgenden Jahren ausweisen, dass bei aggregierter Betrachtung aller Sektoren die Summe der Treibhausgas Emissionen in den Jahren 2021 bis 2030 die Summe der Jahresemissionsgesamtmengen nach der neuen Anlage 2a in Verbindung mit § 4 Abs. 2 des Gesetzentwurfs für diese Jahre überschreitet.

53 Dass eine solche Regelung mit dem EU-Klimarecht unvereinbar ist, ist nicht ersichtlich. Entscheidend dafür ist nicht, dass einzelne Sektoren die für sie festgelegten Jahresemissionsmengen überschreiten, sondern dass die Mitgliedstaaten insgesamt die ihnen zugestandenen Jahresgesamtemissionen nicht überschreiten. Auch eine Unvereinbarkeit mit Art. 20a GG ist nicht ersichtlich. Ob dem Klimaschutzbelang mit der Neuregelung gedient wird, kann man bezweifeln. Der Expertenrat für Klimafragen hat sich dazu in seinem Prüfbericht für das Jahr 2023 ausführlich kritisch geäußert. Ob sich aus der Neuregelung tatsächlich eine größere Flexibilität für die ergänzenden Klimaschutzmaßnahmen ergibt, ist zweifelhaft. Auch die geltende Regelung ermöglichte es bereits der Bundesregierung, von den vorgeschlagenen Klimaschutzmaßnahmen eines Sofortprogramms abzuweichen, Maßnahme nicht nur in den betroffenen Sektor, sondern auch in anderen Sektoren oder sektorübergreifend zu beschließen (§ 8 Abs. 2 S. 1). Zu befürchten ist jedoch, dass der notwendige Klimaschutz in einzelnen Sektoren vernachlässigt wird, weil das für den jeweiligen Sektor zuständige Bundesministerium nicht mehr gezwungen ist, Maßnahmen vorzuschlagen, mit dem eine Überschreitung der zulässigen Emissionsmengen in dem Sektor in den verbleibenden Jahren kompensiert werden. Es besteht die Gefahr, dass der Klimaschutz in koalitionsinternen Auseinandersetzungen unter die Räder gerät, weil es an einem Konsens für notwendige Klimaschutzmaßnahmen in einzelnen Bereichen fehlt und einzelne Ressorts auf Einsparmöglichkeiten anderer Ressort verweisen, statt sich um möglicherweise unpopuläre Maßnahmen im eigenen Zuständigkeitsbereich zu bemühen.

3. *(zur Zeit unbesetzt)*

3

§ 37 Zulassung des vorzeitigen Beginns

(1) **In einem Planfeststellungs- oder Plangenehmigungsverfahren kann die für die Feststellung des Plans oder Erteilung der Plangenehmigung zuständige Behörde unter dem Vorbehalt des Widerrufs für einen Zeitraum von sechs Monaten zulassen, dass bereits vor Feststellung des Plans oder der Erteilung der Plangenehmigung mit der Errichtung einschließlich der Maßnahmen, die zur Prüfung der Betriebstüchtigkeit der Deponie erforderlich sind, begonnen wird, wenn**

1. **mit einer Entscheidung zugunsten des Trägers des Vorhabens gerechnet werden kann,**
2. **an dem vorzeitigen Beginn ein öffentliches Interesse besteht und**
3. **der Träger des Vorhabens sich verpflichtet, alle bis zur Entscheidung durch die Ausführung verursachten Schäden zu ersetzen und, sofern kein Planfeststellungsbeschluss oder keine Plangenehmigung erfolgt, den früheren Zustand wiederherzustellen.**

Diese Frist kann auf Antrag um sechs Monate verlängert werden.

(2) **Die zuständige Behörde hat die Leistung einer Sicherheit zu verlangen, soweit dies erforderlich ist, um die Erfüllung der Verpflichtungen des Trägers des Vorhabens nach Absatz 1 Satz 1 Nummer 3 zu sichern.**

Schrifttum: K. Beckmann, Die Zweckmäßigkeit von Beschleunigungselementen im Bau-, Immissionsschutz- und Planfeststellungsrecht – eine Gesamtübersicht, UPR 2016, 296; Breier, Die Zulassung vorzeitigen Beginns nach § 15a BImSchG, BB 1993, 155; Ebling, Beschleunigungsmöglichkeiten bei der Zulassung von Abfallentsorgungsanlagen, 1993; Diekmann, Interregnum oder: Der „Probebetrieb" immissionsschutzrechtlich genehmigter Abfallbehandlungsanlagen und seine Überwachung, AbfallR 2007, 205; Fluck, Wider die Restriktionen bei der Zulassung vorzeitigen Beginns nach § 15a BImSchG, DÖV 1994, 885; Kämper, Fachplanung in Deutschland – geht das auch schneller?, NWVBl 2023, 45; Kümper, Zur Zweispurigkeit von Zulassungs- und Enteignungsrecht, UPR 2020, 468; Peper/Schomerus, UVP und vorzeitiger Beginn, UPR 1992, 9; Ochtendung, Die Zulassung des vorzeitigen Beginns im Umweltrecht, 1998; Scheier, Die Zulassung vorzeitigen Beginns – ein neues Instrument des Umweltrechts, ZfW 1992, 412; Schröder/Steinmetz-Maaz, Rechtsfragen der vorzeitigen Zulassung von Abfallentsorgungsanlagen, DVBl. 1992, 23; Stüer/Hermanns, Die Anordnung vorläufiger Teilmaßnahmen in der Fachplanung, DVBl. 1999, 58; Thorwarth, Die Konzentrationswirkung der Zulassung des vorzeitigen Ausbaubeginns nach § 9a i.V.m. § 31 Abs. 2a WHG im Planfeststellungsverfahren, ZfW 1991, 205; Topp, Die Zulassung des vorzeitigen Beginns von Abfallentsorgungsanlagen nach § 7a AbfG und § 15a BImSchG, Münster 1995; A. Versteyl/Kersandt, Voraussetzungen für die Durchführung eines Plangenehmigungsverfahrens bei wesentlicher Änderung einer Deponie, AbfallR 2011, 2.

Übersicht

A. Regelungsinhalt

1 Die Zulassung des vorzeitigen Beginns der Errichtung von Deponien hat bei den Novellierungen des Kreislaufwirtschaftsrechts 2012 und 2020 keine nennenswerte Änderung erfahren. § 37 entspricht insoweit mit kleinen sprachlichen Änderungen der Vorgängerregelung des § 33 KrW-/AbfG (Frische in Schmehl/Klement, KrWG, 2019, § 37 Rn. 4; Versteyl in Schink/Versteyl, KrWG, 2016, § 37 Rn. 1). Eine unionsrechtliche Verpflichtung, Vorhabenträgern die Möglichkeit des vorzeitigen Beginns einzuräumen, besteht nicht (Frische in Schmehl/Klement, KrWG, 2019, § 37 Rn. 6); die Zulassung vorzeitigen Beginns ist umgekehrt aber unionsrechtlich auch unbedenklich. Nach Art. 4 Abs. 1 der RL 2010/75/EU IE-RL treffen die Mitgliedstaaten die erforderlichen Maßnahmen, um sicherzustellen, dass keine neue Anlage ohne vorangehende behördliche Genehmigung betrieben wird; nach Art. 20 Abs. 2 IE-RL ist auch bei wesentlichen Änderungen des Betriebs eine vorherige Genehmigung erforderlich. Diese Bestimmungen beziehen sich jedoch lediglich auf den von § 37 nicht erfassten Betrieb der Anlage (Jarass, BImSchG, 2022, § 8a Rn. 1a; Fellenberg/Schiller in Jarass/Petersen, KrWG, 2022, § 37 Rn. 8). Auch ein über § 37 ermöglichter Probebetrieb dürfte noch mit dem EU-Recht vereinbar sein (Jarass, BImSchG, 2022, § 8a Rn. 1a).

I. Gegenstand der Zulassung

2 Abs. 1 ermöglicht den Beginn der **Errichtung** einer Deponie bereits vor Erteilung der abfallrechtlichen Zulassung und trägt damit einem Bedürfnis nach beschleunigter Realisierung eines Deponievorhabens aus Gründen des öffentlichen Interesses Rechnung (Frische in Schmehl/Klement, KrWG, 2019, § 37 Rn. 1; Fellenberg/Schiller in Jarass/Petersen, KrWG, 2022, § 37 Rn. 1; Klages in BeckOK Umweltrecht, 2018, § 37 KrWG Rn. 1). Während die sofortige Vollziehung des Planfeststellungsbeschlusses dafür sorgt, dass der Inhaber des Planfeststellungsbeschlusses von diesem bereits vor der Bestandskraft Gebrauch machen kann, wenn der Beschluss angefochten wird, beschleunigt die Zulassung des vorzeitigen Beginns die Vorhabenrealisierung bereits vor dem Ergehen des Planfeststellungsbeschlusses oder der Erteilung einer Plangenehmigung. Die Durchführung eines abfallrechtlichen Planfeststellungsverfahrens für eine Deponie oder auch eines abfallrechtlichen Plangenehmigungsverfahrens kann erhebliche Zeit, manchmal sogar mehrere

Jahre, in Anspruch nehmen, so dass insbesondere Gründe einer Sicherstellung der ordnungsgemäßen Abfallbeseitigung dafür sprechen können, mit einigen oder sogar sämtlichen Errichtungsmaßnahmen bereits vor der endgültigen abfallrechtlichen Zulassung beginnen zu dürfen.

Die Zulassung vorzeitigen Beginns bezieht sich auf abfallrechtliche Planfeststellungen nach § 35 Abs. 2 und Plangenehmigungen nach § 35 Abs. 3 und damit ausschließlich auf die Zulassung von **Deponien,** nicht jedoch auf die Zulassung von Abfallentsorgungsanlagen nach § 35 Abs. 1, die immissionsschutzrechtlich zu genehmigen sind. Für diese Anlagen kommt allein eine Zulassung vorzeitigen Beginns nach § 8a BImSchG in Betracht, sofern die immissionsschutzrechtliche Genehmigung nicht durch eine Planfeststellung ersetzt wird (Jarass, BImSchG, 2022, § 8a Rn. 1; Versteyl in Schink/Versteyl, KrWG, 2016, § 37 Rn. 6; Fellenberg/Schiller in Jarass/Petersen, KrWG, 2022, § 37 Rn. 2). Eine vergleichbare Regelung enthalten u.a. die §§ 8a BImSchG, 17, 60 Abs. 2 WHG, 57b Abs. 1 BBergG, 14 Abs. 2 WaStrG, 44c EnWG. 3

Die Zulassung erstreckt sich regelmäßig auf – konkret zu bezeichnende – Maßnahmen in der Anfangsphase der Errichtung einer Deponie, also Grundstückserschließungsmaßnahmen, die Vorbereitungsmaßnahmen für den Bau von Betriebsgebäuden, wie das Ausheben von Baugruben, sowie ggf. Maßnahmen der Basisabdichtung. Vollständige Anlagenteile können ebenfalls von der Zulassung erfasst werden. Entscheidend ist, dass die Maßnahmen wieder rückgängig gemacht werden können bzw. ein dem früheren Zustand vergleichbarer Zustand (z.B. Wiederaufforstung) hergestellt werden kann und nicht die Planungsentscheidung mit ihrer Öffentlichkeitsbeteiligung, den Behördenstellungnahmen, der Anhörung etc. vorgegriffen wird. 4

Es wird angenommen, mit der Zulassung nach § 37 dürfe der „Gehalt einer späteren Zulassung" nach § 35 Abs. 2 oder 3 nicht ganz oder zu wesentlichen Teilen vorweggenommen werden. Es sei dem Zulassungsverfahren nach § 35 Abs. 2 oder 3 vorbehalten, ganz oder teilweise über das Vorhaben selbst verbindlich zu entscheiden (Mann in Versteyl/Mann/Schomerus, KrWG, 2019, § 37 Rn. 6 unter Verweis auf BVerwG Beschl. v. 30.04.1991, DVBl 1991, 877, 878). Der damit gezogene Rahmen werde von einer als Zulassung vorzeitigen Beginns bezeichneten Gestattung überschritten, die die Errichtung oder gar den Betrieb einer Deponie detailliert regele und sogar Nebenbestimmungen für die Zeit nach endgültiger Stilllegung der Anlage enthalte (Mann in Versteyl/Mann/Schomerus, KrWG, 2019, § 37 Rn. 6 unter Verweis auf OVG Lüneburg Urt. v. 30.08.1983, DÖV 1983, 903); eine Gestattung dieser Art stelle eine Umgehung des § 35 dar, weil sie nach ihrem Regelungsgegenstand eine endgültige Zulassung ersetze (Mann in Versteyl/Mann/Schomerus, KrWG, 2019, § 37 Rn. 6). Diese Ansicht könnte missverständlich sein. Eine Umgehung des § 35 kann sich schon deshalb kaum ergeben, weil die Zulassung vorzeitigen Beginns außer Kraft tritt, wenn die Planfeststellung erlassen wird. Außerdem sollte die Zulassung vorzeitigen Beginns schon die Errichtungsmaßnahmen, deren Realisierung sie ermöglichen soll, durchaus detailliert und mit Blick auf die voraussichtlichen Regelungen der späteren Planfeststellung bestimmen, damit keine Rückbaumaßnahmen notwendig werden. Insoweit überschneiden sich die Gegenstände der Zulassung vorzeitigen Beginns und der späteren Planfeststellung naturgemäß. Allerdings sind die Regelungen der Zulassung vorzeitigen Beginns lediglich vorläufiger Natur. Selbst wenn die Zulassung vorzeitigen Beginns Nebenbestimmungen enthalten sollte, die sich auf die Zeit nach der endgültigen Stilllegung der Deponie beziehen, muss dies nicht unzulässig sein, weil die Nachsorge nach der endgültigen Stilllegung sinnvollerweise bereits bei der Planung der Errichtungsmaßnahmen berücksichtigt werden kann. Unzulässig wäre es nur, wenn die Zulassung vorzeitigen Beginns sich anmaßen würde, eine verbindli- 5 che und endgültige Regelung anstelle der Planfeststellung bzw. der Plangenehmigung zu treffen.

6 Für die Durchführung **vorbereitender Erkundungsmaßnahmen** gilt § 34 Abs. 1. Nach § 34 Abs. 1 S. 1 haben Eigentümer und Nutzungsberechtigte von Grundstücken zu dulden, dass Beauftragte der zuständigen Behörde und der öffentlich-rechtlichen Entsorgungsträger zur Erkundung geeigneter Standorte für Deponien und öffentlich zugängliche Abfallbeseitigungsanlagen Grundstücke mit Ausnahme von Wohnungen betreten und Vermessungen, Boden- und Grundwasseruntersuchungen sowie ähnliche Maßnahmen durchführen. Ein Planfeststellungs- oder Plangenehmigungsverfahren muss noch nicht eingeleitet sein; auch die Voraussetzungen des § 37 müssen für die Duldungspflicht nicht erfüllt sein. Zu dulden sind nach § 34 lediglich Erkundungsmaßnahmen. § 37 regelt demgegenüber die behördliche Zulassung von Errichtungsmaßnahmen nach Einleitung des Planfeststellungs- oder Plangenehmigungsverfahrens (Fellenberg/Schiller in Jarass/Petersen, KrWG, 2022, § 37 Rn. 5).

7 § 37 gilt auch für **wesentliche Änderungen** von Deponien, die einer Planfeststellung oder einer Plangenehmigung bedürfen. Werden nur Teile einer Deponie geändert, muss geprüft werden, ob deren Änderung als solche immissionsschutzrechtlich genehmigungspflichtig ist. Da die immissionsschutzrechtliche Genehmigung nach § 13 BImSchG zwar die Plangenehmigung, nicht hingegen die Planfeststellung einschließt, muss in diesem Fall weiter differenziert werden, ob die wesentliche Änderung der Deponie nach § 35 eine Planfeststellung oder eine Plangenehmigung erfordert. Kann die Änderung im Wege einer abfallrechtlichen Plangenehmigung zugelassen werden, erstreckt sich die **Konzentrationswirkung** der immissionsschutzrechtlichen Genehmigung auf diese abfallrechtliche Plangenehmigung. Bedarf es hingegen einer abfallrechtlichen Planfeststellung erstreckt sich deren Konzentrationswirkung auf die erforderliche immissionsschutzrechtliche Genehmigung (Fellenberg/Schiller in Jarass/Petersen, KrWG, 2022, § 37 Rn. 2).

8 Soll auf einer im Wege der Planfeststellung zugelassenen Deponie ein **Zwischenlager** für Abfälle errichtet werden, das für sich gesehen immissionsschutzrechtlich genehmigungsbedürftig ist, bedarf es dafür einer Zulassung im abfallrechtlichen Planfeststellungsverfahren, wenn damit eine wesentliche Änderung des planfestgestellten Zustandes der Deponie verbunden ist (OVG NRW, Urt. v. 30. 4. 2010 – 20 D 119/07, juris Rn 39).

II. Keine Betriebsaufnahme

9 Zu der Vorvorgängerregelung des § 37, dem § 7a AbfG, hatte das BVerwG die Auffassung vertreten, bei der Planung neuer Anlagen erlaube § 7a AbfG nur den Beginn der Errichtung und nicht auch den des Betriebes (BVerwG Beschl. v. 30.04.1991, DVBl. 1991, 877). Mit einer Änderung des § 7a AbfG durch Art. 6 des Investitionserleichterungs- und Wohnbaulandgesetzes erweiterte der Gesetzgeber den Anwendungsbereich der Vorschrift ausdrücklich auf den vorzeitigen Beginn des Betriebs des Vorhabens (vgl. dazu BT-Drs. 12/4047, S. 53 und Gegenäußerung der Bundesregierung, BT-Drs. 12/4208, S. 27). Bedenken des Bundesrats gegen eine Zulassung des vorzeitigen Beginns auch für den Deponiebetrieb wurden zurückgestellt. Art. 4 der IVU-Richtlinie lässt allerdings den Betrieb einer neuen Deponie ohne eine dieser Richtlinie entsprechende Genehmigung nicht zu. Deshalb musste im Rahmen des Artikelgesetzes vom 27.07.2001 die Zulassung vorzeitigen Beginns wieder eingeschränkt werden. Auf der Grundlage der geltenden Fassung darf mit der Errichtung einschließlich der Maßnahmen begonnen werden, die zur Prüfung der Betriebstüchtigkeit der Deponie erforderlich sind. Der Betrieb selbst darf auf der Grundlage einer Zulassung vorzeitigen Beginns dagegen nicht aufgenommen werden (Klages in BeckOK Umweltrecht, 2018, § 37 KrWG Rn. 2).

Ob die Möglichkeit der Zulassung vorzeitigen Beginns auch für Maßnahmen, die zur Prüfung der Betriebstüchtigkeit erforderlich sind, mit Art. 4 IVU-Richtlinie in Einklang steht, ist zweifelhaft. Art. 12 Abs. 2 der IVU-Richtlinie verlangt bei wesentlichen Änderungen grundsätzlich eine vorherige Genehmigung. Dies gilt jedoch nur für Änderungen des Betriebs, während das Unionsrecht für die reine Errichtung keine Genehmigungspflicht voraussetzt. 10

III. Zulässigkeit des Probebetriebs

Nach Auffassung der Bundesregierung ist der Probebetrieb einer Anlage noch der Errichtungsphase und nicht dem Dauerbetrieb zuzurechnen (BT-Drs. 12/3944; zustimmend Klages in BeckOK Umweltrecht, 2018, § 37 KrWG Rn. 3; Mann in Versteyl/Mann/Schomerus, KrWG, 2019, § 37 Rn. 8; Fellenberg/Schiller in Jarass/Petersen, KrWG, 2022, § 37 Rn. 39). Zum Probebetrieb zählt die kurzzeitige Inbetriebnahme der Anlage zu Testzwecken im Sinne einer Prüfung der Betriebstauglichkeit der Deponie oder der Optimierung ihrer Anlagenteile. 11

Die Annahme eines Probebetriebs hängt nicht davon ab, dass für die während dieses Probebetriebes abgelagerten Abfälle kein **Entgelt** genommen wird oder dass die mit dem Probebetrieb verbundenen Risiken deutlich geringer sind als bei dem späteren regulären Betrieb. Da es sich um einen Probebetrieb handelt, der die Betriebstauglichkeit der Deponie erweisen soll, kann nicht von vornherein ein geringeres Risiko als beim „Normalbetrieb" vorausgesetzt werden. Dass die Ablagerung während des Probebetriebs unentgeltlich sein muss, lässt sich aus dem Gesetz nicht ableiten. Für die Gegenmeinung, wonach ein Entgelt ein Indiz für einen Dauerbetrieb sein soll (Klages in BeckOK Umweltrecht, 2018, § 37 KrWG Rn. 3; Frische in Schmehl/Klement, KrWG, 2019, § 37 Rn. 10; Versteyl in Schink/Versteyl, KrWG, 2016, § 37 Rn. 8), ergibt sich aus dem Gesetz nichts. Es spricht nichts dagegen, dass der Deponiebetreiber auch bei dem Probebetrieb ein Entgelt erzielt. 12

Von der Zuordnung des Probebetriebs zur Errichtungsphase oder bereits zum Dauerbetrieb hängt die Unionsrechtskonformität der Regelung ab. Denn die Mitgliedstaaten sind nach Art. 4 IVU-Richtlinie (2008/1/EG) verpflichtet, die erforderlichen Maßnahmen zu treffen, um sicherzustellen, dass keine neue Anlage ohne eine Genehmigung nach der IVU-Richtlinie erlassen wird. 13

Abs. 1 erlaubt, dass mit der Errichtung einschließlich der Maßnahmen, die zur Prüfung der Betriebstüchtigkeit der Deponie erforderlich sind, begonnen werden darf. Daraus wird zum Teil der Schluss gezogen, dass eine **vollständige Errichtung** des Vorhabens den zulässigen Gegenstand der Zulassung überschreiten würde (so Fellenberg/Schiller in Jarass/Petersen, KrWG, 2022, § 37 Rn. 38; Mann in Landmann/Rohmer Umweltrecht, § 8a BImSchG Rn. 16; Kümper UPR 2020, 468; Frische in Schmehl/Klement, KrWG, 2019, § 37 Rn. 9). Das ist allerdings nicht zwingend. Denn die Zulassung vorzeitigen Beginns bezieht sich nach Abs. 1 Satz 1 auf einen Zeitraum von sechs Monaten. Diese Frist kann nach Abs. 1 Satz 2 um weitere sechs Monate verlängert werden. Wenn innerhalb dieser Frist die Errichtungsmaßnahmen abgeschlossen werden können, dann erwartet der Gesetzgeber nicht, dass diese vor ihrem Abschluss abgebrochen werden. Vielmehr ergibt sich gerade daraus, dass die Maßnahmen zur Prüfung der Betriebstüchtigkeit ebenfalls auf der Grundlage einer Zulassung vorzeitigen Beginns noch durchgeführt werden können, dass der Gesetzgeber auch den Abschluss der Errichtungsmaßnahmen bis hin zum Probebetrieb für zulässig hält (zustimmend Versteyl in Schink/Versteyl KrWG, 2016, § 37 Rn. 8). 14

IV. Wiederherstellung des früheren Zustands

15 Fraglich ist, ob die Zulassung vorzeitigen Beginns auch solche Errichtungsmaßnahmen ermöglicht, die nicht wieder rückgängig gemacht werden können. Aus der Verpflichtung, für den Fall, dass das Vorhaben nicht planfestgestellt oder genehmigt wird, den früheren Zustand wiederherzustellen (vgl. § 37 Abs. 1 Satz 1 Nr. 3) wird der Schluss gezogen, Maßnahmen, die sich nicht wieder rückgängig machen ließen, dürften nicht durch eine Zulassung vorzeitigen Beginns ermöglicht werden (Fellenberg/Schiller in Jarass/Petersen, KrWG, 2022, § 37 Rn. 31). Für diese Auffassung spricht, dass sich der Vorhabenträger ausdrücklich verpflichten muss, den früheren Zustand für den Fall, dass sein Vorhaben nicht planfestgestellt oder genehmigt wird, wiederherzustellen. Besteht eine solche Möglichkeit nicht mehr, dann kann er eine solche Verpflichtungserklärung auch nicht abgeben, so dass es an den Voraussetzungen für die Zulassung des vorzeitigen Beginns fehlt. Allerdings muss auch insoweit der **Verhältnismäßigkeitsgrundsatz** beachtet werden. Im naturwissenschaftlich-technischem Sinne mag die vollständige **Wiederherstellung** des früheren Zustandes im Sinne einer Identität häufig nicht möglich sein. Es dürfte insoweit jedoch mehr darum gehen, einen gleichwertigen Zustand wiederherzustellen (Scheier NVwZ 1993, 531; a.A. Fellenberg/Schiller in Jarass/Petersen, KrWG, 2022, § 37 Rn 31, die meinen, dass Maßnahmen, deren Rückgängigmachung zwar technisch machbar, aber wirtschaftlich offensichtlich nicht vertretbar wäre, ebenfalls nicht im Wege einer Zulassung vorzeitigen Beginns ermöglicht werden dürften). Da die Zulassung nur die Errichtung und grundsätzlich nicht den Betrieb der Deponie umfasst, kommt die Entfernung von bereits abgelagerten Abfällen grundsätzlich nicht in Betracht. Sofern die Abfälle zu Testzwecken im Rahmen des Probebetriebs auf dem Gelände abgelegt wurden, handelt es sich jedenfalls um keine Ablagerung i.S.d. KrWG, da der Probebetrieb keine dauerhafte Lagerung vorsieht.

16 Teilweise wird außerdem vertreten, über eine Zulassung vorzeitigen Beginns dürften nicht solche Maßnahmen erlaubt werden, bei denen das **Risiko der Rückabwicklung** den weiteren Entscheidungsprozess unangemessen belaste. In diesem Zusammenhang sei die Höhe der getätigten Investitionen zu berücksichtigen (BVerwG Beschl. v. 30.04.1991, NVwZ 1991, 994, 995). Ob jedoch bereits der Anwendungsbereich der Zulassung vorzeitigen Beginns solche Einschränkungen rechtfertigt, ist fraglich. Auch die Zulassungsvoraussetzungen geben für eine solche Prüfung wenig her. Allerdings wird man im Rahmen des Ermessens, das der zuständigen Behörde bei der Entscheidung über den Antrag auf Zulassung vorzeitigen Beginns zusteht, derartige Überlegungen anstellen können.

17 Teilweise wird die Ansicht vertreten, bei der Zulassung vorzeitigen Beginns handele es sich um eine Ausnahmezulassung. Sowohl wegen des öffentlichen Interesses daran, keine irreversiblen Eingriffe in Natur und Landschaft auszulösen und auch wegen der schutzwürdigen Interessen Drittbetroffener seien die Zulassungsvoraussetzungen des Abs. 1 tendenziell eher zurückhaltend zu handhaben (BVerwG Beschl. v. 30.04.1991, NVwZ 1991, 994, 995 zur früheren Regelung des § 7a AbfG). Für derartige abstrakte Zurückhaltungsappelle besteht allerdings kein Anlass. Denn das Instrument der Zulassung vorzeitigen Beginns ist vom Gesetzgeber gerade wegen des Bedürfnisses nach Beschleunigung dieser Verfahren geregelt worden. Wird das Vorliegen der Zulassungsvoraussetzungen bestätigt, so dass mit einer Entscheidung zugunsten des Vorhabenträgers gerechnet werden kann und an dem vorzeitigen Beginn auch ein öffentliches Interesse besteht, nicht zuletzt der Vorhabenträger sich verpflichtet, alle bis zur Entscheidung durch die Ausführung verursachten Schäden zu ersetzen und, falls das Vorhaben nicht planfestgestellt oder genehmigt wird, den früheren Zustand wiederherzustellen, gibt es für eine weitere Zurückhaltung keinen Anlass (Fluck DÖV 1994, 885; Große Hündfeld DVBl. 1989, 386, 389 a.E.).

V. Rechtliche Wirkung der Zulassung

Die Zulassung des vorzeitigen Beginns befreit vorläufig von dem Verbot von Errichtungsmaßnahmen vor Erteilung einer wirksamen Zulassung. Der Umfang der davon erfassten Maßnahmen hängt von dem Inhalt des Zulassungsantrags und des Zulassungsbescheids ab. Für die nachfolgende Zulassung der Deponie entfaltet die vorläufige Zulassung keine rechtliche Bindungswirkung (Klages in BeckOK Umweltrecht, 2018, § 37 KrWG Rn. 1). Wenn sich der Vorhabenträger an die Zulassung des vorzeitigen Beginns hält, handelt er trotz noch ausstehender Zulassung weder strafbar nach § 327 Abs. 2 Nr. 3 StGB noch ordnungswidrig iSd § 69 Abs. 1 Nr. 2 oder Nr. 3 OWiG; unerheblich ist dabei sogar, ob die Zulassung rechtmäßig ist oder nicht (Mann in Versteyl/Mann/Schomerus, KrWG, 2019, § 37 Rn. 3). 18

Die **Konzentrationswirkung** des § 75 Abs. 1 Satz 1 Halbs. 2 VwVfG ist auf die Zulassung vorzeitigen Beginns entsprechend anzuwenden, weil ansonsten der vom Gesetzgeber gewollte Beschleunigungszweck von vornherein verfehlt würde (zustimmend Fellenberg/Schiller in Jarass/Petersen, KrWG, 2022, § 37 Rn. 46; Versteyl/Grunow in Schink/Versteyl, KrWG, 2016, § 37 Rn. 3). Es bedarf deshalb für die zugelassenen Errichtungsmaßnahmen keiner zusätzlichen Genehmigungen, etwa einer Baugenehmigung. 19

Bei der Zulassung vorzeitigen Beginns handelt es sich weder um eine Teilgenehmigung noch um einen Vorbescheid (Frische in Schmehl/Klement, KrWG, 2019, § 37 Rn. 7; Mann in Versteyl/Mann/Schomerus, KrWG, 2019, § 37 Rn. 5). Vielmehr erlaubt die Zulassung vorzeitigen Beginns nur vorläufig und auch zeitlich begrenzt die Durchführung von Errichtungsmaßnahmen, ohne dass sich daraus eine rechtliche Bindung für die am Ende des laufenden Verfahrens zu treffende Zulassungsentscheidung ergäbe (BVerwG Beschl. v. 30.04.1991, NVwZ 1991, 994, 995). Bei einer Teilgenehmigungen handelt es sich hingegen um eine endgültige Zulassung, die für den von ihrem Regelungsgegenstand jeweils erfassten Anlagenteil die materiell-rechtliche Zulässigkeit abschließend feststellen und insoweit bereits endgültig gestattet. 20

Während der **Vorbescheid** mit feststellender Wirkung abschließend und auch verbindlich über einzelne Zulassungsvoraussetzungen entscheidet, andererseits aber noch keine Ausführungsmaßnahmen erlaubt, entscheidet die Zulassung vorzeitigen Beginns nicht verbindlich über das Vorliegen bestimmter Zulassungsvoraussetzungen, lässt aber die Durchführung von Errichtungsmaßnahmen – anders als der Vorbescheid – bereits zu. 21

Mit einer **Teilgenehmigung** ist die Zulassung vorzeitigen Beginns ebenfalls nicht vergleichbar. Denn mit einer Teilgenehmigung werden bestimmte Teile eines Vorhabens abschließend genehmigt. Damit stellt eine Teilgenehmigung im Umfang ihrer Regelung die materiell-rechtliche Zulässigkeit des zugelassenen Anlagenteils fest und gestattet auch dessen Ausführung endgültig. Das gilt für die Zulassung vorzeitigen Beginns gerade nicht. 22

Ist eine abfallrechtliche Planfeststellung oder eine Plangenehmigung bereits erteilt worden, dann kommt eine Zulassung vorzeitigen Beginns auch dann nicht mehr in Betracht, wenn diese Zulassungsentscheidung durch ein Rechtsmittel angefochten worden ist und deshalb wegen der aufschiebenden Wirkung dieses Rechtsmittels nicht genutzt werden kann. Der Beginn des Vorhabens kann nach Erlass des Planfeststellungsbeschlusses oder Genehmigung nur noch durch die **Anordnung der sofortigen Vollziehung** der Zulassungsentscheidung ermöglicht werden. Eine Zulassung vorzeitigen Beginns ist dagegen nicht mehr möglich (VG Darmstadt Beschl. v. 30. 10.1978, DVBl. 1979, 198, 199). Auch eine Zulassung vorzeitigen Beginns kann von Dritten angefochten werden. Soweit 23

Widerspruch und Anfechtungsklage aufschiebende Wirkung entfalten, kann mit der sofortigen Vollziehung der Zulassung vorzeitigen Beginns erreicht werden, dass trotz der eingelegten Rechtsmittel von der Zulassung vorzeitigen Beginns Gebrauch gemacht werden kann.

B. Voraussetzungen der Zulassung vorzeitigen Beginns

24 Über die Zulassung vorzeitigen Beginns entscheidet die Behörde in einem eigenständigen, nichtförmlichen Verwaltungsverfahren (Mann in Versteyl/Mann/Schomerus, KrWG, 2019, § 37 Rn. 15). Eine Beteiligung der Öffentlichkeit ist in diesem Verfahren nicht vorgeschrieben. Davon zu unterscheiden ist die Frage, ob und inwieweit die Beteiligung der Öffentlichkeit in dem parallel geführten Planfeststellungsverfahren gediehen sein muss. Drittbetroffene, die durch eine Zulassung des vorzeitigen Beginns beeinträchtigt werden könnten, müssen nach § 28 Abs. 1 VwVfG angehört werden.

I. Anhängigkeit eines Planfeststellungs-/-genehmigungsverfahrens

25 Eine Zulassung vorzeitigen Beginns setzt die **Einleitung eines Planfeststellungsverfahrens oder eines Plangenehmigungsverfahren** voraus. Denn der vorzeitige Beginn kann nur in einem Planfeststellungs- oder Genehmigungsverfahren zugelassen werden (Mann in Versteyl/Mann/Schomerus, KrWG, 2019, § 37 Rn. 14; Fellenberg/Schiller in Jarass/Petersen, KrWG, 2022, § 37 Rn. 10; Jarass, BImSchG, 2022, § 8a Rn. 2a). Die Zulassung vorzeitigen Beginns ist auflösend befristet. Ihre Gestattungswirkung erlischt, wenn im Hauptverfahren eine stattgebende Zulassung erwirkt oder eine Ablehnungsentscheidung getroffen wird. Dies gilt selbst dann, wenn von dem Planfeststellungsbeschluss oder der Plangenehmigung wegen der aufschiebenden Wirkung des Rechtsmittels eines Dritten kein Gebrauch gemacht werden kann (Fellenberg/Schiller in Jarass/Petersen, KrWG, 2022, § 37 Rn. 10; Mann in Versteyl/Mann/Schomerus, KrWG, 2019, § 37 Rn. 14). Die Zulassungsbehörde kann dann jedoch von Amts wegen oder auf Antrag des Vorhabenträgers nach §§ 80 Abs. 2 Nr. 4, 80a Abs. 1 Nr. 1 VwGO die sofortige Vollziehung der Planfeststellung oder der Plangenehmigung anordnen.

II. Antragserfordernis

26 Eine Zulassung vorzeitigen Beginns ist nur auf **Antrag** des Vorhabenträgers möglich. Denn die Zulassung vorzeitigen Beginns steht zwar im öffentlichen Interesse. Sie führt jedoch für den Vorhabenträger zu Belastungen, insbesondere zu der Verpflichtung nach Abs. 1 Nr. 3, alle bis zur Entscheidung durch die Ausführung verursachten Schäden zu ersetzen und, falls das Vorhaben nicht planfestgestellt oder genehmigt wird, den früheren Zustand wieder herzustellen. Hierüber muss der Vorhabenträger ohnehin eine Erklärung abgeben, soll die Zulassung erteilt werden (zustimmend Fellenberg/Schiller in Jarass/Petersen, KrWG, 2022, § 37 Rn. 11). Nach § 19 Abs. 1 S. 4 DepV kann der Antrag mit Zustimmung der Behörde auch elektronisch oder in elektronischer Form gestellt werden.

27 Das Antragserfordernis gilt nicht nur für eine Fristverlängerung, für die Abs. 1 Satz 2 ausdrücklich einen solchen Antrag voraussetzt, sondern auch für die erstmalige Zulassung des vorzeitigen Beginns selbst. Eine Zulassung vorzeitigen Beginns von Amts wegen scheidet insoweit aus, da die mit der Zulassung des vorzeitigen Beginns verbundenen Risiken dem Vorhabenträger nicht einseitig aufzuerlegen sind (Versteyl in Schink/Versteyl, KrWG, 2016, § 37 Rn. 7). Da die Zulassung vorzeitigen Beginns ein bereits eingeleitetes Planfeststellungs- oder Plangenehmigungsverfahren voraussetzt, kann der Antrag

auf Zulassung vorzeitigen Beginns grundsätzlich erst mit dem das Planfeststellungsverfahren bzw. das Plangenehmigungsverfahren einleitenden Antrag gestellt werden.

Der Vorhabenträger muss zur Begründung seines Antrags erläutern, welche Maßnahmen vorzeitig zugelassen werden sollen. Die Zulassung vorzeitigen Beginns kann nur Maßnahmen ermöglichen, die auch im Genehmigungsantrag aufgeführt sind, weil eine vom Hauptverfahren isolierte Zulassung ausgeschlossen ist (Jarass, BImSchG, 2022, § 8a Rn. 2a). Außerdem können nur Errichtungsmaßnahmen zugelassen werden, die einer Wiederherstellung des ursprünglichen Zustands nicht entgegenstehen, die also rückgängig gemacht werden können (Jarass, BImSchG, § 8a Rn. 6), wobei allerdings zum Erhalt der Funktionstauglichkeit dieses Beschleunigungsinstruments und zur Wahrung der Verhältnismäßigkeit einige Einschränkungen geboten sind (z.B. mit Blick auf ökologische und klimabezogene Nachteile einer Rückkehr zum früheren Zustand im Vergleich zur Herstellung eines unter Umweltgesichtspunkten zumindest gleichwertigen Zustands). 28

Die Mindestangaben für den Antrag ergeben sich auch insoweit aus § 19 Abs. 1 DepV. Danach muss der Antrag auf Zulassung des vorzeitigen Beginns alle in § 19 Abs. 1 S. 1 DepV genannten Angaben enthalten, die auch für den Antrag auf Errichtung und Betrieb einer Deponie nach § 35 Abs. 2 und 3 KrWG erforderlich sind. Dazu müsste in aller Regel ein Verweis auf den bereits eingereichten Plan nebst den Antragsunterlagen hilfreich sein. Beizufügen sind die nach Abs. 1 S. 1 Nr. 3 geforderte Risikoübernahmeerklärung (§ 19 Abs. 1 S. 2 Nr. 1 DepV) sowie Unterlagen, die der Behörde eine Beurteilung des nach Abs. 1 S. 1 Nr. 2 erforderlichen öffentlichen Interesses ermöglichen (§ 19 Abs. 1 S. 2 Nr. 2 DepV). Ergänzende Angaben zu der nach Abs. 1 S. 1 Nr. 1 von der Behörde geforderten Prognose der Entscheidung im Hauptverfahren mögen zwar im Einzelfall hilfreich sein. Die Behörde wird allerdings ihre Prognose ohnehin auf die im Planfeststellungsverfahren vorgelegten Unterlagen stützen (Fellenberg/Schiller in Jarass/Petersen, KrWG, 2022, § 37 Rn. 12). 29

Der Antrag setzt die Grenzen für den Umfang der vorzeitig zugelassenen Errichtungsmaßnahmen. Denn der Vorhabenträger kann nach Abs. 1 Nr. 3 nur für die Errichtungsmaßnahmen einstehen, deren vorzeitigen Beginn er selbst beabsichtigt. Dem Antrag sind die erforderlichen Unterlagen, anhand derer die Behörde das Vorliegen der Zulassungsvoraussetzungen beurteilen kann, sowie die notwendige Risikoübernahmeerklärung beizufügen. 30

Außerdem sollte der Vorhabenträger vorsorglich einen **Antrag auf Anordnung der sofortigen Vollziehung** stellen, da andernfalls Widersprüche oder Klagen gegen die Zulassung des vorzeitigen Beginns aufschiebende Wirkung entfalten würden. 31

Da bereits für den Erlass der Zulassung ein öffentliches Interesse vorgebracht werden muss, stellt sich die Frage, ob das besondere Vollzugsinteresse, das für eine Anordnung der sofortigen Vollziehung notwendig ist, sich aus diesem öffentlichen Interesse ergeben kann. Einerseits spricht dagegen, dass dieses öffentliche Interesse schon Voraussetzung für den eigentlichen Verwaltungsakt ist und bei Gleichsetzung dieser beiden Interessen stets jede Zulassung des vorzeitigen Beginns mit der Anordnung der sofortigen Vollziehung versehen werden könnte. Andererseits hat der Gesetzgeber mit der Anforderung, dass ein öffentliches Interesse für die Errichtungsmaßnahmen vorliegen muss, bereits deutlich gemacht, dass er diesem Interesse grundsätzlich den Vorrang einräumt. Es wäre auch nicht ersichtlich, inwieweit zwischen dem öffentlichen Interesse, das den vorzeitigen Beginn rechtfertigt, und dem besonderen Vollzugsinteresse unterschieden werden sollte. Könnte die sofortige Vollziehung nicht auf der Grundlage des öffentlichen Interesses angeordnet werden, liefe der gesetzgeberische Zweck, zumindest die Errichtung – nicht auch den Betrieb - vorzeitig zu ermöglichen, leer (so auch Fellenberg/Schiller in Jarass/Petersen, KrWG, 2022, § 37 Rn. 49). 32

III. UVP-Pflicht

33 Für die Zulassung des vorzeitigen Beginns bedarf es keiner Umweltverträglichkeitsprüfung. Bei der Zulassung des vorzeitigen Beginns handelt es sich nicht eine Entscheidung über die Zulässigkeit von Vorhaben iSv § 2 Abs. 6 Nr. 1 UVPG (so zutreffend OVG BB Beschl. v. 14.7.2021 – 11 S 78/21, juris Rn. 21 unter Verweis auf BVerwG Urt. v. 19.12.2019 – 7 C 28.18, Rn. 16; Enders in BeckOK Umweltrecht, 2023, § 8a BImSchG Rn. 7; Frische in Schmehl/Klement, KrWG, 2019, § 37 Rn. 6; Fellenberg/Schiller in Jarass/Petersen, KrWG, 2022, § 37 Rn. 14; Klages in BeckOK Umweltrecht, 2018, § 37 KrWG Rn. 13; Mann in Versteyl/Mann/Schomerus, KrWG, 2019, § 37 Rn. 15; a.A. noch OVG BB Beschl. v. 18.12.2020 – 11 S 127/20, Rn. 10; OVG BB Beschl. v. 20.2.2020 – 11 S 8/20, Rn. 8; OVG Koblenz Beschl. v. 4.3.2016 – 8 B 10233/16, Rn. 5 zu § 2 Abs. 3 Nr. 1 UVPG aF.; OVG BB Beschl. v. 20.2.2020 – 11 S 8/20, Rn. 8). Gegen eine UVP-Pflichtigkeit der Zulassung vorzeitigen Beginns spricht, dass, wie das BVerwG im Zusammenhang mit einer Verlängerung nach § 18 Abs. 3 BImSchG entschieden hat, Zulassungsentscheidungen im Sinne des § 2 Abs. 6 UVPG nur solche Entscheidungen sind, durch die abschließend über die formellen und materiellen Zulassungsvoraussetzungen eines Vorhabens entschieden wird. Auch eine Teilidentität des Prüfprogramms mit demjenigen einer Zulassungsentscheidung ändert nichts daran, dass die Zulassung vorzeitigen Beginns keine Zulassung im UVP-rechtlichen Sinne ist. Gegenstand der Zulassung vorzeitigen Beginns ist keine Genehmigung, sondern eine vorübergehende Freistellung vom Genehmigungserfordernis (OVG BB Beschl. v. 14.07.2021 – 11 S 78/21, juris Rn. 21 unter Verweis auf BVerwG Urt. v. 19.12.2019 – 7 C 28.18, Rn. 16; Jarass, BImSchG, 2022, § 8a Rn. 18; Fellenberg/Schiller in Jarass/Petersen, KrWG, 2022, § 37 Rn. 14).

34 Dass Unterbleiben einer UVP bei der Zulassung vorzeitigen Beginns verstößt auch nicht gegen die UVP-RL, da nur vorläufige und reversible Maßnahmen Gegenstand der Zulassung sind (Fellenberg/Schiller in Jarass/Petersen, KrWG, 2022, § 37 Rn. 14; Scheuing/Wirths in GK-BImSchG, § 8a Rn. 22, 30; Jarass BImSchG, 2022, § 8a Rn. 12; Enders in BeckOK Umweltrecht, 2023, § 8a BImSchG Rn. 7). Zutreffend wir allerdings darauf hingewiesen, dass im Hauptverfahren für die Errichtung und den Betrieb der Deponie eine UVP erforderlich ist (§ 1 Abs. 1 Nr. 1 UVPG iVm Nr. 12 der Anlage 1 zum UVPG) und dass die von Abs. 1 S. 1 Nr. 1 geforderte Prognose einer positiven Entscheidung im Hauptverfahren zumeist nur getroffen werden kann, wenn die UVP im Hauptverfahren hinreichend weit vorangeschritten ist (Fellenberg/Schiller in Jarass/Petersen, KrWG, 2022, § 37 Rn. 14). Bei der Beantwortung der Frage, ob mit einer Entscheidung zugunsten des Vorhabenträgers gerechnet werden kann, müssen die für die UVP erforderlichen Unterlagen regelmäßig im Wesentlichen bereits vorliegen, es sei denn, es handelt sich lediglich um unbedeutendere, kleinere Errichtungsmaßnahmen, die den eigentlichen Kern der zu erstellenden Umweltverträglichkeitsstudie gar nicht betreffen. Einer zusammenfassenden Darstellung der Umweltauswirkungen im Sinne von § 24 UVPG bedarf es für die Zulassung vorzeitigen Beginns noch nicht.

35 Zu dem Antrag des Vorhabenträgers auf Zulassung vorzeitigen Beginns sind Dritte, deren Rechtsstellung berührt werden kann, vor der Entscheidung anzuhören. Anzuhören sind allerdings nur diejenigen, die durch die Zulassung vorzeitigen Beginns selbst unmittelbar berührt werden. Insoweit ist der Kreis der Anzuhörenden regelmäßig enger als der Kreis der Personen, die im Planfeststellungsverfahren oder im Plangenehmigungsverfahren zu beteiligen sind.

C Materielle Voraussetzungen der Zulassung vorzeitigen Beginns

Neben den Anforderungen setzt die Zulassung des vorzeitigen Beginns das Vorliegen strenger materiell-rechtlicher Voraussetzungen voraus, die es rechtfertigen können, die Realisierung von Errichtungsmaßnahmen noch vor Erteilung der Zulassung zu ermöglichen. 36

I. Entscheidungsprognose (Abs. 1 Satz 1 Nr. 1)

Voraussetzung für die Zulassung vorzeitigen Beginns ist gem. Abs. 1 Satz 1 Nr. 1, dass mit einer Entscheidung zugunsten des Trägers des Vorhabens gerechnet werden kann. Die zuständige Behörde hat insoweit eine **Prognose** anzustellen, die eine überwiegende Wahrscheinlichkeit der Zulassung des Vorhabens voraussetzt (Jarass, BImSchG, 2022, § 8a Rn. 10; Mann in Versteyl/Mann/Schomerus, KrWG, 2019, § 37 Rn. 17). Die Prognose muss sich auf sämtliche Zulassungsvoraussetzungen beziehen, sie muss sich dementsprechend auch auf Voraussetzungen erstrecken, die über die Konzentrationswirkung des abfallrechtlichen Planfeststellungsbeschlusses für andere eingeschlossene Genehmigungen zu erfüllen sind (Klages in BeckOK Umweltrecht, 2018, § 37 KrWG Rn. 4, Jarass, BImSchG, 2022, § 8a Rn. 10). Die Prognose erstreckt sich auch auf das der zuständigen Behörde bei der Entscheidung über die Planfeststellung bzw. die Plangenehmigung eingeräumte Ermessen. 37

Hinsichtlich der **Prognosegenauigkeit** ist der Charakter der Zulassung vorzeitigen Beginns als lediglich vorläufige Entscheidung zu bedenken. An die Prognosesicherheit können deshalb nicht dieselben Anforderungen wie bei der eigentlichen Zulassungsentscheidung gestellt werden, bei der ebenfalls hinsichtlich der Bejahung der Zulassungsvoraussetzungen eine Prognose abzugeben ist (zustimmend Fellenberg/Schiller Jarass/Petersen, KrWG, 2022, § 37 Rn. 16; Mann in Versteyl/Mann/Schomerus, KrWG, 2019, § 37 Rn. 20). Die zu fordernde Prognosegenauigkeit hängt auch von Umfang und Auswirkungen der vorzeitigen Maßnahmen ab. Je umfangreicher und auswirkungsrelevanter diese Maßnahmen sind, desto strengere Anforderungen sind an die von Abs. 1 S. 1 Nr. 1 geforderte Prognose einer voraussichtlichen Entscheidung zugunsten des Vorhabenträgers zu stellen (Jarass, BImSchG, 2022, § 8a Rn. 10; Frische in Schmehl/Klement, KrWG, 2019, § 37 Rn. 14; Mann in Versteyl/Mann/Schomerus, KrWG, 2019, § 37 Rn. 18). 38

Die für die Zulassung vorzeitigen Beginns erforderliche Prognose setzt voraus, dass die zuständige Behörde das voraussichtliche Ergebnis ihrer Prüfung hinsichtlich der Errichtung der Deponie bereits hinreichend sicher abschätzen kann. Sie muss insoweit schon Erkenntnisse über alle wesentlichen Entscheidungsgesichtspunkte haben. Das erfordert, dass die Genehmigungsbehörde über die wesentlichen Beurteilungsgrundlagen, d.h. insbesondere über **möglichst vollständige Antragsunterlagen** verfügen muss. Ob aber bereits sämtliche Antragsunterlagen vorliegen müssen, ist zweifelhaft (Frische in Schmehl/Klement, KrWG, 2019, § 37 Rn. 16; so aber Klages in BeckOK Umweltrecht, 2018, § 37 KrWG Rn. 4; Mann in Versteyl/Mann/Schomerus, KrWG, 2019, § 37 Rn. 18). Vollständige Antragsunterlagen sind schon deshalb entbehrlich, weil sich die Zulassung des vorzeitigen Beginns auf Errichtungsmaßnahmen beschränkt, so dass die Antragsgrundlagen zwar die Prognose erlauben müssen, dass auch der Betrieb zugelassen werden kann. Antragsunterlagen zu Details des zukünftigen Betriebs müssen jedoch noch nicht zwingend vorliegen. Soweit diese Antragsunterlagen lediglich eine bestimmte Art und Weise der Ausführung, die sich später im Zweifel noch korrigieren lässt, betreffen, kann 39 vor einer Zulassung vorzeitigen Beginns auf diese Antragsunterlagen auch verzichtet werden.

40 Grundsätzlich beginnt die Beteiligung von Behörden und der Öffentlichkeit aber ohnehin erst, wenn die zuständige Behörde dem Vorhabenträger die Vollständigkeit der Antragsunterlagen bescheinigt hat. Von Bedeutung ist die Fragestellung deshalb am ehesten, wenn sich Laufe des Verfahrens, möglicherweise auch aufgrund von Stellungnahmen im Beteiligungsverfahren, herausstellt, dass noch eine Ergänzung von Antragsunterlagen notwendig ist. Auch wenn insoweit die Antragsunterlagen nicht vollständig sind, muss dies eine Zulassung vorzeitigen Beginns nicht ausschließen (Jarass, BImSchG, 2022, § 8a Rn. 11: ausreichend ist das Vorliegen aller „wesentlichen" Unterlagen; a.A. Klages in BeckOK Umweltrecht, 2018, § 37 KrWG Rn. 4; Mann in Versteyl/Mann/Schomerus, KrWG, 2019, § 37 Rn. 18). Dafür spricht auch, dass die Behörde für ihre Prognose auch weitere Ermittlungen durchführen kann. Nach § 21 Abs. 4 DepV kann die zuständige Behörde zur Vorbereitung eines Bescheids über die Zulassung des vorzeitigen Beginns Teile der oder die gesamten Antragsunterlagen durch einen Sachverständigen überprüfen lassen, den sie nach Anhörung des Trägers des Vorhabens bestimmt (dazu Frische in Schmehl/Klement, KrWG, 2019, § 37 Rn. 18).

41 Regelmäßig wird die zuständige Behörde vor einer Zulassung vorzeitigen Beginns auch **Stellungnahmen der Behörden** einholen, deren Aufgabe durch das Vorhaben berührt wird. Auch insoweit kann allerdings eine Differenzierung angezeigt sein. Sollen etwa nur eher untergeordnete Errichtungsmaßnahmen vorzeitig zugelassen werden, die ohne großen Aufwand wieder beseitigt werden können (z.B. die Einzäunung des Deponiegeländes, oder eine Baustelleneinrichtung), dann bedarf es noch nicht zwingend der Beteiligung aller Behörden, etwa der für die Anlagentechnik verantwortlichen Behörden. Für die Zulassung des vorzeitigen Beginns einzelner und untergeordneter Errichtungsmaßnahmen bedarf es insoweit nicht der vollständigen Anhörung aller sonstigen Fachbehörden. Entscheidend ist die Einschätzung der Planfeststellungsbehörde, ob von den noch ausstehenden Stellungnahmen noch entscheidungsrelevante Informationen oder Bewertungen zu erwarten sind (Fellenberg/Schiller in Jarass/Petersen, KrWG, 2022, § 37 Rn. 18; siehe auch Jarass, BImSchG, 2022, § 8a Rn. 11: Stellungnahmen der Behörden müssen nicht notwendig in endgültiger Form vorliegen).

42 Dazu wird die Auffassung vertreten, dass die **im Planfeststellungsverfahren erforderliche Öffentlichkeitsbeteiligung** im Allgemeinen ebenfalls schon durchgeführt sein müsse, weil die Behörde erst aufgrund des Ergebnisses der Öffentlichkeitsbeteiligung beurteilen könne, ob berechtigte Einwände erhoben werden (Klages in BeckOK Umweltrecht, 2018, § 37 KrWG Rn. 4; Mann in Versteyl/Mann/Schomerus, KrWG, 2019, § 37 Rn. 18; BVerwG Beschl. v. 30.04.1991, DVBl. 1991, 877, 879). Ob auch der **Erörterungstermin** bereits durchgeführt sein müsse, hänge davon ab, ob und inwieweit die Auswirkungen des Vorhabens auf öffentliche und private Belange bereits aufgrund der eingegangenen schriftlichen Stellungnahmen und Einwendungen hinreichend beurteilt werden könnten. Auch insoweit bleibt allerdings daran zu erinnern, dass der Gesetzgeber die Zulassung vorzeitigen Beginns eben nicht von der Durchführung einer Öffentlichkeitsbeteiligung abhängig gemacht, sondern sich bewusst dafür entschieden hat, eine solche Verfahrenshürde nicht in das Gesetz aufzunehmen. Deshalb muss es der Beurteilung der zuständigen Behörde im Einzelfall überlassen bleiben, ob und inwieweit sie für die Abgabe der Prognose, dass mit einer Entscheidung zugunsten des Vorhabenträgers gerechnet werden kann, eine Öffentlichkeitsbeteiligung und möglicherweise auch die Durchführung eines Erörterungstermins für notwendig hält. Gerade bei kleineren, weniger komplexen Vorhaben kann die zuständige Behörde möglicherweise die positive Entscheidungsprognose auch ohne solche Verfahren verantworten, wenn sie erwarten darf, dass

der zusätzliche Erkenntnisgewinn z.B. eines Erörterungstermins gering sein wird (Jarass, BImSchG, 2022, § 8a Rn. 11; Frische in Schmehl/Klement, KrWG, 2019, § 37 Rn. 16; Fellenberg/Schiller in Jarass/Petersen, KrWG, 2022, § 37 Rn. 19; siehe auch Klages in BeckOK Umweltrecht, 2018, § 37 KrWG Rn. 4: Abwarten des Erörterungstermins nicht erforderlich, wenn die erhobenen Einwendungen unzulässig oder offensichtlich unbegründet sind.). Ohnehin wird die Bedeutung des Erörterungstermins für die Öffentlichkeitsbeteiligung durch zahlreiche Beschleunigungsgesetze, mit denen auf einen obligatorischen Erörterungstermin verzichtet wird, relativiert. Soweit der vorzeitige Beginn von mehr als gänzlich untergeordneten Maßnahmen zugelassen werden soll, muss der Antrag aber zumindest ausgelegt (§ 73 Abs. 3 VwVfG) worden sein. Das Ende der Einwendungsfrist muss aber je nach den Umständen des Einzelfalls nicht zwingend abgewartet werden (OVG BB Beschl. v. 20.2.2020 – 11 S 8/20, juris Rn. 21; Fellenberg/Schiller in Jarass/Petersen, KrWG, 2022, § 37 Rn. 19).

Unter den Voraussetzungen des § 28 VwVfG kann allerdings vor einer Zulassung des vorzeitigen Beginns eine **Anhörung Dritter** erforderlich sein. Selbst wenn Dritte bereits zum Hauptantrag angehört worden sind, müssen sie aufgrund der mit der Zulassung vorzeitigen Beginns verbundenen darüberhinausgehenden Beschwer in diesem Verfahren ebenfalls angehört werden, wobei der Kreis der anzuhörenden Betroffenen insoweit enger zu fassen ist. Der Behörde steht es frei, die durch beide Entscheidungen Betroffenen in einem Schritt zu beiden Aspekten anzuhören. 43

Die Prognose, dass mit einer Entscheidung zugunsten des Vorhabenträgers gerechnet werden kann, ist **Entscheidungsvoraussetzung** und nicht Regelungsbestandteil der Zulassungsentscheidung. Die Zulassung vorzeitigen Beginns führt deshalb auch nicht zu einer Bindung der Behörde hinsichtlich der späteren Planfeststellungs- und Genehmigungsentscheidung (*BVerwG*, B. v. 30. 4. 1991 – 7 C 35/90, NVwZ 1991, 994; *Paetow*, in: Kunig/Paetow/Versteyl, KrW-/AbfG, § 33 Rdnr. 23). Dabei ist freilich nicht auszublenden, dass durch den vorzeitigen Beginn bereits Maßnahmen getroffen werden können, welche eine spätere, negative Entscheidung über das Vorhaben entgegenstehen (der *VGH München*, B. v. 14. 11. 1989 – 20 AS 89.40 007, NVwZ 1990, 990 (991) spricht insofern von einem „sog [aller Beteiligten] in Richtung auf eine positive Entscheidung"). Die zuständige Behörde den Antrag auf Planfeststellung abgelehnt, kann nicht mehr mit einer Entscheidung zu Gunsten des Vorhabenträgers gerechnet werden, wenn nicht deutliche Hinweise dafür vorliegen, dass die Ablehnung offenbar rechtswidrig war und eine hohe Wahrscheinlichkeit dafür spricht, dass die Behörde bei einer rechtmäßigen Planfeststellung den Antrag nicht hätte ablehnen dürfen (OVG Sachsen, B. v. 29. 6. 2010 – 4 B 51/10 –, juris Rdnr. 10). 44

Ein **vorläufiges positives Gesamturteil,** das bei Teilentscheidungen in anderen umweltrechtlichen Zulassungsverfahren Voraussetzung einer Verfahrensstufung ist, ist bei der Zulassung des vorzeitigen Beginns nach § 37 nicht notwendig. Zu Recht wird allerdings darauf hingewiesen, dass die Pflicht, bei der Zulassung des vorzeitigen Beginns die Erfolgsaussichten des Genehmigungsantrages zu prüfen, der Behörde als Amtspflicht auch im Interesse des Vorhabenträgers obliegt (Mann in Versteyl/Mann/Schomerus, KrWG, 2019, § 37 Rn. 21). Insoweit muss das Genehmigungsverfahren einen Stand erreicht haben, der eine Prognose zulässt, dass eine überwiegende Wahrscheinlichkeit für die Planfeststellung bzw. die Plangenehmigung besteht (Klages in BeckOK Umweltrecht, 2018, § 37 KrWG Rn. 4). 45

Die fehlerhafte Annahme der Voraussetzungen kann einen **Amtshaftungsanspruch** wegen fehlgeschlagener Investitionen nach sich ziehen (so auch Fellenberg/Schiller in Jarass/Petersen, KrWG, 2022, § 37 Rn. 51; Mann in Versteyl/Mann/Schomerus, KrWG, 2019, § 37 Rn. 21). Fehler hinsichtlich der Prognoseentscheidung setzen voraus, dass der 46

Behörde bereits Unterlagen zum Zeitpunkt ihrer Prognoseentscheidung vorlagen, aus denen sich eine negative Prognoseentscheidung ergab. Die Behörde hat bei der Entscheidung nach § 37 Sorgfaltspflichten auch gegenüber dem Vorhabenträger zu beachten. Der Auffassung, wonach es in der Natur von Prognoseentscheidungen liege, dass sie nicht stets eintreten würden, ist insoweit entgegenzutreten, als der Prognose nach Abs. 1 Satz 1 Nr. 1 grundsätzlich keine unerwarteten Ereignisse entgegenlaufen und die Entscheidung über die Zulassung des vorzeitigen Beginns mit ihrer Prognoseentscheidung von derselben Behörde getroffen wird, die auch über die abfallrechtliche Zulässigkeit der Deponie nach § 35 entscheidet. Auch die Ansicht, ein Amtshaftungsanspruch werde allenfalls bei einem schweren und offenkundigen Fehler in Betracht kommen, überzeugt nicht. Begründet wird sie mit dem Argument, es sei zu beachten, dass drohende Haftungsrisiken faktisch zu einer nach der gesetzlichen Regelungskonzeption gerade nicht gewollten Bindung der Behörde an ihre Entscheidung über die Zulassung des vorzeitigen Beginns führen könnten. § 37 bringe insoweit eine von der endgültigen Zulassung deutlich abweichende Risikoverteilung zu Lasten des Vorhabenträgers zum Ausdruck, die sich auch haftungsrechtlich niederschlage (Fellenberg/Schiller in Jarass/Petersen, KrWG, 2022, § 37 Rn. 51). Mit solchen reinen Opportunitätserwägungen lassen sich gesetzliche Amtshaftungsansprüche nicht einfach abräumen. Es gibt keinen Anlass, die Sorgfaltsmaßstäbe bei der Beachtung von Amtshaftungsprozessen in diesem Fall, abweichend von ansonsten geltenden Anforderungen, zu verringern.

II. Öffentliches Interesse am vorzeitigen Beginn (Abs. 1 Satz 1 Nr. 2)

47 Weitere Voraussetzung für eine Zulassung vorzeitigen Beginns ist ein öffentliches Interesse an einer solchen Zulassungsentscheidung. In erster Linie können sich die auch für die Zulassung vorzeitigen Beginns erforderlichen öffentlichen Interessen aus § 15 Abs. 2 und dem dort geregelten Gebot, Abfälle so zu beseitigen, dass das Wohl der Allgemeinheit nicht beeinträchtigt wird, ergeben. Aus § 17 Abs. 3 lässt sich hingegen in diesem Zusammenhang nichts ableiten (a.A. Klages in BeckOK Umweltrecht, 2018, § 37 KrWG Rn. 5). Das öffentliche Interesse muss sich unmittelbar auf den vorzeitigen Beginn beziehen. Es reicht deshalb nicht aus, dass das Vorhaben an sich einer ordnungsgemäßen Abfallbeseitigung dienlich ist. Das öffentliche Interesse kann sich z.B. daraus ergeben, dass eine veraltete, nicht mehr dem Stand der Technik entsprechende Anlage entweder nachgerüstet oder sogar durch eine neue Anlage abgelöst wird (zustimmend Klages in BeckOK Umweltrecht, 2018, § 37 KrWG Rn. 5) oder dass es Kapazitätsengpässe gibt, die durch eine neue Deponie oder eine Deponieerweiterung möglichst schnell geschlossen werden müssen.

48 Grundsätzlich lässt sich eine Zulassung vorzeitigen Beginns nicht mit **privaten Interessen** des Vorhabenträgers, etwa mit finanziellen Aspekten im Zusammenhang mit der notwendigen Investition begründen. Das ist bedauerlich, weil auch solche privaten Interessen bei einem langwierigen Zulassungsverfahren, dessen Dauer zumeist nicht vom Vorhabenträger zu verantworten ist, eine Beschleunigung erfordern können. Es ist auch nicht erkennbar, warum insoweit für abfallrechtlich zuzulassende Abfalldeponien etwas anderes gilt als auf der Grundlage des § 8a Abs. 1 Nr. 2 BImSchG für immissionsschutzrechtlich genehmigungsbedürftige Abfallentsorgungsanlagen, für die auch ein berechtigtes Interesse des Vorhabenträgers an dem vorzeitigen Beginn ausreicht (siehe auch Versteyl in Schink/Versteyl, KrWG, 2016, § 37 Rn. 11). Allerdings können private Interessen des Vorhabenträgers und öffentliche Interessen an dem Vorhaben identisch sein oder parallel vorliegen (zustimmend (Frische in Schmehl/Klement, KrWG, 2019, § 37 Rn. 21; Fellenberg/Schiller in Jarass/Petersen, KrWG, 2022, § 37 Rn. 23). Denn sollte die Investition wegen der

mit einer zeitlichen Verzögerung verbundenen zusätzlichen Kosten scheitern, dann kann wegen des öffentlichen Interesses an diesem Deponievorhaben auch ein derartiger finanzieller Aspekt die Zulassung vorzeitigen Beginns rechtfertigen. Für eine solche Sichtweise könnte auch sprechen, dass das BVerwG für die Planfeststellung von Deponien entschieden hat, es gebe grundsätzlich überhaupt keine rein privatnützigen abfallrechtlichen Planfeststellungsbeschlüsse. Denn eine geordnete, gemeinwohlverträglichen Entsorgung von Abfällen diene immer auch dem Allgemeinwohl, weil mit ihr Grundpflichten der Abfallbeseitigung erfüllt würden (BVerwG Urt. v. 09.03.1990, BVerwGE 85, 44, juris Rn. 9 ff; siehe dazu auch Beckmann UPR 2023, 123; Mann in Versteyl/Mann/Schomerus, KrWG, 2019, § 37 Rn. 22).

Im Übrigen aber ist das öffentliche Interesse unter Abwägung der für und wider die Zulassung des vorzeitigen Beginns sprechenden Gesichtspunkte zu ermitteln (so auch Klages in BeckOK Umweltrecht, 2018, § 37 KrWG Rn. 5; Mann in Versteyl/Mann/Schomerus, KrWG, 2019, § 37 Rn. 23). Ein öffentliches Interesse kann sich insbesondere dann ergeben, wenn mit einer wesentlichen Änderung des Betriebs, dessen Errichtung vorzeitig begonnen werden soll, die Umweltbelastungen der Abfallablagerungen geringer werden. 49

III. Ersatzverpflichtung und Risikoübernahme (Abs. 1 Satz 1 Nr. 3)

Schließlich setzt eine Zulassung vorzeitigen Beginns voraus, dass der Träger des Vorhabens sich verpflichtet, alle bis zur Entscheidung durch die Ausführung verursachten Schäden zu ersetzen und, falls das Vorhaben nicht planfestgestellt oder genehmigt wird, den früheren Zustand wieder herzustellen; sie muss sich außerdem auf die Verpflichtung des Vorhabenträgers erstrecken, den früheren Zustand im Bereich der Deponie wieder herzustellen, wenn der Antrag auf Planfeststellung oder Plangenehmigung ganz oder teilweise abgelehnt wird. 50

Eine solche Verpflichtungserklärung kann auch im Rahmen eines **öffentlichen-rechtlichen Vertrags** abgegeben werden. Denkbar ist es auch, dass sich der Vorhabenträger einseitig gegenüber der zuständigen Behörde zu einem entsprechenden Ersatz und zur Risikoübernahme verpflichtet. Bei einer vertraglichen Regelung handelt es sich um einen **Vertrag zugunsten Dritter**, der dem Dritten einen unmittelbaren Anspruch einräumt (bejahend Fellenberg/Schiller in Jarass/Petersen, KrWG, 2022, § 37 Rn. 27; Klages in BeckOK Umweltrecht, 2018, § 37 KrWG Rn. 6; Jarass, BImSchG, 2022, § 8a Rn. 10). 51

Bleibt es bei einer einseitigen öffentlich-rechtlichen Verpflichtungserklärung des Vorhabenträgers, dann können sich auch aus einer solchen einseitigen Erklärung möglicherweise unmittelbare Ansprüche Dritter ergeben. Die Erklärung des Vorhabenträgers zur Wiederherstellung berechtigt die zuständige Behörde grundsätzlich, eine solche Wiederherstellung zu verlangen. Allerdings bedarf es zur Konkretisierung dieser Wiederherstellungspflicht eines Verwaltungsakts, den der Vorhabenträger mit Widerspruch und Anfechtungsklage angreifen kann, wenn etwa Art und Umfang der verlangten Wiederherstellung oder die zur Umsetzung gesetzte Frist unverhältnismäßig ist (Versteyl in Schink/Versteyl, KrWG, 2016, § 37 Rn. 12; Jarass BImSchG, 2022, § 8a Rn. 29). Haben die Beteiligten einen öffentlich-rechtlichen Vertrag geschlossen und dort den Umfang der Wiederherstellung konkret geregelt, so kann die Behörde zu einem späteren Zeitpunkt die Höhe des Schadens oder die Art und Weise der Wiederherstellung nicht mehr durch Verwaltungsakt festsetzen, sondern muss Leistungsklage erheben (Klages in BeckOK Umweltrecht, 2018, § 37 KrWG Rn. 6; Versteyl in Schink/Versteyl, KrWG, 2016, § 37 Rn. 12). 52

Die Verpflichtung zum Schadensersatz setzt **kein Verschulden** oder eine Verletzung bestimmter Rechtsgüter des Vorhabenträgers voraus. Sie ist also eine reine Verursachungs- 53 oder Gefährdungshaftung, umfasst alle Schäden – auch reine Vermögensschäden –, die durch die vorzeitige Ausführung verursacht worden sind, und muss unabhängig davon übernommen werden, aus welchen Gründen eine Plangenehmigung nicht erteilt wurde oder eine Planfeststellung nicht ergangen ist (Mann in Versteyl/Mann/Schomerus, KrWG, 2019, § 37 Rn. 24; Fellenberg/Schiller in Jarass/Petersen, KrWG, 2022, § 37 Rn. 27). Schadensersatzansprüche Dritter setzen allerdings voraus, dass einem Dritten durch die vorzeitige Ausführung des Deponievorhabens tatsächlich auch ein Schaden entsteht. Der Schadensersatzanspruch deckt nur die Schäden ab, die durch bis zum Erlass der Entscheidung über die Planfeststellung oder Plangenehmigung vorgenommene Handlungen verursacht werden. Soweit es erforderlich ist, diese Verpflichtungen des Vorhabenträgers zu sichern, hat die zuständige Behörde gem. Abs. 2 eine **Sicherheitsleistung** zu verlangen.

54 Der Vorhabenträger muss sich bei einer Zulassung vorzeitigen Beginns zwar verpflichten, den früheren Zustand wiederherzustellen, wenn das Vorhaben nicht planfestgestellt oder genehmigt wird. Ob jedoch in einem solchen Fall die zuständige Behörde von dem Vorhabenträger eine umfassende Wiederherstellung des früheren Zustandes verlangt, hängt von ihrer Entscheidung ab, die in ihrem Ermessen steht. Ansprüche Dritter auf eine Wiederherstellung des früheren Zustandes gibt es jedenfalls nicht. Bei einer solchen Forderung wird die Behörde insbesondere auch den **Verhältnismäßigkeitsgrundsatz** zu beachten haben. Die Gegenmeinung, der Träger des Vorhabens handele bei der vorzeitigen Ausführung auf eigenes Risiko, weshalb seine Wiederherstellungspflicht nicht auf ein subjektiv wirtschaftlich zumutbares Maß beschränkt sei (Mann in Versteyl/Mann/Schomerus, KrWG, 2019, § 37 Rn. 25; Frische in Schmehl/Klement, KrWG, 2019, § 37 Rn. 25: „grundsätzlich unbegrenzte Haftung"), überzeugt nicht. Immerhin sprach für die Zulassung des vorzeitigen Beginns auch ein öffentliches Interesse, sonst hätte die Zulassung nicht erteilt werden dürfen. Im Übrigen bedeutet Risikoübernahme durch den Vorhabenträger nicht, dass der sich aus dem Rechtsstaatsprinzip abgeleitete Grundsatz der Verhältnismäßigkeit komplett ausgeschaltet werden könnte. Zu Recht wird deshalb angenommen, es müsse genügen, dass sich der frühere Zustand auf Dauer und „im Wesentlichen" wiederherstellen lässt (Jarass, BImSchG, 2022, § 8a Rn. 6; siehe aber auch Jarass, BImSchG, 2022, § 8a Rn. 29: „Der Grundsatz der Verhältnismäßigkeit wird nur in seltenen Fällen Schutz bieten"). Zu prüfen ist auch, ob und inwieweit eine Wiederherstellung des früheren Zustandes aus ökologischen Gründen überhaupt sinnvoll ist. Möglicherweise ist der frühere Zustand nicht einmal vorzugswürdig bzw. der Rückbau mit Blick auf die Klimafolgen unerwünscht, so dass nicht nur die Möglichkeit eines Verzichts auf eine vollständige Wiederherstellung, sondern auf eine Einigung mit dem Vorhabenträger über die Herrichtung in anderer Weise in Frage kommt.

55 Eine konkrete **Frist**, innerhalb derer der frühere Zustand wiederherzustellen ist, ergibt sich aus dem Gesetz nicht. Sicher wird die Behörde grundsätzlich eine möglichst unverzügliche Wiederherstellung des alten Zustandes verlangen können. Aber auch insoweit ist der Verhältnismäßigkeitsgrundsatz zu beachten. Was in einigen Jahren möglicherweise aufgrund natürlicher Sukzession sich von alleine einstellt, muss nicht unbedingt mit hohem Aufwand nur der Beschleunigung wegen technisch hergestellt werden (Stüer/Hermanns DÖV 1999, 58, 60).

D. Entscheidung

I. Ermessen

56 Liegen die Voraussetzungen für eine Zulassung des vorzeitigen Beginns vor, dann steht der Erlass einer solchen Zulassungsentscheidung im Ermessen der zuständigen Behörde. Dabei ist insbesondere das mit § 37 vom Gesetzgeber verfolgte Beschleunigungsinteresse beachtlich. Im Rahmen dieses Ermessens vermögen auch **private Interessen** eine beachtliche Rolle zu spielen (zustimmend Klages in BeckOK Umweltrecht, § 37 KrWG Rn. 10; Frische in Schmehl/Klement, KrWG, 2019, § 37 Rn. 27). Denn wenn die Zulassungsvoraussetzungen vorliegen und damit auch ein öffentliches Interesse an einer solchen Zulassung besteht, dann befördert ein zusätzliches privates Interesse im Rahmen der Ermessensausübung eine positive Entscheidung. Keinesfalls kann der vorzeitige Beginn im Rahmen der Ermessensausübung als restriktiv handzuhabende Ausnahme angesehen werden. Der Vorhabenträger hat einen **Anspruch auf ermessensfehlerfreie Entscheidung** darüber, ob die Zulassung des vorzeitigen Beginns erteilt wird (zustimmend Mann in Versteyl/Mann/Schomerus, KrWG, 2019, § 37 Rn. 30). Der Anspruch auf ermessensfehlerfreie Entscheidung richtet sich allerdings nicht auf die Frage, ob ein öffentliches Interesse gerade an dem vorzeitigen Beginn besteht. Denn die Frage, ob ein öffentliches Interesse an der Zulassung vorzeitigen Beginns besteht, ist nicht im Rahmen des Ermessens, sondern bei der Prüfung der Zulassungsvoraussetzungen zu klären.

II. Entscheidungsinhalt

57 Im Bescheid über die Zulassung des vorzeitigen Beginns nach § 37 hat die zuständige Behörde gem. § 21 Abs. 2 DepV mindestens festzulegen:

1. die Angabe des Namens und des Wohnsitzes oder des Sitzes des Trägers des Vorhabens,
2. die Angabe, dass der vorzeitige Beginn zugelassen wird und die Angabe der Rechtsgrundlage,
3. die Nebenbestimmungen der Zulassung des vorzeitigen Beginns einschließlich der Bezeichnung der Deponie und der Standortangaben und eine Sicherheitsleistung gem. Abs. 2.

58 Soweit § 21 Abs. 2 Nr. 3 DepV als Mindestangabe im Bescheid über die Zulassung des vorzeitigen Beginns auch eine Sicherheitsleistung erwähnt, muss allerdings berücksichtigt werden, dass die Forderung nach einer Sicherheitsleistung nach Abs. 2 nur berechtigt ist, wenn dies zur Sicherung der Verpflichtung des Vorhabenträgers nach Abs. 1 Nr. 3 erforderlich ist.

59 Bei einem Wechsel des Vorhabenträgers endet die Zulassung bzw. geht diese nicht auf den neuen Vorhabenträger über. Die Zulassung wird unter der Voraussetzung erteilt, dass mit einer Entscheidung zugunsten des Vorhabenträgers gerechnet werden könne (vgl. § 37 Abs. 1 Satz 1 Nr. 1). Hierfür spielt die Zuverlässigkeit des Vorhabenträgers nach § 36 Abs. 1 Nr. 2 Alt. 2 eine wichtige Rolle (BVerwG Urt. v. 10. 1. 2012 – 7 C 6/11, juris Rn. 12). Ein Wechsel der Vorhabenträgerschaft erfordert daher für die Zulassung des vorzeitigen Beginns einen neuen Antrag. Die Möglichkeit, die Zulassung zu widerrufen, reicht insoweit nicht aus. Die Zulassung vorzeitigen Beginns wird vom genannten Voraussetzungen abhängig gemacht, unter ihnen die Zuverlässigkeit des Vorhabenträgers und die Verpflichtung, etwaige Schäden zu übernehmen und den vorherigen Zustand ggf. wiederherzustellen. Ein Wechsel in der Vorhabenträgerschaft, die diesen Anforderungen nicht genügt, würde dem Gesetzeszweck zuwiderlaufen. Soweit eingewandt wird, der

neue Vorhabenträger könne in die Verpflichtung nach Abs. 1 Satz 3 eintreten, setzt dies, sofern er nicht als neuer Schuldner hinzutritt, sondern ein Schuldnerwechsel stattfindet, die Zustimmung der Gläubiger voraus. Auch ist angesichts der Anforderungen, die mit einem solchen Wechsel hinsichtlich des Fortbestands der Zulassung verbunden sind, nicht ersichtlich, inwieweit dem Nachfolger hieraus ein Vorteil erwachsen soll.

E. Nebenbestimmungen

60 § 37 sieht die Aufnahme von Nebenbestimmungen nicht ausdrücklich vor. Die Berechtigung, derartige Nebenbestimmungen in die Zulassung aufzunehmen, ergibt sich aus § 36 VwVfG. Nebenbestimmungen können sich auf eine Beschränkung der Zulassung vorzeitigen Beginns auf bestimmte Teile der planfestzustellenden Deponie, auf eine bestimmte Deponietechnik, auf bestimmte Anforderungen an den Lärmschutz etc. beziehen.

I. Befristung

61 Die Zulassung vorzeitigen Beginns ist nach Abs. 1 Satz 1 zu befristen, wobei die Frist sechs Monate nicht überschreiten darf, auf Antrag jedoch gem. Abs. 1 Satz 2 um weitere sechs Monate verlängert werden darf. Dies gilt auch dann, wenn die zu verlängernde Frist abgelaufen ist, sie also formal betrachtet nicht mehr existiert. Entscheidend ist insoweit, dass der Antrag rechtzeitig gestellt wurde, da dem Vorhabenträger lange Bearbeitungszeiten etc. nicht angelastet werden können und er andernfalls dazu genötigt wäre, frühzeitig einen – möglicherweise nicht notwendigen – Antrag auf Fristverlängerung zu stellen.

62 Eine nochmalige Verlängerung ist allerdings ausgeschlossen. Deshalb bietet es sich an, die Zulassung vorzeitigen Beginns nicht für die gesamte Errichtung oder auch nur für Teilerichtungsmaßnahmen zu beantragen, wenn absehbar ist, dass die Umsetzung mehr als 12 Monate in Anspruch nehmen wird. Vielmehr kann nach einer gegenständlich beschränkten Zulassung vorzeitigen Beginns und deren Vollzug eine weitere Zulassung für andere Errichtungsmaßnahmen beantragt werden.

63 Der Möglichkeit, die sechsmonatige Frist aus Ermessensgründen zu unterschreiten, wird in der Praxis realistischer Weise angesichts der mit der Errichtung der Deponie verbundenen Anforderungen keine Bedeutung zukommen.

II. Widerrufsvorbehalt

64 Die Zulassung nach § 37 ist stets unter dem Vorbehalt des Widerrufs zu erteilen. Mit dem Widerrufsvorbehalt kann die zuständige Behörde auch nach der Zulassung vorzeitigen Beginns auf einen Wegfall der die Zulassung des vorzeitigen Beginns rechtfertigenden öffentlichen Interessen reagieren. Gegenüber einem solchen Widerruf der Zulassung vorzeitigen Beginns kann sich der Vorhabenträger nicht auf **Bestandsschutz** berufen (Versteyl in Schink/Versteyl, KrWG, 2016, § 37 Rn. 14; Mann in Versteyl/Mann/Schomerus, KrWG, 2019, § 37 Rn. 29). Dies gilt selbst dann, wenn die Behörde bei unveränderter Sachlage aufgrund neuer Überprüfung entgegen der früheren Beurteilung zu dem Ergebnis kommt, dass der Hauptantrag nicht den gesetzlichen Voraussetzungen genügt und deswegen den Widerruf ausspricht. Zu Recht wird allerdings darauf hingewiesen, dass in solchen Fällen ein **Amtshaftungsanspruch** des Vorhabenträgers in Betracht kommen kann (Versteyl in Schink/Versteyl, KrWG, 2016, § 37 Rn. 15).

Fraglich ist, ob der vorbehaltene Widerruf erfolgen muss, wenn das öffentliche Interesse an der Zulassung vorzeitigen Beginns nicht mehr fortbesteht oder wenn erkannt wird, dass die Voraussetzungen für die Zulassung vorzeitigen Beginns nicht mehr gegeben sind, etwa weil die positive Prognose hinsichtlich der Erfolgsaussichten des Genehmigungsantrages entfallen sind. Eine **Verpflichtung zum Widerruf** der Zulassung vorzeitigen Beginns besteht nach der gesetzlichen Regelung nicht. Sie wird zum Schutz auch der Interessen des Vorhabenträgers notwendig werden, wenn nicht mehr mit einer Zulassungsentscheidung zugunsten des Vorhabenträgers gerechnet werden kann. Wenn aber etwa die öffentlichen Interessen an einer Zulassung vorzeitigen Beginns nicht mehr in vollem Umfang gegeben sind, kann gleichwohl an der Zulassung vorzeitigen Beginns ohne einen Widerruf festgehalten werden. Dabei mögen auch private Interessen des Vorhabenträgers, nicht mitten in einer Errichtungsmaßnahme unterbrochen zu werden, eine erhebliche Rolle spielen. 65

III. Sicherheitsleistung

Nach Abs. 2 hat die zuständige Behörde eine Sicherheit zu verlangen, soweit dies erforderlich ist, um die Erfüllung der Verpflichtungen des Vorhabenträgers zu sichern. Fraglich ist, inwieweit die Verpflichtung des Betreibers einer Deponie, Sicherheit zu leisten, sich auf die Forderung der zuständigen Behörde nach § 37 Abs. 2 im Zusammenhang mit der Zulassung vorzeitigen Beginns von Bedeutung ist. Die zuständige Behörde soll nach § 36 Abs. 3 verlangen, dass der Betreiber einer Deponie für die Rekultivierung sowie zur Verhinderung oder Beseitigung von Beeinträchtigungen des Wohls der Allgemeinheit nach Stilllegung der Anlage Sicherheit im Sinne von § 232 des BGB leistet oder ein gleichwertiges Sicherungsmittel erbringt. Diese Sicherheitsleistung bezieht sich allerdings nicht auf einen Rückbau von Errichtungsmaßnahmen, sondern auf die Gewährleistung von Sicherheit gegenüber Beeinträchtigungen des Wohls der Allgemeinheit nach der Stilllegung der Anlage. Nach § 18 Abs. 1 S. 1 DepV hat der Deponiebetreiber vor Beginn der Ablagerungsphase der zuständigen Behörde die Sicherheit für die Erfüllung von Inhaltsbestimmungen, Auflagen und Bedingungen zu leisten, die mit dem Planfeststellungsbeschluss oder der Plangenehmigung für die Ablagerungs-, Stilllegungs- oder Nachsorgephase zur Verhinderung oder Beseitigung von Beeinträchtigungen des Wohles der Allgemeinheit angeordnet wird. Die nach § 37 Abs. 2 von der zuständigen Behörde in Betracht zu ziehende Sicherheitsleistung unterscheidet sich insoweit sowohl hinsichtlich des Sicherungsziels (Gewährleistung der Wiederherstellung des früheren Zustands bei Versagung der Planfeststellung) als auch hinsichtlich des Zeitpunktes, zu dem sie zu erbringen ist, weil sie schon vor Beginn der Errichtungsmaßnahmen gegebenenfalls beizubringen ist, während die Sicherheitsleistung des Deponiebetreibers nach § 36 Abs. 3, § 18 Abs. 1 S. 1 DepV erst vor Beginn der Ablagerungsphase zu leisten ist. 66

Die Entscheidung, ob eine Sicherheit verlangt werden soll, steht nicht im Ermessen der Behörde. Vielmehr hat sie eine Sicherheit zu verlangen, wenn die Voraussetzungen des § 37 Abs. 2 vorliegen. Entscheidend ist insoweit, ob die Leistung einer Sicherheit erforderlich ist, um die Erfüllung der Verpflichtungen des Vorhabenträgers nach Abs. 1 S. 1 Nr. 3 zu sichern. Eine Sicherheitsleistung wird insbesondere dann in Betracht kommen, wenn ein relativ kleiner Vorhabenträger ein großes Deponievorhaben verwirklichen möchte oder wenn mögliche Schäden wegen hoher Umweltgefahren besonders groß ausfallen könnten. Keinesfalls ist aber davon auszugehen, dass eine Sicherheitsleistung bei privater Trägerschaft in aller Regel angezeigt ist, um einer späteren Zahlungsunfähigkeit vorzubeugen (so aber Mann in Versteyl/Mann/Schomerus, KrWG, 2019, § 37 Rn. 31). Sicherheitsleistungen sind nicht nur eine zusätzliche Belastung des Vorhabenträgers. Sie 67 führen regelmäßig auch zu einer Erhöhung der Entsorgungskosten, die letztlich über Entsorgungsentgelte oder Abfallgebühren von den Abfallerzeugern zu zahlen sind. Sie sollten deshalb nur dann verlangt werden, wenn dies entsprechend den gesetzlichen Voraussetzungen auch erforderlich ist. Der Verzicht auf eine Sicherheitsleistung kommt deshalb nicht nur in atypischen Fällen in Betracht (siehe dazu bezogen auf die Sicherheitsleistung nach §§ 36 Abs. 3, 12 Abs. 1 S. 2, 17 Abs. 4a BImSchG VGH BW Urt. v. 11.05.2021 – 10 S 709/19, juris Rn. 40 ff.; BVerwG Beschl. v. 03.03.2016 – 7 B 44/15, juris; VG Cottbus Beschl. v. 17.11.2022 – 5 L 155/22, juris). Auch eine Regel, wonach eine Sicherheitsleistung immer erforderlich sein soll, wenn die Anlage in privater Trägerschaft ausgeführt werden soll und die Insolvenz des Trägers des Vorhabens nicht ausgeschlossen werden kann, gibt es nicht (a.A. Klages in BeckOK Umweltrecht, 2018, § 37 KrWG Rn. 11).

68 Fraglich ist, ob die Sicherheitsleistung neben der Verpflichtung zur Wiederherstellung des früheren Zustandes auch mögliche Schadensersatzpflichten abdecken muss. Da sich die Regelung des Abs. 2 nicht nur auf die Verpflichtung zur Wiederherstellung des früheren Zustandes, sondern eben auch auf Schadensersatzverpflichtungen bezieht, muss die zuständige Behörde eine solche Sicherheit verlangen, allerdings nur, wenn dies erforderlich ist, um solche Verpflichtungen des Vorhabenträgers auch zu sichern.

69 Hinsichtlich der **Höhe der Sicherheitsleistung** ist nicht nur zu bedenken, welchen Umfang die von dem Vorhabenträger eingegangenen Verpflichtungen haben können. Daneben ist auch von Bedeutung, in welchem Umfang der Vorhabenträger als leistungsfähig gelten kann. Durch eine Sicherheitsleistung ist ein Risiko nur insoweit abzudecken, als zu befürchten steht, dass der Vorhabenträger überfordert sein könnte, dass er also wirtschaftlich nicht in der Lage sein könnte, die ihn treffenden Verpflichtungen zu erfüllen. Insoweit kann eine Differenzierung zwischen leistungsfähigeren und weniger leistungsfähigen Vorhabenträgern angezeigt sein. Bei der Anordnung von Sicherheitsleistungen darf sich die Behörde nicht von wettbewerbsbezogenen Ermessenserwägungen leiten lassen, etwa mit dem Argument, leistungsfähigere Entsorgungskonzerne sollten nicht durch geringere Sicherheitsleistungen gegenüber kleineren Unternehmen bevorzugt werden (dazu VGH BW Urt. v. 11.05.2021 – 10 S 709/19, juris Rn 60).

70 Die **Art der Sicherheitsleistung** orientiert sich an § 232 BGB. Neben den dort aufgeführten Sicherungsmitteln kommt auch der Abschluss einer Haftpflichtversicherung oder die Bestellung einer Konzernbürgschaft in Betracht.

F. Durchsetzung

71 Hält der Vorhabenträger die in der Zulassung getroffenen Inhalts- und Nebenbestimmungen nicht ein oder liegen die Voraussetzungen für den Erlass der Zulassung nicht (mehr) vor, sind die zugelassenen Errichtungsmaßnahmen zu beenden, da andernfalls eine rechtswidrige Errichtung vorliegt. Die zuständige Behörde kann dann die erforderlichen Anordnungen gem. § 62 treffen. § 69 Abs. 1 Nr. 3 nimmt zwar nicht Bezug auf § 37, da aber ein Verstoß gegen § 37 dazu führt, dass die Errichtung ohne den nach § 35 erforderlichen Beschluss bzw. ohne die Genehmigung erfolgt, handelt ein Vorhabenträger in diesem Fall ebenfalls ordnungswidrig.

G. Rechtsschutz

72 Die Zulassung vorzeitigen Beginns ist ein Verwaltungsakt und insoweit von Drittbetroffenen auch mit Widerspruch und Anfechtungsklage auch bei fortlaufendem Planfest-

stellungsverfahren anzugreifen. § 74 Abs. 1 Satz 2 i.V.m. § 70 VwVfG, wonach es vor einer Anfechtungsklage gegen den abfallrechtlichen Planfeststellungsbeschluss keines Widerspruchs bedarf, gilt hier nicht, da es sich um keine Planentscheidung i. d. S. handelt. Die Zulassung des vorzeitigen Beginns und damit auch der Anfechtungsstreit gegen eine solche Zulassung erledigt sich mit der Erteilung der Planfeststellung oder Plangenehmigung. Nach Erteilung der Hauptzulassung geht von der Vorabzulassung keine Beschwer mehr aus. Denn selbst wenn ein Rechtsbehelf gegen die Vorabzulassung Erfolg hätte, könnte unmittelbar von der Hauptgenehmigung Gebrauch gemacht werden. Die Erledigung folgt außerdem aus der Rechtsnatur einer Vorabzulassung. Funktion der vorzeitigen Zulassung des Beginns ist die teilweise und vorläufige Suspendierung der grundsätzlich bestehenden präventiven Errichtungs- und Betriebsverbote. Wird die Genehmigung später erteilt, tritt ihr gestattender Teil an die Stelle der vorläufigen Zulassung. Die Gestattungswirkung der Zulassung ist wegen der ihr kraft Gesetzes immanenten Vorläufigkeit bis zur endgültigen Entscheidung über die Genehmigung befristet. Sie endet, sobald über den Genehmigungsantrag entschieden und damit das Genehmigungsverfahren abgeschlossen wurde (VGH Mannheim Beschl. v. 17. 11. 2009 – 10 S 1851/09, juris Rn. 2).

I. Drittbetroffene

Dritte können durch die Zulassung vorzeitigen Beginns in ihren Rechten verletzt sein, **73** wenn sie als betroffene Grundstückseigentümer oder als Nachbarn berechtigte Einwendungen gegen die Errichtungsmaßnahmen erheben können. Allerdings ergeben sich mögliche Rechtsbeeinträchtigungen Dritter nur selten aus den Errichtungsmaßnahmen. Vielmehr werden zumeist nachteilige Auswirkungen des Betriebs gefürchtet, der nicht im Wege der Zulassung vorzeitigen Beginns ermöglicht werden kann.

Einwendungen gegen die Richtigkeit der Prognose nach Abs. 1 Nr. 1 können **Dritte** **74** nicht erheben. Insoweit sind die Drittbetroffenen auf Rechtsmittel gegen die Zulassungsentscheidung im Hauptsacheverfahren angewiesen (BVerwG Beschl. v. 30.04.1991, NVwZ 1991, 994; VG Gießen Beschl. v. 09. 10.2000, ZUR 2001, 229; Mann in Versteyl/Mann/Schomerus, KrWG, 2019, § 37 Rn. 36). Nach Auffassung des BVerwG hat die von der Behörde anzustellende Prognose einer stattgebenden Hauptentscheidung keine Bindungswirkung im Hinblick auf die endgültige Zulassung. Daher kann es insoweit auch nicht zu einer abschichtenden Problemlösung kommen. Eine gerichtliche Kontrolle der Prognose würde mangels Abschichtung zu einer unökonomischen Mehrfachprüfung führen. Ein derartiges Auseinanderfallen von Regelungsgehalt des Verwaltungsaktes und Rechtsschutzmöglichkeiten könne nicht hingenommen werden, so dass der Dritte eine gerichtliche Überprüfung der Prognose nicht verlangen könne (BVerwG Beschl. v. 30.04.1991, NVwZ 1991, 994, 995).

Auch die Tatbestandsvoraussetzungen des Abs. 1 Nr. 2 vermitteln keinen Drittschutz. **75** Drittschutz vermittelt ansonsten nur die Übernahmeerklärung des Vorhabenträgers gem. Abs. 1 Satz 1 Nr. 3 (VG Augsburg Beschl. v. 09.10. 2009 – Au 6 S 09.1489, juris Rn. 47). Hieraus können Drittbetroffene unmittelbar gegenüber dem Vorhabenträger Schadensersatzansprüche geltend machen. Im Streitfalle wäre aber trotz der öffentlich-rechtlich einzustufenden Erklärung über die Schadensersatzübernahme nicht der Verwaltungsrechtsweg, sondern der Zivilrechtsweg zu beschreiten, da die Schadensersatzansprüche gegenüber dem Vorhabenträger geltend gemacht werden und somit zivilrechtlicher Natur sind (Fellenberg/Schiller in Jarass/Petersen, KrWG, 2022, § 37 Rn. 30).

II. Umweltvereinigungen

76 Auch Umweltvereinigungen steht ein Klagerecht gegen die Zulassung des vorzeitigen Beginns zu. Zwar handelt es sich bei der Zulassung des vorzeitigen Beginns nicht um eine Zulassungsentscheidung iSv § 2 Abs. 1 Nr. 1, § 1 Abs. 1 S. 1 Nr. 1 lit. a) UmwRG iVm § 2 Abs. 6 UVPG (OVG BB Beschl. v. 14.7.2021 – 11 S 78/21, juris Rn. 21 unter Verweis auf BVerwG, v. 19.12.2019 – 7 C 28.18, Rn. 16; Fellenberg/Schiller in Jarass/Petersen, KrWG, 2022, § 37 Rn. 14). Es handelt sich jedoch um eine Entscheidung iSv § 1 Abs. 1 S. 1 Nr. 5 UmwRG (OVG BB Beschl. v. 14.7.2021 – 11 S 78/21, juris Rn. 21; Jarass, BImSchG, 2022, § 8a Rn. 27). Erforderlich ist gem. § 2 Abs. 1 S. 1 Nr. 2 UmweltRG, dass die Vereinigung geltend macht, gerade durch die vorzeitige Zulassung in ihrem satzungsmäßigen Aufgabenbereich berührt zu sein.

III. Vorhabenträger

77 Der Vorhabenträger hat keinen Anspruch auf die Zulassung vorzeitigen Beginns. Deshalb kann er einen solchen Anspruch auch nicht im Wege einer Verpflichtungsklage durchsetzen. Allerdings hat er einen Anspruch auf ermessensfehlerfreie Entscheidung. Liegen die Zulassungsvoraussetzungen vor, kann sich im Einzelfall auch eine Ermessensverdichtung auf Null ergeben, so dass ihm ein Anspruch auf die Zulassung des vorzeitigen Beginns zustehen kann. Angesichts der Zeitdauer verwaltungsgerichtlicher Verfahren, ist eine Verpflichtungsklage gerichtet auf Erteilung der Zulassung vorzeitigen Beginns wenig erfolgversprechend. Einstweiliger Rechtsschutz ist wegen des Verbots der Vorwegnahme der Hauptsache in aller Regel nicht zu erreichen.

§ 38 Planfeststellungsverfahren und weitere Verwaltungsverfahren

(1) **Für das Planfeststellungsverfahren gelten die §§ 72 bis 78 des Verwaltungsverfahrensgesetzes. Die Bundesregierung wird ermächtigt, durch Rechtsverordnung mit Zustimmung des Bundesrates weitere Einzelheiten des Planfeststellungs- und Plangenehmigungsverfahrens zu regeln, insbesondere**

1. Art und Umfang der Antragsunterlagen,
2. nähere Einzelheiten für das Anzeigeverfahren nach § 35 Absatz 4,
3. nähere Einzelheiten für das Verfahren zur Feststellung der endgültigen Stilllegung nach § 40 Absatz 3 sowie
4. nähere Einzelheiten für das Verfahren zur Feststellung des Abschlusses der Nachsorgephase nach § 40 Absatz 5.

(2) **Einwendungen im Rahmen des Zulassungsverfahrens können innerhalb der gesetzlich festgelegten Frist nur schriftlich erhoben werden.**

Schrifttum: *Baufeld,* Grenzen der Anordnung wesentlicher Änderungen von Deponien nach §§ 35 Abs. 1, 36 Abs. 2 Nr. 2 KrW-/AbfG bei der Sanierung von Altdeponien, AbfallR 2010, 235; *Beckmann,* Verwaltungsermessen bei Anordnung und Auswahl von Sicherheitsleistungen für Abfallentsorgungsanlagen?, UPR 2020, 121; *Beckmann,* Planfeststellung zwischen Zulassungsverfahren und Planung. Steht die Zukunft der Planfeststellung auf dem Spiel?, in: Erbguth/Kluth (Hrsg.), Fachplanungsrecht in der gerichtlichen Kontrolle, Berlin 2012, 123 ff.; *Beckmann,* Rechtswahrung durch Verwaltungsverfahren, in: Erbguth (Hrsg.), Verwaltungsrechtsschutz in der Krise: vom Rechtsschutz zum Schutz der Verwaltung, Schriftenreihe des Ostseeinstituts, 2011, S. 99; *Beckmann,* Rechtsfragen des Vollzugs der Deponieverordnung und der Abfallablagerungsverordnung, DVBl. 2003, 821 ff; *Beckmann,* Anforderungen der Deponie- und der Abfallablagerungsverordnung für den Weiterbetrieb von Deponien, AbfallR 2003, 2; *Beckmann,* Umweltverträglichkeitsprüfung im Abfallrecht, in: Erbguth (Hrsg.), Die Umweltverträglichkeitsprüfung. Neuregelung. Entwicklungstendenzen, Nomos-Verlag, 2003; *Beckmann/Gesterkamp,* Sicherheitsleistungen für Abfallentsorgungsanlagen und Entsorgungsdienstleistungen, UPR 2003, 206 ff; *Bell,* Die Rückstellung für Nachsorgekosten bei Deponien im Freistaat Sachsen, KStZ 2011, 61; *Bender/Pfaff,* Zur Standortproblematik im Bereich der Abfallentsorgungsanlagen, DVBl. 1992, 181; *Birk,* Frühzeitige Bürgerbeteiligung – das Konzept des Entwurfs eines Gesetzes zur Verbesserung der Öffentlichkeitsbeteiligung und Vereinheitlichung von Planfeststellungsverfahren, DVBl. 2012, 100; *Buch,* Sicherheitsleistungen für Abfallentsorgungsanlagen, AbfallR 2008, 2; *Durner,* Möglichkeiten der Verbesserung förmlicher Verwaltungsverfahren am Beispiel der Planfeststellung, ZUR 2011, 354; *Füßer/Kindler,* Die Möglichkeiten zur Effektivierung des Erörterungstermins im Rahmen des geltenden Rechts, UPR 2012, 168; *Gaentzsch,* Die Planfeststellung als Anlagenzulassung und Entscheidung über die Enteignung, in: Festschrift für Otto Schlichter, München 1995, S. 517; *Gassner,* Zur Reichweite des Anspruchs auf gerechte Abwägung in der Planfeststellung, DVBl. 2011, 214; *Groß,* Überlegungen zur Reform der Öffentlichkeitsbeteiligung im Planfeststellungsverfahren, BauR 2012, 1340; *Gruber,* Aktuelles zu den Adressaten deponierechtlicher Pflichten, AbfallR 2012, 238; *Hoppe/Beckmann,* Planfeststellung und Plangenehmigung im Abfallrecht – Vorschläge zur Erleichterung des abfallrechtlichen Zulassungsverfahrens, UBA-Texte 27/90, 1990; *Kersting/Gruber,* Deponie auf Deponie – ein Königsweg für Altstandorte?, AbfallR 2010, 200; *Klett,* Zur Entwicklung des Deponierechts am Beispiel des Annahmeverfahrens, AbfallR 2012, 277; *Klages,* Betriebliche Rückstellung als Sicherheitsleistung bei Betrieb einer Deponie, AbfallR 2008, 256; *Klinger,* Frühe Öffentlichkeitsbeteiligung in der Planfeststellung, ZUR 2012, 201; *Knauff,* Öffentlichkeitsbeteiligung im Verwaltungsverfahren, DÖV 2012, 1; *Kleinschnittger,* Die abfallrechtliche Planfeststellung, 1992; *Maus,* Die Änderung von Planfeststellungsbeschlüssen, vor Fertigstellung des Vorhabens NVwZ 2012, 1277; *Michler,* Planfeststellung und Bundesimmissionsschutz, VerwArch 90 (1999), 21 ff.; *Paetow,* Zur Struktur der abfallrechtlichen Planfeststellung, in: Festschrift für Horst Sendler, München 1991, 425; *Paetow,* Genehmigung statt Planfeststellung – Zur Austauschbarkeit von Zulassungsverfahren am Beispiel von Abfallentsorgungsanlagen, in: Festschrift für Otto Schlichter, 1995, 499; *Petersen/Krohn,* Der Planfeststellungsbeschluss als Schutzschild für Deponiebetreiber? – Zur unmittelbaren Geltungswirkung der Abfallablagerungsverordnung, AbfallR 2003, 60 ff.; *Schink,*

Magisches Jahr 2005 – Ende der Deponierung nicht vorbehandelter Abfälle, AbfallR 2002, 2; *Schmidt,* Die Wahrnehmung von Beteiligungs- und Klagemöglichkeiten durch die Umweltverbände – Erfahrungen und Entwicklungsmöglichkeiten, ZUR 2011, 296; *Seeliger,* Das abfallrechtliche Planfeststellungsverfahren, VR 1990, 329; *Versteyl/Kersandt,* Voraussetzungen für die Durchführung eines Plangenehmigungsverfahrens bei wesentlicher Änderung einer Deponie, AbfallR 2011, 2 ff.

Übersicht

A. Überblick

1 § 38 entspricht der Vorgängervorschrift des § 34 KrW-/AbfG. Abs. 1 wurde lediglich klarer gegliedert; die Verweise wurden aktualisiert (Fellenberg/Schiller in Jarass/Petersen, KrWG 2022, § 38 Rn. 4; Mann in Versteyl/Mann/Schomerus, KrWG, 2019, § 38 Rn. 1). § 38 ergänzt die §§ 35–37, die die Zulassungsbedürftigkeit und die materiellen Zulassungsvoraussetzungen von Deponien regeln. Nach § 35 Abs. 2 S. 2 ist im Planfeststellungsverfahren eine Umweltverträglichkeitsprüfung durchzuführen. § 35 Abs. 3 enthält nähere Bestimmungen, unter welchen Voraussetzung statt eines Planfeststellungs- ein Plangenehmigungsverfahren durchgeführt werden kann.

2 Der originäre Regelungsgehalt der Bestimmung des § 38 selbst ist eher gering. § 38 Abs. 1 S. 1 verweist für das Planfeststellungsverfahren auf die Verfahrensbestimmungen der §§ 72–78 VwVfG des Bundes. Das Verfahren regelt sich insoweit nach diesen Vorschriften und nicht nach § 38. § 38 Abs. 1 S. 2 enthält eine Verordnungsermächtigung für die Bundesregierung, weitere Einzelheiten des Planfeststellungs- und Plangenehmigungsverfahrens zu regeln. Die Bundesregierung hat von dieser Ermächtigung mit dem Erlass der DepV Gebrauch gemacht. Einzelheiten des Planfeststellungs- und Plangenehmigungsverfahrens ergeben sich insoweit aus der DepV und wiederum nicht aus § 38 selbst. Der einzig originäre, aber auch nicht sehr komplexe Inhalt des § 38 ergibt sich aus Absatz 2, der für Einwendungen die Schriftform vorgibt.

3 Mit dem spezialrechtlichen Verweis auf bundesrechtliche Verfahrensregelungen des § 38 Abs. 1 S. 1 ist es den Ländern verwehrt, davon abweichende eigenständige Verfahrensbestimmungen einzuführen. § 71 sieht vor, dass von den im KrWG oder aufgrund des KrWG getroffenen Regelungen des Verwaltungsverfahrens durch Landesrecht nicht abgewichen werden kann. Das abfallrechtliche Planfeststellungsverfahren wird hierdurch bun-

desweit vereinheitlicht. Das VwVfG des Bundes findet auch dann Anwendung, wenn die Zulassungsentscheidung, wie bei abfallrechtlichen Planfeststellungsbeschlüssen für Deponien, durch eine Landesbehörde erlassen wird. Die Bundesländer können allerdings bei Beachtung des § 71 ergänzende Regelungen treffen. Solche Regelungen haben die Bundesländer z.B. für Veränderungssperren zur Sicherung der Planfeststellung oder im Zusammenhang mit der Feststellung einer enteignungsrechtlichen Vorwirkung des Planfeststellungsbeschlusses bzw. der Plangenehmigung getroffen (Debus in Schmehl/Klement, KrWG, 2019, § 38 Rn. 15; zu den landesrechtlichen Regelungen zur enteignungsrechtlichen Vorwirkung eines abfallrechtlichen Planfeststellungsbeschlusses siehe Beckmann UPR 2023, 121).

Durch die **dynamische Verweisung** auf das VwVfG knüpft § 38 Abs. 1 S. 1 an die 4
Entwicklung des allgemeinen Verwaltungsrechts in diesem Bereich an und verhindert Rechtszersplitterungen durch verspätete Umsetzungen gesetzlicher Vorgaben seitens der Länder (Versteyl/Grunow in Schink/Versteyl, KrWG, 2016, § 38 Rn. 2; Mann in Versteyl/Mann/Schomerus, KrWG, 2019, § 38 Rn. 2; Fellenberg/Schiller in Jarass/Petersen, KrWG, 2022, § 38 Rn. 9; Debus in Schmehl/Klement, KrWG, 2019, § 38 Rn. 3).

Gem. § 35 Abs. 2 S. 2 muss in jedem abfallrechtlichen Planfeststellungsverfahren eine 5
Umweltverträglichkeitsprüfung nach den Vorschriften des UVPG durchgeführt werden. Deshalb sind für das Planfeststellungsverfahren stets auch die Verfahrensvorschriften des UVPG zu beachten (Mann in Versteyl/Mann/Schomerus, KrWG, 2019, § 38 Rn. 1). Weitere Einzelheiten können sich für das Planfeststellungsverfahren aus Beteiligungsvorschriften für Verbände des Naturschutzrechts und für Umweltvereinigungen aus dem UmwRG ergeben.

Die **Verordnungsermächtigung** des Abs. 1 Satz 2 erstreckt sich auf Regelungen zu 6
den Antragsunterlagen, Einzelheiten zum Anzeigeverfahren und auf Verfahren zur Feststellung der endgültigen Stilllegung und des Abschlusses der Nachsorgephase. Ziel ist auch insoweit die Vereinheitlichung und Beschleunigung der Verfahren (Versteyl/Grunow in Schink/Versteyl, KrWG, 2016, § 38 Rn. 28; Fellenberg/Schiller in Jarass/Petersen, KrWG, 2022, § 38 Rn. 11; kritisch zur zunehmenden Tendenz, das Verfahrensrecht außerhalb des zentralen VwVfG zu regeln Mann in Versteyl/Mann/Schomerus, KrWG, 2019, § 38 Rn. 3).

Zweifel an der hinreichenden Bestimmtheit der Verordnungsermächtigung bestehen 7
nicht (Fellenberg/Schiller in Jarass/Petersen, KrWG, 2022, § 38 Rn. 11). Die Beschränkung auf einzelne Themenbereiche ist u.a. darauf zurückzuführen, dass § 38 nur für das Planfeststellungs- und nicht auch für das Plangenehmigungsverfahren auf die §§ 72–78 VwVfG verweist.

Von der Ermächtigung hat der Verordnungsgeber bei Erlass der **Deponieverordnung** 8
mit den §§ 19 ff. DepV Gebrauch gemacht. Die Deponieverordnung wird daneben auch weitere Ermächtigungsnormen des KrWG gestützt.

Abs. 2 enthält besondere Formanforderungen an **Einwendungen**, die über die allge- 9
meinen Regelungen hinausgehen und modifiziert für das abfallrechtliche Zulassungsverfahren dazu § 73 Abs. 4 VwVfG. Das entspricht der insoweit vergleichbaren Regelung des § 10 Abs. 3 Satz 4 BImSchG.

B. Anwendbare Verfahrensvorschriften (Abs. 1 S. 1)

I. Anwendbarkeit des VwVfG

Abs. 1 Satz 1 erklärt die §§ 72 bis 78 VwVfG für das Planfeststellungsverfahren für 10
anwendbar. Durch den Verweis des Abs. 1 Satz 1 auch auf § 72 VwVfG ist sichergestellt,

dass nicht nur die §§ 73 bis 78 VwVfG, sondern auch die übrigen Vorschriften des VwVfG gelten, soweit sich aus ihnen nichts Abweichendes ergibt (Mann in Versteyl/Mann/Schomerus, KrWG, 2019, § 38 Rn. 1; Fellenberg/Schiller in Jarass/Petersen, KrWG 2022, § 38 Rn. 7). Es handelt sich um einen **dynamischen Verweis** auf die jeweils geltenden Regelungen des VwVfG (Versteyl/Grunow in Schink/Versteyl, KrWG, 2016, § 38 Rn. 4; Versteyl in Schmehl/Klement, KrWG, 2019, § 38 Rn. 3; Klages in BeckOK UmweltR § 34 Rn. 1).

11 Nach § 72 Abs. 1 Satz 1 Halbs. 2 VwVfG sind allerdings die §§ 51 und 71a bis 71 e VwVfG nicht anzuwenden. Die Nichtanwendbarkeit von §§ 71a–71e VwVfG wird damit begründet, dass diese **Beschleunigungsinstrumente** nicht mit verfahrensrechtlichen Vorgaben des Planfeststellungsverfahrens zu vereinbaren wären (Wysk in Kopp/Ramsauer, VwVfG, 2023, § 72 Rn. 23).

12 Für das **Plangenehmigungsverfahren** wird zwar nicht auf die §§ 72–78 VwVfG verwiesen. § 74 Abs. 6 und Abs. 7 enthalten jedoch konkrete Regelungen zur Plangenehmigung und zum Plangenehmigungsverfahren. Der Gesetzgeber nimmt außerdem in § 35 Abs. 3 ausdrücklich auf § 74 Abs. 6 VwVfG Bezug, erklärt sie damit für anwendbar und stellt für die Anwendbarkeit spezielle Anforderungen auf. Dass der Verweis in Abs. 1 Satz 1 auf die §§ 72–78 VwVfG sich nur auf das Planfeststellungsverfahren und nicht auf das Plangenehmigungsverfahren bezieht, hat zur Folge, dass sich das Verfahren der Plangenehmigung grundsätzlich nicht nach den §§ 72-78 VwVfG richtet, bedeutet jedoch nicht die Unanwendbarkeit des § 74 Abs. 6, 7 VwVfG (Versteyl/Grunow in Schink/Versteyl, KrWG, 2016, § 38 Rn. 4).

13 § 29 VwVfG ist mit der Maßgabe anzuwenden, dass **Akteneinsicht** (nur) nach pflichtgemäßem **Ermessen** zu gewähren ist. Die Beschränkung des Akteneinsichtsrechts gem. § 29 VwVfG wird mit der typischerweise hohen Zahl von Beteiligten in einem Planfeststellungsverfahren gerechtfertigt (Wysk in Kopp/Ramsauer, VwVfG, 2023, § 72 Rn. 25). Zu Recht wird allerdings darauf hingewiesen, dass eine solche Ausnahme vom Akteneinsichtsrecht nur dann verfassungskonform sein kann, wenn man davon ausgehen darf, dass die Akteneinsicht nur bei schwerwiegenden Gründen, die gegen die Gewährung sprechen, ermessensfehlerfrei abgelehnt werden kann (Wysk in Kopp/Ramsauer, VwVfG, 2023, § 72 Rn. 25). Im Übrigen bleiben besonders geregelte Akteneinsichtsrechte von der Beschränkung wegen des Grundsatzes der Subsidiarität des VwVfG ausgenommen. Dazu zählen etwa Einsichtsrechte anerkannter **Naturschutzverbände** in die einschlägigen Sachverständigengutachten gem. § 63 Abs. 1 BNatSchG und das allgemeine Akteneinsichtsrecht nach den UIG der Länder. Zu berücksichtigen sind auch Akteneinsichtsrechte landesrechtlicher **Informationsfreiheitsgesetze.**

14 Die Nichtanwendbarkeit des § 51 VwVfG zum **Wiederaufgreifen des Verfahrens** wird mit Schwierigkeiten begründet, die entstehen können, wenn ein Vorhaben, für das der Plan festgestellt worden ist, wieder rückgängig gemacht werden müsste. Ein planbetroffener Dritter hat keinen Rechtsanspruch auf Wiederaufgreifen des Verfahrens, wenn sich nach Eintritt der Bestandskraft die Sach- oder Rechtslage geändert hat. Wenn die Änderung der Sachlage sich aus nicht vorsehbaren nachteiligen Auswirkungen des Vorhabens auf seine Rechte ergibt, hat der Drittbetroffene einen Anspruch nach § 75 Abs. 2 S. 2 VwVfG auf nachträgliche Anordnung von Schutzmaßnahmen oder bei deren Untunlichkeit einen Anspruch auf angemessene Entschädigung in Geld nach § 75 Abs. 2 S. 4 VwVfG. Da dadurch die nachteiligen Konsequenzen der Unanfechtbarkeit des Planfeststellungsbeschlusses bei nachträglich veränderten Umstände zu Lasten Dritter abgemildert werden, sollen verfassungsrechtliche Bedenken dagegen, dass § 72 Abs. 1 einen Anspruch auf Wiederaufgreifen des PlfV ausschließt, unberechtigt sein (Neumann/Külpmann in Stelkens/Bonk/Sachs, VwVfG, 2023, § 72 Rn 115; ; Schink in Knack/Henneke, VwVfG,

2019, § 72 Rn. 61; a.A. Wysk in Kopp/Ramsauer, VwVfG, 2023, § 72 Rn. 27). Das BVerwG führt dazu aus, beachtliche verfassungsrechtliche Bedenken gegen diese Regelung seien nicht ersichtlich, da die §§ 48, 49, § 75 Abs. 2 S. 2 VwVfG ausreichen würden, um Änderungen der Sach- und Rechtslage hinreichend Rechnung tragen zu können (BVerwG, Urt. v. 28.4.2016, NVwZ 2016, 1325). Der Ausschluss von § 51 VwVfG gilt im Übrigen nur für Planfeststellungen, nicht jedoch für Plangenehmigungen (Wysk in Kopp/Ramsauer, VwVfG, 2023, § 72 Rn. 27; offen gelassen von OVG Koblenz Urt. v. 22.04.1986).

Die Anwendung der Regelungen über die **Rücknahme** und den **Widerruf** von Verwaltungsakten nach den §§ 48, 49 VwVfG ist grundsätzlich nicht ausgeschlossen. Allerdings sind die Sonderbestimmungen über die Aufhebung von Planfeststellungsbeschlüssen bei Aufgabe des Vorhabens gem. § 77 VwVfG und über Planänderungen gem. § 76 VwVfG zu beachten. **15**

§ 38 reiht sich ein in eine Riege weiterer Vorschriften, die ebenfalls auf die Regelungen in §§ 72–78 VwVfG verweisen. Dazu gehören u.a. § 67 UVPG, § 43 Satz 6 EnWG, § 70 Abs. 1 WHG, § 17 Abs. 1 Satz 5 FStrG, § 18 Abs. 1 S. 3 AEG, § 14 Abs. 1 Satz 4 WaStrG jeweils mit unterschiedlichen Einschränkungen. § 38 bezieht sich abweichend von § 70 Abs. 1 WHG oder § 67 UVPG nicht auch hinsichtlich der Plangenehmigungsverfahren auf §§ 72–78 VwVfG. Allerdings sind nach § 74 Abs. 6 Satz 2 Halbs. 2 VwVfG auf die Erteilung einer Plangenehmigung die Vorschriften über das Planfeststellungsverfahren nicht anzuwenden. Die Plangenehmigung ergeht daher in einem nichtförmlichen Verfahren nach §§ 10 ff. VwVfG ohne Öffentlichkeitsbeteiligung (Wysk in Kopp/Ramsauer, VwVfG, 2023, § 74 Rn. 203; Neumann/Külpmann in Stelkens/Bonk/Sachs, VwVfG, 2023, § 74 Rn. 245). **16**

Für das Planfeststellungs- und das Plangenehmigungsverfahren sehen die §§ 35–37 spezielle Regelungen vor. Als Spezialvorschriften gehen die dort in Bezug auf das Plangenehmigungsverfahren getroffenen Regelungen ebenfalls den §§ 72–78 VwVfG vor. So dürfen der Planfeststellungsbeschluss und Plangenehmigung nach § 36 Abs. 1 Nr. 1 nur erlassen werden, wenn sichergestellt ist, dass das Wohl der Allgemeinheit nicht beeinträchtigt wird, insbesondere keine Gefahren für die in § 15 Abs. 2 Satz 2 genannten Schutzgüter hervorgerufen werden können, Vorsorge gegen die Beeinträchtigungen der in § 15 Abs. 2 Satz 2 genannten Schutzgüter in erster Linie durch bauliche, betriebliche oder organisatorische Maßnahmen entsprechend dem Stand der Technik getroffen wird und Energie sparsam und effizient verwendet wird. Außerdem dürfen grundsätzlich keine Tatsachen bekannt sein, aus denen sich Bedenken gegen die Zuverlässigkeit des Betreibers oder der für die Errichtung, Leitung oder Beaufsichtigung des Betriebes oder für die Nachsorge der Deponie verantwortlichen Personen ergeben, die Personen i. d. S. und das sonstige Personal über die für ihre Tätigkeit erforderliche Fach- und Sachkunde verfügen, keine nachteiligen Wirkungen auf das Recht eines anderen zu erwarten sind und die für verbindlich erklärten Feststellungen eines Abfallwirtschaftsplans dem Vorhaben nicht entgegenstehen. **17**

§ 38 bestimmt nicht, wer für die Durchführung und die Zulassung der Deponien zuständig ist. Das ergibt sich sowohl für die Funktion der **Anhörungsbehörde** als auch für die der **Planfeststellungsbehörde** aus dem jeweiligen Landesrecht. Die Landesgesetze und Zuständigkeitsverordnungen sehen zumeist, differenzierend nach der Deponieklasse, eine **Zuständigkeit** der unteren Abfallbehörden (Landkreis, kreisfreie Stadt) oder der oberen Abfallbehörden (Regierungspräsidien, Bezirksregierungen) vor (siehe dazu die Auflistung bei Fellenberg/Schiller in Jarass/Petersen, KrWG, 2022, § 38 Rn. 13). **18**

II. Verfahrensvorschriften des UVPG

19 Im Übrigen können die Verfahrensvorschriften der §§ 72 ff. VwVfG nur angewendet werden, wenn und soweit nicht die Verfahrensbestimmungen des UVPG speziellere Regelungen vorsehen. Die Notwendigkeit, für die Errichtung, den Betrieb und die Änderung des Deponiebetriebs eine UVP durchzuführen, ergibt sich aus Vorschriften des UVPG und aus § 35 Abs. 2 Satz 2. Den Vorrang genießt allerdings das UVPG, sodass grundsätzlich nicht die Wahl des Zulassungsverfahrens – abfallrechtliches Planfeststellungsverfahren oder Plangenehmigungsverfahren – über die UVP-Pflicht entscheidet, sondern umgekehrt die UVP-Pflicht eines Deponievorhabens ein abfallrechtliches Planfeststellungsverfahren mit Öffentlichkeitsbeteiligung zwingend zur Folge hat.

20 **1. UVP-pflichtige Deponievorhaben.** Hinsichtlich der UVP-Pflicht für Deponien ist zwischen Deponien zu differenzieren, für die eine UVP obligatorisch ist, und Deponien, für deren Errichtung und Betrieb eine **allgemeine Vorprüfung** des Einzelfalls oder eine **standortbezogene Vorprüfung** erforderlich ist, auf deren Grundlagen dann im Einzelfall über die UVP-Pflichtigkeit des Deponievorhabens zu entscheiden ist.

21 Eine UVP-Pflicht besteht für die Errichtung und den Betrieb einer Deponie zur Ablagerung von gefährlichen Abfällen und bei einer Deponie zur Ablagerung von nicht gefährlichen Abfällen ab einer Aufnahmekapazität von mehr als 10t je Tag oder einer Gesamtkapazität von mehr als 25.000t mit Ausnahme von Deponien für Inertabfälle (§ 6 UVPG iVm Nr. 12.1 und 12.2.1 der Anlage 1).

22 Eine Ausnahme davon gilt, wenn für das Deponievorhaben ein Raumordnungsverfahren durchgeführt worden ist und bereits dort unter Einbeziehung der Öffentlichkeit die Umweltverträglichkeit des Vorhabens geprüft worden ist (s. § 49 Abs. 1 UVPG). Im nachfolgenden Planfeststellungsverfahren kann die UVP dann auf zusätzliche oder andere erhebliche Umweltauswirkungen des Vorhabens beschränkt werden (§ 49 Abs. 2 UVPG). § 49 UVPG ist durch das ROGÄndG 2023 geändert worden. Das Raumordnungsverfahren wird nach § 15 ROG durch eine Raumverträglichkeitsprüfung ersetzt. Nach der Neufassung des § 49 UVPG erfolgt in der **Raumverträglichkeitsprüfung** die Prüfung der Umweltauswirkungen nur nach Maßgabe des ROG. Die Umweltverträglichkeitsprüfung im nachfolgenden behördlichen Verfahren, das der Zulassungsentscheidung dient, umfasst (lediglich) eine vertiefte Prüfung in der Raumverträglichkeitsprüfung nur überschlägig geprüft Umweltauswirkungen.

23 Für eine Erweiterung oder Änderung der Deponien kommt es auf Gefährlichkeit der abzulagernden Abfälle an. Für **Deponien für gefährliche Abfälle** ist für die Änderung stets eine allgemeine Vorprüfung durchzuführen (§ 9 Abs. 1 S. 1 Nr. 2, S. 2, Abs. 3 UVPG). Bei bestehenden Deponien für nicht gefährliche Abfälle und den o.g. Kapazitäten, für die bereits eine UVP durchgeführt worden ist, ist für die Änderung eine (erneute) UVP durchzuführen, wenn die Änderung selber die o.g. Kapazitäten überschreitet oder eine allgemeine Vorprüfung zu dem Ergebnis möglicher erheblicher nachteiliger Umweltauswirkungen kommt (§ 9 Abs. 1 S. 1 UVPG). Wenn für die bestehende Deponie noch keine UVP durchgeführt worden ist, entsteht eine UVP-Pflicht, wenn das geänderte Vorhaben die genannten Kapazitäten erstmals überschreitet oder der Prüfwert für die Vorprüfung erstmals oder erneut überschritten wird und die Vorprüfung ergibt, dass die Änderung erhebliche nachteilige Umweltauswirkungen hervorrufen kann (§ 9 Abs. 2 S. 1 iVm § 7 UVPG).

24 Für **Deponien zur Ablagerung von nicht gefährlichen Abfällen** mit einer Kapazität von weniger als 10t je Tag oder mit einer Gesamtkapazität von weniger als 25.000t

sowie für Deponien zur Ablagerung von Inertabfällen ist eine UVP nach dem jeweiligen Ergebnis einer allgemeinen oder standortbezogenen Vorprüfung des Einzelfalls durchzuführen. Für die Vorprüfung setzt § 7 Abs. 1 S. 3, Abs. 2 S. 3 UVPG das Vorliegen erheblicher nachteiliger Umweltauswirkungen voraus, die nach § 25 UVPG beim Planfeststellungsbeschluss zu berücksichtigen wären. Nachteilige Umweltauswirkungen in der Planfeststellung sind erheblich, wenn sie mehr als geringfügig und damit abwägungserheblich sind.

Für das Planfeststellungsverfahren mit integrierter UVP ergeben sich einige Besonderheiten, insbesondere muss der Vorhabenträger gem. § 16 UVPG einen UVP-Bericht vorlegen, dessen Umfang und Mindestinhalt sich aus § 16 Abs. 1–4 iVm Anhang 4 zum UVPG ergeben. Unter anderem bedarf es einer Übersicht über die wichtigsten vom Vorhabenträger geprüften Alternativen und die Angabe der wesentlichen Auswahlgründe unter Berücksichtigung der jeweiligen Umweltauswirkungen zu geben (§ 16 Abs. 1 S. 1 Nr. 6 UVPG). Umfang und Inhalt des UVP-Berichts werden nach § 15 UVPG regelmäßig in einem Scoping-Termin mit der Planfeststellungsbehörde und den Fachbehörden besprochen, um den der Vorhabenträger ersuchen kann oder den die Planfeststellungsbehörde von Amts wegen für erforderlich kann. 25

Einige Besonderheiten gibt es auch zur Öffentlichkeitsbeteiligung, die sich zwar nach § 18 Abs. 1 S. 4 UVPG nach den Bestimmungen des Planfeststellungsrechts richtet, für das UVPG zusätzliche Vorgaben macht, etwa zu den Angaben der Auslegung von Planunterlagen (§ 19 Abs. 1 UVPG) oder zu den Einwendungsfristen (§ 21 Abs. 2 UVPG; siehe dazu Fellenberg/Schiller in Jarass/Petersen, KrWG, 2022, § 38 Rn. 79 ff.). 26

Auch der eigentliche Entscheidungsprozess wird für UVP-pflichtige Vorhaben im UVPG genauer geregelt. Dabei handelt es sich zum Teil um Rechtsvorschriften, die nicht die äußere Ordnung des Verfahrens, d.h. den Verfahrensablauf als solchen betreffen, sondern den eigentlichen Prozess der Willens- und Entscheidungsbildung steuern (siehe dazu BVerwG Urt. v. 28.11.2017 - 7 A 17/12, juris Rn. 29, wonach Verfahrensfehler im Sinne von § 4 Abs. 1 Nr. 3, Abs. 1a UmwRG nur Verstöße gegen Rechtsvorschriften sind, die die äußere Ordnung des Verfahrens, d.h. den Verfahrensablauf als solchen, betreffen). Die zuständige Behörde erarbeitet nach § 24 Abs. 1 S. 1 UVPG eine zusammenfassende Darstellung der Umweltauswirkungen des Vorhabens, der Merkmale des Vorhabens und des Standorts, mit denen erhebliche nachteilige Umweltauswirkungen ausgeschlossen, vermindert oder ausgeglichen werden sollen, und der Maßnahmen, mit denen erhebliche nachteilige Umweltauswirkungen ausgeschlossen, vermindert oder ausgeglichen werden sollen, sowie der Ersatzmaßnahmen bei Eingriffen in Natur und Landschaft. Die Erarbeitung erfolgt nach § 24 Abs. 1 S. 2 UVPG auf der Grundlage des UVP-Berichts, der behördlichen Stellungnahmen nach § 17 Abs. 2 und § 55 Abs. 4 UVPG sowie der Äußerungen der betroffenen Öffentlichkeit nach den §§ 21 und 56 UVPG. Die zusammenfassende Darstellung soll nach § 24 Abs. 2 UVPG möglichst innerhalb eines Monats nach dem Abschluss der Erörterung im Beteiligungsverfahren erarbeitet werden. Auf der Grundlage der zusammenfassenden Darstellung bewertet die zuständige Behörde nach § 25 Abs. 1 S. 1 UVPG die Umweltauswirkungen des Vorhabens im Hinblick auf eine wirksame Umweltvorsorge nach Maßgabe der geltenden Gesetze. Diese Bewertung ist nach § 25 Abs. 1 S. 2 UVPG zu begründen. Zu den Einzelheiten des UVP-Rechts sei auf die Kommentierungen des UVPG verwiesen. 27

2. Wahl des Zulassungsverfahrens. Ein Planfeststellungsverfahren ist abfallrechtlich für die Errichtung und den Betrieb von Deponien sowie für die **wesentliche Änderung** einer solchen Deponie oder ihres Betriebes vorgesehen. Ob eine Änderung wesentlich ist und damit grundsätzlich einer abfallrechtlichen Planfeststellung bedarf, hängt davon 28 ab, ob durch sie nachteilige Auswirkungen hervorgerufen werden können, die für die Zulassungsvoraussetzungen des abfallrechtlichen Planfeststellungsbeschlusses bzw. für die gebotene planerische Abwägung von Bedeutung sind.

29 An Stelle eines Planfeststellungsbeschlusses kann nach § 74 Abs. 6 S. 1 VwVfG eine Plangenehmigung erteilt werden, wenn Rechte anderer nicht oder nur unwesentlich beeinträchtigt werden oder die Betroffenen sich mit der Inanspruchnahme ihres Eigentums oder eines anderen Rechts schriftlich einverstanden erklärt haben, mit den Trägern öffentlicher Belange, deren Aufgabenbereich berührt wird, das Benehmen hergestellt worden ist und nicht andere Rechtsvorschriften eine Öffentlichkeitsbeteiligung vorschreiben, die den Anforderungen des § 73 Abs. 3 S. 1 und Abs. 4 bis 7 VwVfG entsprechen muss.

30 Nach § 35 Abs. 3 S. 1 gilt die Regelung des § 74 Abs. 6 VwVfG allerdings nur mit Maßgaben, die in § 35 Abs. 3 S. 1 aufgeführt sind. Neben den Voraussetzungen für die Wahl einer Plangenehmigung anstelle eines Planfeststellungsbeschlusses nach § 74 Abs. 6 S. 1 VwVfG müssen dementsprechend zusätzliche Anforderungen erfüllt sein, bevor die zuständige Behörde im Rahmen ihres Ermessens entscheiden kann, ob sie sich anstelle einer Planfeststellung für eine Plangenehmigung entscheidet und damit auch für ein nichtförmliches Zulassungsverfahren entscheidet.

31 Nach § 35 Abs. 3 kommt anstelle eines Planfeststellungsbeschlusses auf Antrag oder von Amts wegen eine abfallrechtliche **Plangenehmigung** in Betracht, wenn die Errichtung und der Betrieb einer unbedeutenden Deponie beantragt wird, soweit die Errichtung und der Betrieb dieser Deponie keine erheblichen nachteiligen Auswirkungen auf ein in § 2 Abs. 1 Satz 2 UVPG genanntes Schutzgut haben kann.

32 Im **Ermessen** der zuständigen Behörde steht die Wahl einer Plangenehmigung jedoch nur dann, wenn die wesentliche Änderung einer Deponie oder ihres Betriebs beantragt wird, soweit diese Änderung keine erheblichen nachteiligen Auswirkungen auf ein in § 2 Abs. 1 Satz 2 UVPG genanntes Schutzgut haben kann. Schließlich kann eine abfallrechtliche Plangenehmigung auch für die Errichtung und den Betrieb einer Deponie beantragt werden, die ausschließlich oder überwiegend der Entwicklung und Erprobung neuer Verfahren dient, und wenn die Genehmigung nur für einen Zeitraum von höchstens 2 Jahren nach Inbetriebnahme der Anlage erteilt werden soll.

33 Soweit der zuständigen Behörde hinsichtlich der Wahl des Zulassungsverfahrens noch ein Ermessen bleibt, entscheidet sie sich bei der Wahl eines Planfeststellungsverfahrens zwingend auch für die Durchführung einer UVP. Die zuständige Behörde kann deshalb eine UVP auch in Fällen erzwingen, in denen nach dem UVPG eine UVP nicht erforderlich ist.

34 Von vornherein nicht in Betracht kommt eine Plangenehmigung für Deponien zur Ablagerung von gefährlichen Abfällen und für Deponien zur Ablagerung von nicht gefährlichen Abfällen mit einer Aufnahmekapazität von zehn Tonnen oder mehr pro Tag oder mit einer Gesamtkapazität von 25.000 Tonnen oder mehr (§ 35 Abs. 3 S. 3). Der Ausschluss einer Plangenehmigung gilt für diese Deponien auch dann, wenn von ihnen keine wesentlichen Umweltauswirkungen erwartet werden können. Deponien für Inertabfälle, können, wenn es sich nicht um gefährliche Abfälle handelt, im Wege einer Plangenehmigung zugelassen werden, auch wenn die Kapazitätsgrenzen von § 35 Abs. 3 S. 3 Nr. 2 überschritten werden.

35 **3. UVP bei Deponiestilllegungen.** Eine UVP kann auch im Zusammenhang mit der Stilllegung einer Deponie erforderlich werden, soweit mit der beabsichtigten Stilllegung eine wesentliche Änderung des planfestgestellten Deponiebetriebs verbunden ist und soweit diese Änderung erhebliche nachteiligen Auswirkungen auf ein in § 2 Abs. 1

UVPG genanntes Schutzgut haben kann. Nach § 40 Abs. 1 Satz 1 hat der Betreiber einer Deponie ihre beabsichtigte Stilllegung der zuständigen Behörde unverzüglich anzuzeigen. Mit der Stilllegung ist in diesem Zusammenhang die Einstellung des Ablagerungsbetriebes gemeint. Dementsprechend erfasst die Stilllegungsphase den Zeitraum vom Ende der Ablagerung bis zur endgültigen Stilllegung. Das ist der Zeitpunkt, zu dem die erforderlichen Stilllegungsmaßnahmen durchgeführt worden sind (siehe dazu § 2 Nr. 35 DepV). Den Abschluss der Stilllegung **(endgültige Stilllegung)** hat die zuständige Behörde gem. § 40 Abs. 3 festzustellen.

Die Stilllegungsphase nach dem Ende der Ablagerung ist Teil der Betriebsphase der 36
Deponie. Grundsätzlich ist deshalb in der abfallrechtlichen Planfeststellung auch über die erforderlichen Maßnahmen im Zusammenhang mit der Stilllegung der Deponie zu entscheiden. Soweit jedoch entsprechende Regelungen im Planfeststellungsbeschluss fehlen, hat die zuständige Behörde den Inhaber der Deponie gem. § 40 Abs. 2 Satz 1 KrWG zu verpflichten, das Gelände auf seine Kosten zu rekultivieren, alle sonstigen Vorkehrungen, einschließlich der Überwachungs- und Kontrollmaßnahmen während der Nachsorgephase zu treffen sowie der zuständigen Behörde alle Überwachungsergebnisse zu melden, aus denen sich Anhaltspunkte für erhebliche nachteilige Auswirkungen auf Mensch und Umwelt ergeben.

Enthält der Planfeststellungsbeschluss bereits entsprechende Regelungen, kann sich an- 37
lässlich der **Stilllegungsanzeige** jedoch herausstellen, dass die Anforderungen nicht mehr dem Stand der Technik entsprechen, dass also eine Änderung des planfestgestellten Stilllegungs-, Rekultivierungs- und Nachsorgekonzepts erforderlich ist. Das kann erhebliche Umplanungen, etwa hinsichtlich des Deponiekörpers, der Böschungen, der Oberflächenabdichtung, der Rekultivierung, der Entgasung etc. zur Folge haben. Solche Änderungen müssen für die betroffenen Umweltbelange nicht nur von Vorteil sein. Es kann deshalb durchaus eine wesentliche Änderung mit möglichen nachteiligen Umweltfolgen in Betracht kommen. In diesen Fällen trifft die **Anzeigepflicht** nach § 40 Abs. 1 Satz 1 mit der Anzeigepflicht nach § 35 Abs. 4 i.V.m. § 15 Abs. 1 Satz 1–4 und Abs. 2 BImSchG zusammen.

C. Verfahrensanforderungen der Deponieverordnung (Abs. 1 S. 2)

Die Bundesregierung wird durch § 38 Abs. 1 S. 2 ermächtigt, durch Rechtsverordnung 38
mit Zustimmung des Bundesrates weitere Einzelheiten des Planfeststellungs- und Plangenehmigungsverfahrens zu regeln. Dazu gehören insbesondere

– Art und Umfang der Antragsunterlagen,
– nähere Einzelheiten für das Anzeigeverfahren nach § 35 Absatz 4,
– nähere Einzelheiten für das Verfahren zur Feststellung der endgültigen Stilllegung nach § 40 Absatz 3 sowie
– nähere Einzelheiten für das Verfahren zur Feststellung des Abschlusses der Nachsorgephase nach § 40 Abs. 5.

I. Art und Umfang der Antragsunterlagen

Gem. § 73 Abs. 1 Satz 1 VwVfG hat der Träger des Vorhabens den Plan der Anhö- 39
rungsbehörde zur Durchführung des Anhörungsverfahrens einzureichen. Der einzureichende Plan besteht gem. § 73 Abs. 1 Satz 2 VwVfG aus den Zeichnungen und Erläuterungen, die das Vorhaben, seinen Anlass und die von dem Vorhaben betroffenen Grundstücke und Anlagen erkennen lassen. Über § 73 Abs. 1 Satz 2 VwVfG hinaus sind auch

die Anforderungen des § 16 UVPG zum UVP-Bericht zu beachten, soweit eine UVP durchzuführen ist.

40 Der Plan des Vorhabenträgers bestimmt den Gegenstand der Planfeststellung. Die Planfeststellungsbehörde ist zwar berechtigt, mit Nebenbestimmungen und Auflagen das beantragte Vorhaben zu beschränken. Sie darf jedoch die Identität des Vorhabens nicht ändern und insoweit ein Planvorhaben zulassen, das nicht beantragt worden ist (BVerwG Urt. v. 11.07.2001, BVerwGE 114, 364, 368; Fellenberg/Schiller in Jarass/Petersen, KrWG, 2022, § 38 Rn. 19). Daraus erhellt zugleich, dass die planerische Abwägung der Planfeststellungsbehörde nicht mit der eines Planungsträgers der Raumordnung oder der Bauleitplanung zu vergleichen ist, die originär planen können, während die Planfeststellungsbehörde darauf beschränkt ist, den Plan des Vorhabenträgers mithilfe einer planerischen Abwägung nachzuvollziehen.

41 Nach Eingang des Antrags teilt die Anhörungsbehörde dem Vorhabenträger unverzüglich mit, ob die Antragsunterlagen vollständig sind und mit welcher Verfahrensdauer er zu rechnen hat. Eine behördliche Beratungspflicht besteht, auch wenn im Gegensatz zu § 2 Abs. 2 der 9. BImSchV eine solche nicht ausdrücklich geregelt, nach § 25 VwVfG und nach § 15 UVPG (Klages in BeckOK Umweltrecht, 2018, § 38 Rn. 2).

42 Nach § 25 Abs. 1 S. 1 VwVfG soll die Behörde die Abgabe von Erklärungen, die Stellung von Anträgen oder die Berichtigung von Erklärungen oder Anträgen anregen, wenn diese offensichtlich nur versehentlich oder aus Unkenntnis unterblieben oder unrichtig abgegeben oder gestellt worden sind. Sie erteilt nach § 25 Abs. 1 S. 2 VwVfG, soweit erforderlich, Auskunft über die den Beteiligten im Verwaltungsverfahren zustehenden Rechte und die ihnen obliegenden Pflichten. Nach § 25 Abs. 2 S. 1 VwVfG erörtert die Behörde, soweit erforderlich, bereits vor Stellung eines Antrags mit dem zukünftigen Antragsteller, welche Nachweise und Unterlagen von ihm zu erbringen sind und in welcher Weise das Verfahren beschleunigt werden kann. Soweit es der Verfahrensbeschleunigung dient, soll sie nach § 25 Abs. 2 S. 2 VwVfG dem Antragsteller nach Eingang des Antrags unverzüglich Auskunft über die voraussichtliche Verfahrensdauer und die Vollständigkeit der Antragsunterlagen geben.

43 Auf Antrag des Vorhabenträgers oder wenn die zuständige Behörde es für zweckmäßig hält, unterrichtet und berät die zuständige Behörde nach § 15 Abs. 1 S. 1 UVPG den Vorhabenträger entsprechend dem Planungsstand des Vorhabens frühzeitig über Inhalt, Umfang und Detailtiefe der Angaben, die der Vorhabenträger voraussichtlich in den UVP-Bericht aufnehmen muss (Untersuchungsrahmen). Die Unterrichtung und Beratung können sich nach § 15 Abs. 1 S. 2 UVPG auch auf weitere Gesichtspunkte des Verfahrens, insbesondere auf dessen zeitlichen Ablauf, auf die zu beteiligenden Behörden oder auf die Einholung von Sachverständigengutachten erstrecken.

44 **1. Antragsunterlagen.** Zu berücksichtigen ist hinsichtlich des Antrags und den beizufügenden Angaben und Unterlagen § 19 Abs. 1 DepV. Nach § 19 Abs. 1 Satz 1 DepV hat der Träger des Vorhabens für die Errichtung und den Betrieb einer Deponie nach § 35 Abs. 2 und 3 – und somit auch für die wesentliche Änderung der Deponie oder ihres Betriebs – sowie für die Zulassung vorzeitigen Beginns nach § 37 einen schriftlichen Antrag bei der zuständigen Behörde einzureichen, der mindestens enthalten muss:

– den Namen und Wohnsitz oder Sitz des Trägers des Vorhabens, des Betreibers und des Entwurfsverfassers
– die Angabe, ob eine Planfeststellung oder eine Plangenehmigung oder ob eine Zulassung des vorzeitigen Beginns beantragt wird,
– Standort und Bezeichnung der Deponie,
– Begründung der Notwendigkeit der Maßnahme,

– Kapazität der Deponie,
– Liste der Abfälle mit Angabe der Abfallschlüssel und Abfallbezeichnungen nach der Anlage zur Abfallverzeichnis-Verordnung und einer Beschreibung nach Art und Beschaffenheit,
– Angaben zu den planungsrechtlichen Ausweisungen des Standortes, den Standortverhältnissen, der Hydrologie, der Hydrogeologie, den geologischen Verhältnissen, den ingenieurgeologischen und geotechnischen Verhältnissen,
– Maßnahmen der Bau- und Ablagerungsphase einschließlich der vorgesehenen Maßnahmen zur Verhütung und Bekämpfung von Verschmutzungen sowie der Kontroll- und Überwachungsmaßnahmen,
– Maßnahmen der Stilllegungs- und Nachsorgephase,
– Angaben zur Sicherheitsleistung,
– bei einem Einsatz von Deponieersatzbaustoffen eine Liste der zu verwendenden Abfälle mit Angabe der Abfallschlüssel und Abfallbezeichnungen nach der Anlage zur Abfallverzeichnis-Verordnung einschließlich Angaben über die einzusetzende Gesamtmenge und Beschaffenheit sowie Beschreibung der Einsatzbereiche und Begründung der Notwendigkeit des Einsatzes.

Ferner sind die in § 73 Abs. 1 S. 2 VwVfG aufgeführten Zeichnungen vorzulegen, die 45 das Vorhaben, seinen Anlass und die von dem Vorhaben betroffenen Grundstücke und Anlagen erkennen lassen. Zumeist gehören zu einem Planfeststellungsantrag für eine Deponie folgende Unterlagen:
– Erläuterungsbericht;
– Übersichtspläne zur räumlichen Konkretisierung der Deponie;
– Lagepläne der baulichen Anlagen;
– Bauwerksverzeichnisse mit individueller Angabe der Art des Bauwerks, seiner Lage sowie der Auswirkungen auf Rechte Dritter;
– Landschaftspflegerischer Begleitplan (LBP) bei Vorhaben mit Eingriffen in Natur und Landschaft (§ 20 Abs. 4 BNatSchG);
– ggf. ein Rodeplan;
– bei UVP-pflichtigen Vorhaben UVP-Bericht;
– Entwässerungskonzept.

Im Erläuterungsbericht bedarf es Angaben zum Bedarf, ggfls. noch einer FFH-Verträg- 46 lichkeitsuntersuchung und eines artenschutzrechtlicher Fachbeitrags, eines Fachbeitrags zum Gewässerschutz etc.

2. Angaben zur Sicherheitsleistung. Bei Abfalldeponien sollen die zuständigen 47 Behörden gem. § 36 Abs. 3 S. 1 verlangen, dass ihr Betreiber für die Rekultivierung sowie zur Verhinderung oder Beseitigung von Beeinträchtigungen des Wohls der Allgemeinheit nach Stilllegung der Anlage Sicherheit i.S.d. § 232 BGB leistet oder ein gleichwertiges Sicherungsmittel erbringt. Konkretisiert wird diese Forderung nach einer Sicherheitsleistung oder etwas Gleichwertigem für Abfalldeponien in § 18 DepV. Nach § 18 Abs. 1 Satz 1 DepV hat der Deponiebetreiber vor Beginn der Ablagerungsphase der zuständigen Behörde die Sicherheit für die Erfüllung von Inhaltsbestimmungen, Auflagen und Bedingungen zu leisten, die mit dem Planfeststellungsbeschluss oder der Plangenehmigung für die Ablagerungs-, Stilllegungs- oder Nachsorgephase zur Verhinderung oder Beseitigung von Beeinträchtigungen des Wohles der Allgemeinheit angeordnet wird. Dies gilt zur Erfüllung der Auflagen und Bedingungen einer Änderungsgenehmigung entsprechend (§ 18 Abs. 1 Satz 2 DepV).

48 § 36 Abs. 3 KrWG wurde von einer reinen Ermessensvorschrift (vgl. „kann" in § 32 Abs. 3 Satz 1 KrW-/AbfG) zu einer **Sollvorschrift** umgestaltet. Das Behördenermessen ist daher in aller Regel dahingehend gebunden, dass die Behörde eine Sicherheitsleistung anzuordnen hat. Immerhin kann im Rahmen des trotz der grundsätzlichen Bindung verbleibenden Ermessens die Überlegung eine Rolle spielen, ob auf die Forderung nach Sicherheitsleistung verzichtet werden kann, weil die Befürchtung einer möglichen Insolvenz nicht ernsthaft besteht und deshalb auch im Sinne der Deponierichtlinie (Richtlinie 1999/31/EG des Rates vom 26. 4. 1999 über Abfalldeponien, ABl. EG 1999 L 182, S. 1) weitergehende Forderungen nach Sicherheiten unangemessen sind. Im Übrigen kann diese Entscheidung für einen Verzicht auf eine Sicherheitsleistung zu einem späteren Zeitpunkt revidiert werden. Das gibt im Rahmen des gebundenen Ermessens die Flexibilität, zumindest in Ausnahmefällen vorläufig auf eine Sicherheitsleistung oder eine bestimmte Höhe der Sicherheitsleistung zu verzichten.

49 Gem. § 18 Abs. 2 Satz 1 DepV legt die zuständige Behörde Art und Umfang der Sicherheit fest. Neben den in § 232 BGB genannten Sicherungsmitteln nennt § 18 Abs. 2 Satz 2 DepV als gleichwertige Sicherungsmittel die Stellung eines tauglichen Bürgen, insbesondere einer Konzernbürgschaft, eine Garantie oder ein Zahlungsversprechen eines Kreditinstituts oder eine gleichwertige Sicherheit. Bei der Festsetzung des Umfangs der Sicherheit ist ein planmäßiger Nachsorgebetrieb zu Grunde zu legen und bei Deponien der Klasse 0 von einem Nachsorgezeitraum von mindestens zehn Jahren, bei den Deponien der Klassen I bis IV von mindestens 30 Jahren auszugehen (§ 18 Abs. 2 Satz 5 DepV).

50 Die Höhe der Sicherheitsleistung wird weder im Gesetz noch in der Verordnung konkret festgelegt. Sie hängt in erster Linie von dem beabsichtigten Sicherungszweck und den insoweit bestehenden Risiken ab (§ 18 Abs. 3 Satz 2 DepV). Nach § 36 Abs. 3 dient die Sicherheitsleistung für Deponien zwei Zwecken, nämlich der Sicherung der zukünftigen Rekultivierung einerseits und der Sicherung von Maßnahmen zur Verhinderung oder Beseitigung von Beeinträchtigungen des Wohls der Allgemeinheit nach Stilllegung der Anlage andererseits. Die Sicherheitsleistung nach § 36 erstreckt sich danach nicht auf Risiken des Deponiebetriebs während der Errichtungs- und der Ablagerungsphase.

51 Allerdings geht der **Sicherungszweck,** wie er in § 18 Abs. 1 und 2 DepV formuliert wird, deutlich über die in § 36 Abs. 3 genannten Sicherungszwecke hinaus. Denn in § 18 Abs. 1 DepV wird auch eine Sicherheit für die Ablagerungs-, Stilllegungs- oder Nachsorgephase verlangt. Der Gesetzgeber bezieht die Sicherheitsleistung damit auf finanzielle Risiken für die Zeit nach Beendigung der Ablagerung, wohl insbesondere deshalb, weil nach Einstellung der Ablagerungstätigkeit die Einnahmen fehlen und damit die finanzielle Leistungsfähigkeit für die verbleibenden Nachsorgekosten über eine Sicherheitsleistung gewährleistet werden soll. Der Verordnungsgeber möchte demgegenüber weitergehend, dass Sicherheitsleistungen auch für den laufenden Betrieb abverlangt werden. Das ist mit der gesetzlichen Regelung des § 36 Abs. 3 nicht zu vereinbaren. Auch mit der Ermächtigungsgrundlage des § 43 Abs. 4 lassen sich derart weitgehende Anforderungen an die Sicherheit bezogen auf die Errichtungs- und Ablagerungsphase nicht rechtfertigen. Denn die Ermächtigungsgrundlage bezieht sich nur auf Vorschriften über Art, Umfang und Höhe von Sicherheitsleistungen im Sinne von § 36 Abs. 3, so dass sich die Sicherheiten auch nur auf die Rekultivierung und Risiken für die Zeit nach Stilllegung der Deponie beziehen können.

52 Hinsichtlich möglicher Sicherheitsleistungen muss bezogen auf die spätere Rekultivierung und Nachsorge berücksichtigt werden, dass auf der Grundlage der Kostenregelung des § 44 gerade auch für Rekultivierung und Nachsorge durch die **Erhebung kostendeckender Entgelte** zukünftig zwingend ausreichende Vorsorge getroffen werden muss. Nach § 44 Abs. 1 müssen die vom Betreiber für die Ablagerung von Abfällen in Rech-

nung zu stellenden privatrechtlichen Entgelte alle Kosten für die Errichtung und den Betrieb der Deponie, einschließlich der Kosten einer vom Betreiber zu leistenden Sicherheit i.S.d. § 232 BGB oder eines zu erbringenden gleichwertigen Sicherungsmittels, sowie die geschätzten Kosten für die Stilllegung und die Nachsorge für mindestens 30 Jahre abdecken.

Die **Art der Sicherheitsleistung** wird weder durch die DepV noch durch das KrWG festgelegt. Gesetz und Verordnung lassen grundsätzlich eine Sicherheitsleistung einerseits und ein gleichwertiges Sicherungsmittel andererseits zu. § 18 Abs. 2 Satz 2 DepV differenziert zwischen den in § 232 BGB bestimmten Sicherheiten und gleichwertigen Sicherheiten, für die der Verordnungsgeber eine nicht abschließende Reihe von Beispielen (vgl. „oder eine gleichwertige Sicherheit") benennt. Zu den möglichen Sicherheiten nach § 232 BGB zählen die Hinterlegung von Geld oder Wertpapieren, die Verpfändung bestimmter Forderungen oder beweglicher Sachen, die Bestellung von Hypotheken an inländischen Grundstücken und Schiffshypotheken, die Verpfändung von Forderungen, für die eine Hypothek besteht, und die Verpfändung von Grund- und Rentenschulden an inländischen Grundstücken. 53

Die finanzielle Sicherheit ist nach § 18 Abs. 3 Satz 1 DepV regelmäßig von der zuständigen Behörde mit dem Ziel der Erhaltung des realen Werts der Sicherheit zu überprüfen. Sie ist erneut festzusetzen, wenn sich das Verhältnis zwischen Sicherheit und angestrebtem Sicherungszweck erheblich geändert hat. Der Deponiebetreiber kann in dieser Situation bei der zuständigen Behörde eine Überprüfung der Sicherheit beantragen (§ 18 Abs. 3 Satz 3 DepV). Gebildete **Rücklagen** sollen bei der Höhe der erforderlichen Sicherheit angerechnet werden, soweit die zurückgelegten Beträge auf ein gesondertes Konto des Unternehmens eingezahlt werden und der Anspruch auf Auszahlung des Guthabens der zuständigen Behörde zur Sicherheit abgetreten oder verpfändet wird (§ 18 Abs. 3 Satz 4 DepV). Hierbei kommt es nicht darauf an, dass die Rücklagen während der Betriebsphase gebildet wurden. Ergibt die **Überprüfung,** dass die Sicherheit zu erhöhen ist, kann die zuständige Behörde dem Deponiebetreiber für die Stellung der erhöhten Sicherheit eine Frist von längstens sechs Monaten setzen. Ergibt die Überprüfung, dass die Sicherheit zu verringern ist, hat die zuständige Behörde die nicht mehr erforderliche Sicherheit umgehend freizugeben (§ 18 Abs. 3 Sätze 5 und 6 DepV). Die Sicherheit ist insgesamt freizugeben, wenn die zuständige Behörde den **Abschluss der Nachsorgephase** festgestellt hat (§ 18 Abs. 3 Satz 7 DepV). 54

Die zuständige Behörde soll gem. § 18 Abs. 4 DepV von der Erstellung einer Sicherheit absehen, wenn die Deponie durch eine öffentlich-rechtliche Körperschaft, einen Eigenbetrieb oder einer Eigengesellschaft einer öffentlich-rechtlichen Körperschaft, einen Zweckverband oder eine Anstalt des öffentlichen Rechts betrieben wird und sichergestellt ist, dass über Einstandspflichten von Bund, Ländern oder Kommunen der angestrebte Sicherungszweck jederzeit gewährleistet ist. 55

3. Angaben zur Anzeige nach § 35 Abs. 4. Nach § 35 Abs. 4 S. 1 gilt § 15 Abs. 1 Satz 1-4 und Abs. 2 BImSchG entsprechend. Nach § 15 Abs. 1 S. 1 BImSchG ist die Änderung der Lage, der Beschaffenheit oder des Betriebs einer genehmigungsbedürftigen Anlage, sofern eine Genehmigung nicht beantragt wird, der zuständigen Behörde mindestens einen Monat, bevor mit der Änderung begonnen werden soll, schriftlich oder elektronisch anzuzeigen, wenn sich die Änderung auf in § 1 genannte Schutzgüter auswirken kann. Für nach § 35 Abs. 4 anzeigebedürftige Änderungen kann der Träger des Vorhabens nach § 35 Abs. 5 eine Planfeststellung oder eine Plangenehmigung beantragen. 56

§ 19 Abs. 2 DepV legt den Trägern eines Deponievorhabens für die anzeigebedürftige Änderung einer Deponie oder ihres Betriebes nach § 35 Abs. 4 und 5 auf, mindestens 57 einen Monat vor der beabsichtigten Änderung eine schriftliche Anzeige bei der zuständigen Behörde einzureichen.

II. Mindestinhalt des Planfeststellungsbeschlusses

58 Im Planfeststellungsbeschluss oder in der Plangenehmigung nach § 35 Abs. 2 oder Abs. 3 hat die zuständige Behörde für eine Deponie nach § 21 Abs. 1 S. 1 DepV mindestens Folgendes festzulegen:

– die Angabe des Namens und des Wohnsitzes oder des Sitzes des Trägers des Vorhabens und des Deponiebetreibers,
– die Angabe, dass eine Planfeststellung oder eine Plangenehmigung erteilt wird, und die Angabe der Rechtsgrundlage,
– die Deponieklasse,
– die Bezeichnung der Deponie,
– die Standortangaben,
– die Abfallarten durch Angabe der Abfallschlüssel und Abfallbezeichnungen nach der Anlage zur Abfallverzeichnis-Verordnung
– Zuordnungskriterien,
– das zulässige Deponievolumen sowie bei oberirdischen Deponien die zulässige Größe der Ablagerungsfläche und die Oberflächengestaltung und Endhöhen,
– die Anforderungen vor Inbetriebnahme der Deponie,
– die Anforderungen an den Deponiebetrieb während der Ablagerungsphase, die Mess- und Überwachungsverfahren, einschließlich der Maßnahmenpläne,
– die Anforderungen an die Stilllegungs- und Nachsorgephase,
– die Verpflichtung des Trägers des Vorhabens, der zuständigen Behörde Jahresberichte vorzulegen,
– die Art und Höhe der Sicherheit oder des gleichwertigen Sicherungsmittels, soweit erforderlich,
– die Auslöseschwellen,
– bei einem Einsatz von Deponieersatzbaustoffen diese nach Art, Menge und Beschaffenheit und die Baumaßnahmen nach Art und Umfang, in denen Deponieersatzbaustoffe verwendet werden dürfen, sowie
– die Begründung, aus der die wesentlichen tatsächlichen und rechtlichen Gründe, die die zuständige Behörde zu ihrer Entscheidung bewogen haben, und die Behandlung der Einwendungen hervorgehen sollen.

59 Der Planfeststellungsbeschluss für ein Vorhaben, das nach dem Gesetz über die Umweltverträglichkeitsprüfung einer Umweltverträglichkeitsprüfung bedarf (UVP-pflichtiges Vorhaben), muss neben den nach Absatz 1 erforderlichen Angaben zumindest noch folgende Angaben enthalten:

60 1. die umweltbezogenen Nebenbestimmungen, die mit dem Planfeststellungsbeschluss verbunden sind,
2. eine Beschreibung der vorgesehenen Überwachungsmaßnahmen und
3. eine Begründung, aus der die wesentlichen tatsächlichen und rechtlichen Gründe hervorgehen, die die Behörde zu ihrer Entscheidung bewogen haben; hierzu gehören
   a) Angaben über das Verfahren zur Beteiligung der Öffentlichkeit,
   b) die zusammenfassende Darstellung gemäß § 24 des Gesetzes über die Umweltverträglichkeitsprüfung,
   c) die begründete Bewertung gemäß § 25 Absatz 1 des Gesetzes über die Umweltverträglichkeitsprüfung sowie

d) eine Erläuterung, wie die begründete Bewertung gemäß § 25 Abs. 1 UVPG, insbesondere die Angaben des UVP-Berichts gemäß § 16 UVPG, die behördlichen Stellungnahmen nach § 17 Abs. 2 und § 55 Abs. 4 UVPG sowie die Äußerungen der Öffentlichkeit nach den §§ 21 und 56 UVPG, im Planfeststellungsbeschluss berücksichtigt wurden oder wie ihnen anderweitig Rechnung getragen wurde.

Wird ein UVP-pflichtiges Vorhaben nicht zugelassen, müssen im Bescheid die dafür wesentlichen Gründe erläutert werden. Die Anforderungen an den Mindestinhalt des Planfeststellungsbeschlusses oder der Plangenehmigung gelten gem. § 21 Abs. 3 DepV bei einer Planfeststellung oder Plangenehmigung zur Änderung einer Deponie entsprechend, beschränkt auf die die Änderung betreffenden Angaben. **61**

III. Verfahren zur Feststellung der Stilllegung und des Abschlusses der Nachsorge

Gemäß § 40 Abs. 3 hat die zuständige Behörde den Abschluss der Stilllegung (endgültige Stilllegung) festzustellen. Gem. § 40 Abs. 5 hat die zuständige Behörde auf Antrag den Abschluss der Nachsorgephase festzustellen. § 38 Abs. 1 Satz 2 ermächtigt den Verordnungsgeber, das Verfahren für beide Feststellungsentscheidungen zu regeln. **62**

1. Feststellung des Abschlusses der Stilllegung. Bei Deponievorhaben sind unterschiedliche Zeitabschnitte zu unterscheiden. Dazu gehören die Errichtungsphase, die Betriebsphase und die Nachsorgephase. Die Errichtungsphase beginnt mit den ersten Errichtungsmaßnahmen und dauert bis zur Abnahme der für den Deponiebereich erforderlichen Einrichtungen. Die Betriebsphase erstreckt sich auf die Ablagerungsphase und die Stilllegungsphase. Gem. § 2 Nr. 32 DepV ist die Stilllegungsphase der Zeitraum vom Ende der Ablagerungsphase der Deponie oder eines Deponieabschnittes bis zur endgültigen Stilllegung der Deponie oder eines Deponieabschnittes nach § 40 Abs. 3. **63**

Den Abschuss der Stilllegung als den Zeitpunkt der endgültigen Stilllegung hat die zuständige Behörde durch einen feststellenden **Verwaltungsakt** verbindlich festzustellen, um für alle Beteiligten, das heißt für den Deponiebetreiber, für die zuständigen Behörden und für Drittbetroffene Rechtssicherheit zu schaffen (Gesetzesbegründung, BR-Drucks. 674/00, S. 138). Gem. § 10 Abs. 2 Satz 1 DepV hat der Deponiebetreiber die endgültige Stilllegung der Deponie oder eines Deponieabschnittes nach § 40 Abs. 3 bei der zuständigen Behörde zu beantragen. **64**

Dem **Antrag** hat der Betreiber einer Deponie gem. § 10 Abs. 2 Satz 2 DepV mindestens bewertende Zusammenfassungen der Jahresberichte nach § 13 Abs. 5 DepV sowie der Bestandspläne nach § 13 Abs. 6 DepV beizufügen. Die zuständige Behörde hat bei der Entscheidung über die endgültige Stilllegung nach § 40 Abs. 3 mindestens die in § 10 Abs. 2 Satz 2 DepV aufgelisteten Unterlagen zu berücksichtigen. **65**

2. Abschluss der Nachsorgephase. Anders als die endgültige Stilllegung bedarf es einer förmlichen Feststellung durch die zuständige Behörde hinsichtlich des Abschlusses der Nachsorgephase nur, wenn der Deponiebetreiber einen entsprechenden Antrag stellt. Das hat seinen Grund darin, dass eine solche Feststellung den Deponiebetreiber begünstigt, weil die in der Nachsorgephase notwendigen Sicherungsmaßnahmen nach dem Abschluss der Nachsorgephase beendet werden können. **66**

Der Deponiebetreiber hat in der Nachsorgephase gem. § 11 Abs. 1 DepV alle Maßnahmen, insbesondere die Kontroll- und Überwachungsmaßnahmen, nach § 12 DepV durchzuführen, die zur Verhinderung von Beeinträchtigungen des Wohles der Allgemeinheit erforderlich sind. Dazu zählen neben den bereits erwähnten Kontrollmaßnahmen, Maßnahmen zur Verminderung und Vermeidung von Emissionen und Immissionen, Belästi- **67** gungen und Gefährdungen. Dies sind vor allem die Festlegung von Auslöseschwellen und geeignete Grundwasser-Messstellen.

68 Nur wenn die zuständige Behörde unter Berücksichtigung der Prüfkriterien nach Nr. 10 Anhang 5 der DepV zu dem Schluss gelangt, dass aus dem Verhalten einer Deponie der Klasse 0, I, II oder III oder der Dokumentation über den Zustand der Verwahrung der Tageszugänge nach Nr. 4 Anhang 2 der DepV, dass aus dem Verhalten einer Deponie der Klasse IV zukünftig keine Beeinträchtigungen des Wohles der Allgemeinheit zu erwarten sind, kann sie auf Antrag des Deponiebetreibers die Kontroll- und Überwachungsmaßnahmen nach § 12 aufheben und nach § 40 Abs. 5 den Abschluss der Nachsorgephase feststellen.

69 In Abhängigkeit der jeweiligen Deponieklasse sind insbesondere die nachfolgenden Kriterien für die Feststellung des Abschlusses der Nachsorgephase zu Grunde zu legen:

– Umsetzungs- oder Reaktionsvorgänge sowie biologische Abbauprozesse sind weitgehend abgeklungen.
– Eine Gasbildung findet nicht statt oder ist so weit zum Erliegen gekommen, dass keine aktive Entgasung erforderlich ist, austretende Restgase ausreichend oxidiert werden und schädliche Einwirkungen auf die Umgebung durch Gasmigration ausgeschlossen werden können. Eine ausreichende Methanoxidation des Restgases ist nachzuweisen.
– Setzungen sind so weit abgeklungen, dass setzungsbedingte Beschädigungen des Oberflächenabdichtungssystems für die Zukunft ausgeschlossen werden können. Hierzu ist die Setzungsentwicklung der letzten zehn Jahre zu bewerten.
– Oberflächenabdichtungssystem ist in einem funktionstüchtigen und stabilen Zustand, der durch die derzeitige und geplante Nutzung nicht beeinträchtigt werden kann; es ist sicherzustellen, dass dies auch bei Nutzungsänderungen gewährleistet ist.
– Die Deponie ist insgesamt dauerhaft standsicher.
– Die Unterhaltung baulicher und technischer Einrichtungen ist nicht mehr erforderlich; ein Rückbau ist gegebenenfalls erfolgt.
– Das in ein oberirdisches Gewässer eingeleitete Sickerwasser hält ohne Behandlung die Konzentrationswerte des Anhangs 51 Abschnitt C Absatz 1 und Abschnitt D Absatz 1 der Abwasserverordnung ein.
– Das Sickerwasser, das in den Untergrund versickert, verursacht keine Überschreitung der Auslöseschwellen in den nach § 12 Absatz 1 festgelegten Grundwasser-Messstellen, und eine Überschreitung ist auch für die Zukunft nicht zu besorgen.
– Wurden auf der Deponie asbesthaltige Abfälle oder Abfälle, die andere gefährliche Mineralfasern enthalten, abgelagert, müssen geeignete Maßnahmen getroffen worden sein, um zu vermeiden, dass Menschen in Kontakt mit diesem Abfall geraten können.

D. Schriftform von Einwendungen (Absatz 2)

70 Gemäß § 38 Abs. 2 können Einwendungen im Rahmen des Zulassungsverfahrens innerhalb der gesetzlich festgelegten Frist nur schriftlich erhoben werden. § 38 Abs. 2 modifiziert für das abfallrechtliche Zulassungsverfahren die Regelung des § 73 Abs. 4 Satz 1 VwVfG, die auch Einwendungen zur Niederschrift für zulässig erklärt. Das Schriftformerfordernis soll den Einwender veranlassen, seine Bedenken möglichst verständlich vorzutragen, um eine sachorientierte Erörterung und Durchführung des Zulassungsverfahrens insgesamt zu ermöglichen. Für die Praxis hat diese Vorgabe aufgrund der nur sehr wenigen zur Niederschrift eingereichten Einwendungen kaum Bedeutung (Versteyl/Grunow in Schink/Versteyl, KrWG, 2016, § 38 Rn. 29).

Die geforderte Schriftform setzt eine Unterschrift des Einwender voraus; eine Übermittlung per Telefax ist ausreichend (Debus in Schmehl/Klement, KrWG, 2019, § 38 Rn. 17; Deifuß-Kruse in Jahn/Deifuß-Kruse/Brandt, KrWG, 2015, § 38 Rn. 32). Nach § 3a Abs. 2 VwVfG kann Schriftform auch durch elektronische Form ersetzt werden, wenn das elektronische Dokument mit einer qualifizierten elektronischen Signatur nach dem Signaturgesetz versehen ist (Versteyl/Grunow in Schink/Versteyl, KrWG, 2016, § 38 Rn. 29). 71

§ 23 Ermächtigung zur Beleihung

(1) **Die zuständige Behörde wird ermächtigt, die Gemeinsame Stelle der Hersteller nach dem Elektro- und Elektronikgerätegesetz mit den Aufgaben und Befugnissen nach § 4 Absatz 3, § 7 Absatz 6, den §§ 20 bis 22 und 28 Absatz 1 zu beleihen. Die Aufgaben schließen die Vollstreckung, die Rücknahme und den Widerruf der hierzu ergehenden Verwaltungsakte ein. Die zu Beleihende hat die notwendige Gewähr für die ordnungsgemäße Erfüllung der ihr übertragenen Aufgaben zu bieten. Dies ist gewährleistet, wenn**

1. **die Personen, die nach Gesetz, nach dem Gesellschaftsvertrag oder nach der Satzung die Geschäftsführung und Vertretung ausüben, zuverlässig und fachlich geeignet sind,**
2. **die zu Beleihende die zur Erfüllung ihrer Aufgaben notwendige Ausstattung und Organisation hat und**
3. **sichergestellt ist, dass die Vorschriften zum Schutz personenbezogener Daten sowie zum Schutz von Betriebs- und Geschäftsgeheimnissen eingehalten werden.**

(2) **Die zuständige Behörde kann der Beliehenen die Befugnis übertragen, für die Erfüllung der in Absatz 1 genannten Aufgaben Gebühren und Auslagen nach dem Bundesgebührengesetz zu erheben und festzulegen, wie die Gebühren und Auslagen vom Gebührenschuldner zu zahlen sind. Soweit bei der Beliehenen im Rahmen der Erfüllung der Aufgaben nach Absatz 1 Aufwand für nicht individuelle zurechenbare öffentliche Leistungen oder sonstiger Aufwand entsteht, der nicht durch die Gebühren und Auslagenerhebung der Beliehenen gedeckt ist, oder soweit die Befugnis nach Satz 1 nicht übertragen wird, ersetzt die zuständige Behörde der Beliehenen die für die Erfüllung der Aufgaben nach Absatz 1 entstehenden Kosten und Auslagen.**

(3) **Die Beleihung ist durch die zuständige Behörde im Bundesanzeiger bekannt zu machen.**

Übersicht

A. Allgemeines

I. Bedeutung der Vorschrift

1 **§ 23** enthält die Ermächtigung des Umweltbundesamtes zur Beleihung der Gemeinsamen Stelle der Hersteller nach dem ElektroG mit hoheitlichen Aufgaben nach dem BattG. Wird die Gemeinsame Stelle beliehen, kommt ihr eine mehrfache Funktion zu. Im Rahmen der Beleihung nach dem BattG nimmt sie die genannten hoheitlichen Aufgaben wahr, im Rahmen der Beleihung nach dem ElektroG die dort genannten hoheitli-

chen Aufgaben. Daneben ist sie weiterhin als Gemeinsame Stelle der Hersteller i.S.d. ElektroG nach den allgemeinen gesetzlichen Vorschriften tätig (BR-Drs. 265/20, 55; BT-Drs. 19/19930, 51).

II. Rechtsentwicklung

2 Die Beleihungsermächtigung wurde mit Wirkung vom 01.01.2021 durch das Erste Gesetz zur Änderung des Batteriegesetzes vom 03.11.2020 (durch Artikel 1 des G. v. 03.11.2020, BGBl. I S. 2280) eingeführt. Aufgrund des Entfallens der Anzeigepflicht der Hersteller und deren Ersatz durch eine Registrierungspflicht (§ 4 BattG) sollte auch eine für die Registrierungserfassung zuständige Stelle im Wege der Beleihung geschaffen werden (*Öttinger*, NVwZ 2021, 1084).

3 Durch die Übertragung der Aufgabe der Genehmigung der Rücknahmesysteme auf den Bund in Gestalt des Umweltbundesamtes wird eine deutliche Verwaltungsvereinfachung erreicht. Dem Bund steht dabei die Befugnis zur Beleihung zu, wovon er auch Gebrauch gemacht hat. Beliehen wurde die Gemeinsame Stelle der Hersteller nach dem Elektro- und Elektronikgerätegesetz (ElektroG). Dadurch, dass das Umweltbundesamt bzw. die Beliehene die bundesweit allein zuständige Behörde sein wird, entfallen Mehrfachanzeigen an den Bund und die zuständigen Landesbehörden, so z.B. bei der Dokumentation nach § 15. Zudem kann der Bund auf diese Weise zukünftig konkrete Auslegungsfragen bundeseinheitlich klären, so dass es nicht zu unterschiedlichen Einschätzungen zu demselben Sachverhalt in verschiedenen Bundesländern kommen kann. Hierdurch wird eine bundeseinheitliche Anwendung grundlegender und bedeutsamer Regelungen sichergestellt (BR-Drs. 265/20, 23; BT-Drs. 19/19930, 26).

III. Abgrenzung zu anderen Vorschriften

4 § 23 ähnelt § 40 ElektroG, der als Vorbild für § 23 angesehen werden kann (vgl. dazu näher *Hilf/Schleifenbaum*, Giesberts/Hilf, ElektroG, § 40 Rn. 4). Das in § 23 vorgesehene Konzept der Einbeziehung einer von den Herstellern errichteten (privaten) Stelle in die hoheitliche Überwachung wurde schon im Jahr 2005 in § 17 a.F. ElektroG aufgenommen und nun in § 40 ElektroG weitergeführt. Damit entspricht auch § 23 im Wesentlichen dieser Regelung und passt den Katalog der übertragbaren Aufgaben an die ergänzten Aufgaben der zuständigen Behörde an.

IV. EU-Recht

5 Die Beleihung nach § 23 hat weder in der Richtline 2008/98/EG über Abfälle noch in der Richtlinie 2006/66/EG (Batterie-Richtlinie) ein Vorbild, da eine Beleihung in der Form, in der sie im BattG geregelt ist, nicht vorgegeben wird.

B. Ermächtigung zur Beleihung

6 **Abs. 1** S. 1 ermächtigt die zuständige Behörde, (nur) die Gemeinsame Stelle der Hersteller nach dem ElektroG mit den Aufgaben nach § 4 Abs. 3, § 7 Abs. 6, den §§ 20 bis 22 und nach § 28 Abs. 1 zu beleihen. Die Beleihung einer anderen (juristischen) Person, die nicht zugleich Gemeinsame Stelle der Hersteller nach dem ElektroG ist, sieht die Vorschrift nicht vor. Die Beleihung umfasst sämtliche Aufgaben der zuständigen Behörde im Zusammenhang mit der Registrierung der Hersteller und der Genehmigung der Rücknahmesysteme. Die Beleihung umfasst damit:

– die Registrierung der Hersteller nach § 4 Abs. 1,

– den Widerruf von Registrierungen nach § 21 Abs. 1,
– die Genehmigung der Rücknahmesysteme nach § 20 Abs. 2, § 7 Abs. 6,
– den Widerruf von Genehmigungen nach § 21 Abs. 2,
– die Veröffentlichung der Hersteller nach § 20 Abs. 3,
– die Veröffentlichung der genehmigten Rücknahmesysteme nach § 20 Abs. 4 und
– die Aufgabe des Vollzuges gegenüber den Rücknahmesystemen nach § 28 Abs. 1.

S. 2 stellt klar, dass die Beliehene auch ermächtigt wird, die von ihr erlassenen Verwaltungsakte zu vollstrecken, zurückzunehmen oder zu widerrufen. Die Regelung ist lediglich klarstellender Natur, da die Befugnis zum Erlass der Verwaltungsakte regelmäßig die Befugnis zur Vollstreckung, Rücknahme und Widerruf einschließt (vgl. näher die entsprechende Regelung in § 40 ElektroG *Hilf/Schleifenbaum*, Giesberts/Hilf, ElektroG, § 40 Rn. 22 ff.). 7

Die Beleihung ist nach S. 3 nur dann möglich, wenn die Gemeinsame Stelle bestimmte Voraussetzungen erfüllt, um die Aufgaben der zuständigen Behörde ordnungsgemäß wahrnehmen zu können. 8

So bestimmt S. 4 Nr. 1, dass die Personen, die die Geschäftsführung und Vertretung der Gemeinsamen Stelle ausführen, zuverlässig und fachlich geeignet sein müssen. Damit soll die korrekte und sachgemäße Wahrnehmung der hoheitlichen Aufgaben gesichert werden. Die Gemeinsame Stelle muss nach Nr. 2 weiter die zur Erfüllung ihrer Aufgaben notwendige Ausstattung und Organisation haben. Hierdurch wird gewährleistet, dass die Gemeinsame Stelle auch die Kapazität für die Ausführung der hoheitlichen Tätigkeiten hat und hierzu organisatorisch in der Lage ist. Zudem muss nach Nr. 3 sichergestellt sein, dass auch im Rahmen ihrer hoheitlichen Tätigkeit die Vorschriften zum Schutz personenbezogener Daten sowie von Betriebs- und Geschäftsgeheimnissen eingehalten werden. Personenbezogene Daten und Betriebs- und Geschäftsgeheimnisse, von denen die zu Beleihende im Rahmen ihrer hoheitlichen Tätigkeit Kenntnis erlangt, sind ohnehin nach den jeweiligen Vorschriften zu schützen. Nr. 3 hat damit lediglich eine klarstellende Funktion, betont aber die Bedeutung, die Geheimhaltung wettbewerbsrelevanter Informationen der einzelnen Batteriehersteller sicherzustellen (BR-Drs. 265/20, 55). 9

C. Befugnis zur Gebührenerhebung

Nach **Abs. 2** S. 1 Hs. 1 kann die zuständige Behörde der Beliehenen die Befugnis übertragen, für ihre Tätigkeiten Gebühren nach dem Bundesgebührengesetz (BGebG) zu erheben. Hierdurch soll der Beliehenen die Finanzierung ihrer hoheitlichen Tätigkeiten ermöglicht werden. Rechtsgrundlage der Gebührenbescheide ist die auf der Grundlage von § 22 Abs. 4 des Bundesgebührengesetzes geschaffene Elektro- und Elektronikgerätegesetz-Batteriegesetz-Gebührenverordnung (ElektroGBattGGebV) vom 20. 10. 2015 (BGBl. I S. 1776), zuletzt geändert durch Art. 1 Achte ÄndVO vom 05.12.2022 (BGBl. I S. 2224). Die Vollstreckung der auf dieser Grundlage ergangenen Gebührenbescheide erfolgt gemäß § 4 lit. a des Verwaltungsvollstreckungsgesetzes durch die Zollbehörden. 10

Gebühren im Sinne des Bundesgebührengesetz sind öffentlich-rechtliche Geldleistungen, die der Gebührengläubiger vom Gebührenschuldner für individuell zurechenbare öffentliche Leistungen erhebt (vgl. § 1 BGebG). Gebührenschuldner ist nach § 6 Abs. 1 Nr. 1 BGebG jedenfalls, wem die öffentliche Leistung individuell zurechenbar ist. Die individuelle Zurechenbarkeit bestimmt sich nach § 3 Abs. 2 BGebG. Demnach können Leistungen der zuständigen Behörde bzw. des Beliehenen aufgrund des BattG den Herstellern, Vertreibern, Bevollmächtigten und öffentlich-rechtlichen Entsorgungsträgern 11

individuell zurechenbar sein. Gemäß der Anlage zu § 1 Abs. 1 ElektroGBattGGebV sind u.a. folgende Gebührentatbestände erfasst:
– die Registrierung und Registrierungspflicht nach §§ 4, 20,
– die Prüfung der Einrichtung und des Betriebs eines Rücknahmesystems nach §§ 20 Abs. 1 S. 3, 7 Abs. 1 S. 1,
– die Genehmigung und deren Änderung bzgl. eines Rücknahmesystems nach §§ 20 Abs. 2 S. 1, 7 Abs. 3, 4,
– die Überprüfung der Genehmigungsvoraussetzungen nach § 20 Abs. 2 S. 2 und
– die Anordnung einer Angebotsabgabe nach § 28 Abs. 1 BattG in Verbindung mit § 7 Abs. 2 S. 2 Nr. 1 und sonstige Anordnungen nach § 28 Abs. 1.

12 Daneben kann der Beliehenen nach Hs. 2 die Befugnis übertragen werden, festzulegen, wie die Gebührenschuldner die Gebühren und Auslagen zu zahlen haben. Hierdurch soll der Beliehenen die Befugnis gegeben werden, konkrete Zahlungsmodalitäten für die zu erhebenden Gebühren zu regeln. Die Vorschrift führt damit ausdrücklich die Regelung in § 14 Abs. 1 Satz 3 Nr. 5 des vormaligen VwKostG fort, die durch § 13 BGebG (i.V.m. mit dem Bestimmtheitsgrundsatz, § 37 Abs. 1 VwVfG) abgelöst wurde, und ist *lex specialis* zu § 4 EGovG.

13 Abs. 2 S. 2 gibt der Beliehenen einen Anspruch gegenüber der zuständigen Behörde in den Fällen, in denen ihr zwar die Aufgaben nach Abs. 1, nicht jedoch die Befugnis zur entsprechenden Gebührenerhebung übertragen wurden oder für die Erfüllung der Aufgaben, die Gegenstand der Beleihung sind, bei der Beliehenen Aufwand für nicht individuell zurechenbare öffentliche Leistungen oder sonstiger Aufwand entsteht, der nicht durch die Gebühren- und Auslagenerhebung der Beliehenen gedeckt ist.

14 Dies umfasst insbesondere Kosten für Tätigkeiten und Prozesse, die zwar in Zusammenhang mit den Aufgaben stehen und Gegenstand der Beleihung sind, die aber nach dem Gebührenrecht des Bundes nicht mit den einzelnen gebührenfähigen Leistungen verbunden sind oder aus anderen Gründen im Rahmen der Kostenermittlung dieser Leistungen bei der Gebühren- oder Auslagenkalkulation nicht berücksichtigt werden dürfen. Konkret zählen dazu unter anderem:
– Kosten, die in Kostenpositionen einer gebührenfähigen Leistung einer anderen öffentlichen Stelle enthalten sind (z.B. Kosten der Widerspruchsbearbeitung),
– Kosten für eine andere nicht gebührenfähige Leistung (z.B. Bearbeitung von Gebührenbefreiung oder -ermäßigung, Unterstützung bei der Verfolgung von Ordnungswidrigkeiten) und
– Kosten in Form von Mindereinnahmen, die etwa durch Gebührenbefreiung oder -ermäßigung, Stundung oder Erlass entstehen (BR-Drs. 265/20, 55).

D. Bekanntmachung der Beleihung

15 Nach **Abs. 3** ist die Beleihung im Bundesanzeiger bekannt zu machen. Dies ist aufgrund von Publizitätsgründen erforderlich. Eine Frist zur Bekanntmachung besteht nicht. Die Beleihung der *stiftung ear* durch Bescheid vom 01.01. 2021 wurde am 11.01.2021 bekannt gemacht (BAnz AT 11.01.2021 B7).

E. Ausblick auf kommende Batterie-VO der EU

16 Der Vorschlag für eine neue Batterie-VO nach Art. 288 Abs. 2 AEUV gemäß dem derzeitigen Kompromisstext (vgl. ST 5469 2023 INIT zu COM(2020) 798 final) enthält

in Art. 45g(1) die Vorgabe, eine oder mehrere zuständigen Behörden zu benennen, und sieht auch z.B. in Art. 45g(2) einen Mindestaufgabenkatalog sowie in Art. 46(3) lit. d) die Befugnis zur Gebührenerhebung vor, überlässt aber die nähere Auswahl, Ausgestaltung und Umsetzung den Mitgliedstaaten (vgl. auch Erwägungsgrund 77 des Kompromisstextes).

§ 24 Aufsicht

(1) **Die Beliehene untersteht der Rechts- und Fachaufsicht der zuständigen Behörde.**

(2) **Erfüllt die Beliehene die ihr übertragenen Aufgaben nicht oder nicht ausreichend, ist die zuständige Behörde befugt, die Aufgaben selbst durchzuführen oder im Einzelfall durch einen Beauftragten durchführen zu lassen.**

(3) **Die zuständige Behörde kann von der Beliehenen Ersatz für die Kosten verlangen, die ihr für die Rechts- und Fachaufsicht nach Absatz 1 entstehen. Der Anspruch darf der Höhe nach die im Haushaltsplan des Bundes für die Durchführung der Rechts- und Fachaufsicht veranschlagten Einnahmen nicht übersteigen.**

Übersicht

A. Allgemeines

I. Bedeutung der Vorschrift

Die Vorschrift regelt die Aufsicht der Beliehenen (Gemeinsame Stelle) durch die zuständige Behörde (Umweltbundesamt), um die staatliche Kontrolle der hoheitlichen Tätigkeiten, die durch die Beliehene wahrgenommen werden, zu sichern (BR-Drs. 265/20, 56). 1

II. Rechtsentwicklung

§ 24 wurde mit Wirkung vom 01.01.2021 durch das Erste Gesetz zur Änderung des Batteriegesetzes vom 03.11.2020 (durch Artikel 1 des G. v. 03.11.2020, BGBl. I S. 2280) eingeführt. Aufgrund des Entfallens der Anzeigepflicht der Hersteller und deren Ersatz durch eine Registrierungspflicht (§ 4 BattG) sollte auch eine für die Registrierungserfassung zuständige Stelle im Wege der Beleihung geschaffen werden (*Öttinger*, NVwZ 2021, 1084). § 24 fungiert dabei als Überprüfungsvorschrift der Beleihung (§ 23) und ist damit als Fortführung der im allgemeinen Verwaltungsrecht anerkannten Rechts- und Fachaufsichtsgrundsätze anzuerkennen. 2

III. Abgrenzung zu anderen Vorschriften

§ 24 gleicht in gewissem Maße dem § 41 ElektroG, der als Vorbild für § 24 angesehen werden kann (vgl. daher die entsprechenden Ausführungen zu § 41 ElektroG von *Hilf/Schleifenbaum*, Giesberts/Hilf, ElektroG, § 41 Rn. 5 ff.). Das in § 24 vorgesehene Konzept der Aufsichtsführung durch den Beleihenden wurde schon im Jahr 2005 in § 18 a.F. 3

ElektroG aufgenommen und durch § 41 ElektroG weitergeführt. Damit entspricht auch § 24 im Wesentlichen dieser Regelung und passt die Aufsichtsregelungen an die ergänzten Aufgaben der zuständigen Behörde an.

IV. EU-Recht

4 Die Aufsicht nach § 24 hat weder in der Richtline 2008/98/EG über Abfälle noch in der Richtlinie 2006/66/EG (Batterie-Richtlinie) ein Vorbild, da eine Beleihung in der Form, in der sie im BattG geregelt ist, nicht vorgegeben wird.

B. Rechts- und Fachaufsicht der zuständigen Behörde

5 Nach **Abs. 1** übt die Beleihende die Rechts- und Fachaufsicht aus (vgl. allgemein zur Rechts- und Fachaufsicht *Jestaedt*, in: Hoffmann-Riem/Schmidt-Aßmann/Voßkuhle, Grundlagen des Verwaltungsrechts, § 14 Rn. 60). Die zuständige Behörde und Beleihende im Sinne des Abs. 1 ist gemäß § 19 das Umweltbundesamt. Dieses übt nach Abs. 1 die Rechts- und Fachaufsicht über die Beliehene, die *stiftung ear* (→ § 23 Rn. 15), aus.

6 Die Rechtsaufsicht erstreckt sich dabei auf die Prüfung, ob die Beliehene die ihr übertragenen hoheitlichen Aufgaben im Einklang mit den gesetzlichen Bestimmungen ausführt (BR-Drs. 265/20, 56). Unter gesetzlichen Bestimmungen ist dabei die Gesamtheit des geltenden Rechts zu verstehen, also nicht nur Gesetze im formellen Sinne, sondern insbesondere auch Rechtsverordnungen und Satzungen. Der Rechtsaufsicht unterliegt auch das Verfahren bis zur Entscheidungsfindung sowie der pflichtgemäße Gebrauch eines gesetzlich eingeräumten Ermessens.

7 Die Fachaufsicht geht darüber hinaus. Im Rahmen der Fachaufsicht unterliegt die Beliehene in Bezug auf die ihr übertragenen Aufgaben formell und materiell einem auch auf die Zweckmäßigkeit der Aufgabenerfüllung erstreckten Weisungsrecht der Beleihenden (BR-Drs. 265/20, 56). Im Rahmen dieser Weisungsbefugnis kann das Umweltbundesamt die Beliehene zur Berücksichtigung nicht nur von Rechtmäßigkeits-, sondern auch von Zweckmäßigkeitsgesichtspunkten anhalten. So besteht für das Umweltbundesamt die Möglichkeit, die Beliehene zu einer Entscheidungspraxis anzuhalten, die ihrem Verständnis entspricht (vgl. so zur parallelen Regelung in § 41 ElektroG: *Schmalz*, in: Bullinger/Fehling, ElektroG, § 18 Rn. 6). Die Weisungen stellen sich dabei im Verhältnis zu den von der Aufgabenwahrnehmung Betroffenen als bloße verwaltungsinterne Maßnahmen dar (siehe zum Umfang der Fachaufsicht *Werres*, DÖV 2005, 18 (19); siehe auch allgemein *Wolff/Bachof/Stober/Kluth*, Verwaltungsrecht Bd. 2, § 83 Rn. 178 ff.). Teilweise wird die Möglichkeit der Weisung als ultima ratio verstanden (so z.B. zur parallelen Regelung in § 41 ElektroG *Bullinger*, in: Bullinger/Fehling, ElektroG, § 15 Rn. 15; *Schmalz*, in: Bullinger/Fehling, ElektroG, § 18 Rn. 6). Da die Fachaufsicht somit die Rechtsaufsicht impliziert, kommt der Erwähnung der Rechtsaufsicht in Abs. 1 lediglich deklaratorische Bedeutung zu.

8 Der Umfang der Rechts- und Fachaufsicht erstreckt sich insbesondere auf Übermittlungspflichten von detaillierten Informationen der Beliehenen gegenüber des Umweltbundesamtes. Im Übrigen ist hinsichtlich des Umfangs der Rechts- und Fachaufsicht grundsätzlich zu berücksichtigen, dass es sich bei der Beliehenen um ein privatrechtlich organisiertes Rechtssubjekt handelt, das lediglich partiell – eben für den Bereich der Beleihung – dem hoheitlichen Bereich angegliedert ist. Ansonsten ist die Gemeinsame Stelle nicht in den staatlichen Instanzenzug eingereiht und steht dem Staat als eigenständiges Privatrechtssubjekt gegenüber, das somit auch über entsprechenden Grundrechtsschutz verfügt (vgl. Art. 1 Abs. 3 i.V.m. Art. 19 Abs. 3 GG). Hieraus ergeben sich Ein-

schränkungen der Fachaufsicht. So verbleibt der Beliehenen ein Kernbestand unantastbarer Privatrechte, welche auch von der Fachaufsicht nicht berührt werden dürfen (*Wolff/Bachof/Stober/Kluth*, Verwaltungsrecht, Bd. 2, § 90, Rn. 50 m.w.N.). Besonders geschützt sind die Selbstbestimmung über die Weitergabe von Betriebsinformationen (Schutz durch Art. 2 GG, vgl. BVerfG, DB 1994, 1350), die Vertragsfreiheit (Schutz durch Art. 2 Abs. 1 GG) sowie die Freiheit zur selbstbestimmten Organisation des Betriebes als Kern der Berufsfreiheit (Art. 12 Abs. 1 GG). In diese Freiheiten darf das Umweltbundesamt nicht im Wege der Fachaufsicht eingreifen. Bei Zuwiderhandlung könnte die Gemeinsame Stelle sich auch gerichtlich – so zum Beispiel mit einer Anfechtungsklage – zur Wehr setzen (siehe speziell zum Gerichtsschutz gegen fachaufsichtliche Weisungen *Werres*, DÖV 2005, 18 (22 f.)).

C. Selbsteintrittsrecht

Abs. 2 gibt der Beleihenden ein Selbsteintrittsrecht für den Fall, dass die Beliehene ihre Aufgaben nicht oder nur ungenügend durchführt. Dabei kann sich die Beleihende auch Dritter zur Durchführung bedienen (BR-Drs. 265/20, 56). Abs. 2 ist bei folgenden zwei Konstellationen anwendbar: **9**

– Nichterfüllung
– Schlechterfüllung

Soweit die Beliehene ihre Aufgaben im Ganzen oder teilweise nicht wahrnimmt, kann das Umweltbundesamt diese Aufgaben selbst erfüllen (Fall der Nichterfüllung). Trifft sie z.B. nicht die erforderliche Anordnung zur Einhaltung der Vorgaben nach § 7 Abs. 2 gemäß § 28 Abs. 1, so kann das Umweltbundesamt als Aufsichtsbehörde i.S.v. Abs. 1 die Anordnung selbst treffen. Abs. 2 ist also nicht nur anwendbar, wenn die Beliehene die ihr übertragenen Aufgaben vollständig nicht wahrnimmt, sondern auch, wenn sie einzelne der ihr übertragenen Aufgaben nicht erfüllt. **10**

Des Weiteren wird der Fall erfasst, dass die beliehene Gemeinsame Stelle ihre Aufgaben nicht ausreichend erfüllt (Fall der Schlechterfüllung). Es wird hier ein qualitatives Kriterium eingeführt. Das Merkmal „nicht ausreichend" spricht dafür, dass hier nicht schon ein geringes Maß an Schlechterfüllung ausreicht. Vielmehr muss die Schlechterfüllung einer Nichterfüllung in Bezug auf die Auswirkungen sehr nahe kommen. Schwierig voneinander abzugrenzen ist ferner die hier nicht ausreichende Erfüllung der Aufgaben von der nicht sachgerechten Wahrnehmung der Aufgaben gemäß § 25 Abs. 2. Von einer nicht sachgerechten Wahrnehmung der Aufgaben im Sinne des § 25 Abs. 2 kann jedoch erst dann ausgegangen werden, wenn die Beliehene die ihr übertragenen Aufgaben dauerhaft nicht den gesetzlichen Vorgaben entsprechend erfüllt, da sich ansonsten eine Beendigung der Beleihung nicht rechtfertigen ließe (→ § 25 Rn. 3). **11**

Bei beiden Konstellationen kann das Umweltbundesamt die Aufgaben selbst durchführen (sog. Selbsteintritt). Ein Selbsteintritt liegt vor, wenn die zur Aufsicht berufene und mit entsprechenden Weisungsbefugnissen ausgestattete Stelle die Aufgabe, die Gegenstand der Aufsicht ist, wahrnimmt und somit die Funktion der sachlich (erst-) zuständigen Behörde/Stelle an deren Stelle ausübt. Zwar zählt das Selbsteintrittsrecht zu den üblichen Aufsichtsmitteln (*Jestaedt*, in: Erichsen/Ehlers, Allgemeines Verwaltungsrecht, § 14 Rn. 60), jedoch führt ein Selbsteintritt zu einer Durchbrechung der gesetzlich festgelegten Zuständigkeitsordnung, so dass es wegen des Grundsatzes des Vorbehalts des Gesetzes einer ausdrücklichen gesetzlichen Ermächtigungsgrundlage bedarf (*Kopp/Ramsauer*, VwVfG, § 3 Rn. 12a). Die rechtsdogmatische Zuordnung des Selbsteintrittsrechts ist schwierig; es kann sowohl als Instrument der Verlagerung der sachlichen Zuständigkeit **12** als auch als Sanktion zur direkten Durchsetzung von Weisungen und damit als Vollstreckungsmittel charakterisiert werden (*Wolff/Bachof/Stober/Kluth*, Verwaltungsrecht Bd. 2, § 83 Rn. 44). Die Ermessensentscheidung des Umweltbundesamtes bzgl. des Selbsteintrittsrechts bezieht sich sowohl auf die Frage des Tätigwerdens an sich als auch auf die Frage, ob sie die Maßnahme selbst durchführen oder die Durchführung einem besonders Beauftragten übertragen will.

13 Abs. 2 sieht darüber hinaus vor, dass das Umweltbundesamt die Aufgaben auch im Einzelfall durch einen Beauftragten durchführen lassen kann. Das ist jeder Dritte, der mit der Erfüllung der Aufgabe im Rahmen der Durchsetzung beauftragt wurde. Die Beleihung eines privaten Dritten mit den entsprechenden Aufgaben ist von der Vorschrift hingegen nicht erfasst. Dies ergibt sich zum einen aus dem Wortlaut des Abs. 2, der lediglich von „Durchführung" spricht. Demnach überträgt die Beleihende nicht die Aufgaben auf einen Beauftragten, sondern lässt sie lediglich von diesem (hilfsweise) durchführen. Zum anderen genügt die Regelung nicht den Anforderungen, die an eine Ermächtigungsgrundlage zur Beleihung gestellt werden müssen (vgl. zu diesen Anforderungen *Burgi*, in: FS Maurer, S. 581, 588 ff.). Damit wird der nach Abs. 2 Beauftragte lediglich als Verwaltungshelfer tätig. Das Umweltbundesamt bleibt daher insoweit in der Verantwortung.

D. (Kosten-)Erstattungsanspruch der zuständigen Behörde

14 **Abs. 3** regelt den Erstattungsanspruch der zuständigen Behörde für ihre Tätigkeit im Rahmen der Rechts- und Fachaufsicht (BR-Drs. 265/20, 56). Durch Abs. 3 S. 2 wird die Höhe des Anspruchs aber beschränkt. Die Höhe des Erstattungsanspruchs ist auf die im Haushaltsplan veranschlagten Einnahmen des Bundes für die Rechts- und Fachaufsicht beschränkt (BR-Drs. 265/20, 56). Die Begrenzung erlaubt der Beliehenen eine rechtssichere Veranschlagung des Erstattungsanspruchs in ihrer Wirtschaftsplanung (vgl. zum wortgleichem § 41 ElektroG dessen BT-Drs. 17/6052, S. 108). Diese Wirtschaftsplanung wiederum ist Grundlage der Kostenveranschlagung für die Gebührenerhebung nach § 23 Abs. 2. Abs. 3 regelt damit den ersten Schritt zur Tragung der Kosten für die Rechts- und Fachaufsicht durch die Gebührenschuldner, soweit sich die Rechts- und Fachaufsicht auf individuell zurechenbare öffentliche Leistungen bezieht.

15 Die Kosten der Rechts- und Fachaufsicht können nach § 3 Abs. 3 S. 2 des Bundesgebührengesetzes in die Gebührenermittlung einbezogen werden (BR-Drs. 265/20, 56). Die von der Rechtsprechung unter Geltung des Verwaltungskostengesetzes beanstandete Anlastung zum Gebührenschuldner (vgl. dazu VG Ansbach, Urt. v. 27. 5. 2009 – Az. AN 11 K 08.01254 u.a., Rn. 33, 42, 45 sowie Urt. v. 29. 10. 2008 – Az. AN 11 K 08.01161) ist nun – anknüpfend an die Regelung in § 22 ElektroG i.d.F. des Art. 3 Nr. 9a des Gesetzes zur Neuordnung des Kreislaufwirtschafts- und Abfallrechts v. 24. 2. 2012 (BGBl. I S. 212) – allgemein im Gebührenrecht des Bundes in § 3 Abs. 3 S. 2 BGebG vorgesehen. Nach § 3 Abs. 3 S. 2 BGebG zählen zu den Gemeinkosten auch die Kosten für die Rechts- und Fachaufsicht; sie werden daher bei den jeweiligen gebührenfähigen Leistungen anteilig erfasst, vgl. auch § 3 Abs. 2 Nr. 3 AGebV.

E. Ausblick auf kommende Batterie-VO

Der Vorschlag für eine neue Batterie-VO nach Art. 288 Abs. 2 AEUV gemäß dem 16
derzeitigen Kompromisstext (vgl. ST 5469 2023 INIT zu COM(2020) 798 final) enthält in Art. 45g(1) lediglich die Vorgabe, eine oder mehrere zuständigen Behörden zu benennen. Die nähere Auswahl, Ausgestaltung und Umsetzung bleibt den Mitgliedstaaten überlassen (→ § 23 Rn. 16).

§ 25 Beendigung der Beleihung

(1) **Die Beleihung endet, wenn die Beliehene aufgelöst ist.**

(2) **Die zuständige Behörde kann unbeschadet des § 49 des Verwaltungsverfahrensgesetzes die Beleihung widerrufen, wenn die Beliehene die übertragenen Aufgaben nicht sachgerecht wahrnimmt.**

(3) **Die Beliehene kann die Beendigung der Beleihung jederzeit schriftlich von der zuständigen Behörde verlangen. Dem Begehren ist innerhalb einer Frist, die zur Übernahme und Fortführung der Aufgabenerfüllung nach § 4 Absatz 3, § 7 Absatz 6, §§ 20 bis 22 und 28 Absatz 1 durch die zuständige Behörde erforderlich ist, zu entsprechen.**

A. Allgemeines

I. Bedeutung der Vorschrift

1 Die Vorschrift regelt die Möglichkeiten der Beendigung der Beleihung und sieht dazu drei Möglichkeiten vor (BR-Drs. 265/20, 56): Beendet wird die Beleihung, wenn die Beliehene, also die Gemeinsame Stelle i.S.d. ElektroG (→ § 23 Rn. 6), aufgelöst wird, wenn die Beleihung durch die Beleihende, also das Umweltbundesamt unter der Voraussetzung, dass die Beliehene die die ihr übertragenen Aufgaben nicht sachgerecht wahrnimmt, widerrufen wird, und wenn schließlich die Beliehene selbst nach Abs. 3 schriftlich die Beendigung der Beleihung begehrt.

II. Rechtsentwicklung

2 Die Vorschrift wurde mit Wirkung vom 01.01.2021 durch das Erste Gesetz zur Änderung des Batteriegesetzes vom 03.11.2020 (durch Artikel 1 des G. v. 03.11.2020, BGBl. I S. 2280) eingeführt. Aufgrund des Entfallens der Anzeigepflicht der Hersteller und deren Ersatz durch eine Registrierungspflicht (§ 4 BattG) sollte auch eine für die Registrierungserfassung zuständige Stelle im Wege der Beleihung geschaffen werden (*Öttinger,* NVwZ 2021, 1084). § 25 fungiert dabei als Beendigungsvorschrift der Beleihung (§ 23) und ergänzt für die Beleihung die im allgemeinen Verwaltungsrecht anerkannten Widerrufs- und Rücknahmevorschriften (vgl. §§ 48, 49 VwVfG).

III. Abgrenzung zu anderen Vorschriften

3 § 25 gleicht in gewissem Maße dem § 42 ElektroG, der als Vorbild für § 25 angesehen werden kann (vgl. daher Ausführungen von *Hilf/Schleifenbaum,* Giesberts/Hilf, ElektroG, § 42 Rn. 1). Das in § 25 vorgesehene Konzept der Beleihungsbeendigung wurde schon im Jahr 2005 in § 19 a.F. ElektroG aufgenommen und durch § 42 ElektroG weitergeführt. Damit entspricht auch § 25 im Wesentlichen dieser Regelung und passt die Beendigungsregelungen an die ergänzten Regelungen im BattG an.

IV. EU-Recht

4 Ebenso wie §§ 23, 24 (vgl. daher auch Kommentierung zu § 23, Rn. 5, § 24, Rn. 4) hat auch § 25 weder in der Richtline 2008/98/EG über Abfälle noch in der Richtlinie 2006/66/EG (Batterie-Richtlinie) ein Vorbild, da eine Beleihung in der Form, in der sie im BattG geregelt ist, nicht vorgegeben wird.

B. Auflösung der Beliehenen

5 Die Auflösung der Beliehenen führt gem. **Abs. 1** zum Ende der Beleihung. Die Beleihung geht nicht auf eine nachfolgende, von den Herstellern (i.S.d. ElektroG) eingerichtete Stelle über (BR-Drs. 265/20, 56). Abs. 1 ist insoweit klarstellender Natur. Eine Auflösung der Beliehenen liegt vor, wenn diese aufhört zu existieren. Die Beleihung geht jedoch auch nicht etwa auf eine nachfolgende, von den Herstellern i.S.d. ElektroG gegründete Gemeinsame Stelle automatisch über. Systematisch müssten daher hier zunächst die Voraussetzungen zur Beleihung nach § 23 Abs. 1 erneut geprüft werden.

6 In der Satzung der *stiftung ear* i.d.F. vom 10.1.2020 ist die Auflösungsmöglichkeit ausdrücklich geregelt (vgl. § 17 der Satzung). Danach ist eine Auflösung der Stiftung nur zulässig, wenn die Erfüllung des Stiftungszwecks unmöglich wird oder sich die Verhältnisse derart ändern, dass die Erfüllung des Stiftungszwecks nicht mehr sinnvoll erscheint. Da es sich bei der *stiftung ear* um eine rechtsfähige öffentliche Stiftung bürgerlichen Rechts handelt (Gründung mit Sitz in Fürth am 14.8.2004 nach §§ 80, 81 BGB, Art. 3, 5, 6 BayStG in der Fassung der Bekanntmachung vom 19.12.2001), kann die Stiftung auch gemäß Art. 8 BayStG (aktuell in der Fassung vom 26.9.2008) in Verbindung mit § 87 Abs. 1 BGB aufgehoben werden. Gemäß § 87 Abs. 1 BGB ist eine Aufhebung der Stiftung möglich, wenn der Stiftungszweck unmöglich geworden ist oder eine Gefährdung des Gemeinwohls besteht. Wegen des Grundsatzes der Verhältnismäßigkeit ist die Aufhebung der Stiftung jedoch nur dann zulässig, wenn eine Umwandlung nicht möglich oder nicht ausreichend ist (*Ellenberger,* in: Palandt, BGB, § 87 Rn. 2 m.w.N.).

C. Widerruf der Beleihung

7 **Abs. 2** bietet eine *lex specialis* Regelungen in Form des Widerrufs der Beleihung gegenüber den allgemeinen verwaltungsrechtlichen Widerrufs- und Rücknahmevorschriften der §§ 48, 49 VwVfG. Abs. 2 regelt einen Widerrufsgrund. Nach Abs. 2 kann die Beleihung durch Widerruf der Beleihenden enden, wenn die Beliehene die übertragenen Aufgaben nicht sachgerecht wahrnimmt. Die Aufgaben sind dann nicht sachgerecht wahrgenommen, wenn die Beliehene die Aufgaben dauerhaft nicht den gesetzlichen Vorgaben entsprechend erfüllt, die gesetzlichen Vorgaben missachtet oder sie unqualifiziert wahrnimmt. Dies ist zum Beispiel dann der Fall, wenn sie über einen längeren Zeitraum und in einer Vielzahl von Fällen (und somit nicht nur in einem Einzelfall) keine Anordnungen trifft, um sicherzustellen, dass die Hersteller die von den Vertreibern nach § 9 Abs. 1 S. 1 zurückgenommenen Altbatterien sowie die von öffentlich-rechtlichen Entsorgungsträgern nach § 13 Abs. 1 erfassten und die von den freiwilligen Rücknahmestellen nach § 13a zurückgenommenen Geräte-Altbatterien unentgeltlich zurückzunehmen und nach § 14 behandeln und verwerten. Von einer unsachgerechten Wahrnehmung der Aufgaben ist des Weiteren dann auszugehen, wenn Registrierungen nicht nach den Vorgaben des § 4 vorgenommen werden oder keine geeigneten Rücknahmesystem nach § 7 umgesetzt wurden.

8 Die Eintrittsschwelle der Beendigung der Beleihung ist niedriger als beim Selbsteintrittsrecht nach § 24 Abs. 2: Während ein Selbsteintrittsrecht dann besteht, wenn die Aufgaben nicht oder nicht ausreichend erfüllt werden, kann die Beleihung als solche schon dann beendet werden, wenn die übertragenen Aufgaben nicht „sachgerecht" wahrgenommen werden. Dies erscheint auf den ersten Blick zwar widersprüchlich, ist aber aufgrund des Telos der beiden Vorschriften hinreichend aufzulösen. Denn das Selbsteintritts-

recht ist eine Aufsichtsmaßnahme, die auch im Einzelfall gilt. Hiermit wird der Beliehenen ermöglicht, ihre Funktion weiter auszuüben, auch wenn im Einzelfall die zuständige Behörde die erforderlichen Anordnungen trifft. Die Beendigung der Beleihung nach Abs. 2 hingegen ist die schärfere Maßnahme, so dass hier ein nicht sachgerechtes Wahrnehmen der Aufgaben im Einzelfall als Rechtfertigung nicht ausreichen dürfte. Vielmehr muss die Beliehene die ihr übertragenen Aufgaben „als Ganzes" nicht sachgerecht wahrnehmen (vgl. zu zur Parallelregelung in § 42 ElektroG *Hilf/Schleifenbaum*, in: Giesberts/Hilf, ElektroG, § 42, Rn. 8; vgl. auch *Schmalz*, in: Bullinger/Fehling, ElektroG, § 19 Rn. 4 ff., wonach auch eine Nicht-/Schlechterfüllung einzelner Aufgaben zum Widerruf genügen kann, wenn das Vertrauensverhältnis zwischen Beliehener und Beleihender insgesamt in Frage gestellt ist; so auch *Pschera/Enderle*, in: Fluck, Kreislaufwirtschafts-, Abfall- und Bodenschutzrecht, § 19 ElektroG Rn. 13).

Ausdrücklich klargestellt ist, dass neben dem Widerruf nach Abs. 2 der Widerruf der **9** Beleihung als rechtmäßiger Verwaltungsakt nach § 49 VwVfG unberührt bleibt. Denn die Beleihung als öffentlich-rechtlicher Verwaltungsakt im Sinne von § 35 S. 1 VwVfG unterfällt ohnehin den Vorschriften des VwVfG. Der Widerruf nach § 49 VwVfG dient im Wesentlichen der Anpassung der durch einen rechtmäßigen Verwaltungsakt geschaffenen Lage an veränderte Umstände (*Sachs*, in: Stelkens/Bonk/Sachs, VwVfG, § 49 Rn. 2). Er steht im Ermessen der zuständigen Behörde und muss dementsprechend begründet werden. Bei der Ermessensentscheidung sind die Grenzen des § 40 VwVfG einzuhalten. Der Widerruf kann sich auf den ganzen oder auch nur auf einen Teil des Beleihungsbescheides erstrecken. Fraglich ist, ob es sich bei dem Beleihungsbescheid um einen rechtmäßigen, nicht begünstigenden Verwaltungsakt gemäß § 49 Abs. 1 VwVfG oder um einen rechtmäßigen, begünstigenden Verwaltungsakt nach § 49 Abs. 2 VwVfG handelt. Begünstigend ist der Verwaltungsakt nach der Legaldefinition des § 48 Abs. 1 S. 2 VwVfG dann, wenn er ein Recht oder einen rechtlich erheblichen Vorteil begründet oder bestätigt hat. Der Beleihungsbescheid begünstigt die Beliehene insofern, als er ihr das Recht gewährt, Verwaltungsakte gemäß 35 VwVfG zu erlassen, zu vollstrecken und diesbezüglich Gebühren und Auslagen zu erheben. Andererseits sind hiermit auch öffentlich-rechtliche Pflichten verbunden. Im Ergebnis dürften jedoch, vor allem aufgrund der Tatsache, dass die Beliehene die Beleihung und damit auch die mit der Beleihung verbundenen öffentlich-rechtlichen Pflichten nach Abs. 3 jederzeit auf eigenen Wunsch beendigen kann, die begünstigenden Elemente überwiegen, so dass nur ein Widerruf nach § 49 Abs. 2 VwVfG möglich ist. Dementsprechend dürfte auch eine Entschädigung der Gemeinsamen Stelle nach § 49 Abs. 6 VwVfG – bei Vorliegen der entsprechenden Voraussetzungen – in Betracht kommen.

Neben dem Widerruf nach Abs. 2 bleibt aufgrund der allgemeinen verwaltungsrechtli- **10** chen Vorschriften auch die Rücknahme einer rechtswidrigen Beleihung nach § 48 VwVfG möglich, soweit deren Voraussetzungen vorliegen. Denn die Beleihung stellt einen Verwaltungsakt im Sinne von § 35 S. 1 VwVfG dar. Zwar wurde ein Verweis auf die Rücknahme eines rechtswidrigen, begünstigenden (Ausführungen in Rn. 5 gelten hier entsprechend) Verwaltungsaktes nicht ausdrücklich in Abs. 2 aufgenommen, § 48 VwVfG bleibt aber ebenso neben dem Widerruf nach § 49 VwVfG unberührt (BR-Drs. 265/20, 57). Die Rücknahme kann sich auf den ganzen oder auch nur auf einen Teil des Beleihungsbescheides erstrecken. § 48 Abs. 2 – 4 VwVfG berücksichtigen dabei bei der Rücknahme eines rechtswidrig begünstigenden Verwaltungsaktes die Grundsätze des Vertrauensschutzes und der Rechtssicherheit (*Müller*, in Huck/Müller, VwVfG, § 48, Rn. 1). Dieser eng begrenzte Anwendungsfall ist dabei grundsätzlich nur dann denkbar, wenn schon der Beleihungsakt durch die Beleihende selbst fehlerhaft ist und den Voraussetzungen des allgemeinen Verwaltungsverfahrensrecht widerspricht.

D. Beendigung der Beleihung auf Verlangen der Beliehenen

11 Des Weiteren kann die Beleihung gem. **Abs. 3** S. 1 auf Wunsch der Beliehenen jederzeit beendet werden. Diese Art der Beendigung der Beleihung ist an keine Voraussetzungen geknüpft und dem Verlangen ist nach S. 2 in jedem Fall zu entsprechen. Die Beliehene kann sich damit selbst aus der Verpflichtung lösen. Die Beendigung der Beleihung auf Verlangen der Beliehenen ist dabei der zuständigen Behörde schriftlich anzuzeigen. Eine Angabe von Gründen ist nicht vorgesehen. Im Gegensatz zu Abs. 2 besteht bei Abs. 3 kein Raum für die Beendigung nur eines Teils der Beleihung, die Beliehene kann nur die Beendigung der Beleihung als Ganzes verlangen. Dies folgt aus dem Kompetenzrahmen der zuständigen Behörde. Der Umfang der Beleihung steht nach § 23 im Ermessen der zuständigen Behörde. Wenn sich die Beliehene nur teilweise aus der Beleihung lösen könnte, widerspräche dies der Kompetenz der zuständigen Behörde. Nach Beendigung der Beleihung kann die Beliehene aber von der zuständigen Behörde teilweise gem. § 23 erneut beliehen werden.

12 Dem Antrag der verlangenden Beliehenen ist innerhalb einer angemessenen Frist zu entsprechen (S. 2). Die Frist bemisst sich dabei grds. nach der Zeit, die zur Sicherung der Erfüllung der Aufgaben nach den §§ 20 – 22 und 28 Abs. 1 durch die zuständige Behörde oder einen besonders Beauftragten nach § 24 Abs. 2 notwendig ist (S. 2; BR-Drs. 265/20, 57). Diese Frist soll einen Übergangszeitraum schaffen, in dem die zuständige Behörde organisatorische Maßnahmen trifft, um eine kontinuierliche Aufgabenwahrnehmung im Interesse der Hersteller zu gewährleisten. Ihr muss dabei ein ausreichender Zeitraum gewährleistet werden, in der sie eine personelle und organisatorische Ausstattung schaffen kann, die zur Wahrnehmung der Aufgaben nach den §§ 20 – 22 und 28 Abs. 1 erforderlich ist. Hierbei dürfen an die zuständige Behörde keine überzogenen Anforderungen gestellt werden. Es muss der Behörde daher nicht möglich sein, die Aufgaben in der gleichen Art und Weise zu erfüllen, wie dies zuvor die Beliehene getan hat. Ausreichend ist, dass sie in die Lage versetzt wird, die Aufgaben überhaupt wahrzunehmen. Die einzelne Frist bestimmt sich dabei nach dem Einzelfall. Denn je nach Umfang der Beleihung (insb. im Hinblick auf eine Teilbeleihung) kann die Länge der Frist variieren. Je nach Umfang und Aufwand, der mit einer Aufgabe innerhalb der Beleihung verbunden ist, kann die Frist bestimmt werden. Das Merkmal der Angemessenheit ist als unbestimmter Rechtsbegriff gerichtlich voll überprüfbar. Grundsätzlich dürfte davon auszugehen sein, dass ein Zeitraum von wenigen Wochen ausreichend ist.

E. Ausblick auf kommende Batterie-VO der EU

13 Der Vorschlag für eine neue Batterie-VO nach Art. 288 Abs. 2 AEUV gemäß dem derzeitigen Kompromisstext (vgl. ST 5469 2023 INIT zu COM(2020) 798 final) enthält in Art. 45g(1) lediglich die Vorgabe, eine oder mehrere zuständigen Behörden zu benennen. Die nähere Auswahl, Ausgestaltung und Umsetzung bleibt den Mitgliedstaaten überlassen (→ § 23 Rn. 16).

***

LANDMANN/ROHMER

UMWELTRECHT

BAND III

KOMMENTAR

Herausgegeben von

Prof. Dr. Martin Beckmann
Rechtsanwalt und Fachanwalt für Verwaltungsrecht,
Honorarprofessor der Universität Münster

Prof. Dr. Dr. Wolfgang Durner LL. M.
Rheinische Friedrich-Wilhelms-Universität Bonn und Direktor des Instituts für das Recht der Wasser- und Entsorgungswirtschaft

Prof. Dr. Thomas Mann
Direktor des Instituts für Öffentliches Recht,
Lehrstuhl für Verwaltungsrecht der Georg-August-Universität Göttingen

Prof. Dr. Marc Röckinghausen
Hochschule für Polizei und öffentliche Verwaltung NRW, Abteilung Gelsenkirchen,
Fachbereich Allgemeine Verwaltung/Rentenversicherung

Stand: 1. Juni 2023
(101. Ergänzungslieferung)

(Zum Bearbeitungsstand im Einzelnen siehe die Datumszeile am unteren Ende jeder Seite)

C.H.BECK

Dieses Titelblatt stammt aus der 101. Ergänzungslieferung Juni 2023.

(Anschluss an die 100. Ergänzungslieferung Januar 2023)

ISBN 978 3 406 81162 3

Der Kommentar wurde von der 1. bis zur 50. Ergänzungslieferung
von Prof. Dr. Klaus Hansmann und von der 51. bis zur 58. Ergänzungslieferung
von Prof. Dr. Martin Beckmann herausgegeben.

Zitiervorschläge:

Beckmann in Landmann/Rohmer UmweltR KrWG § 17 Rn. 1
Landmann/Rohmer UmweltR/*Beckmann* KrWG § 17 Rn. 1

www.beck.de

Grundwerk ISBN 978 3 406 34327 8 ergänzt bis ISBN 978 3 406 81162 3

Wilhelmstraße 9, 80801 München
Druck: Druckerei C.H.Beck, Nördlingen
(Adresse wie Verlag)

Satz: mediaTEXT Jena GmbH, Jena

CO_2 neutral
chbeck.de/nachhaltig

Gedruckt auf säurefreiem, alterungsbeständigem Papier
(Hergestellt aus chlorfrei gebleichtem Zellstoff)

Inhaltsübersicht

Band I

Band II

Band III

Übersicht

Band IV

D. Umweltrecht Besonderer Teil

2. Verordnungen zum Bundes-Immissionsschutzgesetz (BImSchV)
3. Verwaltungsvorschriften zum Bundes-Immissionsschutzgesetz (TA Luft, TA Lärm)
4. Hinweise und Empfehlungen der Bund/Länder-Arbeitsgemeinschaft für Immissions- schutz
5. Handel mit Emmissionsberechtigungen (TEHG, ZuV 2020)

Bearbeiterverzeichnis (Band I–IV)

Prof. Dr. Martin Beckmann Rechtsanwalt in Münster	Vorb. Abfallrecht, §§ 1–57, 62–68, 70–72 KrWG § 15 UVPG, Einführung Klimaschutzrecht, §§ 3-8 KSG, Umweltschadensgesetz (mit Wittmann)
Anja Behnke Bundesministerium für Umwelt, Naturschutz, nukleare Sicherheit und Verbraucherschutz	TA Luft (mit Hansmann)
Dr. Christian-Dietrich Bracher Rechtsanwalt in Bonn	§§ 41 bis 43 BImSchG, 16. und 24. BImSchV
Prof. Dr. Peter Bruckmann Landesamt für Natur, Umwelt und Verbraucherschutz Nordrhein-Westfalen, Essen	39. BImSchV (mit Strecker und Vogt) 43. BImSchV (mit van Endern und Vogt)
Prof. Dr. Pascale Cancik O. Professorin an der Universität Osnabrück	Vorb. §§ 47a ff. BImSchG, §§ 47a–47f BImSchG (§§ 47a–47c, 47e und 47f mit Hansmann)
Prof. Dr. Johannes Dietlein O. Professor an der Universität Düsseldorf	§§ 1, 2, Vorb. §§ 4–21, 4 bis 8, 9 bis 11, 16a, 16b, 19, 23a–23c und 25a BImSchG, 9. BImSchV (§§ 16b, 23b BImSchG mit Fabi)
Dr. Robert Dix Syndikusrechtsanwalt der EWE AG, Oldenburg	§ 29–32, 70–73 UVPG
Prof. Dr. Matthias Dombert Rechtsanwalt in Potsdam	§§ 4–6, 8, 13, 14, 20, 24, 25 BBodSchG
Rolf-Dieter Dörr Ministerialrat a. D.	OberflächengewässerV (mit Walter)
Prof. Dr. Dr. Wolfgang Durner LL. M. O. Professor an der Universität Bonn	Umweltvölkerrecht, Vorb. §§ 27 ff. WHG, §§ 27–31, 34, 35, 82–85 WHG
Benedikt van Endern Ministerium für Umwelt, Naturschutz und Verkehr des Landes Nordrhein-Westfalen	43. BImSchV (mit Bruckmann und Vogt)
Prof. Dr. Astrid Epiney LL. M. O. Professorin an der Université de Fribourg	Art. 191–193 AEUV
Dr. Friederike Erxleben Umweltbundesamt	UERV (mit Wolke)

Bearbeiter

Prof. Dr. Wolfgang Ewer Rechtsanwalt in Kiel	Vorb. BBodSchG, §§ 9, 15, 16 BBodSchG
Johannes Fabi Wissenschaftlicher Mitarbeiter, Universität Düsseldorf	§§ 16b, 23b BImSchG (mit Dietlein)
Prof. Dr. Kurt Faßbender O. Professor an der Universität Leipzig	§§ 1–5, 33, 36–38 WHG
Dr. Frank Fellenberg LL. M. Rechtsanwalt in Berlin	Fluglärmgesetz (mit Reidt und Schiller), Umweltrechtsbehelfsgesetz (mit Schiller)
Dr. Henrik Flatter Bundesamt für Naturschutz, Bonn	§§ 69–74 BNatSchG
Prof. Dr. Sina Fontana, MLE O. Professorin an der Universität Augsburg	§§ 1, 2, 15–27 UAG
Dr. Matthias Ganske Rechtsanwalt in Bonn	§§ 25, 26, 54–61 WHG
Prof. Dr. Klaus Ferdinand Gärditz O. Professor an der Universität Bonn	Art. 20a GG
Prof. Dr. Martin Gellermann Rechtsanwalt, apl. Professor an der Universität Osnabrück	§§ 4, 7–51, §§ 52–56, §§ 57–68 BNatSchG (§§ 41–43 Mit Sanden)
Nela Gies Richterin am Verwaltungsgericht Gelsenkirchen	§§ 41, 42 WHG
Prof. Dr. Christoph Görisch Hochschule für Polizei und öffentliche Verwaltung NRW, Abteilung Münster	§§ 4–14 UAG
Moritz Grunow Rechtsanwalt in Düsseldorf	Vorb. AwSV, § 1 AwSV
Prof. Dr. Günter Hager † O. Professor an der Universität Freiburg	§§ 6, 7 UmweltHG (mit Rehbinder)
Dr. Joachim Hagman Rechtsanwalt in Münster	§§ 65–69 UVPG

(Fortsetzung Seite 3)

Dr. Kay Artur Pape Rechtsanwalt in Bonn	Vorb. WHG, §§ 6–22 WHG
Dr. Malte Petersen LL. M. Ministerium für Umwelt, Naturschutz und Verkehr des Landes Nordrhein-Westfalen	§§ 89–95 WHG
Prof. Dr. Alexander Proelß O. Professor an der Universität Trier	§§ 43–45l WHG
Prof. Dr. Eckard Rehbinder Em. Professor an der Universität Frankfurt/Main	§ 14 BImSchG UmweltHG (§§ 6, 7 mit Hager)
Prof. Dr. Olaf Reidt Rechtsanwalt in Berlin	§ 16 BImSchG (mit Schiller), 18. BImSchV (mit Schiller), Fluglärmgesetz (mit Fellenberg und Schiller), Umweltinformationsgesetz (mit Schiller)
Rainer Remus Umweltbundesamt, Dessau	TA Luft (mit Hansmann)
Dr. Christoph Riese Rechtsanwalt in Berlin	§§ 67–71, 86 WHG
Prof. Dr. Marc Röckinghausen Hochschule für Polizei und öffentliche Verwaltung NRW, Abteilung Gelsenkirchen	§§ 20, 21, Vor § 32, §§ 32–37, 52, 52b, 62, 66, 67 BImSchG (mit Hansmann), §§ 37a bis 37f, Vor §§ 44–47, 52a, 63, 73 BImSchG, 1., 10., 26., 28., 36., 37., 38., 42. BImSchV, 4., 11., 20., 21., 25., 27., 30., 34 und 35. BImSchV, TA Luft (mit Hansmann), 2. BImSchV (mit Hansmann und Mahrwald), Schadstofffreisetzungs- und Verbringungsregistergesetz
Christoph Sahm LL. M. E. ON Kernkraft GmbH	§§ 23–25, 27 der 17. BImSchV (mit Ohms)
Prof. Dr. Dr. Joachim Sanden † Behörde für Stadtentwicklung und Umwelt, Freie und Hansestadt Hamburg, zugl. Apl. Prof. an der Universität Lüneburg	§§ 41–43 BNatSchG (mit Gellermann)
Dr. Gernot Schiller Rechtsanwalt in Berlin	§ 16 BImSchG (mit Reidt), 18. BImSchV (mit Reidt), Fluglärmgesetz (mit Reidt und Fellenberg), Umweltinformationsgesetz (mit Reidt) Umweltrechtsbehelfsgesetz (mit Fellenberg), §§ 14a, 15 BImSchG

Bearbeiter

Matthias Schleifenbaum, LL.M. Rechtsanwalt in Köln	Vorb. BattG, § 1 BattG
Prof. Dr. Hendrik Schoen Hochschule für Polizei und öffentliche Verwaltung NRW, Abteilung Münster	§ 50 BImSchG
Prof. Dr. Meinhard Schröder Em. Professor an der Universität Trier	EG-Abfallverbringungs-VO
Prof. Dr. Max-Jürgen Seibert Vorsitzender Richter am Oberverwaltungsgericht Münster	§ 13 BImSchG
Prof. Dr. Reinhard Sparwasser Rechtsanwalt in Freiburg	Vor § 22 BImSchG, §§ 22–25 BImSchG (mit Heilshorn)
Prof. Dr. Indra Spiecker genannt Döhmann, LL.M. O. Professorin an der Universität Frankfurt a.M.	UStatG BImSchG (mit Heilshorn)
Prof. Dr. Peter-Tobias Stoll O. Professor an der Universität Göttingen	EG-Artenschutzverordnung
Silvia Strecker Ministerium für Umwelt, Naturschutz und Verkehr des Landes Nordrhein-Westfalen	39. BImSchV (mit Bruckmann)
Prof. Dr. Dr. Markus Thiel Deutsche Hochschule der Polizei, Münster	§§ 3, 48–48b BImSchG
Dr. Christian Tünnesen-Harmes Rechtsanwalt in Duisburg	AbfAEV
Dr. Klaus Vogt Landesamt für Natur, Umwelt und Verbraucherschutz Nordrhein-Westfalen	39. BImSchV (mit Bruckmann und Strecker), 43. BImSchV (mit Bruckmann und van Endern)
Anne-Barbara Walter Umweltbundesamt	OberflächengewässerV (mit Dörr)
Dr. Andreas Wasielewski Ministerium für Energiewende, Klima, Umwelt und Naturschutz des Landes Schleswig-Holstein	TA Luft (mit Hansmann)
Dr. Dirk Weinreich Bundesministerium für Umwelt, Naturschutz, nukleare Sicherheit und Verbraucherschutz	Vorb. TEHG, §§ 7, 19 TEHG
Dr. Armin von Weschpfennig Akademischer Rat, Universität Bonn	§§ 13a, 13b, 103–107 WHG
Dr. Antje Wittmann Rechtsanwältin in Münster	UmweltschadensG (zusammen mit Beckmann), § 51 UVPG
Frank Wolke Bundesministerium für Umwelt, Naturschutz, nukleare Sicherheit und Verbraucherschutz	§§ 4, 18, 24 TEHG, UERV (mit Erxleben)

Justus Wulff LL.M.
Juristischer Mitarbeiter in der Kanzlei Baumann-Rechtsanwälte, Leipzig

§§ 1-3 BNatSchG (mit Heß)

Dr. Reinhard Wulfhorst
Ministerium für Wirtschaft, Infrastruktur, Tourismus und Arbeit des Landes Mecklenburg-Vorpommern

§§ 24, 25, 40, 43 UVPG

Bearbeiter

LANDMANN/ROHMER

UMWELTRECHT

BAND IV

KOMMENTAR

Herausgegeben von

Prof. Dr. Martin Beckmann
Rechtsanwalt und Fachanwalt für Verwaltungsrecht,
Honorarprofessor der Universität Münster

Prof. Dr. Dr. Wolfgang Durner LL. M.
Rheinische Friedrich-Wilhelms-Universität Bonn und Direktor des Instituts für das Recht der Wasser- und Entsorgungswirtschaft

Prof. Dr. Thomas Mann
Direktor des Instituts für Öffentliches Recht,
Lehrstuhl für Verwaltungsrecht der Georg-August-Universität Göttingen

Prof. Dr. Marc Röckinghausen
Hochschule für Polizei und öffentliche Verwaltung NRW, Abteilung Gelsenkirchen,
Fachbereich Allgemeine Verwaltung/Rentenversicherung

Stand: 1. Juni 2023
(101. Ergänzungslieferung)

(Zum Bearbeitungsstand im Einzelnen siehe die Datumszeile am unteren Ende jeder Seite)

C.H.BECK

Dieses Titelblatt stammt aus der 101. Ergänzungslieferung Juni 2023.

(Anschluss an die 100. Ergänzungslieferung Januar 2023)

ISBN 978 3 406 81162 3

Der Kommentar wurde von der 1. bis zur 50. Ergänzungslieferung
von Prof. Dr. Klaus Hansmann und von der 51. bis zur 58. Ergänzungslieferung
von Prof. Dr. Martin Beckmann herausgegeben.

Zitiervorschläge:

Beckmann in Landmann/Rohmer UmweltR KrWG § 17 Rn. 1
Landmann/Rohmer UmweltR/*Beckmann* KrWG § 17 Rn. 1

www.beck.de

Grundwerk ISBN 978 3 406 34327 8 ergänzt bis ISBN 978 3 406 81162 3

Wilhelmstraße 9, 80801 München
Druck: Druckerei C.H.Beck, Nördlingen
(Adresse wie Verlag)

Satz: mediaTEXT Jena GmbH, Jena

CO_2 neutral
chbeck.de/nachhaltig

Gedruckt auf säurefreiem, alterungsbeständigem Papier
(hergestellt aus chlorfrei gebleichtem Zellstoff)

Inhaltsübersicht

Band I

Band II

Band III

Übersicht

Band IV

D. Umweltrecht Besonderer Teil

2. Verordnungen zum Bundes-Immissionsschutzgesetz (BImSchV)
3. Verwaltungsvorschriften zum Bundes-Immissionsschutzgesetz (TA Luft, TA Lärm)
4. Hinweise und Empfehlungen der Bund/Länder-Arbeitsgemeinschaft für Immissions- schutz
5. Handel mit Emmissionsberechtigungen (TEHG, ZuV 2020)

Bearbeiterverzeichnis (Band I–IV)

Prof. Dr. Martin Beckmann Rechtsanwalt in Münster	Vorb. Abfallrecht, §§ 1–57, 62–68, 70–72 KrWG § 15 UVPG, Einführung Klimaschutzrecht, §§ 3-8 KSG, Umweltschadensgesetz (mit Wittmann)
Anja Behnke Bundesministerium für Umwelt, Naturschutz, nukleare Sicherheit und Verbraucherschutz	TA Luft (mit Hansmann)
Dr. Christian-Dietrich Bracher Rechtsanwalt in Bonn	§§ 41 bis 43 BImSchG, 16. und 24. BImSchV
Prof. Dr. Peter Bruckmann Landesamt für Natur, Umwelt und Verbraucherschutz Nordrhein-Westfalen, Essen	39. BImSchV (mit Strecker und Vogt) 43. BImSchV (mit van Endern und Vogt)
Prof. Dr. Pascale Cancik O. Professorin an der Universität Osnabrück	Vorb. §§ 47a ff. BImSchG, §§ 47a–47f BImSchG (§§ 47a–47c, 47e und 47f mit Hansmann)
Prof. Dr. Johannes Dietlein O. Professor an der Universität Düsseldorf	§§ 1, 2, Vorb. §§ 4–21, 4 bis 8, 9 bis 11, 16a, 16b, 19, 23a–23c und 25a BImSchG, 9. BImSchV (§§ 16b, 23b BImSchG mit Fabi)
Dr. Robert Dix Syndikusrechtsanwalt der EWE AG, Oldenburg	§ 29–32, 70–73 UVPG
Prof. Dr. Matthias Dombert Rechtsanwalt in Potsdam	§§ 4–6, 8, 13, 14, 20, 24, 25 BBodSchG
Rolf-Dieter Dörr Ministerialrat a. D.	OberflächengewässerV (mit Walter)
Prof. Dr. Dr. Wolfgang Durner LL. M. O. Professor an der Universität Bonn	Umweltvölkerrecht, Vorb. §§ 27 ff. WHG, §§ 27–31, 34, 35, 82–85 WHG
Benedikt van Endern Ministerium für Umwelt, Naturschutz und Verkehr des Landes Nordrhein-Westfalen	43. BImSchV (mit Bruckmann und Vogt)
Prof. Dr. Astrid Epiney LL. M. O. Professorin an der Université de Fribourg	Art. 191–193 AEUV
Dr. Friederike Erxleben Umweltbundesamt	UERV (mit Wolke)

Bearbeiter

Prof. Dr. Wolfgang Ewer Rechtsanwalt in Kiel	Vorb. BBodSchG, §§ 9, 15, 16 BBodSchG
Johannes Fabi Wissenschaftlicher Mitarbeiter, Universität Düsseldorf	§§ 16b, 23b BImSchG (mit Dietlein)
Prof. Dr. Kurt Faßbender O. Professor an der Universität Leipzig	§§ 1–5, 33, 36–38 WHG
Dr. Frank Fellenberg LL. M. Rechtsanwalt in Berlin	Fluglärmgesetz (mit Reidt und Schiller), Umweltrechtsbehelfsgesetz (mit Schiller)
Dr. Henrik Flatter Bundesamt für Naturschutz, Bonn	§§ 69–74 BNatSchG
Prof. Dr. Sina Fontana, MLE O. Professorin an der Universität Augsburg	§§ 1, 2, 15–27 UAG
Dr. Matthias Ganske Rechtsanwalt in Bonn	§§ 25, 26, 54–61 WHG
Prof. Dr. Klaus Ferdinand Gärditz O. Professor an der Universität Bonn	Art. 20a GG
Prof. Dr. Martin Gellermann Rechtsanwalt, apl. Professor an der Universität Osnabrück	§§ 4, 7–51, §§ 52–56, §§ 57–68 BNatSchG (§§ 41–43 Mit Sanden)
Nela Gies Richterin am Verwaltungsgericht Gelsenkirchen	§§ 41, 42 WHG
Prof. Dr. Christoph Görisch Hochschule für Polizei und öffentliche Verwaltung NRW, Abteilung Münster	§§ 4–14 UAG
Moritz Grunow Rechtsanwalt in Düsseldorf	Vorb. AwSV, § 1 AwSV
Prof. Dr. Günter Hager † O. Professor an der Universität Freiburg	§§ 6, 7 UmweltHG (mit Rehbinder)
Dr. Joachim Hagman Rechtsanwalt in Münster	§§ 65–69 UVPG

(Fortsetzung Seite 3)

Dr. Kay Artur Pape Rechtsanwalt in Bonn	Vorb. WHG, §§ 6–22 WHG
Dr. Malte Petersen LL. M. Ministerium für Umwelt, Naturschutz und Verkehr des Landes Nordrhein-Westfalen	§§ 89–95 WHG
Prof. Dr. Alexander Proelß O. Professor an der Universität Trier	§§ 43–45l WHG
Prof. Dr. Eckard Rehbinder Em. Professor an der Universität Frankfurt/Main	§ 14 BImSchG UmweltHG (§§ 6, 7 mit Hager)
Prof. Dr. Olaf Reidt Rechtsanwalt in Berlin	§ 16 BImSchG (mit Schiller), 18. BImSchV (mit Schiller), Fluglärmgesetz (mit Fellenberg und Schiller), Umweltinformationsgesetz (mit Schiller)
Rainer Remus Umweltbundesamt, Dessau	TA Luft (mit Hansmann)
Dr. Christoph Riese Rechtsanwalt in Berlin	§§ 67–71, 86 WHG
Prof. Dr. Marc Röckinghausen Hochschule für Polizei und öffentliche Verwaltung NRW, Abteilung Gelsenkirchen	§§ 20, 21, Vor § 32, §§ 32–37, 52, 52b, 62, 66, 67 BImSchG (mit Hansmann), §§ 37a bis 37f, Vor §§ 44–47, 52a, 63, 73 BImSchG, 1., 10., 26., 28., 36., 37., 38., 42. BImSchV, 4., 11., 20., 21., 25., 27., 30., 34 und 35. BImSchV, TA Luft (mit Hansmann), 2. BImSchV (mit Hansmann und Mahrwald), Schadstofffreisetzungs- und Verbringungsregistergesetz
Christoph Sahm LL. M. E. ON Kernkraft GmbH	§§ 23–25, 27 der 17. BImSchV (mit Ohms)
Prof. Dr. Dr. Joachim Sanden † Behörde für Stadtentwicklung und Umwelt, Freie und Hansestadt Hamburg, zugl. Apl. Prof. an der Universität Lüneburg	§§ 41–43 BNatSchG (mit Gellermann)
Dr. Gernot Schiller Rechtsanwalt in Berlin	§ 16 BImSchG (mit Reidt), 18. BImSchV (mit Reidt), Fluglärmgesetz (mit Reidt und Fellenberg), Umweltinformationsgesetz (mit Reidt) Umweltrechtsbehelfsgesetz (mit Fellenberg), §§ 14a, 15 BImSchG

Bearbeiter

Matthias Schleifenbaum, LL.M. Rechtsanwalt in Köln	BattG
Prof. Dr. Hendrik Schoen Hochschule für Polizei und öffentliche Verwaltung NRW, Abteilung Münster	§ 50 BImSchG
Prof. Dr. Meinhard Schröder Em. Professor an der Universität Trier	EG-Abfallverbringungs-VO
Prof. Dr. Max-Jürgen Seibert Vorsitzender Richter am Oberverwaltungsgericht Münster	§ 13 BImSchG
Prof. Dr. Reinhard Sparwasser Rechtsanwalt in Freiburg	Vor § 22 BImSchG, §§ 22–25 BImSchG (mit Heilshorn)
Prof. Dr. Indra Spiecker genannt Döhmann, LL.M. O. Professorin an der Universität Frankfurt a.M.	UStatG BImSchG (mit Heilshorn)
Prof. Dr. Peter-Tobias Stoll O. Professor an der Universität Göttingen	EG-Artenschutzverordnung
Silvia Strecker Ministerium für Umwelt, Naturschutz und Verkehr des Landes Nordrhein-Westfalen	39. BImSchV (mit Bruckmann)
Prof. Dr. Dr. Markus Thiel Deutsche Hochschule der Polizei, Münster	§§ 3, 48–48b BImSchG
Dr. Christian Tünnesen-Harmes Rechtsanwalt in Duisburg	AbfAEV
Dr. Klaus Vogt Landesamt für Natur, Umwelt und Verbraucherschutz Nordrhein-Westfalen	39. BImSchV (mit Bruckmann und Strecker), 43. BImSchV (mit Bruckmann und van Endern)
Anne-Barbara Walter Umweltbundesamt	OberflächengewässerV (mit Dörr)
Dr. Andreas Wasielewski Ministerium für Energiewende, Klima, Umwelt und Naturschutz des Landes Schleswig-Holstein	TA Luft (mit Hansmann)
Dr. Dirk Weinreich Bundesministerium für Umwelt, Naturschutz, nukleare Sicherheit und Verbraucherschutz	Vorb. TEHG, §§ 7, 19 TEHG
Dr. Armin von Weschpfennig Akademischer Rat, Universität Bonn	§§ 13a, 13b, 103–107 WHG
Dr. Antje Wittmann Rechtsanwältin in Münster	UmweltschadensG (zusammen mit Beckmann), § 51 UVPG
Frank Wolke Bundesministerium für Umwelt, Naturschutz, nukleare Sicherheit und Verbraucherschutz	§§ 4, 18, 24 TEHG, UERV (mit Erxleben)

Justus Wulff LL.M. — §§ 1-3 BNatSchG (mit Heß)
Juristischer Mitarbeiter in der Kanzlei Baumann-Rechtsanwälte, Leipzig

Dr. Reinhard Wulfhorst — §§ 24, 25, 40, 43 UVPG
Ministerium für Wirtschaft, Infrastruktur, Tourismus und Arbeit des Landes Mecklenburg-Vorpommern

Bearbeiter

2.9 Neunte Verordnung zur Durchführung des Bundes-Immissionsschutzgesetzes (Verordnung über das Genehmigungsverfahren – 9. BImSchV)

In der Fassung der Bekanntmachung vom 29. Mai 1992

(BGBl. I S. 1001, geändert durch VO v. 20.4.1993, BGBl. I S. 494, durch G v. 9.10.1996, BGBl. I S. 1498, durch VO v. 23.2.1999, BGBl. I S. 186, durch VO v. 26.4.2000, BGBl. I S. 603, durch Art. 5 d. G v. 27.7.2001, BGBl. I S. 1950, durch Art. 7 d. VO v. 10.12.2001, BGBl. I S. 3379, durch Art. 2 d. VO v. 24.6.2002, BGBl. I S. 2247, durch Art. 3 d. VO v. 24.7.2002, BGBl. I S. 2833, durch Art. 2 d. VO v. 14.8.2003, BGBl. I S. 1614, durch Art. 1a d. VO v. 8.6.2005, BGBl. I S. 1591, durch Art. 5 d. G v. 21.6.2005, BGBl. I S. 1666, durch Art. 3 d. G v. 23.10.2007, BGBl. I S. 2470, durch Art. 3 d. VO v. 2.5.2013, BGBl. I S. 973, durch Art. 5 d. VO v. 28.4.2015, BGBl. I S. 670, durch Art. 2 d. VO v. 9.1.2017, BGBl. I S. 47, durch Art. 57 d. G v. 29.3.2017, BGBl. I S. 626; durch Art. 14 d. G. v. 29.5.2017, BGBl. I S. 1298 ff.; durch VO v. 8.12.2017, BGBl. S. 3882; durch Art. 2 d. VO v. 11.11.2020, BGBl. I S. 2428; und durch Art. 10 d. G. v. 22.3.2023, BGBl. I Nr. 88 v. 28.3.2023)

(BGBl. III 2129-8-1-9)

Vorbemerkung[1)]

Schrifttum: A. Erläuterungswerke und sonstige Schriften: *Erbguth/Schink* Gesetz über die Umweltverträglichkeitsprüfung: Kommentar, 2. Aufl. 1996; *Feldhaus* Bundesimmissionsschutzrecht: Kommentar, Loseblattsammlung 200. Ergänzungslieferung, Stand: September 2018; *Führ* Gemeinschaftskommentar zum Bundes-Immissionsschutzgesetz, 2015; *Hoeren/Sieber/Holznagel* Handbuch Multimedia-Recht: Rechtsfragen des elektronischen Geschäftsverkehrs, Loseblatt-Ausgabe 46. Auflage 2018, Stand: Januar 2018; *Jarass* Bundes-Immissionsschutzgesetz: Kommentar, 12. Aufl. 201; *Kloepfer* Umweltrecht, 4. Aufl. 2016; *Jarass/Pieroth* Grundgesetz für die Bundesrepublik Deutschland: Kommentar, 15. Auflage 2018; *Johlen/Oerder* Münchener Anwaltshandbuch Verwaltungsrecht, 4. Auflage 2017; *Koch/Pache/Scheuing* Gemeinschaftskommentar zum Bundes-Immissionsschutzgesetz: GK-BImSchG, Loseblattsammlung 36. Ergänzungslieferung, Stand: Juni 2014; *Peters* Das Recht der Umweltverträglichkeitsprüfung, Bd. 2, UVPG-Kommentar einschließlich 9. BImSchV, AtVfV, BauGB, BBergG und LUVPG, 1996; *Pielow* Gewerbeordnung: Beck'scher Online-Kommentar, 33. Edition, Stand: Februar 2016; *Posser/Wolff* Verwaltungsgerichtsordnung: Beck'scher Online-Kommentar, 18. Edition, Stand: Juli 2011; *Schäfer* Genehmigungsverfahren nach dem Bundes-Immissionsschutzgesetzes, 1977; *Schäfer* Zur effizienten Verwendung von Energie nach der IVU-Richtlinie in Festschrift für Feldhaus, 1999, S. 327 ff.; *Schmidt/Kahl/Gärditz* Umweltrecht, 10. Aufl. 2017; *Sellner/Reidt/Ohms* Immissionsschutzrecht und Industrieanlagen, 3. Aufl. 2006; *Tettinger/Wank/Ennuschat* Gewerbeordnung: Kommentar, 8. Aufl. 2011; *Wachs* Das Recht auf Akteneinsicht im immissionsschutzrechtlichen Genehmigungsverfahren: ein Beitrag zur Problematik des bürgerseitigen Zugangs zu Exekutivinformationen, 1996, sowie das Schrifttum zu § 10 BImSchG.

B. Aufsätze: *Büge* Die 3. Novelle zum Bundes-Immissionsschutzgesetz und ihre Bedeutung für Betreiber genehmigungspflichtiger Anlagen DB 1990, 2408; *Bunge* Neue Anforderungen an die Umweltverträglichkeitsprüfung: die UVP-Änderungsrichtlinie 2014 NVwZ 2014, 1257; *Burgi/Müller* Das Emissionshandelssystem in Deutschland ZUR Sonderheft 2004, 419; *Callies* Zur unmittelbaren Wirkung der EG-Richtlinie über die Umweltverträglichkeitsprüfung und ihre Umsetzung im deutschen Immissionsschutzrecht NVwZ 1996, 339; *Dienes* Die 3. Novelle zum Bundes-Immissionsschutzgesetz NWVBl. 1990, 404; *Erbguth* Rechtliche Anforderungen an Alternativprüfungen in (abfallrechtlichen) Planfeststellungsverfahren und vorgelagerten Verfahren NVwZ 1992, 209; *Feldhaus* Entwicklung des Immissionsschutzrechts NVwZ 1998, 1138; *Fluck* Reststoffvermeidung, Reststoffverwertung und Beseitigung als Abfall nach § 5 I Nr. 3 BImSchG NuR 1989, 409; *Fluck* Die immissionsrechtliche Nachsorgepflicht als neues Instrument zur Verhinderung und Beseitigung von Altlasten BB 1991, 1798; *Gantzer* Grenzüberschreitende Behörden- und Öffentlichkeitsbeteiligung bei umweltrelevanten

---

1) Für tatkräftige Mitarbeit bei der Anpassung der Kommentierung der 9. BImSchV an die Vorgaben der Seveso-III-Richtlinie 2012/18/EU und an die Änderungen durch die UVP-Änderungsrichtlinie 2014/52/EU danke ich meinem Wiss. Mit. Johannes Fabi, Düsseldorf.

Vorhaben am Oberrhein VBlBW 2005, 464; *Grandjot* Grenzüberschreitende Umweltprüfungen – Änderungen durch das Gesetz zur Modernisierung des Rechts der Umweltverträglichkeitsprüfung DVBl. 2018, 161; *Hansmann* Inhalt und Reichweite der Reststoffvorschrift des § 5 Absatz I Nr. 3 BImSchG NVwZ 1990, 409; *Hansmann* Die Nachsorgepflichten im Immissionsschutzrecht NVwZ 1993, 921; *Hoppe/Appold/Haneclaus* Rechtspflicht zur Standortalternativenprüfung im Raumordnungsverfahren? DVBl. 1992, 1203; *Hoppe/Püchel* Zur Anwendung der Art. 3 und 8 EG-Richtlinie zur UVP bei der Genehmigung nach dem Bundes-Immissionsschutzgesetz DVBl. 1988, 1; *Koch/Verheyen* Klimaschutz im deutschen Anlagengenehmigungsrecht: völkerrechtlicher Rahmen, europarechtliche Vorgaben, innerstaatlicher Anpassungsbedarf NuR 1999, 1; *Kment* Das neue Umwelt-Rechtsbehelfsgesetz und seine Bedeutung für das UVPG – Rechtsschutz des Vorhabenträgers, anerkannter Vereinigungen und Dritter NVwZ 2007, 274; *Kutscheidt* Zur Erweiterung genehmigungsbedürftiger Anlagen DÖV 1976, 663; *Kutscheidt* Die Neuregelung der Abfallvermeidungs- und -beseitigungspflicht bei industriellen Betrieben NVwZ 1986, 622; *Pudenz* Die Novellierung des Bundes-Immissionsschutzgesetzes WuR 1990, 99; *Rebentisch* Die immissionsschutzrechtliche Genehmigung – ein Instrument integrierten Umweltschutzes? NVwZ 1995, 949; *Rehbinder* Festlegung von Umweltzielen NuR 1997, 313; *Rietzler* Behörden- und Öffentlichkeitsbeteiligung bei ausländischen Vorhaben im Lichte der Espoo-Konvention NVwZ 2015, 483; *Sangenstedt* Die Reform der UVP-Richtlinie 2014: Herausforderungen für das deutsche Recht ZUR 2014, 526; *Schäfer* Zur Beschleunigung des Genehmigungsverfahrens nach dem BImSchG DÖV 1977, 85; *Schink* Auswirkungen des EG-Rechts auf die Umweltverträglichkeitsprüfung nach deutschem Recht NVwZ 1999, 11; *Schink* Entwicklungen und Stand der UVP NuR 2018, 21; *Schlacke* Das Umwelt-Rechtsbehelfsgesetz NuR 2007, 8; *Schmidt/Kremer* Das Umwelt-Rechtsbehelfsgesetz und der „weite Zugang zu Gerichten" ZUR 2007, 57; *Schmidt-Preuß* Der verfahrensrechtliche Charakter der Umweltverträglichkeitsprüfung DVBl. 1995, 485; *Sellner* Kontrolle immissionsschutzrechtlicher und atomrechtlicher Entscheidungen im Verwaltungsgerichtsprozeß Baurecht 1980, 391; *Soell/Dirnberger* Wieviel Umweltverträglichkeit garantiert die UVP? NVwZ 1990, 705; *Steinbeiß-Winkelmann* Verfassungsrechtliche Vorgaben und Grenzen der Verfahrensbeschleunigung DVBl. 1998, 809; *Thieme* Doppelte Auslegung (d. erforderlichen Unterlagen) im Immissionsschutzverfahren? DÖV 1976, 296; *Wahl* Thesen zur Umsetzung der Umweltverträglichkeitsprüfung nach EG-Recht in das deutsche öffentliche Recht DVBl. 1988, 86; *Weber/Hellmann* Das Gesetz über die Umweltverträglichkeitsprüfung (UVP-Gesetz) NJW 1990, 1625; *Wittmann* Die verwaltungsgerichtliche Untätigkeitsklage in der gerichtlichen Praxis JuS 2017, 842; *Wolf* Die Umsetzung der UVP-Richtlinie 2014 in der Verordnung über das immissionsschutzrechtliche Genehmigungsverfahren ZUR 2018, 457; *Ziekow* Das Umwelt-Rechtsbehelfsgesetz im System des deutschen Rechtsschutzes NVwZ 2007, 259, sowie die Nachweise bei § 10 BImSchG.

A. Bedeutung der Verordnung

1 Die Neunte Verordnung zur Durchführung des Bundes-Immissionsschutzgesetzes über das Genehmigungsverfahren wurde auf der Grundlage der **Verordnungsermächtigung in § 10 Abs. 10 BImSchG** erlassen und regelt das immissionsschutzrechtliche Genehmigungsverfahren für genehmigungsbedürftige Anlagen nach § 4 BImSchG in Ergänzung der Verfahrensvorschriften in § 10 BImSchG. Sie verfolgt den Zweck, eine möglichst bundeseinheitliche Gestaltung des Genehmigungsverfahrens zu gewährleisten und zudem die Beteiligungsrechte von durch die Realisierung des Anlagenvorhabens potenziell Betroffenen zu sichern (vgl. dazu → BImSchG § 10 Rn. 2 ff.; 122 ff.). Zudem soll sie eine Beschleunigung und Vereinfachung des Genehmigungsverfahrens bewirken. Die Verordnung knüpft dabei weitgehend an die bisherige Verwaltungspraxis an, enthält aber zum Teil auch wesentliche Neuerungen, so etwa die Pflicht zur Vorlage einer Kurzbeschreibung des Vorhabens (§ 4 Abs. 3), die Möglichkeit, von der Bekanntmachung des Vorhabens und der Auslegung der Unterlagen abzusehen (§ 8 Abs. 2) sowie die Vorschriften über den Verlauf des seit 2007 nicht mehr obligatorischen (s. → BImSchG § 10

(Fortsetzung Seite 3)

Inhaltsübersicht

2.9 9. BImSchV

wird der Vorbescheid unwirksam, wenn der Antragsteller nicht innerhalb von zwei Jahren nach Eintritt der Unanfechtbarkeit (des Vorbescheides) die Genehmigung beantragt; die Frist kann auf Antrag auf vier Jahre verlängert werden (vgl. → BImSchG § 9 Rn. 87 f.). Schließlich soll nach Nr. 2 der Hinweis erfolgen, dass der Vorbescheid nicht zur Errichtung der Anlage oder von Teilen der Anlage berechtigt (dazu → BImSchG § 9 Rn. 2, 10 f.). Auch der Vorbescheid soll – wie im Rahmen des § 21 Abs. 2 der 9. BImSchV – den Hinweis enthalten, dass die Genehmigung unbeschadet der von der Konzentrationswirkung des § 13 BImSchG nicht umfassten behördlichen Entscheidung ergeht (Nr. 3). Nr. 4 enthält Vorgaben zur Rechtsbehelfsbelehrung. Fehlt diese, so ist § 58 Abs. 2 VwGO anzuwenden.

V. Verweis auf § 22 (Absatz 4)

Absatz 4 ordnet schließlich die entsprechende Geltung des § 22 an, der Regelungen über die Teilgenehmigung enthält, insbesondere über die vorzulegenden Unterlagen und die Umweltverträglichkeitsprüfung. Die Globalverweisung dient dazu, auch den Besonderheiten des Vorbescheids im Vergleich mit dem (endgültigen) Genehmigungsbescheid Rechnung zu tragen. 6

§ 23a Raumverträglichkeitsprüfung und Genehmigungsverfahren[1)]

Die Genehmigungsbehörde hat die bei der Raumverträglichkeitsprüfung nach § 15 des Raumordnungsgesetzes überschlägig geprüften Auswirkungen des Vorhabens auf die Umwelt nach Maßgabe des § 20 Absatz 1b bei der Entscheidung über den Antrag zu berücksichtigen.

Übersicht

I. Allgemeines

1. Bedeutung der Vorschrift.

Die Vorschrift dient der Vermeidung einer doppelten Entscheidungsvorbereitung bei UVP-pflichtigen Vorhaben und trägt der Tatsache Rechnung, dass nach § 8 Abs. 1 ROG (als speziellere Bestimmung zu § 49 Abs. 1 UVPG nF) im Raumordnungsverfahren und in anderen raumordnerischen Verfahren die raumbedeutsamen Umweltauswirkungen eines Vorhabens entsprechend dem Planungsstand des Vorhabens ermittelt, beschrieben und bewerten werden. Hinsichtlich der nachfolgenden Berücksichtigung im Zulassungsverfahren durch die zuständige Behörde wird durch § 23a der 9. BImSchV § 49 Abs. 2 1

[1)] Der Wortlaut der Norm wurde durch Art. 10 des Gesetzes zur Änderung des Raumordnungsgesetzes und anderer Vorschriften vom 22. März 2023 (BGBl. I Nr. 88 vom 28. März 2023) geändert. Das Inkrafttreten des geänderten Wortlauts wird durch Art. 15 Abs. 1 dieses Gesetzes auf den 28. September 2023 festgelegt. Eine Kommentierung des neuen Wortlauts erfolgt mit einer der nächsten Ergänzungslieferungen.

UVPG in das Immissionsschutzrecht umgesetzt, im Hinblick auf das Absehen von bestimmten Verfahrensschritten § 49 Abs. 3 UVPG.

2. Entstehung.

2 Die Vorschrift wurde durch die Änderungsverordnung vom 20.3.1992 eingefügt und durch das Gesetz vom 27.7.2001 hinsichtlich der Verweisung an die Neufassung des Raumordnungsgesetzes vom 18.8.1997 (BGBl. I 2081) angepasst.

II. Berücksichtigung von Ergebnissen eines Raumordnungs- oder raumordnerischen Verfahrens (Absatz 1)

3 Absatz 1 ordnet an, dass die im Rahmen eines Raumordnungsverfahrens oder eines raumordnerischen Verfahrens, das den Anforderungen des § 15 Abs. 2 ROG entspricht und damit das Raumordnungsverfahren ersetzen kann, ermittelten, beschriebenen und bewerteten Auswirkungen des Vorhabens auf die Umwelt gemäß § 20 Abs. 1b bei der Entscheidung über den Antrag **zu berücksichtigen** sind. Damit wird § 49 Abs. 2 UVPG in das Immissionsschutzrecht integriert, der eine Berücksichtigung der in einem Raumordnungs- oder raumordnerischen Verfahren ermittelten Auswirkungen in diesem nachfolgenden Zulassungsverfahren vorsieht. Zum Vorgang der Berücksichtigung vgl. → § 20 Rn. 10 sowie → BImSchG § 10 Rn. 240. Obwohl § 15 Abs. 3 ROG nicht von § 23a der 9. BImSchV angesprochen wird, ist zwingende Voraussetzung für das Ausbleiben einer erneuten Umweltverträglichkeitsprüfung allerdings das Durchführen einer Öffentlichkeitsbeteiligung, die den Anforderungen des Art. 6 UVP-Richtlinie entspricht (vgl. *Roßnagel/Hentschel* in GK-BImSchG Rn. 381).

III. Modifizierung des Genehmigungsverfahrens (Absatz 2)

4 Nach Absatz 2 soll für den Fall eines zuvor durchgeführten Raumordnungsverfahrens das immissionsschutzrechtliche Genehmigungsverfahren dahingehend modifiziert werden, dass **von** folgenden **Anforderungen abgesehen** wird, sofern die entsprechenden Verfahrensschritte schon bei der Ermittlung und Beschreibung im Rahmen des raumplanerischen Verfahren vorgenommen wurden:
- von der Unterrichtung über (voraussichtlich) beizubringende Unterlagen bei UVP-pflichtigen Verfahren (§ 2a);
- von der Verpflichtung zur Vorlage detaillierten Antragsunterlagen (§§ 4 bis 4e);
- von der Beteiligung von Behörden, deren Aufgabenbereich von dem Vorhaben berührt ist (§ 11);
- von der grenzüberschreitenden Behörden- und Öffentlichkeitsbeteiligung (§ 11a) und
- von der Erstellung einer zusammenfassenden Darstellung (§ 20 Abs. 1a).

5 Die Entscheidung steht im **pflichtgemäßen Ermessen** der Behörde; da es sich um eine „Soll"-Vorschrift handelt, wird sie jedoch aus verfahrensökonomischen Gründen und im Interesse des Antragstellers von den enumerierten Verfahrensschritten im Regelfall absehen.

§ 24 Vereinfachtes Verfahren

In dem vereinfachten Verfahren sind § 4 Absatz 3, die §§ 8 bis 10a, §§ 12, 14 bis 19 und die Vorschriften, die die Durchführung der Umweltverträglichkeitsprüfung

2.44 Vierundvierzigste Verordnung zur Durchführung des Bundes-Immissionsschutzgesetzes (Verordnung über mittelgroße Feuerungs-, Gasturbinenund Verbrennungsmotoranlagen – 44. BImSchV)[1]

Vom 13. Juni 2019

(BGBl. I S. 804, geändert durch Art. 3 d. VO v. 6. Juli 2021, BGBl. I S. 2514, und durch Art. 1 d. VO v. 12. Oktober 2022, BGBl. I S. 1801)

(Vorbemerkung folgt)

[1] Diese Verordnung dient der Umsetzung der Richtlinie (EU) 2015/2193 des Europäischen Parlaments und des Rates vom 25. November 2015 zur Begrenzung der Emissionen bestimmter Schadstoffe aus mittelgroßen Feuerungsanlagen in die Luft (ABl. L 313 vom 28.11.2015, S. 1).

Zu Absatz 5

Die Anforderung übernimmt die bestehende Regelung der Nummer 5.3.2.2 der Technischen Anleitung zur Reinhaltung der Luft.

Zu Absatz 6

Die Anforderung dient der Umsetzung des Artikels 8 der EU-Richtlinie 2015/2193. Die Anforderung übernimmt die grundsätzliche Regelung der Technischen Anleitung zur Reinhaltung der Luft und konkretisiert diese. Im Sinne einer einheitlichen Rechtsetzung wurden die Formulierungen der Verordnung über Großfeuerungs-, Gasturbinen- und Verbrennungsmotoranlagen übernommen.

Zu Absatz 7

Die Anforderung übernimmt die grundsätzliche Regelung der Technischen Anleitung zur Reinhaltung der Luft und konkretisiert diese. Im Sinne einer einheitlichen Rechtsetzung wurden die Formulierungen der Verordnung über Großfeuerungs-, Gasturbinen- und Verbrennungsmotoranlagen übernommen. Sollten durch nachträgliche Anordnungen, die auf der Ermittlung von Emissionen beruhen, zusätzliche Emissionsminderungsmaßnahmen gefordert werden, ist die Messunsicherheit zugunsten des Betreibers zu berücksichtigen.

Zu Absatz 8

Die Regelung für den Abgasverlust erfolgt in Analogie zur Regelung für die Emissionsgrenzwerte.

Zu Absatz 9

Die Regelung gewährt nicht genehmigungsbedürftigen Feuerungsanlagen mit einer Feuerungswärmeleistung von weniger als 10 Megawatt eine Erleichterung in Bezug auf die Erfüllung der Vorgaben nach Absatz 3. Dadurch kann die bisher in der Verordnung über kleine und mittlere Feuerungsanlagen für diese Anlagen vorgesehene Praxis fortgeführt werden.

Betreiber von genehmigungsbedürftigen Anlagen müssen die Messungen nach § 31 Absatz 4 durch Stellen durchführen lassen, die nach § 29b des Bundes-Immissionsschutzgesetzes in Verbindung mit der Bekanntgabeverordnung (41. BImSchV) bekannt gegeben worden sind. Gemäß § 31 Absatz 6 hat der Betreiber einer genehmigungsbedürftigen Anlage über die Ergebnisse der Einzelmessungen einen Bericht zu erstellen und der zuständigen Behörde unverzüglich vorzulegen.

Betreiber von nicht genehmigungsbedürftigen Anlagen können die Messungen alternativ von einem Schornsteinfeger oder einer Schornsteinfegerin vornehmen lassen.

Die Erstellung eines Berichtes durch den Schornsteinfeger oder die Schornsteinfegerin über die Messung ist nach der Verordnung nicht vorgesehen. Eine Überprüfung über die Einhaltung der mit der Verordnung festgelegten Grenzwerte ist damit für die Überwachungsbehörde nicht möglich. Auch können im Bedarfsfall die tatsächlichen Emissionen nicht ermittelt werden.

Der neue Satz 2 soll die Messdurchführung entsprechend den bisherigen Anforderungen der 1. BImSchV regeln. Die Ergänzungen bezüglich der Bescheinigung sollen sicherstellen, dass die vom Schornsteinfeger oder von der Schornsteinfegerin ermittelten Messwerte dokumentiert werden. Im Hinblick auf eine Gleichbehandlung aller Betreiber von Anlagen, die dem Anwendungsbereich der Verordnung unterliegen, soll analog zu Absatz 6 eine Verpflichtung zur Vorlage der Bescheinigung bei der zuständigen Behörde eingeführt werden. Darüber hinaus soll der Tatsache Rechnung getragen werden, dass die Anforderung nach § 20 Absatz 2 der 1. BImSchV für die Anlagen der 44. BImSchV nicht mehr besteht.

Abschnitt 4. Gemeinsame Vorschriften

§ 32 Zulassung von Ausnahmen

(1) **Die zuständige Behörde kann auf Antrag des Betreibers Ausnahmen von den Anforderungen nach den §§ 9 bis 17 sowie 21 bis 29 zulassen, falls unter Berücksichtigung der besonderen Umstände des Einzelfalls**

1. einzelne Anforderungen nicht oder nur mit unverhältnismäßigem Aufwand erfüllbar sind;

2. im Übrigen die dem Stand der Technik entsprechenden Maßnahmen zur Emissionsbegrenzung ausgeschöpft werden;

3. die Schornsteinhöhe auch für einen als Ausnahme zugelassenen Emissionsgrenzwert ausgelegt ist und

4. die Ausnahmen den Anforderungen aus dem Recht der Europäischen Union nicht entgegenstehen, insbesondere nicht

a) der Richtlinie 2010/75/EU des Europäischen Parlaments und des Rates vom 24. November 2010 über Industrieemissionen (integrierte Vermeidung und Verminderung der Umweltverschmutzung) (ABl. L 334 vom 17.12.2010, S. 17; L 158 vom 19.6.2012, S. 25),

b) der Richtlinie (EU) 2015/2193 des Europäischen Parlaments und des Rates vom 25. November 2015 zur Begrenzung der Emissionen bestimmter Schadstoffe aus mittelgroßen Feuerungsanlagen in die Luft (ABl. L 313 vom 28.11.2015, S. 1) und c) der Richtlinie 2009/125/EG des Europäischen Parlaments und des Rates vom 21. Oktober 2009 zur Schaffung eines Rahmens für die Festlegung von Anforderungen an die umweltgerechte Gestaltung energieverbrauchsrelevanter Produkte (ABl. L 285 vom 31.10.2009, S. 10).

(2) **Die zuständige Behörde kann eine Abweichung von der Verpflichtung zur Einhaltung der in den §§ 13, 14 und 16 vorgesehenen Emissionsgrenzwerte in den Fällen gewähren, in denen eine mittelgroße Feuerungs- oder Verbrennungsmotoranlage, in der regelmäßig gasförmiger Brennstoff eingesetzt wird, wegen einer plötzlichen Unterbrechung der Gasversorgung ausnahmsweise auf andere Brennstoffe ausweichen muss und aus diesem Grund mit einer sekundären Emissionsminderungsvorrichtung ausgestattet werden müsste. Eine solche Abweichung wird für einen Zeitraum von nicht mehr als zehn Tagen gewährt, es sei denn, der Betreiber weist der zuständigen Behörde nach, dass ein längerer Zeitraum gerechtfertigt ist.**

(3) **Die zuständige Behörde kann auf Antrag des Betreibers Ausnahmen von den Anforderungen nach § 19 zulassen, falls unter Berücksichtigung der besonderen Umstände des Einzelfalls diese Anforderungen nicht oder nur mit unverhältnismäßigem Aufwand erfüllbar sind. Unter den Voraussetzungen des Satzes 1 kann die zuständige Behörde Austrittsöffnungen zulassen, die weniger als 10 Meter über Gelände liegen, wenn dies wegen einer plötzlichen Unterbrechung der Gasversorgung oder einer sonstigen außergewöhnlichen Notsituation erforderlich ist. Ausnahmen nach Satz 2 sind zu befristen.**

Die Begründung der Bundesregierung zu § 32 lautet (BR-Drs. 181/19 (neu), S. 87):

Unter bestimmten Voraussetzungen können die Behörden im Einzelfall Ausnahmen von den Anforderungen der Verordnung zulassen. Ausnahmen setzen einen begründeten Antrag des Betreibers voraus; sie sind auf die Anforderungen zu begrenzen, deren Einhaltung unverhältnismäßig wäre. Die übrigen Anforderungen müssen entsprechend dem

(Fortsetzung Seite 63)

5 Anforderungen zur Vorsorge gegen schädliche Umwelteinwirkungen

5.1 Allgemeines

5.1.1 Inhalt und Bedeutung

Die folgenden Vorschriften enthalten

- Emissionswerte, deren Überschreiten nach dem Stand der Technik vermeidbar ist,
- emissionsbegrenzende Anforderungen, die dem Stand der Technik entsprechen,
- sonstige Anforderungen zur Vorsorge gegen schädliche Umwelteinwirkungen durch Luftverunreinigungen,
- Verfahren zur Ermittlung der Emissionen und
- Anforderungen zur Ableitung von Abgasen.

Die Regelungen in Nummer 5.2 in Verbindung mit Nummer 5.3 sowie in Nummer 6.2 gelten für alle Anlagen. Soweit davon abweichende Regelungen in Nummer 5.4 festgelegt sind, gehen diese den jeweils betroffenen Regelungen in den Nummern 5.2, 5.3 oder 6.2 vor. Soweit in Nummer 5.4 Anforderungen an die Häufigkeit von Einzelmessungen enthalten sind, bleiben die Anforderungen an eine kontinuierliche Überwachung nach Nummer 5.3.3.2 unberührt. Soweit in Nummer 5.4 Rußzahlen, Massenverhältnisse, Emissionsgrade, Emissionsminderungsgrade oder Umsatzgrade für bestimmte Stoffe oder Stoffgruppen festgelegt sind, finden die Anforderungen für Massenkonzentrationen für diese Stoffe oder Stoffgruppen in Nummer 5.2 keine Anwendung. Soweit in Nummer 5.4 Bezugssauerstoffgehalte genannt werden, gelten diese auch für Anforderungen nach Nummer 5.2, soweit sie die gleichen Prozesse betreffen. Im Übrigen bleiben die in den Nummern 5.2, 5.3 oder 6.2 festgelegten Anforderungen unberührt. Das Emissionsminimierungsgebot nach Nummer 5.2.7 ist ergänzend zu beachten.

Soweit in Nummer 5.4 eine Massenkonzentration begrenzt ist, ist der entsprechende Massenstrom aus Nummer 5.2 in der Regel nicht anzuwenden.

Die Vorschriften berücksichtigen mögliche Verlagerungen von nachteiligen Auswirkungen von einem Schutzgut auf ein anderes; sie sollen ein hohes Schutzniveau für die Umwelt insgesamt gewährleisten.

Soweit bei Erlass dieser Verwaltungsvorschrift Merkblätter über die Besten Verfügbaren Techniken (BVT-Merkblätter) der Europäischen Kommission, die im Rahmen des Informationsaustausches nach Artikel 16 Absatz 2 der Richtlinie 96/61/EG des Rates vom 24. September 1996 über die integrierte Vermeidung und Verminderung der Umweltverschmutzung (ABl. L 257 vom 10.10.1996, S. 26) oder nach Artikel 17 Absatz 2 der Richtlinie 2008/1/EG des Europäischen Parlaments und des Rates vom 15. Januar 2008 über die integrierte Vermeidung und Verminderung der Umweltverschmutzung (kodifizierte Fassung) (ABl. L 24 vom 29.1.2008, S. 8) (IVU-Richtlinie) veröffentlicht werden, oder Beschlüsse der Europäischen Kommission (BVT-Schlussfolgerungen), die im Rahmen des Artikel 13 Absatz 5 der Richtlinie 2010/75/EU des Europäischen Parlaments und des Rates vom 24. November 2010 über Industrieemissionen (integrierte Vermeidung und Verminderung der Umweltverschmutzung), (ABl. L 334 vom 17.12.2010, S. 10) (IE-Richtlinie) vorlagen, sind die darin enthaltenen Informationen in den Anforderungen der Nummern 5.2, 5.3, 5.4 und 6.2 berücksichtigt.

Die Regelungen ergänzender sektoraler Verwaltungsvorschriften nach § 48 BImSchG zu dieser Verwaltungsvorschrift, die durch die Bundesregierung mit Zustimmung

des Bundesrates erlassen werden, sofern sich der Stand der Technik durch die von der Europäischen Kommission im Amtsblatt veröffentlichten BVT-Schlussfolgerungen fortentwickelt oder sofern sich aus sonstigen Rechtsakten der Europäischen Kommission Auswirkungen auf die Anforderungen an den Betrieb von Anlagen ergeben, gehen den Regelungen dieser Verwaltungsvorschrift vor.
Für Anlagen, die nur einmal in Deutschland vorkommen, werden keine Regelungen in Nummer 5.4 festgelegt; in einem solchen Fall hat die zuständige Behörde die technischen Besonderheiten in eigener Verantwortung zu beurteilen.
Wurden bei einer genehmigungsbedürftigen Anlage im Einzelfall bereits Anforderungen zur Vorsorge gegen schädliche Umwelteinwirkungen durch Luftverunreinigungen getroffen, die über die Anforderungen der Nummern 5.1 bis 5.4 hinausgehen, sind diese im Hinblick auf § 5 Absatz 1 Nummer 2 BImSchG weiterhin maßgeblich.
Soweit die Nummern 5.2 oder 5.4 keine oder keine vollständigen Regelungen zur Begrenzung der Emissionen enthalten, sollen bei der Ermittlung des Standes der Technik im Einzelfall BVT-Merkblätter oder Richtlinien oder Normen des VDI/DIN-Handbuches „Reinhaltung der Luft" als Erkenntnisquelle herangezogen werden.
Abweichungen von den Anforderungen der Nummer 5 sind unter Beachtung des Verhältnismäßigkeitsgrundsatzes möglich. Sofern solche Abweichungen Anforderungen betreffen, für die in BVT-Schlussfolgerungen Emissionsbandbreiten festgelegt sind, sind diese zu beachten. Wenn Anforderungen außerhalb dieser Bandbreiten festgelegt werden, sind die Einschränkungen und Anforderungen nach § 12 Absatz 1b und § 17 Absatz 2b BImSchG zu beachten.

Übersicht

A. Allgemeines

I. Bedeutung der Nr. 5

1. Konkretisierung der Vorsorgepflichten. Die in Nr. 5 festgelegten „Anforderungen zur Vorsorge gegen schädliche Umwelteinwirkungen“ dienen ebenso wie die „Anforderungen zum Schutz gegen schädliche Umwelteinwirkungen“ in Nr. 4 der **Normkonkretisierung** (vgl. → Vorb. vor Nr. 1 Rn. 4 f.). Dabei geht es in Nr. 5 insbesondere um die Konkretisierung des Standes der Technik zur Luftreinhaltung (vgl. Hansmann NVwZ 2003, 266 (269)). Daneben enthält dieser Teil **allgemeine Vorsorgeanforderungen** (vgl. Nr. 5.1.2 und 5.1.3) und **ermessenslenkende Vorschriften** (vgl. insbesondere Nr. 5.3). Die Regelungen sind für die Verwaltungsbehörden und – soweit sie der Normkonkretisierung dienen – auch für die Verwaltungsgerichte verbindlich (vgl. BVerwG NVwZ 1995, 1129, und NVwZ-RR 1996, 498 (499); → Vorb. vor Nr. 1 Rn. 12 ff.). Die Bindungswirkung entfällt jedoch 1

- bei Unvereinbarkeit mit höherrangigem (ggf. geändertem) Recht; dazu zählt auch das Unionsrecht, insbesondere die IE-Richtlinie und die auf dieser Basis ergehenden BVT-Schlussfolgerungen (s. dazu näher → Rn. 26),
- bei neuen gesicherten Erkenntnissen über den vom Vorschriftengeber angenommenen Sachverhalt (nicht bei einer bloß abweichenden Bewertung des Sachverhalts; vgl. BVerwG NVwZ 2001, 1165) und insbesondere
- bei einem atypischen Sachverhalt, dem der Vorschriftengeber seine Bewertung nicht zugrunde legen konnte oder wollte (vgl. Rn. 26).

Soweit die Regelungen nicht eindeutig und aus sich verständlich sind, ist ihr Inhalt durch Auslegung nach den dafür geltenden allgemeinen Grundsätzen zu ermitteln. Dabei ist auf eine gesetzeskonforme Auslegung zu achten. Im Übrigen kommt der Entstehungsgeschichte im Zweifel mehr Gewicht zu, als dies regelmäßig bei Rechtsnormen der Fall ist (BVerwG DVBl. 2000, 810 = NVwZ 2000, 440). 2

2. Konzeptionelle Grundlagen. In der amtlichen Begründung zur TA Luft 2021 (abgedruckt in der → Vorb. vor Nr. 1 Rn. 32) wird in Teil B unter Nr. 5.1 herausgestellt, dass in der TA Luft die auf das BImSchG und die Rechtsprechung gestützten konzeptionellen Kernelemente, wie sie bereits in der TA Luft 2002 verankert sind, beibehalten und insbesondere nach europäischen Vorgaben weiterentwickelt werden. Auch für Anlagen, für die keine europarechtlichen Regelungen bestehen, ist zu prüfen, inwieweit der Stand der Technik sich weiterentwickelt hat, um weiterhin die Anforderungen des BImSchG an Errichtung und Betrieb genehmigungsbedürftiger Anlagen abzubilden. Auf dieser Basis werden folgende Prinzipien im Bereich der Vorsorge in Nr. 5 gesondert herausgestellt: 3

- Die Vorsorgeanforderungen zielen auf eine bundesweit einheitliche und gleichmäßige Durchführung von Luftreinhaltemaßnahmen (Gleichbehandlungsgrundsatz).
- Für bestimmte Anlagenarten werden Einzelregelungen festgelegt, um anlagenspezifische Besonderheiten und dabei auch medienübergreifenden Aspekten Rechnung zu tragen.

- Altanlagen sind nach einem einheitlichen und umfassenden Konzept zu sanieren; sie sollen innerhalb bestimmter Übergangsfristen grundsätzlich an den Stand der Technik von Neuanlagen herangeführt werden. Bei bestimmten Anlagenarten werden zum Teil abweichende Anforderungen festgelegt, insbesondere um Verhältnismäßigkeitsaspekte zu berücksichtigen.
- Mit zahlreichen Neuregelungen werden Richtlinien der EU umgesetzt. Dabei sind nicht ausschließlich anlagenspezifische Vorgaben – etwa auf Basis der IE-Richtlinie - umzusetzen, sondern auch die übergreifenden Anforderungen der neuen NEC-Richtlinie und der Luftqualitätsrichtlinie zu berücksichtigen.

4 Darüber hinaus kann als eine weitere konzeptionelle Grundlage, die aber auch als Teil des Integrationsgebotes verstanden werden kann, noch der Vorrang der Emissionsvermeidung vor der Emissionsverminderung (vgl. Nr. 5.1.3) genannt werden (so *Lange/Cohors-Fresenborg* Immissionsschutz 2003, 13).

5 **3. Ableitung der Anforderungen.** Bei der Ableitung der Vorsorgeanforderungen für die TA Luft 2002 war der Vorschriftengeber von den bewährten Regelungen in der TA Luft 1986 ausgegangen. Diese Regelungen mussten jedoch schon damals im Hinblick auf den technischen Fortschritt und verschiedene Vorgaben des EG-Rechts (insbesondere durch die damalige IVU-Richtlinie) fortentwickelt werden. Die Neuerungen der TA Luft 2021 hinsichtlich der Vorsorgeanforderungen speisen sich zum einen aus der **Fortentwicklung des Standes der Technik** im Verhältnis zum Kenntnisstand der TA Luft 2002. Zum anderen – und dies ist das erheblich gewichtigere Moment – sind sie europarechtlich gesteuert. Waren die auf Basis der IVU-Richtlinie ergangenen BVT-Merkblätter auf nationaler Vollzugebene lediglich nur zu berücksichtigen, hat die Richtlinie über Industrieemissionen (2010/75/EU) für eine größere Verbindlichkeit gesorgt. Unter dem Regime der IE-Richtlinie muss in der Neugenehmigung und nach Ablauf bestimmter Übergangsfristen auch bei Bestandsanlagen sichergestellt sein, dass die in den **BVT-Schlussfolgerungen** beschriebenen Bandbreiten nicht überschritten werden, Art. 15 Abs. 3 IE-Richtlinie (Einzelheiten bei Wasielewski I+E 2013, 17f.). Seit Inkrafttreten der IE-Richtlinie sind zahlreiche Durchführungsbeschlüsse der Kommission über BVT-Schlussfolgerungen zu unterschiedlichen Branchen ergangen, die bei der Neufassung der TA Luft 2021 zu berücksichtigen waren (s. Amtl. Begründung Abschnitt A IV. und B Allgemeines, abgedruckt unter → Vorb. vor Nr. 1 Rn. 32). Dabei waren neben der Konkretisierung des EU-rechtlich vorgegebenen Rahmens in Form von Emissionsbandbreiten für bestimmte Schadstoffe auch weitere Vorgaben aus den BVT-Schlussfolgerungen zu beachten. Diese betreffen beispielsweise Anforderungen zur Schließung von Materialkreisläufen, die besondere Berücksichtigung von gefährlichen Stoffen oder die Vermeidung von Störungen. Darüber hinaus wurden auch Vorschriften der Verordnung (EG) Nr. 1272/2008 über die Einstufung, Kennzeichnung und Verpackung von Stoffen und Gemischen, zuletzt geändert durch Verordnung (EU) 2016/1179 (ABl. L vom 20.7.2016, S. 11) umgesetzt. Schließlich sind **Vollzugsempfehlungen der Bund/Länder-Arbeitsgemeinschaft Immissionsschutz** (s. → Vorb vor Nr. 1 Rn. 21) und sektorale Verwaltungsvorschriften nach § 48 Ab. 1a BImSchG, die zuvor aufgrund entsprechender BVT-Schlussfolgerungen ergangen sind, in die neuen Regelungen der TA Luft 2021 aufgenommen worden (s. → Vorb. vor Nr. 1 Rn 23).

6 **4. Aufbau des Vorsorgeteils.** Die Änderungen der TA Luft 2002, die gegenüber der Vorläuferregelung aus dem Jahr 1986 im Hinblick auf den Aufbau des Vorsorgeteils geändert worden waren, sind fortgeschrieben worden. Die für alle Anlagen geltenden allgemeinen Anforderungen zur Emissionsbegrenzung, zu denen insbesondere die Emissi-

onswerte für die verschiedenen Luftschadstoffe gehören, sind in einem eigenen Abschnitt (Nr. 5.2) zusammengefasst worden. Die Regelungen zur Schornsteinhöhenberechnung sind im Vorsorgeteil verblieben (Nr. 5.5). Nr. 5.1 enthält allgemeine Anforderungen, Nrn. 5.2 bis 5.4 beziehen sich auf die Begrenzung und Messung der Emissionen und Nr. 5.5 auf die Ableitung der Abgase. Nrn. 5.2 bis 5.4 sind so aufgebaut, dass Nrn. 5.2 und 5.3 für alle Anlagen gelten, während Nr. 5.4 besondere Regelungen für bestimmte Anlagearten enthält.

5. Fortentwicklung der Vorsorgevorschriften. Nr. 5 dient vorrangig der Konkretisierung des Standes der Technik (vgl. → Rn. 1). Der Stand der Technik ist nicht statisch. Zwar ist er nicht bei jeder Fortentwicklung der technischen Möglichkeiten fortzuschreiben. Der in § 3 Abs. 6 BImSchG definierte Rechtsbegriff stellt nämlich nicht auf die technischen Möglichkeiten, sondern auf die praktische Eignung technischer Maßnahmen ab. Das erfordert eine Bewertung vielfältiger abwägungsrelevanter Gesichtspunkte (vgl. Feldhaus DVBl. 1981, 165 (169), und NVwZ 2001, 1 (3)), die nach der Konzeption des Bundes-Immissionsschutzgesetzes (vgl. §§ 7 und 48) vom untergesetzlichen Normgeber vorgenommen werden soll (vgl. Feldhaus in Festschrift für Kutscheidt, 2003, S. 259 (268 f.)). Damit soll – auch aus Gründen der Rechtssicherheit – eine gewisse Beständigkeit der Bewertung erreicht werden (vgl. BVerwG NVwZ 2001, 1165). Das bedeutet aber nicht, dass die Regelungen der TA Luft keiner Überprüfung bedürften. Auch wenn der Vorschriftengeber einen gewissen Spielraum bei der Bewertung des Standes der Technik hat, kann dieser Spielraum nach einiger Zeit überschritten werden. **Gesicherte Erkenntnisfortschritte in Wissenschaft und Technik** können den Einschätzungen, Bewertungen und Prognosen, die der Konkretisierung des Standes der Technik in der TA Luft zugrunde liegen, den Boden entziehen (BVerwG NVwZ 2001, 1165 (1166)). Die Regelungen können dann nicht mehr als gesetzeskonform angesehen werden und verlieren auch ihre Bindungswirkung (vgl. Hansmann NVwZ 2003, 266 (274)). 7

Gleichwohl ist insgesamt festzustellen, dass die Konkretisierung des nationalen Standes der Technik in sehr starkem Maße europarechtlich (vor-) geprägt ist. Das gemeinschaftsrechtliche Ziel für eine Harmonisierung anlagenbezogener Umweltstandards zu sorgen, unbeschadet **nationaler Schutzverstärkungen**, die bei der Umsetzung kaum eine nennenswerte Rolle spielen, wird damit zumindest bezogen auf Deutschland weitgehend erreicht. Bei der Umsetzung von Gemeinschaftsrecht, insbesondere des Anlagenzulassungs- und –überwachungsrechts hat Deutschland seine spezifische Konzeption beibehalten, den jeweiligen Stand der Technik nicht einzelfallbezogen, sondern im untergesetzlichen Regelwerk sektorbezogen festzulegen. Dies wird durch die IE-Richtlinie ausdrücklich ermöglicht (Art. 6 Allgemein bindende Vorschriften). 8

II. Funktion der Regelungen in Nr. 5.1.1

1. Inhaltsbeschreibung zu Nr. 5. Der Vorsorgeteil der TA Luft beginnt mit einem Abschnitt „Allgemeines". Die erste Unternummer dieses Abschnitts beschreibt zunächst den Inhalt der folgenden Vorschriften. Nr. 5.1.1 Abs. 1 hat damit eine ähnliche Funktion wie Nr. 4.1 Abs. 1. An erster Stelle verweist die Vorschrift auf die in Nr. 5 festgelegten Emissionswerte. Diese sind in Nr. 2.7 definiert (vgl. → Nr. 2 Rn. 7 f.). In Nr. 5.1.1 Abs. 1 wird ergänzend darauf hingewiesen, dass ein Überschreiten der Emissionswerte nach dem Stand der Technik vermeidbar ist. Damit wird verdeutlicht, dass die Emissionswerte den Stand der Technik konkretisieren. Entsprechendes wird im 2. Anstrich für die sonstigen emissionsbegrenzenden Anforderungen in Nr. 5 ausgesagt. Außerdem wird darauf hingewiesen, dass der 5. Teil der TA Luft weitere Vorsorgeanforderungen sowie Regelungen zu den Ermittlungsverfahren (Nr. 5.3) und zur Ableitung der Abgase (Nr. 5.5) enthält. 9

10 **2. Vorgabe von Anwendungsregelungen.** Neben einer Inhaltsbeschreibung enthält Nr. 5.1.1 bestimmte („vor die Klammer gezogene") Regelungen zur Anwendung der nachfolgenden Vorschriften. Besondere Bedeutung hat in diesem Zusammenhang Absatz 2, in dem das Verhältnis der verschiedenen Unternummern zueinander festgelegt wird (vgl. → Rn. 13–17). Absatz 5 regelt, welche Auswirkungen die Veröffentlichung neuer BVT-Merkblätter oder BVT-Schlussfolgerungen für die Anwendung des Teils 5 der TA Luft hat (vgl. → Rn. 21–26, 30). Der neu eingefügte Absatz 6 bestimmt, dass aufgrund § 48 Abs. 1a BImSchG erlassene sektorale Verwaltungsvorschriften nach den Grundsätzen der Spezialität den allgemeinen Regelungen der TA Luft 2021 vorgehen. Für bestehende Anlagen bestimmt Absatz 8, dass weitergehende Vorsorgeanforderungen in vorliegenden Genehmigungsbescheiden maßgeblich bleiben (vgl. → Rn. 18). Schließlich weist Absatz 9 darauf hin, wie Lücken in den Regelungen zur Emissionsbegrenzung geschlossen werden sollen (vgl. → Rn. 29). Neu eingefügt wurde auch Absatz 10, der unter Beachtung des Verhältnismäßigkeitsgrundsatzes Abweichungen von den Anforderungen der Nr. 5 für möglich erklärt. Dabei sind, wenn in BVT-Schlussfolgerungen Emissionsbandbreiten festgelegt sind, diese zu beachten; anderenfalls sind Abweichungen nur nach Maßgabe von §§ 12 Abs. 1b oder 17 Abs. 2b BImSchG möglich (→ Rn. 30).

11 **3. Klarstellungen zur Bedeutung von Nr. 5.** Nr. 5.1.1 dient darüber hinaus der Klarstellung von Zweifelsfragen, die bei der Anwendung der Nr. 5 auftreten können. In Absatz 4 wird darauf hingewiesen, dass bei der Ableitung der Vorsorgeanforderungen mögliche medienübergreifende Verlagerungen von einem Schutzgut auf das andere beachtet worden sind mit der Folge, dass eine darüber hinausgehende Berücksichtigung des Integrationsgebotes nicht erforderlich ist. Eine ähnliche Bedeutung hat Absatz 5, in dem klargestellt wird, dass bereits vorliegende BVT-Merkblätter oder BVT-Schlussfolgerungen bei Erlass der TA Luft 20021berücksichtigt wurden (vgl. → Rn. 20). Schließlich wird in Absatz 7 klargestellt, dass für Anlagen, die nur einmal in Deutschland vorkommen, keine anlagenspezifischen Regelungen getroffen wurden und deshalb anhand anderer Erkenntnisquellen (vgl. Absatz 9) geprüft werden muss, ob bei ihnen Abweichungen von den allgemeinen Anforderungen in Nrn. 5.2 und 5.3 geboten sind (vgl. → Rn. 28 f.).

III. Entstehungsgeschichte

12 Bei den Vorschriften der Nr. 5 handelt es sich um eine Fortentwicklung der entsprechenden Regelung der TA Luft 2002. Die Neuerungen gehen im Wesentlichen auf Weiterentwicklungen im europäischen Recht der Industrieanlagen zurück. Zentral für die Vorsorgeanforderungen ist der Übergang von dem empfehlenden Charakter der BVT-Merkblätter nach Maßgabe der inzwischen aufgehobenen IVU-Richtlinie auf die nunmehr rechtlich verbindlichen BVT-Schlussfolgerungen auf Basis der IE-Richtlinie(s. auch → Vorb. vor Nr. 1 Rn. 29 f. und Rn. 3). Die Nr. 5.1 bis 5.3 und 5.5 gehen im Wesentlichen auf die Regierungsvorlage zurück; zu Nr. 5.4 gab es im Bundesratsverfahren zahlreiche Änderungsvorschläge (BR-Drs. 314/21 (Beschluss) vom 28.5.2021), denen die Bundesregierung entsprochen hat (→ Vorb. vor Nr. 1 Rn. 31).

B. Rangverhältnis der Vorsorgeregelungen

I. Geltung von Nummern 5.2 und 5.3 (Absatz 2 Satz 1)

13 **1. Geltung für alle Anlagearten.** Nr. 5.1.1 Abs. 2 Satz 1 bestimmt ausdrücklich, dass die Regelungen in Nrn. 5.2 und 5.3 sowie in Nr. 6.2 „für alle Anlagen" gelten. Damit

wird in erster Linie zum Ausdruck gebracht, dass der Anwendungsbereich dieser Abschnitte nicht – wie der der Nr. 5.4 – auf bestimmte Anlagearten beschränkt ist. Insoweit ist jedoch die Vorrangregelung in Nr. 1 Abs. 4 zu beachten (vgl. → Nr. 1 Rn. 11): Vorsorgeanforderungen in den Durchführungsverordnungen zum Bundes-Immissionsschutzgesetz (vgl. insbesondere die 13., 17., 31. und 44.. BImSchV) haben gegenüber Nrn. 5.2 und 5.3 der TA Luft Vorrang.

Im Zusammenhang mit Nr. 1 Abs. 5 Satz 5 ist der Vorschrift darüber hinaus zu entnehmen, dass die in Nrn. 5.2 und 5.3 enthaltenen Konkretisierungen der Vorsorgeanforderungen auch bei nicht genehmigungsbedürftigen Anlagen als Erkenntnisquelle heranzuziehen sind (vgl. → Nr. 1 Rn. 15). Schließlich zeigt Nr. 6.2.1, dass die Formulierung „alle Anlagen" nicht nur alle neu zu errichtenden Anlagen, sondern auch alle Altanlagen (Nr. 2.10) meint. Soweit bei Altanlagen Differenzierungen geboten sind, werden sie in Nr. 5.4 vorgenommen (zur Problematik der Differenzierungen vgl. Hansmann NVwZ 2003, 266 (274)). 14

2. Geltung für die gesamte Anlage. Eine in Nr. 5.1.1 Abs. 2 Satz 1 nicht ausdrücklich angesprochene Frage betrifft den Umfang der Anlage, für den die Regelungen gelten. Grundsätzlich gilt Nr. 5 für alle Teile und Nebeneinrichtungen einer Anlage. Soweit nicht ausdrücklich etwas anderes bestimmt ist, sind die Anforderungen an allen Emissionsquellen einzuhalten (vgl. Nr. 5.1.2 Abs. 1). Sind selbständig zu betreibende nicht genehmigungsbedürftige Anlagen Teile oder Nebeneinrichtungen einer genehmigungsbedürftigen Anlage, ist zu prüfen, ob die allgemeinen Vorsorgeanforderungen mit einem verhältnismäßigen Aufwand auch bei ihnen erfüllt werden können. Erst recht gilt das bei den speziellen Anforderungen nach Nr. 5.4. Sind genehmigungsbedürftige Anlagen Teile oder Nebeneinrichtungen einer umfassenderen genehmigungsbedürftigen Anlage, ist hinsichtlich der anlagebezogenen Massenstromgrenzen auf die gesamte Anlage abzustellen. Im Übrigen sind aber die spezielleren Regelungen für die eingeschlossene Anlage anzuwenden. Das gilt insbesondere dann, wenn die spezielleren Regelungen in einer Rechtsverordnung (z.B. in der 13. BImSchV für Feuerungsanlagen innerhalb einer Raffinerie) festgelegt sind (vgl. Nr. 1 Abs. 5). 15

II. Vorrang von Nr. 5.4 (Absatz 2 Satz 2 bis 5)

1. Grundsatz. Nr. 5.1.1 Abs. 2 Satz 2 regelt das Verhältnis der Vorsorgeanforderungen für bestimmte Anlagearten zu den allgemeinen Anforderungen in Nrn. 5.2, 5.3 und 6.2. Dabei geht der Vorschriftengeber vom allgemeinen Auslegungsgrundsatz der Spezialität aus, d.h. die Regelungen in Nr. 5.4 sind vorrangig zu beachten. Bei Widersprüchen zwischen den verschiedenen Anforderungen gilt die Bestimmung in Nr. 5.4. Der Umfang der Vorrangwirkung wird in Nr. 5.1.1 Abs. 2 Satz 3 bis 6 näher eingegrenzt. 16

2. Umfang der Vorrangwirkung. Nr. 5.1.1 Abs. 2 Satz 3 stellt klar, dass soweit in Nr. 5.4 Anforderungen an die Häufigkeit von Einzelmessungen enthalten sind, die Anforderungen an eine kontinuierliche Überwachung nach Nr. 5.3.3.2 davon unberührt bleiben. Nr. 5.1.1 Abs. 2 Satz 4 regelt den Fall, dass in Nr. 5.4 für bestimmte Stoffe oder Stoffgruppen eine Emissionsminderung durch Vorgabe anderer Maßstäbe als die höchstzulässige Massenkonzentration gefordert wird. Dann soll insoweit auf die in Nr. 5.2 in Form von Massenkonzentrationswerten festgelegten Emissionswerte nicht mehr zurückgegriffen werden. Grund dafür sind die Besonderheiten bei einzelnen Anlagearten, die es geboten erscheinen lassen, andere Maßstäbe als die Massenkonzentration zur Beschreibung des Standes der Technik vorzugeben. Absatz 2 Satz 5 betont ausdrücklich, dass abgesehen von dem in Satz 4 behandelten Fall allgemeine Anforderungen in Nrn. 5.2, 5.3 17

oder 6.2, die nicht in einem direkten Widerspruch zu den speziellen Regelungen in Nr. 5.4 stehen, unberührt bleiben. Das gilt auch für die allgemeinen Vorschriften in Nrn. 5.1.2 und 5.1.3. Wegen der besonderen
Bedeutung des Emissionsminimierungsgebotes in Nr. 5.2.7 wird im 6. Satz von Nr. 5.1.1 noch einmal ausdrücklich betont, dass die hieraus folgenden Verpflichtungen in jedem Fall zu beachten sind.

III. Vorrang von bestehenden Einzelfallregelungen (Absatz 8)

18 Eine Vorrangregelung wird auch in Absatz 8 getroffen. Diese betrifft den Fall, dass in einer Genehmigungsinhaltsbestimmung, in einer Auflage zu einem Genehmigungsbescheid oder in einer nachträglichen Anordnung Vorsorgeanforderungen festgelegt worden sind, die über die in der TA Luft vorgesehenen Maßnahmen hinausgehen. Dass das Inkrafttreten der TA Luft nicht zur Aufhebung von Pflichten führen kann, die durch einen bestandskräftigen Verwaltungsakt begründet worden sind, folgt bereits aus dem Charakter der TA Luft als allgemeine Verwaltungsvorschrift. Insoweit hat Nr. 5.1.1 Abs. 8 nur Hinweischarakter. Bedeutsamer ist die Frage, ob eine Genehmigungsinhaltsbestimmung, eine Auflage oder eine nachträgliche Anordnung wegen **Unvereinbarkeit mit der novellierten TA Luft** aufgehoben werden kann oder sogar aufgehoben werden muss. Wenn die bestandskräftige Einzelfallregelung auf besonderen Gegebenheiten bei der betroffenen Anlage, insbesondere auf atypischen Verhältnissen, beruht, kommt eine Aufhebung nicht in Betracht; in einem solchen Fall könnten auch nach Inkrafttreten der neuen TA Luft abweichende Regelungen getroffen werden (vgl. → Rn. 28). Liegen keine besonderen Umstände des Einzelfalls vor und enthält die neue TA Luft auch unter Berücksichtigung der allgemeinen Anforderungen in Nr. 5.1.3 weniger strenge Anforderungen, *kann* die Genehmigung, die Auflage oder die nachträgliche Anordnung geändert werden. Ein Rechtsanspruch besteht darauf aber nicht, solange der durch § 3 Abs. 6 BImSchG i.V.m. dem Anhang zum Gesetz eingeräumte Bewertungsspielraum nicht überschritten ist. Das beruht darauf, dass die entscheidende Behörde im Zeitpunkt der Einzelfallregelung noch nicht an die generelle Konkretisierung der Vorsorgepflicht durch die novellierte TA Luft gebunden war.

C. Bedeutung der BVT-Schlussfolgerungen (Absätze 5,6 und 9)

I. Bestimmung des Standes der Technik auf europäischer Ebene durch die Erarbeitung von BVT-Merkblättern

19 Maßgeblicher Beurteilungsmaßstab für die Vorsorgeanforderungen an Industrieanlagen stellt der Stand der Technik dar, auf europäischer Ebene auch als Beste verfügbare Techniken (BVT) bezeichnet (Jarass BImSchG, 14. Auflage 2022, § 3 Rn. 114). Damit wird der jeweils effizienteste und fortschrittlichste Entwicklungsstand der Tätigkeiten und Betriebsmethoden bezeichnet, der spezielle Techniken als praktisch geeignet erscheinen lässt, um Emissionen in und Auswirkungen auf die gesamte Umwelt allgemein zu vermeiden oder, wenn dies nicht möglich ist, zu vermindern. Sowohl bei der Festlegung der BVT im Allgemeinen als auch im Einzelfall sind unter Berücksichtigung der sich aus einer bestimmten Maßnahme ergebenden Kosten und ihres Nutzens sowie des Grundsatzes der Vorsorge und Vorbeugung zwölf weitere im Anhang IV der IVU-Richtlinie genannten Gesichtspunkte zu berücksichtigen (Art. 2 Nr. 11 IVU-Richtlinie). Operationalisiert und konkretisiert wird dieser noch recht abstrakte BVT-Maßstab über einen von der Kommission initiierten Informationsaustausch mit den Mitgliedstaaten, der betroffenen Industrie

und Umweltverbänden (Art. 16 Abs. 2 IVU-Richtlinie). Im Mittelpunkt dieses Informationsaustausches steht die Erarbeitung von Referenzdokumenten über die BVT (Merkblätter zur besten verfügbaren Technik – BVT-Merkblätter –; englisch: **B**est available technique **REF**erence documents – BREF –) für einzelne Industriezweige (sektorale BREFs) oder branchenübergreifende Querschnittsthemen, z.B. zur effizienten Energienutzung (horizontale BREFs). Diese BREFs geben die für die Bestimmung der BVT relevanten Techniken an, sowie Referenzwerte für die Emissionen, die anfallenden Abfälle und den Energie- und Rohstoffverbrauch, die sich beim Einsatz dieser fortschrittlichen Techniken jeweils ergeben. Nicht berücksichtigt werden hingegen Einleitungen in Gewässer. Außerdem geht es bei den Empfehlungen nicht um bestimmte Emissionswerte, sondern um die Darstellung einer Bandbreite von Emissionsbegrenzungen, die mit den zur Verfügung stehenden Techniken erreicht werden können. Erarbeitet werden die einzelnen BREFs in einem besonderen Büro in Sevilla durch technische Arbeitsgruppen (TWG), anschließend in einem besonderen Forum (IEF) beraten und angenommen (Art. 17 IVU-Richtlinie). Die Kommission veröffentlicht die angenommenen BREFs anschließend im europäischen Amtsblatt (Wasielewski UPR 2012, 424 (425), Einzelheiten bei Feldhaus NVwZ 2001, 1 (8f.)). Normativ sind diese BREFs oder BVT-Merkblätter nicht verbindlich, sondern im nationalen Vollzug lediglich zu berücksichtigen (Art. 9 Abs. 4 IVU-Richtlinie). Hierauf verweist Nr. 5.1.1 Absatz 5, indem erläutert wird, dass Informationen aus diesen Merkblättern in den Anforderungen der Nummern 5.2, 5.3, 5.4 und 6.2 berücksichtigt worden sind. Mit Ablösung der IVU-Richtlinie durch die IE-Richtlinie im Jahre 2010 und erfolgter Umsetzung letzterer durch ein umfangreiches Gesetzespaket (Gesetz zur Umsetzung der IE-Richtlinie vom 8.4.2013, BGBl. I S. 734) hat diese Bestimmung keine weitere praktische Bedeutung mehr.

II. Verbindliche Standardsetzung des europäischen Standes der Technik durch BVT-Schlussfolgerungen

Die IVU-Richtlinie ist im Jahr 2010 durch die IE-Richtlinie abgelöst worden. Wichti- 20
ges Ziel war u.a. die Bedeutung der BREFs zu verstärken. Danach werden als maßgeblicher Teil der BVT-Merkblätter sog. BVT-Schlussfolgerungen definiert als ein Dokument, dass die Teile eines BVT-Merkblatts mit den Schlussfolgerungen zu den besten verfügbaren Techniken, ihrer Beschreibung, Informationen zur Bewertung ihrer Anwendbarkeit, den mit den besten verfügbaren Techniken assoziierten Emissionswerten (diese geben den Bereich von Emissionswerten an, die unter normalen Betriebsbedingungen unter Verwendung einer besten verfügbaren Technik oder einer Kombination von besten verfügbaren Techniken entsprechend der Beschreibung in den BVT-Schlussfolgerungen erzielt werden, ausgedrückt als Mittelwert für einen vorgegebenen Zeitraum unter spezifischen Referenzbedingungen, Art. 3 Nr. 13 IE-Richtlinie), den dazu gehörigen Überwachungsmaßnahmen, den Verbrauchswerten sowie gegebenenfalls einschlägigen Standortsanierungsmaßnahmen enthält (Art. 3 Nr. 12 IE-Richtlinie). Die BVT-Schlussfolgerungen, die in dem bestehenden Verfahren des Informationsaustauschs im Rahmens des Forums (Art. 13 Abs. 3 IE-Richtlinie) erarbeitet werden, ergehen mittels **Durchführungsbeschlüssen der Kommission** nach Art. 288 Abs. 4, 291 Abs. 2 AEUV. Sie erhalten damit normative Wirkung und sind für die Mitgliedstaaten und ihre Genehmigungsbehörden verbindlich. Obwohl Nr. 5.1.1 Absatz 5 im Kontext mit den BVT-Merkblättern auch im Hinblick auf die normativen BVT-Schlussfolgerungen lediglich von „berücksichtigen" spricht, ist damit aber gemeint, dass bei Erlass der TA Luft 2021 die Verbindlichkeit der IE-Richtlinie allgemein und insbesondere die zu diesem Zeitpunkt ergangenen relevanten Durchführungsbeschlüsse der Kommission beachtet worden sind. Dies ergibt sich

auch aus der Amtlichen Begründung unter A IV. Umsetzung von Europarecht (s. → Vorb. vor Nr. 1 Rn. 32).

III. Umsetzung der BVT-Schlussfolgerungen im nationalen Recht

21 **1. Regelungen im BImSchG.** In Umsetzung der nunmehr verbindlichen Vorgaben aus den BVT-Schlussfolgerungen in nationales Recht wurde die bewährte deutsche Grundkonzeption, wonach die Konkretisierung des Vorsorgegrundsatzes nach § 5 Abs. 1 Nr. 2 BImSchG sektorbezogen durch das untergesetzliche Regelwerk zu bewerkstelligen ist und nicht durch eine unmittelbare Festlegung durch die Vollzugsbehörde, konzeptionell beibehalten und fortgeschrieben (s. → Rn. 8). IVU- und IE-Richtlinie sehen diese Möglichkeit unter Verweis auf allgemein bindende Vorschriften ausdrücklich vor (grundlegend hierzu Kracht/Wasielewski Integrierte Vermeidung und Verminderung der Umweltverschmutzung, in Rengeling (Hrsg.), Hdb. zum deutschen und europäischen Umweltrecht, 2. Aufl. 2003, § 35 Rn. 53 ff.). Danach hat gem. §§ 7 Abs. 1a und 48 Abs. 1a BImSchG innerhalb eines Jahres nach Veröffentlichung von BVT-Schlussfolgerungen eine Überprüfung und gegebenenfalls Anpassung der nationalen Anforderungen nach dem Stand der Technik zu erfolgen. Nach §§ 7 Abs. 1a und 52 Abs. 1 BImSchG ist sicherzustellen, dass die bestehenden Anlagen innerhalb von vier Jahren nach Veröffentlichung der BVT-Schlussfolgerungen die Emissionsgrenzwerte der angepassten BImSchV'en (insbes. 13., 17., 31. und 44. BImSchV), einer neu gefassten TA Luft bzw. von separaten sektoralen Verwaltungsvorschriften einhalten. Für einzelfallbezogene Entscheidungen wurden in §§ 12 Abs. 1a und 17 Abs. 2a BImSchG entsprechende Rechtsgrundlagen geschaffen.

22 **2. Konzeption der TA Luft 2021. a) Anpassung des untergesetzlichen Regelwerks an den Stand der Technik nach Maßgabe neuer BVT-Schlussfolgerungen.** Da unter dem Regime der IE-Richtlinie fortlaufend BVT-Merkblätter für bestimmte Industriesektoren mit entsprechenden verbindlichen BVT-Schlussfolgerungen beschlossen werden und bei Neuanlagen im Rahmen des Genehmigungsverfahrens bzw. bei Bestandsanlagen innerhalb von vier Jahren im Vollzug umgesetzt werden müssen, ist mitunter sowohl auf normativer als auch auf Vollzugsebene Eile geboten, um die europäischen Vorgaben einhalten zu können. Für den Bereich der TA Luft ist dafür zunächst das Procedere der Nr. 5.1.1 Abs. 5 TA Luft 2002 genutzt worden. Durch das sog. **TALA-Verfahren** (Einzelheiten bei Schmidt-Eriksen I+E 2011, 183 (187ff.) und Wasielewski I+E 2013, 17 (20f.)) konnte nach Prüfung eines besonderen Ausschusses durch das BMU die Bindungswirkung bestimmter Vorschriften der TA Luft, die nach dem fachlichen Votum nicht mehr den europäischen Vorgaben entsprachen, aufgehoben werden. In diesen Fällen war die Vollzugsbehörde im Einzelfall gehalten europarechtskonforme Emissionsbegrenzungen festzulegen. Hilfestellung boten hier Musterverwaltungsvorschriften der LAI (s. → Vorb. vor Nr. 1 Rn. 21), die mitunter durch einen entsprechenden Erlass der obersten Immissionsschutzbehörde des jeweiligen Landes eingeführt worden sind.

23 Dieses Ausschussverfahren wurde im Rahmen der Umsetzung der Seveso-III-Richtlinie in nationales Recht 2016 aufgehoben. Stattdessen wurde mit § 48 Abs. 1a BImSchG – parallel zu § 7 Abs. 1a BImSchG – die Möglichkeit eröffnet, schnell und gezielt durch einzelne sektorale Verwaltungsvorschriften die Umsetzung korrespondierender BVT-Schlussfolgerungen zu bewerkstelligen, ohne die TA Luft insgesamt auf den Prüfstand stellen zu müssen (BT-Drs. 18/9417, S. 12). Ein Beispiel hierfür ist die BVT-Schlussfolgerung in Bezug auf Raffinieren von Mineralöl und Gas (s. → Vorb. vor Nr. 1 Rn. 23). Nr. 5.1.1 Abs. 6 TA Luft 2021 sieht für diese Fälle eine Vorrangregelung für die besonde-

ren Verwaltungsvorschriften im Hinblick auf die allgemeinen Regelungen der TA Luft vor. Dass der Optimismus des Vorschriftengebers, nunmehr eine rechtzeitige Umsetzung aktueller BVT-Schlussfolgerungen bewerkstelligt zu haben, nicht immer gerechtfertigt ist, hat indes die Praxis gezeigt (s. → Rn. 26).

b) Umsetzung von Anforderungen der BVT-Schlussfolgerungen durch die TA Luft 2021 europarechtskonform? Obgleich die TA Luft als normkonkretisierende Verwaltungsvorschrift auch von den Gerichten weitgehend anerkannt wird (st. Rspr., etwa BVerwG, Urt. V. 21.6.2001, 7 C 21/00, juris Rn. 11), stellt sie keine Rechtsnorm dar und entfaltet daher allenfalls mittelbar Rechtswirkungen nach außen (s. → Vorb. Vor Nr. 1 Rn. 12 ff.) Vor diesem Hintergrund ist im Rahmen der Neufassung der TA Luft auch problematisiert worden, inwieweit die Konkretisierung der europarechtlich vorgegebenen Betreiberpflichten (Art. 11 IE-Richtlinie) auch künftig in Form von Verwaltungsvorschriften nach § 48 BImSchG unionsrechtskonform möglich sein kann. Zum Teil wird indes angenommen, dass jedenfalls die Konkretisierung der europäischen Vorsorgepflicht nach Art. 11 lit. a) – c) IE-Richtlinie durch BVT-Schlussfolgerungen in der nationalen Umsetzung nicht immer zwingend in Form eines Rechtssatzes durch Gesetz oder Rechtsverordnung umgesetzt werden muss. Soweit in den BVT-Schlussfolgerungen konkrete Emissionsbandbreiten vorgegeben werden, die nach Maßgabe nationaler Vorschriften einzuhalten sind, ist die Rechtsform der BVT-Schlussfolgerungen von Bedeutung, Diese ergehen nicht etwa als Richtlinien, sondern als Durchführungsbeschlüsse der Kommission. Im europäischen Kontext ist das deutsche Modell der Transformation über abstrakt-generelle Vorschriften die Ausnahme; die ergehenden Durchführungsbeschlüsse sind daher (primär) nicht an Mitgliedstaaten zur Umsetzung in nationales Recht gerichtet, sondern europaweit an die Vollzugsbehörden zur Beachtung (so etwa Linnartz, Die neue TA Luft 2021, S. 8 ff., krit. Wöckel in: Appel/Ohms/Saurer BImSchG § 48 Rn. 41). 24

Nach anderer Ansicht wird die Anpassung von BVT-Schlussfolgerungen durch Verwaltungsvorschriften nach § 48 Abs. 1a BImSchG zwar nach wie vor als keine ausreichende Umsetzung angesehen. Begründet wird dies zutreffend damit, dass soweit es um Rechte und Pflichten Einzelner (einschließlich anerkannter Umweltvereinigungen) geht wegen der erforderlichen Außenwirkung die Umsetzung nur durch einen Rechtssatz erfolgen könne (so etwa Wöckel in Appel/Ohms/Saurer BImSchG § 48 Rn. 11). Gleichwohl kann den Vorgaben der IE-Richtlinie und den daraufhin ergehenden bindenden Durchführungsbeschlüssen der Kommission dadurch Rechnung getragen werden, dass deren Umsetzung nicht (lediglich) durch Bestimmungen der TA Luft, sondern erst durch die konkret den Betroffenen bindenden Einzelfallentscheidungen in Form von Nebenbestimmungen nach § 12 Abs. 1a BImSchG oder bei Bestandsanlagen mit nachträglichen Anordnungen nach § 17 Abs. 2a BImSchG der zuständigen Genehmigungs- bzw. Überwachungsbehörde erfolgt (s. Jarass BImschG, 14. Auflage 2022, § 48 Rn. 14; Krohn/Koch in Führ (Hrsg.) GK-BImSchG, 2. Auflage 2019, § 48 Rn. 52). Damit ist die TA Luft auch künftig eine geeignete Rechtsform, um Anforderungen insbesondere aus den BVT-Schlussfolgerungen in nationales Recht zu übertragen. 25

c) Zur direkten Anwendung von BVT-Schlussfolgerungen bei nicht fristgerechter oder defizitärer Umsetzung in Verwaltungsvorschriften nach § 48 Abs. 1 und 1a BImSchG. Die Annahme des Gesetzgebers aus dem Jahr 2016, durch den Erlass von sektoralen Verwaltungsvorschriften nach § 48 Abs. 1a BImSchG neben einer höheren Rechtssicherheit und einem bundesweit einheitlichen Vollzug auch für eine fristgerechte Umsetzung sorgen zu können (BT-Drs. 18/9417, S. 27), hat sich nicht vollständig bewahrheitet. Schon durch die zeitaufwendige Novellierung der TA Luft 2021 konnte eine 26 rechtzeitige Umsetzung bestimmter Durchführungsbeschlüsse nicht bewerkstelligt werden. Ein Beispiel ist der Durchführungsbeschluss 2014/687/EU der Kommission vom 26.9. 2014 in Bezug auf die Herstellung von Zellstoff, Papier und Karton (ABl. L 284 vom 30.9.2014, S. 76), dessen Umsetzung erst mit der neuen TA Luft 2021 abgeschlossen werden konnte. Zwar bieten §§ 12 Abs. 1a und 17 Abs. 2a BImSchG Auffangtatbestände für den Fall, dass eine Verwaltungsvorschrift nach § 48 BImSchG für die jeweilige Anlagenart keine Anforderungen vorsieht. Vom Wortlaut und nach der Gesetzesbegründung können diese Regelungen aber nur in sehr seltenen Fällen zur Anwendung gelangen. Insbesondere dann, wenn eine Anlage in Deutschland nur einmal vorkommt und für die die TA Luft 2002 nach Nr. 5.1.1 Abs. 6 (Nr. 5.1.1 Abs. 7 TA Luft 2021) nicht greift (BT-Drs. 17/10486, S. 31, 41). Danach scheint eine Vollzugsbehörde im Falle nicht erfolgter oder defizitärer Umsetzung von BVT-Schlussfolgerungen aufgrund der Bindungswirkung der TA Luft gehindert zu sein, den europarechtlich gebotenen aktuellen Stand der Technik umzusetzen. Mit Blick auf den unionrechtlichen Grundsatz des „effet utile" wird diese Konsequenz zu Recht allgemein abgelehnt und entweder die unmittelbare Geltung des jeweiligen Durchführungsbeschlusses oder eine analoge Anwendung des § 12 Abs. 1a BImSchG angenommen (Einzelheiten bei Wasielewski in: Führ (Hrsg.) GK-BImSchG, 3. Auflage im Erscheinen, § 12 Rn. 38; Altenschmidt in Appel/Ohms/Saurer BImSchG, 2021 § 12 Rn. 72 f.). In dem Abschlussbericht einer von der LAI eingesetzten AG Konzeption für eine fristgerechte Umsetzung von BVT-Schlussfolgerungen vom Mai 2021 werden demgemäß u.a. konkrete Formulierungsvorschläge für eine Novelle der §§ 12 und 17 BImSchG unterbreitet (abrufbar unter www.lai-immissionsschutz.de).

27 Die auch durch künftige Verzögerungen bei der Umsetzung von BVT-Schlussfolgerungen provozierte Zunahme von Einzelbewertungen bei der Festlegung von Emissionsbegrenzungen durch die jeweils zuständige Vollzugsbehörde ist indes nicht unproblematisch. Dabei ist zum einen zu berücksichtigen, dass die neuen maßgeblichen europäischen Standards nicht einfach direkt aus der betreffenden BVT-Schlussfolgerung abgeleitet werden können. Vielmehr werden in diesen für einen bestimmten industriellen Sektor verschiedene beste verfügbare und damit assoziierte Emissionswerte in Form von Emissionsbandbreiten beschrieben, die auf „Betriebswerte" abstellen und mit den deutschen „Emissionsbegrenzungen" nicht gleichzusetzen sind (s. Legaldefinitionen in § 3 Abs. 6b, 6c und 6d BImSchG; hierzu auch Rebentisch Umsetzung der IE-Richtlinie im Immissionsschutzrecht, 2013, S. 6 ff.). Zum anderen ist mittelfristig zu befürchten, dass der Stand der Technik als allgemeiner sektoraler Maßstab zunehmend verloren geht. Um dem entgegen zu wirken, hat die genannte AG der LAI neben Änderungen des BImSchG weitere konkrete Vorschläge unterbreitet, um eine zeitgerechte Umsetzung der europäischen Vorgaben sicherzustellen. Sollte dies im Einzelfall dennoch auch künftig nicht gelingen, wird vorgeschlagen, dass ein von der UMK eingesetzter Facharbeitskreis Vollzugsempfehlungen erarbeitet, die durch Erlass der obersten Immissionsschutzbehörde im jeweiligen Land den zuständigen Vollzugsbehörden an die Hand gegeben wird. Verbindlichkeit gegenüber Dritten vermögen sie indes nicht zu vermitteln. Hieran hat eine Entscheidung des VG Aachen erinnert (VG Aachen, Urteil vom 11.10.2017 – 6 K 996/16, juris, Rn. 71 ff.; s. dazu Halmschlag jurisPR-UmwR 1/2018 Anm. 3). Das Gericht hatte es als ermessensfehlerhaft moniert, dass die zuständige Überwachungsbehörde bei einer Anlage zur Herstellung von Flachglas u.a. einen Emissionsgrenzwert für gasförmige anorganische Chlorverbindungen eine Massenkonzentration von 20 mg/m^3, gestützt auf § 17 BImSchG und der einschlägigen LAI-Vollzugsempfehlung, festgesetzt hatte, ohne diesen Wert näher zu begründen. Damit wird indes keineswegs der Anwendung von LAI-Vollzugshilfen zur Konkretisierung des maßgeblichen Standes der Technik bei Zurückbleiben des nationalen untergesetzlichen Regelwerks hinter die Anforderungen der verbindlichen BVT-Schlussfolgerungen eine allgemeine Absage erteilt. Vielmehr sind die Vollzugsbehörden in diesen Fällen aufgerufen, sich die genannten Empfehlungen ausdrücklich zu eigen zu machen und in ihren jeweiligen Begründungen ihre Festlegungen der maßgeblichen Emissionsgrenzwerte näher darzulegen. Dies gilt sowohl bei Neugenehmigungen als auch im Falle von Bestandsanlagen, wenn vier Jahre nach Veröffentlichung einer einschlägigen BVT-Schlussfolgerung im EU-Amtsblatt der nationale Vorschriftengeber nicht tätig geworden ist, §§ 7 Abs. 1a, 52 Abs. 1. Hierzu kann es hilfreich sein, auch Kontakt zu den Experten des UBA aufzunehmen, die am Entstehungsprozess des jeweiligen BVT-Merkblatts, das in die BVT-Schlussfolgerung eingeflossen ist, beteiligt waren.

D. Einzelfallbeurteilung

I. Erforderlichkeit

In Nr. 5 werden die an genehmigungsbedürftige Anlagen zu stellenden Anforderungen möglichst umfassend geregelt. Gleichwohl gibt es Fälle, in denen die Genehmigungs- oder Überwachungsbehörde ohne Rückgriff auf die Vorgaben der TA Luft entscheiden muss. Einer dieser Fälle betrifft die **Lockerung der Bindungswirkung der TA Luft** aufgrund einer nicht umgesetzten BVT-Schlussfolgerung (vgl. → Rn. 26). Ein weiterer Fall wird in Nr. 5.1.1 Abs. 7 angesprochen: Wenn eine Anlagenart bei Erlass der TA Luft nur einmal in Deutschland vorkam, sind für sie keine anlagenspezifischen Regelungen in Nr. 5.4 aufgenommen worden; die zuständige Behörde hat die technischen Besonderheiten dann in eigener Verantwortung zu beurteilen. Entsprechendes gilt, wenn eine Anlage errichtet und betrieben werden soll, die ihrer Art nach bei Erlass der TA Luft noch nicht bekannt oder zumindest in Deutschland noch nicht realisiert war. Eine Einzelfallbeurteilung ist darüber hinaus erforderlich, wenn ein **atypischer Sachverhalt** vorliegt und deshalb die Bindungswirkung der TA Luft entfällt (vgl. → Rn. 1 sowie Feldhaus in Festschrift für Kutscheidt, 2003, S. 259 (271)). 28

II. Beurteilungsmaßstäbe

Nr. 5.1.1 Abs. 9 regelt den Fall, *wie* zu verfahren ist, wenn Nummern 5.2 oder 5.4 keine oder keine vollständigen Regelungen zur Begrenzung der Emissionen enthalten. Das ist stets anzunehmen, wenn aus den oben dargelegten Gründen eine Einzelfallbeurteilung erforderlich ist. Für diese Fälle wird auf die BVT-Merkblätter und auf technische Normen verwiesen. Die zuständigen Behörden sind an diese Erkenntnisquellen nicht gebunden. Sie müssen sich aber mit ihnen auseinandersetzen und müssen begründen, wenn und warum sie eine abweichende Bewertung vornehmen. Im Übrigen sind sie auch im Rahmen der Einzelfallbewertung an die der TA Luft zugrunde liegenden allgemeinen Beurteilungsmaßstäbe gebunden; andersartige (systemfremde) Bewertungsmaßstäbe dürfen sie nicht heranziehen. 29

III. Abweichungen von den Anforderungen der Nr. 5 (Absatz 10)

Nr. 5.1.1 Abs. 10 behandelt Abweichungen von den Anforderungen der Nr. 5. Dessen Satz 1 stellt klar, dass solche Abweichungen nur unter Beachtung des Verhältnismäßigkeitsgrundsatzes möglich sind. Diese Bestimmung kann aber nicht als Einfallstor für Abweichungen vom allgemeinen Maßstab der TA Luft im Einzelfall angesehen werden. Sie ist daher nur sehr eng auszulegen und kann nur für sog. atypische Fälle angewandt werden. Dies ergibt sich nicht zuletzt aus der Bindungswirkung der TA Luft für die Verwaltungsbehörden (s. → Vorb. Vor Nr. 1 Rn. 10). Die Regelungen für Abweichungen nach 30

Abs. 10 S. 2 und 3 weisen auf den europäischen Kontext hin. Bei möglichen Abweichungen in den engen Grenzen der Nr. 5.1.1. Abs. 10 S. 1 sind immer die Emissionsbandbreiten der betreffenden BVT-Schlussfolgerungen zu beachten. Für den Fall, dass Anforderungen außerhalb dieser Bandbreiten festgelegt werden, sind dabei die Anforderungen nach §§ 12 Abs. 1b und 17 Abs. 2b BImSchG zu beachten. Damit wird die europäische Abweichungsmöglichkeit von Emissionsbegrenzungen infolge technischer Merkmale der Anlage oder bei Anlagen für Zukunftstechniken, die der deutsche Gesetzgeber aufgegriffen hat, angesprochen (Einzelheiten zu den Voraussetzungen etwa bei Jarass BImSchG, 14. Aufl. 2022, § 12 Rn. 34). § 48 Abs. 1b S. 1 Nr. 2 Buchstabe a) und b) BImSchG bestimmt, dass in der Verwaltungsvorschrift die zuständige Behörde ermächtigt werden kann, im Einzelfall Abweichungen nach diesen Maßgaben zuzulassen. Dabei ist in jedem Fall der europäische Mindeststandard einzuhalten. Abweichende Emissionswerte und Emissionsbegrenzungen dürfen die in den Anhängen der Richtlinie 2010/75/EU (IE-Richtlinie) festgelegten Emissionsgrenzwerte nicht überschreiten.

5.1.2 Berücksichtigung der Anforderungen im Genehmigungsverfahren

Die den Vorschriften der Nummer 5 entsprechenden Anforderungen sollen im Genehmigungsbescheid für jede einzelne Emissionsquelle und für jeden luftverunreinigenden Stoff oder jede Stoffgruppe unter Berücksichtigung von Nummer 2.5 festgelegt werden, soweit die Stoffe oder Stoffgruppen in relevantem Umfang im Rohgas enthalten sind. Werden die Abgase von verschiedenen Anlagenteilen zusammengeführt (Sammelleitung oder Sammelschornstein), sind die emissionsbegrenzenden Anforderungen so festzulegen, dass keine höheren Emissionen als bei einer Ableitung der jeweiligen Abgase ohne Zusammenführung entstehen. Der relevante Umfang eines Stoffes im Rohgas einer Anlage ist gegeben, wenn auf Grund der Rohgaszusammensetzung die Überschreitung einer in Nummer 5 festgelegten Anforderung nicht ausgeschlossen werden kann.

Wird in Nummer 5 die Einhaltung eines bestimmten Massenstroms oder einer bestimmten Massenkonzentration vorgeschrieben, ist im Genehmigungsbescheid entweder der Massenstrom oder – bei Überschreiten des zulässigen Massenstroms – die Massenkonzentration zu begrenzen, es sei denn, dass in den Nummern 5.2 oder 5.4 ausdrücklich etwas anderes festgelegt ist. Der zulässige Massenstrom bezieht sich auf die gesamte Anlage.

Von Emissionsbegrenzungen entsprechend den in Nummer 5.2 oder Nummer 5.4 enthaltenen zulässigen Massenkonzentrationen oder Massenströmen kann abgesehen werden, wenn stattdessen zulässige Massenverhältnisse, zum Beispiel g/Mg erzeugtes Produkt, g/kWh eingesetzter Brennstoffenergie, festgelegt werden und wenn durch Vergleichsbetrachtungen mit Prozess- und Abgasreinigungstechniken, die dem Stand der Technik entsprechen, nachgewiesen wird, dass keine höheren Emissionsmassenströme auftreten.

Für Anfahr- oder Abstellvorgänge, bei denen ein Überschreiten des Zweifachen der festgelegten Emissionsbegrenzung nicht verhindert werden kann, sind Sonderregelungen zu treffen. Hierzu gehören insbesondere Vorgänge, bei denen

- **eine Abgasreinigungseinrichtung aus Sicherheitsgründen (Verpuffungs-, Verstopfungs- oder Korrosionsgefahr) umfahren werden muss,**
- **eine Abgasreinigungseinrichtung wegen zu geringen Abgasdurchsatzes noch nicht voll wirksam ist oder**
- **eine Abgaserfassung und -reinigung während der Beschickung oder Entleerung von Behältern bei diskontinuierlichen Produktionsprozessen nicht oder nur unzureichend möglich ist.**

Soweit aus betrieblichen oder messtechnischen Gründen, zum Beispiel Chargenbetrieb, längere Kalibrierzeit, für Emissionsbegrenzungen andere als die nach Nummer 2.7 bestimmten Mittelungszeiten erforderlich sind, sind diese entsprechend festzulegen.

Wird Abgas einer Anlage als Verbrennungsluft oder Einsatzstoff für eine weitere Anlage verwendet, sind Sonderregelungen zu treffen.

Die Luftmengen, die einer Einrichtung der Anlage zugeführt werden, um das Abgas zu verdünnen oder zu kühlen, bleiben bei der Bestimmung der Massenkonzentration unberücksichtigt. Wenn Emissionswerte auf Sauerstoffgehalte im Abgas bezogen sind, sind die im Abgas gemessenen Massenkonzentrationen nach folgender Gleichung umzurechnen:

$$E_B = \frac{21 - O_B}{21 - O_M} \times E_M$$

Darin bedeuten:
E_M gemessene Massenkonzentration,
E_B Massenkonzentration, bezogen auf den Bezugssauerstoffgehalt,
O_M gemessener Sauerstoffgehalt,
O_B Bezugssauerstoffgehalt.

Werden zur Emissionsminderung nachgeschaltete Abgasreinigungseinrichtungen eingesetzt, so ist für die Stoffe, für die die Abgasreinigungseinrichtung betrieben wird, die Umrechnung nur für die Zeiten vorzunehmen, in denen der gemessene Sauerstoffgehalt über dem Bezugssauerstoffgehalt liegt.
Bei Verbrennungsprozessen mit reinem Sauerstoff oder sauerstoffangereicherter Luft sind hinsichtlich der Umrechnung Sonderregelungen zu treffen.

A. Allgemeines

I. Bedeutung der Vorschrift

1 Nr. 5.1.2 regelt vorrangig, wie den in Nr. 5 beschriebenen Anforderungen rechtliche Verbindlichkeit für die einzelnen Anlagenbetreiber zu verleihen ist. Dazu sind entsprechende Regelungen in die einzelnen Genehmigungsbescheide aufzunehmen. Hier wird deutlich, dass die TA Luft lediglich eine Verwaltungsvorschrift und keine Rechtsnorm ist (vgl. → Vorb. vor Nr. 1 Rn. 1). Für bestehende Anlagen enthält Nr. 6.2.1 eine der Nr. 5.1.2 Abs. 1 entsprechende Bestimmung.

2 Neben der grundsätzlichen Regelung zur Umsetzung der Anforderungen aus Nr. 5 sind in Nr. 5.1.2 allgemeine Grundsätze zum Verständnis und zur Geltung einzelner Vorschriften aufgenommen worden (Abs. 1 Satz 2 und 3 sowie Abs. 2, 3, 7 und 8). Darüber hinaus werden in den Absätzen 4 bis 6 **Sonderregelungen** für bestimmte Situationen getroffen. Auch diese Anforderungen sind als Inhalts- oder Nebenbestimmungen in die einzelnen Genehmigungsbescheide aufzunehmen.

II. Entstehungsgeschichte

3 Für einzelne Absätze der Nr. 5.1.2 gibt es verschiedene Vorläuferregelungen in Nr. 3.1 und Nr. 3.1.2 TA Luft 1986. Es entsprechen
- Absatz 1 Satz 1 Nr. 3.1 Abs. 2,
- Absatz 4 Nr. 3.1 Abs. 4,
- Absatz 5 Nr. 3.1 Abs. 3,
- Absatz 7 Nr. 3.1.2 Abs. 6 und
- Absatz 8 Nr. 3.1.2 Abs. 7 TA Luft 1986.

4 Die weiteren Vorschriften wurden im Jahre 2002 erstmals in die TA Luft aufgenommen. Dabei geht es vorrangig um Klarstellungen, teilweise aber auch um den Ausschluss von Umgehungsmöglichkeiten bei der Erfüllung der Anforderungen. Die Fassung der Nr. 5.1.2 entsprach dabei der Vorlage der Bundesregierung (BR-Drs. 1058/01). Der Bundesrat hatte bei seinem Zustimmungsbeschluss keine Änderungen verlangt.

5 Die Neufassung der TA Luft 2021 hat Nr. 5.1.2 nahezu unverändert fortgeschrieben. Lediglich in Absatz 2 ist eine Ergänzung hinweisenden Charakters aufgenommen worden. Die nunmehr explizit aufgenommene Forderung, dass der zugelassene Massenstrom sich auf die gesamte Anlage bezieht, war bereits Nr. 2.5 Abs. 1 Buchstabe b) TA Luft 2002 zu entnehmen (s. Amtliche Begründung zu B 5.1.2 unter → Vorb. vor Nr. 1 Rn. 32).

B. Festlegung der Anforderungen im Genehmigungsbescheid

I. Erforderlichkeit und Form der Festlegung

Nach Nr. 5.1.2 Abs. 1 Satz 1 sollen die den Vorschriften der Nr. 5 entsprechenden Anforderungen im Genehmigungsbescheid festgelegt werden. Ohne eine Festlegung durch die zuständige Behörde (bei bestehenden Anlagen in Form einer nachträglichen Anordnung) haben die Anforderungen keine Außenwirkung (vgl. → Rn. 1). Deshalb müssen den TA-Luft-Anforderungen entsprechende Regelungen in die einzelnen Genehmigungsbescheide aufgenommen werden. Die Festlegung geschieht im Genehmigungsverfahren in erster Linie durch die Beifügung von **Auflagen aufgrund des § 12 Abs. 1 BImSchG**. Soll das *Wirksamwerden* der Genehmigung von der Erfüllung bestimmter Anforderungen abhängig gemacht werden, kann die Genehmigung auch mit einer (aufschiebenden) **Bedingung** versehen werden. Wenn eine Anforderung den Kern der Genehmigung betrifft, kommt schließlich eine **Inhaltsbestimmung** (inhaltliche Beschränkung) des Genehmigungsausspruchs in Frage (vgl. dazu ausführlich → BImSchG § 12 Rn. 57 und 112 ff.). In jedem Fall ist eine Regelung durch eine Einzelfallentscheidung (einen anfechtbaren Verwaltungsakt) erforderlich. Dabei müssen auch die Modalitäten der einzuhaltenden Anforderungen von der Behörde verbindlich festgelegt werden. Das kann allerdings auch durch eine ausdrückliche Bezugnahme auf bestimmte Regelungen der TA Luft geschehen. So kann z.B. bei Emissionsbegrenzungen der Massenkonzentration eines Luftschadstoffs hinsichtlich des Zeitbezugs auf Nr. 2.7 Abs. 2 Buchst. a verwiesen werden. 6

II. Quellenbezogene Festlegung

1. Betroffene Quellen. Die den Vorschriften der Nr. 5 entsprechenden Anforderungen sollen nach Nr. 5.1.2 Abs. 1 Satz 1 *für jede einzelne Emissionsquelle* festgelegt werden. Dabei kommt es entscheidend darauf an, für welche Art von Emissionsquellen die einzelnen Anforderungen gelten. Soweit es um Emissionsbegrenzungen durch die Festlegung der höchstens zulässigen **Massenkonzentrationen** geht, beziehen die Anforderungen sich nur auf Ableitstellen für gefasste Emissionen. Bei diffusen Emissionen (vgl. → Nr. 4.6.1.1 Rn. 10) ist die Einhaltung bestimmter Konzentrationen nicht sicher zu stellen. Bei ihnen kommt nur eine Erfassung und Ableitung über eine definierte Quelle in Betracht (vgl. Nr. 5.1.3 Abs. 2 Satz 1), oder es ist ihnen durch besondere technische und/oder organisatorische Maßnahmen (vgl. Nr. 5.2.3 und Nr. 5.2.6) zu begegnen (vgl. Davids/Lange, Die TA Luft '86, Anm. 43 zu Nr. 3.1; Feldhaus/Ludwig/Davids DVBl. 1986, 641 (646)). 7

2. Festlegung des Massenstroms. Das Gebot der quellenbezogenen Festlegung der Anforderungen gilt nicht nur für die höchstens zulässige Massenkonzentration, sondern – bei Wahl dieser Alternative (vgl. → Rn. 16) – auch für den höchstens zulässigen Massenstrom. Zwar beziehen sich die in Nr. 5.2 und Nr. 5.4 festgelegten Massenstromwerte stets auf die Emissionen der *gesamten* Anlage (Nr. 2.5 Abs. 2 Buchst. b). Nach dem eindeutigen Wortlaut des Satzes 1 in Nr. 5.1.2 Abs. 1 genügt es aber nicht, im Genehmigungsbescheid lediglich zu fordern, dass die Emissionsmenge der *gesamten* Anlage in keiner Betriebsstunde (vgl. Nr. 2.7 Abs. 2 Buchst. b) den vorgegebenen Massenstromwert überschreiten darf. Vielmehr sind die zulässigen Massenstromanteile für jede einzelne Quelle festzulegen. Für Genehmigungsverfahren sieht die TA Luft eine **Kompensation zwischen verschiedenen Emissionsquellen** nicht vor (anders bei bestehenden Anlagen; vgl. Nr. 6.2.5). Auf diese Weise wird erreicht, dass auch die Massenstromwerte als Indikatoren für die von 8

§ 5 Abs. 1 Nr. 2 BImSchG geforderte Einhaltung des Standes der Technik genutzt werden können (vgl. → Nr. 2 Rn. 7). Bei einer anderen Regelung könnte der Anlagenbetreiber u.U. entgegen Nr. 5.1.3 Abs. 2 Satz 2 von Emissionsminderungsmaßnahmen absehen, obwohl sie bei der Größe der Anlage dem Stand der Technik entsprechen, und er könnte statt dessen versuchen, die Massenstromwerte durch Steuerung des Betriebs der verschiedenen Anlagenteile einzuhalten. Dem Gebot der quellenbezogenen Festlegung der Massenstromanteile entspricht im Übrigen auch die Regelung in Nr. 5.1.2 Abs. 1 Satz 2. Auch durch diese Vorschrift soll verhindert werden, dass eine Anlage hinter dem Stand der Technik zur Emissionsminderung zurückbleibt, indem die Emissionen aus Quellen mit unzulässig hohen Mengen oder Konzentrationen mit solchen aus Quellen mit geringen Konzentrationen oder Massenströmen zusammengefasst werden und so eine dem Stand der Technik entsprechende Emissionsminderung an den relevanten Quellen unterbleibt (vgl. dazu → Rn. 13).

9 **3. Berücksichtigung des Gebots der Verhältnismäßigkeit.** Auch (oder gerade) bei dem in Nr. 5.1.2 Abs. 1 Satz 1 festgelegten Gebot der quellenbezogenen Festlegung der emissionsbegrenzenden Anforderungen stellt sich die Frage, ob die Einhaltung der Anforderungen an Quellen mit geringen Emissionen stets mit einem verhältnismäßigen Aufwand zu erreichen ist. Der Grundsatz der Verhältnismäßigkeit ist – jeweils bezogen auf Anlagen einer bestimmten Art – bei der Bestimmung des Standes der Technik zu berücksichtigen (vgl. den Einleitungssatz des Anhangs zu § 3 Abs. 6 BImSchG). Würde die Einhaltung der emissionsbegrenzenden Anforderungen an unbedeutenden Emissionsquellen einen unverhältnismäßig hohen Aufwand erfordern und wäre sie deshalb nicht mehr als Stand der Technik anzusehen, kann an diesen Quellen von einer vollständigen Erfüllung der Anforderungen abgesehen werden. Dann sind andere Emissionsminderungsmaßnahmen zu prüfen (z.B. eine Abgasreinigung zusammen mit den Emissionen anderer Quellen oder ein Ausgleich durch weitergehende Maßnahmen an anderen Quellen; vgl. Nr. 19.352 des nordrhein-westfälischen Durchführungserlasses zur TA Luft vom 14. 10. 1986, MBl. NRW. S. 1658).

10 Der Grundsatz der Verhältnismäßigkeit ist auch von Bedeutung, wenn über eine Quelle nur selten Emissionen abgeleitet werden. Zwar stellt Nr. 5.1.2 Abs. 1 Satz 1 nicht auf die Häufigkeit oder die Dauer der emissionsverursachenden Vorgänge ab; auch für Quellen, die nur gelegentlich und kurzzeitig Emissionen verursachen, sind Anforderungen zu stellen, die den Regelungen in Nr. 5 entsprechen. Wenn diese im Vergleich zu den erreichbaren Emissionsminderungen einen unverhältnismäßig hohen Aufwand erfordern, sind sie jedoch u.U. nicht mehr als dem Stand der Technik entsprechend anzusehen. Dann können weniger aufwändige Maßnahmen gefordert werden (vgl. Nr. 18.1 Abs. 4 des nordrhein-westfälischen Erlasses vom 27. 7. 1989, MBl. NRW. S. 1055).

III. Stoffbezogene Festlegung

11 **1. Relevante Stoffe.** Zur Konkretisierung der Vorsorgepflicht aus § 5 Abs. 1 Nr. 2 BImSchG enthält Nr. 5 der TA Luft vorwiegend Emissionswerte. Diese sind Indikatoren für den Stand der Technik (vgl. → Nr. 2 Rn. 7) und als solche Grundlagen für die durch einen Verwaltungsakt (vgl. → Rn. 6) festzulegenden Emissionsbegrenzungen (Nr. 2.7 Abs. 1). Nr. 5.1.2 Abs. 1 Satz 1 fordert bezogen auf jede Einzelquelle einer Anlage (vgl. → Rn. 7) Emissionsbegrenzungen für jeden luftverunreinigenden Stoff oder jede Stoffgruppe, die *in relevantem Umfang im Rohgas enthalten* sind. Das bedeutet, dass zunächst ermittelt werden muss, welche Stoffe überhaupt aus den einzelnen (gefassten; vgl. → Rn. 7) Quellen der Anlage emittiert werden können. Grundlagen dafür sind die Kenntnisse über die Einsatzstoffe und die Produkte, über die angewandte Verfahrenstech-

nik und über das Emissionsverhalten vergleichbarer Anlagen. Eine mögliche Abgasreinigung ist in diesem Zusammenhang nicht zu berücksichtigen. Nr. 5.1.2 Abs. 1 Satz 1 stellt ausdrücklich auf das Rohgas, d.h. auf die verunreinigte Luft *vor* Durchführung einer Abgasbehandlung ab. Grund für diese Regelung ist, dass es bei der Prüfung um die Ermittlung der Erforderlichkeit von Emissionsbegrenzungen geht und dabei nicht unterstellt werden kann, dass sie bereits durchgeführt sind.

Bei Beantwortung der Frage, wann ein Stoff oder eine Stoffgruppe in relevantem Umfang im Rohgas enthalten sind, ist nach Nr. 5.1.2 Abs. 1 Satz 3 darauf abzustellen, ob die Überschreitung der in Nr. 5 festgelegten Emissionswerte ausgeschlossen werden kann oder nicht. Dabei sind sowohl der Massenstrom als auch die Massenkonzentration der im Rohgas enthaltenen Stoffe zu betrachten. Soweit es um den Massenstrom geht, ist zu prüfen, ob er zu keiner Betriebsstunde (selbst bei Ausfall aller Abgasreinigungseinrichtungen) durch die Emissionen der *gesamten* Anlage (ggf. der gemeinsamen Anlage i.S. des § 1 Abs. 3 der 4. BImSchV) überschritten werden kann (vgl. Nr. 2.5 Abs. 2 Buchst. b und Nr. 2.7 Abs. 2 Buchst. b). Ist eine Überschreitung der Massenstromwerte ausgeschlossen und ist auch nicht mit einer weiteren Entstehung oder Anreicherung bei der Behandlung der Abgase zu rechnen, ist der Stoff (soweit nicht auch Nr. 5.2.1 Abs. 1 Satz 2 zu beachten ist; vgl. dazu → Rn. 14) nicht in relevantem Umfang im Rohgas enthalten. 12

Ist die Einhaltung des Massenstromwertes nicht sicher gestellt oder ist ein Emissions-Konzentrationswert unabhängig vom Massenstrom einzuhalten (Nr. 5.2.1 Abs. 1 Satz 2), kommt es auf die Konzentration des Stoffes oder der Stoffgruppe im Rohgas an. Dabei ist – anders als beim Massenstrom – auf das Rohgas *der einzelnen Quelle* abzustellen. Das ergibt sich aus der Forderung, die Massenkonzentration an *jeder* gefassten Quelle der Anlage einzuhalten (vgl. → Rn. 7); eine Überschreitung ist dort nicht möglich, wenn die zulässige Konzentration bereits im Rohgas unterschritten ist. Allerdings darf auch nicht mit der Entstehung oder der Anreicherung von Schadstoffen bei der Abgasbehandlung zu rechnen sein. Außerdem ist die Regelung in Nr. 5.1.2 Abs. 1 Satz 2 zu beachten. Damit soll eine Umgehung der quellenbezogenen Verpflichtungen verhindert werden. Die Zusammenführung der Emissionen aus verschiedenen Quellen ist zwar zulässig. Dadurch darf es aber nicht zu höheren Emissionen als bei der quellenbezogenen Emissionsbegrenzung kommen. Selbst wenn die Schadstoffkonzentration der zusammengefassten Quelle den Emissionswert unterschreitet, ist von einem relevanten Umfang der Schadstoffe im Rohgas auszugehen, wenn die Schadstoffkonzentration vor der Zusammenführung in einzelnen Betriebseinheiten den Emissionswert überschreiten konnte. 13

2. Begrenzung von Massenstrom oder Massenkonzentration (Absatz 2). Bei Auslegung der TA Luft 1986 war umstritten, ob die bei den Emissionswerten angegebenen Massenstromgrenzen die Funktion einer Bagatellregelung hatten oder ob sie neben der Konzentrationsangabe eine Alternative zur Beschreibung des Standes der Technik darstellten. Davon hing ab, ob die Werte auf das Rohgas oder das Reingas zu beziehen waren (vgl. Hansmann UPR 1989, 321; Marburger, Massenstromwerte und Anlagenbegriff der TA Luft, 1993). In seinem Urteil vom 20. 12. 1999 (DVBl. 2000, 810 = NVwZ 2000, 440) hat das Bundesverwaltungsgericht die Auffassung vertreten, dass die Massenstromwerte der TA Luft 1986 sich auf das emittierte Abgas (das Reingas) beziehen und dass es dem Anlagenbetreiber in der Regel frei steht, ob er den vorgegebenen Massenstrom oder die vorgegebene Massenkonzentration einhält. In der TA Luft 2002 wurde eindeutig zum Ausdruck gebracht, dass die Angaben von zulässigen Massenströmen und Massenkonzentrationen bei den einzelnen Emissionswerten als Alternativen zu verstehen sind, es sei denn, es werde ausdrücklich auch bei Einhaltung des Massenstromwertes die Einhaltung einer bestimmten Massenkonzentration gefordert (so in Nr. 5.2.1 Abs. 1 14

Satz 2). In der amtlichen Begründung (Teil B Nr. 5.2) wies die Bundesregierung darauf hin, dass sich daraus Absenkungen der Emissionswerte für die Massenströme ergeben haben.

15 Praktische Bedeutung hat die seitdem eindeutig eröffnete Alternative zur Emissionsbegrenzung insbesondere für kleinere Anlagen (vgl. Ludwig, TA Luft, 2. Auflage, 2002, S. 22). Je nach Schadstoff werden die noch zulässigen Massenströme erst von Anlagen mit einem Abgasvolumenstrom von 2500 bis 10 000 m3/h ausgeschöpft (vgl. Teil B Nr. 5.2 Abs. 2 der amtlichen Begründung zur TA Luft 2002). Für Anlagen mit geringen Abgasströmen gelten lediglich die allgemeinen Vorsorgeanforderungen in Nr. 5.1. Wird der zulässige Massenstrom im Rohgas nur geringfügig überschritten, kann eine teilweise Reinigung der Abgase ausreichen, um den Massenstromwert einzuhalten. Auf die Einhaltung des Konzentrationswertes kommt es dann – außer im Falle der Nr. 5.2.1 Abs. 1 Satz 2 – nicht an. In diesem Zusammenhang ist jedoch zu beachten, dass sich der Massenstromwert auf die gesamte Anlage und nicht auf die einzelne Quelle bezieht (Nr. 2.5 Abs. 2 Buchst. b). Übersteigt die Summe des Massenstroms aus allen Quellen einer Anlage den Massenstromwert, ist die Konzentration an allen gefassten Quellen entsprechend dem Emissions-Konzentrationswert zu begrenzen.

16 Die seitdem eindeutig eröffnete **Alternative** zur Begrenzung des Massenstroms *oder* der Massenkonzentration bedeutet nicht, dass der Anlagenbetreiber zwischen den Alternativen wechseln kann. In Nr. 5.1.2 Abs. 2 wird bestimmt, dass im Genehmigungsbescheid *entweder* der Massenstrom *oder* die Massenkonzentration zu begrenzen ist. Sobald eine Festlegung erfolgt ist, ist sie für den Anlagenbetreiber verbindlich (vgl. Hansmann/Röckinghausen, Bundes-Immissionsschutzgesetz, 40. Auflage, Fn. 51 zur TA Luft). Er muss dann die Anlage so errichten und betreiben, dass er den vorgegebenen Massenstrom- oder Massenkonzentrationswert an allen Quellen zu jeder Zeit einhält. Ein Wechsel der Vorgaben ist nur durch Änderung des Genehmigungsbescheides möglich. Aber auch dann muss *ein* Wert verbindlich vorgegeben werden; Alternativen im Genehmigungsbescheid selbst sind unzulässig. Allerdings ist eine **Differenzierung zwischen den verschiedenen Schadstoffen** möglich: Für *einen* Stoff kann der Massenstrom und für einen *anderen* die Massenkonzentration begrenzt werden. In den Fällen der Nr. 5.2.1 Abs. 1 Satz 2 sind Emissionsbegrenzungen sowohl im Hinblick auf den Massenstrom als auch im Hinblick auf die Massenkonzentration festzulegen. Ein solches Erfordernis kann sich auch dann ergeben, wenn aus Verhältnismäßigkeitserwägungen von der strikten Einhaltung eines Emissionswertes abzusehen ist (vgl. → Rn. 9 f.).

IV. Gleichwertige Festlegungen (Absatz 3)

17 Durch Nr. 5.1.2 Abs. 3 wird die Möglichkeit eröffnet, die Vorgaben zur Einhaltung des Standes der Technik nicht in Form von massen- oder konzentrationsbezogenen Emissionsbegrenzungen, sondern in Form von zulässigen **Massenverhältnissen** (Emissionsfaktoren; vgl. Nr. 2.5 Abs. 2 Buchst. d) festzulegen. Als Bezugszeitraum ist dabei der Tag zu wählen (Nr. 2.7 Abs. 2 Buchst. c). Voraussetzung für die Festlegung von zulässigen Massenverhältnissen ist der Nachweis der Gleichwertigkeit mit andersartigen Emissionsbegrenzungen: Es dürfen keine höheren Emissionsmassenströme auftreten (können) als bei Massenstrom- und/oder Massenkonzentrationsbegrenzungen. Im Übrigen ist die Genehmigungsbehörde auch bei einem Nachweis der Gleichwertigkeit nicht zur Verwendung von Emissionsfaktoren verpflichtet. Sie hat einen **Ermessensspielraum**, von dem sie unter Zweckmäßigkeitsgesichtspunkten Gebrauch machen kann.

C. Berücksichtigung von besonderen Umständen

I. Anfahr- und Abstellvorgänge (Absatz 4)

Für Anfahr- und Abstellvorgänge sieht Nr. 5.1.2 Abs. 4 Sonderregelungen im Genehmigungsbescheid vor. Ohne derartige Sonderregelungen könnten die Emissionswerte – insbesondere in den in Absatz 4 Satz 2 aufgeführten Fällen – häufig nicht eingehalten werden. Etwas **tatsächlich Unmögliches** kann rechtlich nicht verlangt werden. Aus dieser Rechtfertigung für Sonderregelungen folgt zugleich, dass bei der Prüfung der Voraussetzungen ein strenger Maßstab anzulegen ist (Davids/Lange, Die TA Luft '86, Nr. 3.1 Anm. 45). Wie auch die beispielhafte Aufzählung in Absatz 4 Satz 2 zeigt, müssen sicherheitstechnische oder verfahrenstechnische Gründe oder Belange des Arbeitsschutzes die Überschreitung auch des bereits nach Nr. 2.7 Abs. 2 Buchst. a Doppelbuchst. bb zulässigen zweifachen Konzentrationswertes zwingend erfordern. Werden Sonderregelungen getroffen, sind in ihnen auch Maßnahmen vorzusehen, durch die die Emissionen mit einem verhältnismäßigen Aufwand so weit wie möglich vermindert werden (vgl. Nr. 5.1.3 Abs. 3 vorletzter Anstrich). Bei Betriebsvorgängen, die den Anfahr- und Abstellvorgängen vergleichbar sind (z.B. Entspannen einer Begasungsanlage), kann Nr. 5.1.2 Abs. 4 entsprechend angewandt werden. 18

II. Abweichende Mittelungszeiten (Absatz 5)

Zum Vergleich mit den Emissions*konzentrations*werten sind – bezogen auf die Betriebsstunden – Halbstunden- und Tagesmittelwerte zu bilden (Nr. 2.7 Abs. 2 Buchst. a); zum Vergleich mit den *Massenstrom*werten sind die Massenströme der gesamten Anlage bezogen auf eine Betriebsstunde unter den für die Luftreinhaltung ungünstigsten Bedingungen (vgl. Nr. 2.5 Abs. 2 Buchst. b) zu ermitteln (Nr. 2.7 Abs. 2 Buchst. c). Eine solche Mittelungszeit ist jedoch nicht immer sinnvoll. Als Beispiele werden in Nr. 5.1.2 Abs. 5 der **Chargenbetrieb** oder eine längere **Kalibrierzeit** genannt. In diesen Fällen sollen im Genehmigungsbescheid andere Mittelungszeiten festgelegt werden. Dabei hängt die Dauer der Mittelungszeit von den betrieblichen oder messtechnischen Notwendigkeiten ab. Beim Chargenbetrieb ist eine zeitliche Gliederung in die chargen-typischen Einzelschritte erforderlich, um auf diese Weise die u.U. stark variierenden Emissionsverhältnisse zutreffend zu erfassen (vgl. Davids/Lange, Die TA Luft '86, Nr. 3.1 Anm. 44). Eine kürzere Mittelungszeit als eine halbe Stunde ist dann nicht ausgeschlossen. In der Regel sollte die Mittelungszeit der Emissionskonzentrationen aber einer halben Stunde nahe kommen (vgl. Nr. 18.1 Abs. 5 des nordrhein-westfälischen Erlasses vom 27. 7. 1989, MBl. NRW. S. 1055). 19

III. Weiterverwendung der Abgase (Absatz 6)

Eine Sonderregelung sieht Nr. 5.1.2 Abs. 6 auch für den Fall vor, dass das Abgas als Verbrennungsluft oder als Einsatzstoff (insbesondere als Brennstoff) für eine weitere Anlage verwendet werden soll. Hier sind mögliche Umwandlungen der Stoffezu berücksichtigen. Entscheidend ist, welche Emissionen letztlich in die Atmosphäre gelangen. Dazu kann eine strengere oder auch eine weniger strenge Reinigung des Rohgases erforderlich sein. Die Genehmigungsbehörde muss deshalb die besonderen Umstände des Einzelfalls berücksichtigen und Sonderregelungen treffen, mit denen eine dem Stand der Technik entsprechende Emissionsminderung erreicht wird. Dabei kann auch von den durch Absatz 3 eröffneten Möglichkeiten (vgl. → Rn. 17) Gebrauch gemacht werden. 20

D. Berücksichtigung des Sauerstoffgehaltes bei der Bestimmung der Massenkonzentrationen (Absatz 7 und 8)

21 Nach Nr. 5.1.2 Abs. 7 Satz 1 bleiben die Luftmengen, die einer Einrichtung der Anlage zugeführt werden, um das Abgas zu verdünnen oder zu kühlen, bei der Bestimmung der Massenkonzentration unberücksichtigt. Damit wird eine Gleichbehandlung aller Anlagenbetreiber sichergestellt. Diesem Zweck dient auch die Angabe bestimmter prozesstypischer Bezugssauerstoffgehalte in Nr. 5.4. Für diese Fälle regelt Nr. 5.1.2 Abs. 7 Satz 2, *wie* die im Abgas gemessenen Emissionsmassenkonzentrationen auf den Bezugssauerstoffgehalt umzurechnen sind. Für nachgeschaltete Abgasreinigungseinrichtungen und für Verbrennungsprozesse mit Sauerstoffzufuhr wird diese Regelung in Absatz 8 wieder eingeschränkt. U. U. sind Sonderregelungen im Genehmigungsbescheid oder in einer nachträglichen Anordnung zu treffen (vgl. dazu näher Davids/Lange, Die TA Luft '86, Anm. 55 zu Nr. 3.1.2).

5.1.3 Grundsätzliche Anforderungen zur integrierten Vermeidung und Verminderung von Umweltverschmutzungen

Zur integrierten Emissionsvermeidung oder -minimierung sind Techniken und Maßnahmen anzuwenden, mit denen die Emissionen in die Luft, das Wasser und den Boden vermieden oder begrenzt werden und dabei ein hohes Schutzniveau für die Umwelt insgesamt erreicht wird; die Anlagensicherheit, die umweltverträgliche Abfallentsorgung und die sparsame und effiziente Verwendung von Energie sind zu beachten.

Nicht vermeidbare Abgase sind an ihrer Entstehungsstelle zu erfassen, soweit dies mit verhältnismäßigem Aufwand möglich ist. Die Maßnahmen müssen dem Stand der Technik entsprechen. Die Anforderungen dieser Verwaltungsvorschrift dürfen nicht durch Maßnahmen erfüllt werden, bei denen Umweltbelastungen in andere Medien wie Wasser oder Boden entgegen dem Stand der Technik verlagert werden. Diese Maßnahmen sollen sowohl auf eine Verminderung der Massenkonzentrationen als auch der Massenströme oder Massenverhältnisse der von einer Anlage ausgehenden Luftverunreinigungen ausgerichtet sein. Sie müssen während des Betriebs der Anlage bestimmungsgemäß eingesetzt werden.

Bei der Festlegung der Anforderungen sind insbesondere zu berücksichtigen:

- Wahl von integrierten Prozesstechniken mit möglichst hoher Produktausbeute und minimalen Emissionen in die Umwelt insgesamt,
- Verfahrensoptimierung, zum Beispiel durch weitgehende Ausnutzung von Einsatzstoffen, Schließung von Stoffkreisläufen und Gewinnung von Koppelprodukten,
- Substitution von karzinogenen, keimzellmutagenen oder reproduktionstoxischen Einsatzstoffen,
- Verminderung der Abgasmenge, zum Beispiel durch Anwendung der Umluftführung, unter Berücksichtigung arbeitsschutzrechtlicher Anforderungen,
- Einsparung von Energie und Verminderung der Emissionen an klimawirksamen Gasen, zum Beispiel durch energetische Optimierung bei Planung, Errichtung und Betrieb der Anlagen, anlageninterne Energieverwertung, Anwendung von Wärmedämmungsmaßnahmen,
- Vermeidung oder Verminderung der Emissionen von Stoffen, die zu einem Abbau der Ozonschicht führen, ergänzend zu den in der Verordnung (EG) Nr. 1005/2009 des Europäischen Parlaments und des Rates vom 16. September 2009 über Stoffe, die zum Abbau der Ozonschicht führen (ABl. L 286 vom 31.10.2009, S. 1), die zuletzt durch die Verordnung (EU) Nr. 1088/2013 (ABl. L 293 vom 5.11.2013, S. 29) geändert worden ist, genannten Maßnahmen, zum Beispiel durch Substitution dieser Stoffe, durch Einhausen von Anlagen, Kapseln von Anlageteilen, Erzeugen eines Unterdrucks im gekapselten Raum und Verhinderung von Undichtigkeiten der Anlagen, durch Erfassung der Stoffe bei der Abfallbehandlung, durch Anwendung optimierter Abgasreinigungstechniken und durch ordnungsgemäße Entsorgung der rückgewonnenen Stoffe sowie der Abfälle,
- Optimierung von An- und Abfahrvorgängen und sonstigen besonderen Betriebszuständen,
- Maßnahmen zur Vorbeugung vor Störungen des bestimmungsgemäßen Betriebs und zur Verringerung ihrer Folgen für den Menschen und die Umwelt,
- Maßnahmen zur Vermeidung von schädlichen Umwelteinwirkungen und sonstigen Gefahren, erheblichen Nachteilen oder erheblichen Belästigungen für die Allgemeinheit und die Nachbarschaft nach einer Betriebsstillegung und zur Wiederherstellung eines ordnungsgemäßen Zustandes des Anlagengrundstücks,

– die Anforderungen des Tierschutzes und der physiologischen Gegebenheiten beim Tier.

Wenn Stoffe nach Nummer 5.2.2 Klasse I oder II, Nummer 5.2.4 Klasse I oder II, Nummer 5.2.5 Klasse I oder Nummer 5.2.7 emittiert werden können, sollen die Einsatzstoffe (Roh- und Hilfsstoffe) möglichst so gewählt werden, dass nur geringe Emissionen entstehen.

Verfahrenskreisläufe, die durch Anreicherung zu erhöhten Emissionen an Stoffen nach Nummer 5.2.2 Klasse I oder II oder nach Nummer 5.2.7 führen können, sind durch technische oder betriebliche Maßnahmen möglichst zu vermeiden. Soweit diese Verfahrenskreisläufe betriebsnotwendig sind, zum Beispiel bei der Aufarbeitung von Produktionsrückständen zur Rückgewinnung von Metallen, müssen Maßnahmen zur Vermeidung erhöhter Emissionen getroffen werden, zum Beispiel durch gezielte Stoffausschleusung oder den Einbau besonders wirksamer Abgasreinigungseinrichtungen.

Betriebsvorgänge, die mit Abschaltungen oder Umgehungen der Abgasreinigungseinrichtungen verbunden sind, müssen im Hinblick auf geringe Emissionen ausgelegt und betrieben sowie durch Aufzeichnung geeigneter Prozessgrößen besonders überwacht werden. Für den Ausfall von Einrichtungen zur Emissionsminderung sind Maßnahmen vorzusehen, um die Emissionen unverzüglich so weit wie möglich und unter Beachtung des Grundsatzes der Verhältnismäßigkeit zu vermindern.

A. Allgemeines

I. Der Grundsatz der integrierten Vermeidung und Verminderung der Umweltverschmutzung

1 Ein wichtiger Grund schon für die Novellierung der TA Luft im Jahre 2002 war die Notwendigkeit, die Anforderungen der Richtlinie 96/61/EG über die integrierte Vermeidung und Verminderung der Umweltverschmutzung (IVU-Richtlinie) vom 24. 9. 1996 (ABl. der EG Nr. L 257/26) bei der Konkretisierung der Vorsorgepflichten nach dem Bundes-Immissionsschutzgesetz zu berücksichtigen. Inhaltlich verlangt der Integrationsgrundsatz, dass bei der Genehmigung eines Vorhabens alle Umweltauswirkungen in den Blick genommen werden, die Verlagerung von Umweltbelastungen von einem Medium (z.B. der Luft) in ein anderes (z.B. das Wasser) vermieden und eine in Bezug auf die Umwelt insgesamt optimierte Entscheidung getroffen wird (zur Bedeutung der IVU-Richtlinie für das Anlagenzulassungsrecht vgl. u.a. Di Fabio NVwZ 1998, 329 ff.; Feldhaus ZUR 2002, 1 ff.; Hansmann in Sonderheft für Weber zu NJW und NVwZ 2001, 26 ff.; Kracht/Wasielewski in: Rengeling (Hrsg.), Handbuch zum europäischen und deutschen Umweltrecht, § 35 – jeweils mit weiteren Nachweisen). Bei der Festlegung der Vorsorgeanforderungen zur Luftreinhaltung sind damit drei Kriterien zu beachten:

– ganzheitliche Betrachtung der Umweltauswirkungen,
– Vermeidung von ungerechtfertigten Belastungsverlagerungen und
– Optimierung der Anforderungen.

2 Die Beachtung der verschiedenen **Integrationselemente** verlangt eine Abwägung. Diese kann im einzelnen Genehmigungsverfahren oder bei der generellen Konkretisierung der Anforderungen vorgenommen werden (vgl. Hansmann ZUR 2002, 19 f.). Der deutsche Normgeber hat sich wegen der Vorteile, die damit für die Rechtssicherheit, die Gleichbehandlung und die Verfahrensbeschleunigung verbunden sind, für die zweite Möglichkeit entschieden (vgl. dazu die Bewertung durch den Sachverständigenrat für Umweltfragen – SRU – im Umweltgutachten 2002, Tz. 310 ff.). Die Integrationsanfor-

derungen waren deshalb bei der Standardsetzung in der TA Luft zu beachten. Soweit diese Verwaltungsvorschrift keine Lücken enthält und soweit auch kein atypischer Sachverhalt vorliegt, brauchen die Genehmigungs- und Überwachungsbehörden keine weitergehenden Integrationsüberlegungen anzustellen.

Die **Industrieemissionsrichtlinie** (2010/75/EU – IE-Richtlinie) hat diesen integrativen Ansatz konsequent fortgeschrieben und vertieft. In die IE-Richtlinie sind in die grundsätzlichen Anforderungen zur integrierten Vermeidung und Verminderung von Umweltverschmutzungen Maßnahmen zur Vorbeugung vor Störungen des bestimmungsgemäßen Betriebs und zur Verringerung ihrer Folgen für die Menschen und die Umwelt sowie zur Vermeidung von schädlichen Auswirkungen nach einer Betriebsstilllegung aufgenommen worden. Diese wurden nunmehr auch ausdrücklich in Nr. 5.1.3 integriert (Amtliche Begründung, abgedruckt in → Vorb. vor Nr. 1 Rn. 32 und Rn. 34). 3

II. Bedeutung der Nr. 5.1.3

In Nr. 5.1.3 werden die grundsätzlichen Anforderungen zur integrierten Luftreinhaltung zusammengefasst. Die Regelungen waren z.T. bereits in der TA Luft 1986 enthalten. Das zeigt, dass die integrative Betrachtung keine grundsätzlich neue Anforderung ist. Nr. 5.1.3 dient dazu, den Integrationsgesichtspunkt an zentraler Stelle besonders hervorzuheben und einige allgemeine Grundsätze aufzustellen, die bei der Festlegung der aus Nr. 5.2 und Nr. 5.4 abzuleitenden Anforderungen im Einzelfall zu beachten sind. Die eigentliche integrative Prüfung hat der Vorschriftengeber bei der Konkretisierung der Vorsorgepflichten in Nummern 5.2 und 5.4 vorgenommen. In Teil B Nr. 6 der amtlichen Begründung zur TA Luft 2002 werden hierfür verschiedene Beispiele aufgeführt (zur Bedeutung der Begründung vgl. SRU, Umweltgutachten 2002, Tz. 315). Gleichwohl bestehen Spielräume bei der Umsetzung der Anforderungen. Bei deren Ausfüllung müssen die Regelungen in Nr. 5.1.3 beachtet werden. Teilweise enthalten sie auch ergänzende Anforderungen. Schließlich können die in Nr. 5.1.3 festgelegten Grundsätze dazu führen, dass von einzelnen Anforderungen in Nrn. 5.2 oder 5.4 abzuweichen ist (vgl. Hansmann NVwZ 2003, 266 (271)). Nr. 5.1.3 verdeutlicht – gleichsam als Obersatz – den grundsätzlichen Willen des Vorschriftengebers. Stehen einzelne Anforderungen hierzu im Widerspruch, zeigt das, dass ein vom Vorschriftengeber nicht in den Blick genommener atypischer Sachverhalt vorliegen kann, der eine abweichende Beurteilung gebietet (vgl. → Nr. 5.1.1 Rn. 25). Diese muss dann an den allgemeinen Grundsätzen der Nr. 5.1.3 ausgerichtet werden (vgl. auch Pschera/Koepfer NuR 2003, 517 (523)) 4

III. Entstehungsgeschichte

Die in Nr. 5.1.3 getroffenen Regelungen waren teilweise bereits in Nr. 3.1.2 der TA Luft 1986 enthalten (Abs. 2 Satz 2 und 4 – ansatzweise auch Satz 1 –, Abs. 3 – 2., 4. und 7. Anstrich – sowie Absätze 4 bis 6). Mit der Novelle der TA Luft 2002 sind insbesondere die Formulierungen, die sich auf die Beachtung der IVU-Richtlinie beziehen, neu aufgenommen worden. Die Fassung aus dem Jahre 2002 entsprach im Wesentlichen der Vorlage der Bundesregierung an den Bundesrat (BR-DrS. 1058/01). Der letzte Anstrich in Absatz 3 ging jedoch auf den Maßgabenbeschluss des Bundesrates zur Novelle 2002 zurück (BR-DrS. 1058/01 – Beschluss, Nr. 17). Damit sollte klargestellt werden, dass bei Anlagen der Nutztierhaltung auch Aspekte des Tierschutzes zu beachten sind, „die den technischen, organisatorischen und wirtschaftlichen Möglichkeiten angemessen Rechnung tragen". Die wenigen sprachlichen Klarstellungen und Aktualisierungen an die neue europäische Rechtslage (insbesondere die IE-Richtlinie) entsprechen der Regierungsvorlage. 5

IV. Geltungsbereich

6 Nr. 5.1.3 gilt für alle genehmigungsbedürftigen Anlagen und alle ihre Teile und Nebeneinrichtungen (vgl. → Nr. 5.1.1 Rn. 12). Bei nicht genehmigungsbedürftigen Anlagen können die Vorschriften als **Erkenntnisquelle** herangezogen werden (vgl. → Nr. 1 Rn. 15). Auf die Größe des Emissionsmassenstroms kommt es bei Anwendung der Nr. 5.1.3 nicht an. Zwar können die schadstoffbezogenen Vorsorgeanforderungen in der Regel auch durch Einhaltung der massenstrom-bezogenen Emissionswerte eingehalten werden (vgl. → Nr. 5.1.2 Rn. 14–16). Damit wird die Vorsorgepflicht nach § 5 Abs. 1 Nr. 2 BImSchG aber noch nicht umfassend erfüllt (vgl. → Rn. 14). Nr. 5.1.3 enthält – ebenso wie die Vorgängerregelung in Nr. 3.1.2 TA Luft 1986 (vgl. dazu Hansmann, TA Luft, 1987, Nr. 3.1.2 Rn. 2; Kalmbach/Schmölling, TA Luft, 4. Auflage, Rn. 71 Abs. 5 der Erläuterungen) – allgemeine Anforderungen, denen *jede* genehmigungsbedürftige Anlage entsprechen muss. Allerdings dürfen aus Nr. 5.1.3 keine Anforderungen abgeleitet werden, die – bezogen auf Anlagen der betroffenen Art – nur mit einem unverhältnismäßig hohen Aufwand erfüllt werden können (vgl. den Einleitungssatz zum Anhang zu § 3 Abs. 6 BImSchG).

V. Verbindlichkeit

7 Die in Nr. 5.1.3 enthaltenen grundsätzlichen Anforderungen werden für den Anlagenbetreiber nur dadurch verbindlich, dass die zuständige Behörde sie in den Genehmigungsbescheid oder in eine nachträgliche Anordnung aufnimmt (vgl. → Nr. 5.1.2 Rn. 6). Die zuständige Behörde hat dabei zu beachten, dass ihr in Nr. 5.1.3 verschiedentlich ein größerer Spielraum eröffnet ist als in anderen Vorschriften der TA Luft (vgl. die Formulierungen „sind insbesondere zu berücksichtigen" und „sollen möglichst so gewählt werden" in den Absätzen 3 und 4). Dies beruht darauf, dass die Wahl einer bestimmten Anlagentechnik zur Erreichung eines unternehmerischen Ziels allein dem Anlagenbetreiber obliegt. Die Behörde hat die Übereinstimmung des Vorhabens mit der Rechtsordnung zu prüfen (§ 6 Abs. 1 BImSchG) und kann in diesem Zusammenhang lediglich Modifikationen der Beschaffenheit und/oder der Betriebsweise der Anlage vorschreiben (§ 12 BImSchG). Deshalb sind insbesondere die Möglichkeiten, den Einsatz anderer Stoffe zu verlangen (vgl. Davids/Lange, Die TA Luft 86, Anm. 52 zu Nr. 3.1.2), begrenzt. Die Substitution eines Stoffes kann nur vorgeschrieben werden, wenn sie im Rahmen der gewählten Anlagentechnik möglich ist (vgl. Nr. 18.12 des nordrhein-westfälischen Erlasses vom 27. 7. 1989, MBl. NRW. S. 1055). Erfordert der Einsatz weniger problematischer Stoffe jedoch nicht die Wahl einer andersartigen Technik, sondern lediglich eine Modifikation des vorgesehenen Verfahrens, so kann diese Maßnahme unabhängig von der Einhaltung der stoffbezogenen Emissionswerte verlangt werden.

B. Allgemeine Anforderungen zur integrierten Vermeidung und Verminderung der Emissionen

I. Ganzheitliche Betrachtung (Absatz 1)

8 In Nr. 5.1.3 Abs. 1 wird der ganzheitliche Aspekt des integrativen Umweltschutzes (vgl. → Rn. 1) aufgegriffen und näher eingegrenzt. Ausdrücklich wird darauf hingewiesen, dass alle Emissionen – gleichgültig ob sie in die Luft, das Wasser oder den Boden gelangen – vermieden oder vermindert werden müssen. Dazu kommen technische und sonsti-

ge Maßnahmen in Betracht. Bei ihrer Festlegung sind als weitere Aspekte die Anlagensicherheit, die umweltverträgliche Abfallentsorgung sowie die sparsame und effiziente Verwendung von Energie zu beachten. Da zwischen den verschiedenen Belangen Abhängigkeiten bestehen, setzt die ganzheitliche Betrachtung **Abwägungen** voraus. Als Maßstab dafür nennt Nr. 5.1.3 Abs. 1 in Übereinstimmung mit Art. 1 der IVU-Richtlinie, jetzt Art. 1 IE-Richtlinie, § 5 Abs. 1 und § 48 Satz 2 BImSchG „ein hohes Schutzniveau für die Umwelt insgesamt". Diese Vorgabe ist sehr vage und für eine Einzelfallentscheidung wenig geeignet. Eine generelle Konkretisierung in Form eines übergreifenden Umweltstandards ist jedoch weder heute noch in absehbarer Zukunft möglich (Davids UPR 2000, 439 (442 f.)). Das schließt die Beachtung des Integrationsgebotes bei der Festlegung medienbezogener Standards, wie sie die TA Luft enthält, aber nicht aus. Entscheidend ist, dass bei *deren* Ableitung medienübergreifend geprüft worden ist, wie die Umwelt insgesamt am besten geschützt wird. Derartige Prüfungen sind bei der Novellierung der TA Luft im Jahre 2002 vorgenommen und für die TA Luft 2021 fortgeschrieben worden. Deshalb kann ein Abgehen von den TA-Luft-Standards nur in atypischen Fällen (z.B. bei besonderen örtlichen Verhältnissen; vgl. Ludwig, TA Luft, 2. Auflage, 2002, S. 21) mit dem allgemeinen Integrationsgebot nach Nr. 5.1.3 Abs. 1 begründet werden (vgl. auch → Rn. 2).

II. Anforderungen an die einzelnen Maßnahmen (Absatz 2)

1. Erfassung der Abgase. Welche integrativ abgeleiteten Techniken und Maßnahmen zur Emissionsvermeidung und -minimierung anzuwenden sind, wird in Nr. 5.1.3 Abs. 2 durch generell zu beachtende Anforderungen näher bestimmt. An erster Stelle steht dabei die Forderung, Abgase, deren Entstehung nicht zu vermeiden ist, bereits an der **Entstehungsstelle** zu erfassen. Dadurch sollen die nur schwer zu beherrschenden diffusen Emissionen vermieden werden; erfasste Abgase lassen sich leichter reinigen und in ihrer Menge oder Konzentration reduzieren. Die Erfassung der Abgase an der Entstehungsstelle (z.B. durch Einhausung oder Absaugung der Abgase) hat in der Regel auch günstige Wirkungen für den Lärmschutz und den Arbeitsschutz; insoweit wird dem Integrationsgebot in besonderer Weise entsprochen. In der TA Luft 1986 war die gezielte Erfassung von Abgasströmen nur als ein Beispiel für die Verminderung der Abgasmenge aufgeführt (Nr. 3.1.2 Abs. 2, 1. Anstrich). Seit der Novelle der TA Luft 2002 handelt es sich um ein zwingendes Gebot an die zuständigen Behörden (vgl. → Rn. 5), das nur durch den rechtsstaatlichen Verhältnismäßigkeitsgrundsatz eingeschränkt ist. Bei der **Verhältnismäßigkeitsprüfung** sind auf Seiten des Anlagenbetreibers die Aufwendungen für die Abgaserfassung sowie die sonstigen Nachteile im Prozessablauf und für die Produkte (insbesondere für deren Qualität) zu berücksichtigen. Dazu sind die Vorteile bei der Vermeidung von Einträgen in die Umwelt, beim Lärmschutz, bei der Anlagensicherheit und auch beim Arbeitsschutz ins Verhältnis zu setzen. Die Abwägung hat zu berücksichtigen, dass ein hohes Schutzniveau für die Umwelt insgesamt zu gewährleisten ist. Danach dürfte die Abgaserfassung nur bei Quellen mit sehr geringen Emissionen oder bei großen technischen Schwierigkeiten (insbesondere bei Sicherheitsproblemen) unverhältnismäßig sein. 9

2. Einhaltung des Standes der Technik. Nr. 5.1.3 Abs. 2 Satz 2 verlangt, dass die emissionsbegrenzenden Maßnahmen dem Stand der Technik entsprechen müssen. Die Vorschrift entspricht der vergleichbaren Regelung in § 3 Abs. 4 der Störfall-Verordnung (vgl. dazu → 12. BImSchV § 3 Rn. 26 f.). Sie betrifft sowohl den Umfang als auch die Art der Maßnahmen zur Emissionsbegrenzung. Zur Emissionsbegrenzung müssen unabhängig vom Standort der Anlage diejenigen Maßnahmen getroffen werden, die zur Erreichung der in § 3 Abs. 6 BImSchG genannten Ziele praktisch geeignet sind und insoweit 10 für Anlagen der betroffenen Art den Stand der Technik darstellen. Das entspricht der allgemeinen Anforderung in § 5 Abs. 1 Nr. 2 BImSchG. Darüber hinaus müssen die einzelnen Maßnahmen auch für sich betrachtet den für sie maßgebenden Stand der Technik einhalten. Aus der zweiten Anforderung ergibt sich z.B., dass keine ungeeigneten Werkstoffe oder Aggregate verwandt werden dürfen, um das angestrebte Ziel der Emissionsminderung einzuhalten.

11 **3. Keine Belastungsverlagerung.** Der zweite Aspekt des Integrationsgebotes, die Vermeidung von ungerechtfertigten Belastungsverlagerungen (vgl. → Rn. 1), wird in Nr. 5.1.3 Abs. 2 Satz 3 angesprochen. Damit entspricht die Verwaltungsvorschrift dem Auftrag aus § 48 Absatz 1 Satz 2 BImSchG (s. dazu auch Jarass BImSchG, 14. Auflage 2022, § 48 Rn. 6). Das Verlagerungsverbot wird allerdings nicht ohne Einschränkungen in die TA Luft übernommen. Bei einem Verbot *jeder* Verlagerung von Umweltbelastungen könnte dem Ziel des integrativen Umweltschutzes, den bestmöglichen Schutz zu gewährleisten, nicht entsprochen werden. Der bestmögliche Schutz setzt die Abwägung verschiedener Umweltbelange voraus, was zu dem Ergebnis führen kann, dass geringfügige Verlagerungen hinzunehmen sind. So führt jede Reinigung von Abgasen zum Anfall von Abfällen. Wäre das unzulässig, müsste von jeder Abluftreinigung (ähnlich von jeder Abwasserreinigung) abgesehen werden. Das widerspräche dem Umweltschutzgebot. Nr. 5.1.3 Abs. 2 Satz 3 bestimmt deshalb, dass nur eine Belastungsverlagerung „entgegen dem Stand der Technik“ zu vermeiden ist. Mit dem Begriff des Standes der Technik wird dabei auf die praktische Eignung abgestellt. Eine solche ist nicht mehr gegeben, wenn die mit den Verhältnissen vertrauten Fachkundigen eine Maßnahme, die zu gewissen Belastungsverlagerungen in ein anderes Umweltmedium führt, nicht mehr als eine vernünftige Lösung zum Schutz der Umwelt insgesamt ansehen (vgl. Boisserée/Oels/Hansmann/Denkhaus, Immissionsschutzrecht, A 1, § 3 BImSchG Rn. 23; Jarass BImSchG, 14. Auflage 2022, § 3 Rn. 120). Bei den in der TA Luft konkret vorgegebenen Anforderungen kann davon ausgegangen werden, dass die möglichen Belastungsverlagerungen vom Vorschriftengeber berücksichtigt worden sind. Deshalb ist Nr. 5.1.3 Abs. 2 Satz 3 nur bei atypischen Sachverhalten und bei Regelungslücken von praktischer Bedeutung.

12 **4. Umfassende Wirkung der Maßnahmen.** Nr. 5.1.3 Abs. 2 Satz 4 verlangt, dass bei allen emissionsbegrenzenden Maßnahmen auf eine umfassende Wirkung zu achten ist. Auch wenn es grundsätzlich ausreicht, dass entweder der massenstrombezogene oder der konzentrationsbezogene Emissionswert eingehalten wird (vgl. → Nr. 5.1.2 Rn. 14–16), sollen alle Maßnahmen sowohl auf eine Verminderung der Massenkonzentrationen als auch der Massenströme oder Massenverhältnisse (vgl. Nr. 2.5 Buchst. a, b und d) ausgerichtet sein. Hier handelt es sich allerdings nicht um eine Forderung, die strikt durchzusetzen ist. Die Genehmigungs- und Überwachungsbehörden sollen jedoch auf eine umfassende Wirkung der vorgesehenen Maßnahmen hinwirken. Insbesondere sollen sie bei kleineren Anlagen mit geringen Emissionsmassenströmen darauf achten, dass die Emissionen nicht in hohen Konzentrationen auftreten. Bei größeren Anlagen, die die Emissions-Konzentrationswerte einhalten, sollen sie prüfen, ob eine weitergehende Verminderung der Massenströme oder Massenverhältnisse durch dem Stand der Technik entsprechende Maßnahmen möglich ist. Sofern die Behörde bestimmte technische Maßnahmen vorgibt, sollen sie auf eine umfassende Emissionsverminderung ausgerichtet sein.

13 **5. Einsatz der Maßnahmen.** Nach Nr. 5.1.3 Abs. 2 Satz 5 müssen alle zur Emissionsminderung getroffenen Maßnahmen während des Betriebs der Anlage bestimmungsgemäß eingesetzt werden. Auf den ersten Blick erscheint diese Vorschrift selbstverständ-

lich: Wenn die Maßnahme zur Einhaltung der Genehmigungsvoraussetzungen erforderlich war, muss sie eingesetzt werden, um einen Verstoß gegen die gesetzlichen Pflichten zu vermeiden. Die Einsatzverpflichtung hat jedoch dann eine besondere Bedeutung, wenn die Emissionsbegrenzungen des Genehmigungsbescheides bei bestimmten Betriebszuständen auch eingehalten werden können, wenn eine installierte Abgasreinigungseinrichtung zu diesen Zeiten nicht oder nur mit einer geringeren Abscheideleistung betrieben wird. Der Anlagenbetreiber kann dann aus Kostengründen (insbesondere zur Einsparung von Energie oder von Zuschlagstoffen) versucht sein, die bestehenden Möglichkeiten zur Emissionsminderung nicht voll auszunutzen. Deshalb wird bei jedem Betriebszustand der bestimmungsgemäße Einsatz der emissionsbegrenzenden Maßnahmen verlangt.

Auch Nr. 5.1.3 Abs. 2 Satz 5 bedarf der Umsetzung durch eine behördliche Entschei- 14
dung (vgl. → Rn. 5). Das kann durch eine ausdrückliche Regelung oder durch eine Bezugnahme auf Nr. 5.1.3 Abs. 2 Satz 5 geschehen. Eine solche Bezugnahme kann auch konkludent in einem Genehmigungsbescheid oder in einer nachträglichen Anordnung enthalten sein.

C. Bei Festlegung der Anforderungen zu berücksichtigende Gesichtspunkte

I. Emissionsarme Prozesstechniken (Absatz 3)

Beispiele für emissionsarme Prozesstechniken, die bei der Festlegung der Vorsorgean- 15
forderungen berücksichtigt werden sollen, waren bereits in Nr. 3.1.2 Abs. 2 der TA Luft 1986 enthalten. In der TA Luft 2002 sind diese Beispiele erheblich ausgebaut und angereichert worden. Die TA Luft 2021 hat im Hinblick auf die zwischenzeitlich ergangene Fortschreibung der IVU-Richtlinie durch die IE-Richtlinie kleinere Ergänzungen aufgenommen. Auch jetzt ist die Aufzählung in Nr. 5.1.3 Abs. 3 aber nicht abschließend („insbesondere"). Die genannten Möglichkeiten müssen jedoch in jedem Fall geprüft und ggf. im Genehmigungsbescheid oder in einer nachträglichen Anordnung festgelegt werden. Dabei ist die Festlegung derartiger Anforderungen bei kleinen Anlagen, die die Emissions-Massenstromwerte einhalten, von besonderer Bedeutung. Auch für diese Anlagen müssen dem Stand der Technik entsprechende Maßnahmen zur Vorsorge gegen Luftverunreinigungen getroffen werden (vgl. → Rn. 4).

1. Integrierte Prozesstechnik. Der erste Anstrich in Nr. 5.1.3 Abs. 3 betrifft die 16
Wahl von integrierten Prozesstechniken. Hierbei geht es darum, das angestrebte Ziel mit möglichst wenig Einsatzstoffen und minimalen Emissionen zu erreichen (vgl. näher zu den integrierten Prozesstechniken Davids UPR 2000, 439 (441 f.)). Die Genehmigungsbehörden können und sollen auf die Wahl einer Technik hinwirken, bei der die Umwelteinwirkungen bereits prozessbedingt minimiert sind. Damit wird auch dem Gebot des integrierten Umweltschutzes am ehesten entsprochen. Die Wahl einer anderen Prozesstechnik lässt sich jedoch nicht ohne weiteres mit hoheitlichen Mitteln durchsetzen. Gegenstand des Genehmigungsverfahrens nach dem Bundes-Immissionsschutzgesetz ist ein bestimmtes Vorhaben. Entspricht es nicht den rechtlichen Anforderungen, können Modifikationen (§ 12 BImSchG), aber nicht ein andersartiges Vorhaben gefordert werden (vgl. auch → Rn. 5). Welche Art von Anlage ein Vorhabenträger errichten will, obliegt – auch aus verfassungsrechtlichen Gründen (Art. 12 und 14 GG) – allein seiner Entscheidung. Deshalb kann die Wahl von integrierten Prozesstechniken unter Hinweis auf Nr. 5.1.3 Abs. 3 nur vorgeschrieben werden, wenn sie durch Änderungen an dem vorgesehenen

Verfahren zu verwirklichen oder zu verbessern ist. Da integrierte Prozesstechniken in der Regel mit wirtschaftlichen Vorteilen für den Unternehmer verbunden sind (vgl. Davids UPR 2000, 439 (442)), wird in vielen Fällen aber auch eine Beratung erfolgversprechend sein. Zu einer solchen Beratung werden die Behörden durch den 1. Anstrich von Nr. 5.1.3 Abs. 3 verpflichtet.

17 **2. Verfahrensoptimierung.** Bei der Festlegung der Anforderungen zur integrierten Vermeidung und Verminderung von Umweltbelastungen soll ferner der Gesichtspunkt der Verfahrensoptimierung berücksichtigt werden (Nr. 5.1.3 Abs. 3, 2. Anstrich). Eine entsprechende Regelung war bereits in Nr. 3.1.2 Abs. 2 der TA Luft 1986 enthalten. Durch eine Verfahrensoptimierung kann insbesondere der Wirkungsgrad einer Anlage verbessert werden. Dadurch können Einsatzstoffe gespart und die Emissionen vermindert werden. Wenn mit demselben Verfahren Koppelprodukte (z.B. Schwefelsäure bei der Rauchgasentschwefelung) gewonnen werden, werden an anderer Stelle Emissionen vermieden. Bei der Verfahrensoptimierung geht es in der Regel nur um Modifikationen des vorgesehenen Verfahrens, so dass sie rechtlich eher durchgesetzt werden kann als die Wahl einer integrierten Prozesstechnik (vgl. → Rn. 14). Außerdem entspricht eine Verfahrensoptimierung in den meisten Fällen dem wirtschaftlichen Interesse des Unternehmers, so dass auch hier in der Regel eine Beratung ausreichen dürfte. Das nunmehr neu aufgenommene Beispiel zur Verfahrensoptimierung durch Schließung von Stoffkreisläufen dient dem Ressourcenschutz und dem Gedanken der Abfallvermeidung, die als Ziel des integrativen Umweltschutzes in der IE-Richtlinie verankert ist (Art. 1 S. 2, Art. 3 Nr. 2 IE-RL).

18 **3. Substitution besonders gefährlicher Einsatzstoffe.** Im 3. Anstrich von Nr. 5.1.3 Abs. 3 geht es um die Ersetzung karzinogener, keimzellmutagener oder reproduktionstoxischer Stoffe durch weniger gefährliche Einsatzstoffe. Die Regelung steht in einem engen Zusammenhang mit der Forderung in Absatz 4. In Absatz 3 geht es jedoch nicht nur um eine Verminderung der Emissionen, sondern darum, karzinogene, keimzellmutagene und reproduktionstoxische Stoffe überhaupt nicht in der Anlage einzusetzen. Damit soll der Eintrag der Stoffe in die Umwelt von vornherein verhindert und darüber hinaus ein Beitrag zum **Arbeitsschutz** geleistet werden. Insoweit entspricht die Regelung dem Integrationsgebot. Die Durchsetzbarkeit hängt davon ab, ob sie eine Modifikation oder eine grundsätzliche Änderung des vorgesehenen Verfahrens erfordert (vgl. → Rn. 5). Die neuen Begriffe „karzinogen" und „keimzellmutagen" dienen der Anpassung an das neue Stoffrecht der Verordnung (EG) Nr. 1272/2008 vom 16.12.2008 über die Einstufung, Kennzeichnung und Verpackung von Stoffen und Gemischen (ABl. L 353 vom 31.12.2008, S. 1), zuletzt geändert durch Verordnung (EU) 2016/1179 (ABl. L 195 vom 20.7.2016, S. 11). Sie sind eingeflossen in die Bestimmung der Nr. 5.2.7 TA Luft 2021 (s. dazu → Nr. 5.2.7.2 Rn. 4 ff.)

19 **4. Verminderung der Abgasmenge.** Im 4. Anstrich von Nr. 5.1.3 Abs. 3 wurde eine Forderung aus der TA Luft 1986 (Nr. 3.1.2 Abs. 2, 1. Anstrich) aufgegriffen und in der TA Luft 2021 fortgeschrieben.. Dabei geht es darum, möglichst wenig Abluft entstehen zu lassen: Wenn weniger Abluft in die Atmosphäre gelangt, werden in der Regel auch die Emissionen vermindert. Als Beispiel für die Abgasreduzierung wird die Umluftführung genannt. Diese schafft in vielen Fällen auch erst die Voraussetzung dafür, dass Abgasreinigungseinrichtungen mit einem verhältnismäßigen Aufwand betrieben werden können (z.B. bei der Lösemittelrückgewinnung; vgl. Davids/Lange, Die TA Luft '86, Anm 51 zu Nr. 3.1.2).

5. Energieeinsparung. Die im 5. und 6. Anstrich von Nr. 5.1.3 Abs. 3 genannten Gesichtspunkte sind bereits erstmals in die TA Luft 2002 aufgenommen worden. Dabei wird zunächst die Energieeinsparung angesprochen. Das mag überraschen, da eine entsprechende Forderung in § 5 Abs. 1 Nr. 4 BImSchG enthalten ist und die TA Luft 2002 nicht zu deren Konkretisierung diente. Die Energieeinsparung ist aber auch ein wichtiges Mittel zur Vermeidung und Verminderung von Emissionen und damit eine Frage der Vorsorge. Wird eine Anlage mit einem geringeren Energieeinsatz betrieben, werden die bei der Energieumwandlung entstehenden Emissionen reduziert. Soweit die Energieumwandlung in der Anlage selbst vorgenommen wird (z.B. bei der Dampf- oder Stromerzeugung in einer chemischen Fabrik oder in einer Raffinerie), hat die Energieeinsparung unmittelbare Auswirkungen auf die Emissionen der Anlage. Dann kann eine entsprechende Forderung auch auf § 5 Abs. 1 Nr. 2 BImSchG gestützt werden (vgl. Rebentisch in Koch (Hrsg.), Aktuelle Probleme des Immissionsschutzrechts, 1998, S. 41, 44). Wird extern gewonnene Energie eingesetzt, ergibt sich eine Einsparverpflichtung aus § 5 Abs. 1 Nr. 4 BImSchG (zur Abgrenzung der Pflicht aus § 5 Abs. 1 Nr. 2 im Hinblick auf § 5 Abs. 1 Nr. 4 BImSchG s. Jarass BImSchG, 14. Auflage 2022, § 5 Rn. 96, 104). Hinsichtlich der Möglichkeiten zur Energieeinsparung werden in Nr. 5.1.3 Abs. 3, 5. Anstrich, einige Beispiele aufgeführt. Besonders hinzuweisen ist auf die entsprechend neu eingefügte Nr. 5.2.11 zu näheren Anforderungen bei der Festlegung zu Maßnahmen betreffend die Energieeinsparung. 20

6. Verminderung der Emissionen klimarelevanter Gase und von Stoffen, die zu einem Abbau der Ozonschicht führen. Bei den Emissionen klimarelevanter Gase (vgl. Anhang II zur Emissionshandels-Richtlinie, u.a. Kohlendioxid, Methan und Fluorkohlenwasserstoffe) und von Stoffen, die zu einem Abbau der Ozonschicht führen (vgl. Verordnung (EG) Nr. 1005/2009 vom 16.9.2009 über Stoffe, die zum Abbau der Ozonschicht führen (ABl. L 286 vom 31.10.2009, S. 1), die zuletzt durch die Verordnung (EU) Nr. 1088/2013 (ABl. L 293 vom 5.11.2013, S. 29 geändert wurde), geht es nicht um kleinräumige Luftverunreinigungen, sondern um regionale oder sogar globale Probleme. Ihren schädlichen Wirkungen kann nur durch großräumige Maßnahmen – gestützt auf das Vorsorgegebot (vgl. BVerwG NVwZ 1984, 371) – entgegen gewirkt werden. Dazu müssen alle relevanten Emittenten beitragen. Nach Nr. 5.1.3 Abs. 3 ist auch dieser Gesichtspunkt bei der Festlegung der emissionsbegrenzenden Anforderungen zu berücksichtigen. Dabei werden die klimarelevanten Gase im 5. Anstrich behandelt, weil eine Verminderung des klimarelevanten Kohlendioxid insbesondere durch die dort angesprochene Energieeinsparung zu erreichen ist. Zur Vermeidung und Verminderung der Stoffe, die zu einem Abbau der Ozonschicht führen, werden im 6. Anstrich beispielhaft technische Möglichkeiten genannt. Dadurch werden die Anforderungen aus der Verordnung (EG) Nr. 1005/2009, zuletzt geändert durch Verordnung (EU) 1088/2013 nicht eingeschränkt. 21

Die Vorläuferstoffe für bodennahes Ozon (Stickstoffoxide und flüchtige organische Verbindungen) werden in Nr. 5.1.3 Abs. 3 nicht ausdrücklich angesprochen. Für sie gelten die in Nr. 5.2 festgelegten Emissionswerte sowie die allgemeinen Anforderungen, insbesondere das Emissionsminimierungsgebot nach Absatz 2 Satz 4. Im vorletzten Absatz von Teil B Nr. 6 der amtlichen Begründung zur TA Luft 2002 wird ein Beispiel aufgeführt, wie die Emissionsreduzierung der Ozonvorläuferstoffe bei der Festlegung der einzelnen Anforderungen in Nr. 5.2 und Nr. 5.4 unter Beachtung des Integrationsgebotes berücksichtigt worden ist. 22

7. Optimierung besonderer Betriebszustände. Nr. 5.1.3 Abs. 3 – 7. Anstrich – entspricht schon der Nr. 3.1.2 Abs. 2 – 3. Anstrich – der TA Luft 1986. Die Regelung 23 steht in einem Zusammenhang mit Nr. 5.1.2 Abs. 4 (vgl. dazu → Nr. 5.1.2 Rn. 18). Durch eine Optimierung der An- und Abfahrvorgänge können Sonderregelungen für diese Betriebsphasen auf ein Minimum beschränkt werden. Entsprechendes gilt für andere Betriebszustände, bei denen erhöhte Emissionen auftreten können (z.B. Bedienungsvorgänge, bei denen Apparate geöffnet werden müssen). Zur Optimierung können betriebliche und ggf. auch bauliche Maßnahmen erforderlich sein (vgl. die Beispiele bei *Davids/Lange,* Die TA Luft '86, Anm. 51 zu Nr. 3.1.2).

24 **8. Vorbeugung von Störungen.** Der 8. Anstrich ist mit der Novelle der TA Luft 2021 neu eingefügt worden. Er berücksichtigt insbesondere ausdrücklich die in der IE-Richtlinie als allgemeine Prinzipien der Grundpflichten der Betreiber aufgeführten Maßnahmen zur Vorbeugung vor Störungen des bestimmungsgemäßen Betriebes und zur Verringerung ihrer (dennoch) Folgen für die Menschen und die Umwelt, Art. 11 Buchstabe g), Art. 7 Buchstaben b) und c) IE-Richtlinie. Der Sache nach ist diese Betreiberpflicht im deutschen Störfallrecht bereits enthalten, § 5 Abs. 1 Nr. 1 („sonstige Gefahren") in Verbindung mit § 3 Abs. 1 und 3 der 12. BImSchV (Einzelheiten bei Hansmann/König 12. BImSchV § 3 Rn. 5 ff. und 22ff.). Da es sich der Sache nach um eine Konkretisierung des Schutzgrundsatzes und nicht um ggf. Maßnahmen der Emissionsminderung handelt, ist dieser Anstrich als allgemeiner Grundsatz des unionsrechtlich gebotenen Integrationsgrundsatzes zu verstehen und hat daher keine weitere Konkretisierung insbesondere in Nr. 5.4. erfahren.

25 **9. Vermeidung von schädlichen Umweltauswirkungen nach einer Betriebsstilllegung und zur Wiederherstellung eines ordnungsgemäßen Zustandes des Anlagengrundstücks.** Der 9. Anstrich geht ebenfalls auf die IE-Richtlinie zurück und wurde mit der Novelle zur TA Luft 2021 neu eingefügt. Sie geht zurück auf den Ausbau einer umfassenden Betreiberpflicht nach Betriebsstilllegung durch die IE-Richtlinie, die aber bereits in der IVU-Richtlinie enthalten war. Sie entspricht dem im Katalog der allgemeinen Prinzipien der Grundpflichten der Betreiber aufgeführten nachsorgenden Betreiberpflichten nach Art. 11 Buchstabe h) IE-Richtlinie. Zur Wiederherstellung eines ordnungsgemäßen Zustandes des Anlagengrundstückes gehört jetzt die unter bestimmten Voraussetzungen bestehende (vorgelagerte) Verpflichtung zur Erststellung eines Ausgangszustandsberichts (zu dieser Neuerung im europäischen Recht s. Wasielewski I+E 2013, 17 (18 f.)). Diese Verpflichtung wurde durch Anpassung der § 5 Abs. 3 und 4 BImSchG (Gesetz zur Umsetzung der IE-Richtlinie vom 8.4.2013, BGBl. I S. 734) in nationales Recht umgesetzt (Einzelheiten s. bei Dietlein BImSchG § 5 Rn. 207 ff. und Krohn in Appel/Ohms/Saurer BImSchG § 5 Rn. 14 ff., 201 ff., jeweils mit weiteren Nachweisen). Da es hier ebenfalls keine Emissionsminderungsmaßnahmen adressiert sind, sind keine anlagenspezifischen Maßnahmen in der Nr. 5.4 aufgenommen worden.

26 **10. Tierschutz.** Der 10. Anstrich ist aufgrund des Votums des Bundesrates an Nr. 5.1.3 Abs. 3 TA Luft 2002 angefügt worden (vgl. → Rn. 3). Er bezieht sich praktisch nur auf Anlagen nach Nr. 7.1 (u.U. auch nach Nr. 7.2) des Anhangs zur Verordnung über genehmigungsbedürftige Anlagen (4. BImSchV). Soweit das Tierschutzrecht Anforderungen an die Beschaffenheit der Anlagen enthält, sind diese bereits nach § 6 Abs. 1 Nr. 2 BImSchG zu beachten. Hierauf ist Nr. 5.1.3 Abs. 3 aber nicht bezogen. In der TA Luft geht es um die Anforderungen zur Begrenzung der Luftverunreinigungen. Diese sollen so festgelegt werden, dass auch den Anforderungen des Tierschutzes Rechnung getragen wird. Insoweit bezieht sich der letzte Anstrich in Nr. 5.1.3 Abs. 3 nicht auf die Emissionsminderung als solche, sondern auf mögliche Folgen in einem anderen Bereich, die bei

der Festlegung der Anforderungen zur Luftreinhaltung berücksichtigt werden sollen (z.B. Auswirkungen einer Absaugeinrichtung in einem Tierstall). Darüber hinaus enthält jetzt Nr. 5.1.7.1 unter den baulichen und betrieblichen Anforderungen ausdrücklich einen Bezug zur tiergerechten Haltung.

II. Besondere Anforderungen

1. Wahl der Einsatzstoffe bei problematischen Emissionen (Absatz 4). Nr. 5.1.3 27
Abs. 4 macht deutlich, dass es zur Vermeidung besonders problematischer (wirkungsrelevanter) Emissionen nicht ausreicht, technische Maßnahmen zur Emissionsminderung durchzuführen. Wegen der besonderen Umweltbelastungen, die von den in der Vorschrift genannten Stoffen ausgehen können, sollen die zuständigen Behörden auch darauf hinwirken, dass bereits bei der Wahl der Einsatzstoffe darauf geachtet wird, dass möglichst geringe Emissionen entstehen. Das betrifft z.B. Erze mit unterschiedlichen Anteilen an **Schwermetallen**. Auch durch die Wahl von Zuschlag- und Hilfsstoffen können wirkungsrelevante Emissionen vermieden werden (z.B. Oberflächenbeschichtung ohne krebserzeugende oder hochtoxische Lösemittel; Korrosionsschutz ohne Cadmium oder Chromate; vgl. Davids/Lange, Die TA Luft '86, Anm. 52 zu Nr. 3.1.2). Zur Substitution problematischer Einsatzstoffe kann der Anlagenbetreiber allerdings nur verpflichtet werden, wenn das im Rahmen der von ihm gewählten Anlagentechnik möglich ist (vgl. Nr. 18.12 Abs. 2 des nordrhein-westfälischen Erlasses vom 27. 7. 1989, MBl. NRW. S. 1055, sowie oben → Rn. 5 und 14). Ist es zur Erfüllung der Schutzpflicht aus § 5 Abs. 1 Nr. 1 BImSchG erforderlich, andere Roh-, Hilfs- oder Zuschlagstoffe einzusetzen, weil anderenfalls relevante krebserzeugende Immissionen auftreten würden, muss der Genehmigungsantrag ggf. aus Schutzgründen (§ 5 Abs. 1 Nr. 1 BImSchG) abgelehnt werden.

**2. Vermeidung von Schadstoffanreicherungen in Verfahrenskreisläufen (Ab- 28
satz 5).** Die in Nr. 5.1.3 Abs. 5 enthaltene Forderung nach Vermeidung von Kreislaufanreicherungen geht auf die entsprechende Regelung in Nr. 3.1.2 Abs. 4 der TA Luft 1986 zurück. Sie beruht auf Erfahrungen, die in einem Zementwerk durch Thalliumanreicherungen im Staub gemacht worden sind. Solche Anreicherungen können durch die Rückführung von Filterstäuben in den Produktionsprozess entstehen (vgl. Davids/Lange, Die TA Luft '86, Anm. 53 zu Nr. 3.1.2). Aus Umweltschutzgründen sind Kreislaufführungen zwar grundsätzlich erwünscht (vgl. Nr. 5.1.3 Abs. 3 – 4. Anstrich –). Sie dürfen aber nicht zu einer Konzentration gefährlicher Stoffe führen, die bei ihrer Emission erhebliche Schäden verursachen können. Nr. 5.1.3 Abs. 5 verpflichtet die zuständigen Behörden, technische und betriebliche Maßnahmen zu verlangen, durch die eine Anreicherung der in der Vorschrift genannten besonders wirkungsrelevanten Stoffe oder zumindest erhöhte Emissionen vermieden werden.

**3. Maßnahmen bei Abschaltung, Umgehung oder Ausfall von Abgasreini- 29
gungseinrichtungen (Absatz 6).** In Nr. 5.1.3 Abs. 6 wird gefordert, dass die Auslegung der Anlage und die besonderen Maßnahmen zur Emissionsminderung auch außergewöhnliche Betriebsvorgänge und Betriebsstörungen berücksichtigen müssen. Abschaltungen oder Umgehungen der Abgasreinigungseinrichtungen können insbesondere aus Sicherheitsgründen erforderlich sein. In diesem Zusammenhang werden in Nr. 5.1.2 Abs. 4 beispielhaft die Gefahr von Verpuffungen und Verstopfungen genannt. Auch zur Vermeidung von Korrosionen können bei bestimmten Betriebszuständen Abschaltungen oder Umfahrungen der Abgasreinigungseinrichtungen geboten sein. Für diese Fälle müssen andere Emissionsminderungen und die Überwachung der relevanten Prozessgrößen (z.B. Temperatur, Druck, Kohlenmonoxidgehalt) vorgesehen werden. Für den Fall, dass Emis-

sionsminderungseinrichtungen ganz oder teilweise ausfallen, sind die Emissionen unverzüglich auf andere Weise so weit wie möglich zu vermindern. Dafür müssen schon vorsorglich Maßnahmen vorgesehen und ggf. im Genehmigungsbescheid gefordert werden. Der Grundsatz der Verhältnismäßigkeit ist zu beachten. Bei dessen Prüfung sind auch die Ursachen für einen Ausfall zu berücksichtigen. Beruht dieser auf mangelhafter Wartung oder auf dem Hinausschieben notwendiger Reparaturen und hat der Anlagenbetreiber dadurch Kosten erspart, so kann auch die vorübergehende Stilllegung der Anlage noch als verhältnismäßig anzusehen sein. Im Übrigen kommt es auf das Ausmaß der möglichen Überschreitung von vorgegebenen Emissionsbegrenzungen an.

Für handschriftliche Notizen

Für handschriftliche Notizen

Für handschriftliche Notizen

Für handschriftliche Notizen